W0098374

RALPH WALDO EMERSON

Die Natur
Ausgewählte Essays

HERAUSGEGEBEN VON
MANFRED PÜTZ

EINLEITUNG, ÜBERSETZUNG UND ANMERKUNGEN
VON MANFRED PÜTZ UND GOTTFRIED KRIEGER

PHILIPP RECLAM JUN. STUTTGART

Universal-Bibliothek Nr. 3702 [4]
Alle Rechte vorbehalten. © 1982 Philipp Reclam jun., Stuttgart
Gesamtherstellung: Reclam, Ditzingen. Printed in Germany 1982
ISBN 3-15-003702-6 (kart.)   ISBN 3-15-023702-5 (geb.)

Inhalt

Vorbemerkung

Für die Übersetzung wurde der Text der zwölfbändigen Riverside Edition von *Emerson's Complete Works* in der Ausgabe von George Routledge and Sons (London 1903) zugrunde gelegt. *Nature* und »The Transcendentalist« wurden von Manfred Pütz, »Self-Reliance«, »The Poet« und »Friendship« von Gottfried Krieger übersetzt und kommentiert, »The Over-Soul« von beiden gemeinsam. Die Kapitel II und III der Einleitung sowie die Bibliographie wurden von Manfred Pütz, das Kapitel I der Einleitung von Gottfried Krieger verfaßt.

Einleitung

I

Ralph Waldo Emerson: eine biographische Skizze

Ralph Waldo Emerson wurde am 25. Mai 1803 in Boston, Massachusetts, geboren.[1] Er war das vierte Kind und der dritte von insgesamt sechs Söhnen von William und Ruth Emerson, geb. Haskins. Beide Eltern Emersons kamen aus alteingesessenen, ausgeprägt religiösen Familien Neuenglands. Ruth Emerson, eine strenggläubige Anglikanerin, stammte aus einer Familie von Kaufleuten und Grundbesitzern, die sich bis ins 18. Jahrhundert zurückverfolgen läßt. William Emerson, seit 1799 Geistlicher an der »First Church« in Boston, stammte aus einer Familie von Predigern und Geistlichen, die bis in die Zeit der ersten puritanischen Kolonisten Neuenglands zurückreichte. Er war ein liberaler Unitarier, der im sozialen und kulturellen Leben der aufblühenden Stadt Boston eine nicht unerhebliche Rolle spielte. Emersons Vater war vor allem auch literarischen Dingen gegenüber aufgeschlossen; er begründete den »Anthology Club« von Boston, aus dessen Beständen die »Boston Athenaeum Library« hervorging, und gab die Zeitschrift *Monthly Anthology* heraus, aus der sich nach einiger Zeit die *North American Review* entwickelte. Ein selbstkritischer und grüblerischer Mensch, in dessen Tagebüchern sich immer wieder theologisches Unbehagen, Versuche zur Selbstreform wie auch Sorgen über seine finanzielle Situation (die sich erst nach seiner Bestallung an der »First Church« etwas besserte) niederschlugen, war er, der den geistlichen Beruf gegen seine Neigung ergriffen hatte, in vielem eine Präfiguration seines berühmten Sohnes.

Ralph Waldo Emerson war ein ernsthaftes, zurückgezogenes, kränkelndes Kind, dessen frühe Jahre durch die Einbettung in das Familienleben bestimmt wurden. Vor allem zu den Brüdern William, Edward Bliss und Charles Chauncy entwickelte er ein sehr enges Verhältnis. Obwohl Emerson schon im Alter von drei Jahren eine Art vorschulischer Ausbildung begann, war er keinesfalls ein Wunderkind. Im Vergleich zu seinen Brüdern war seine Entwicklung eher langsam und schwerfällig; noch als er die »Boston Public Latin School« besuchte, mußte er Sonderunterricht im Schreiben bekommen.

Als am 12. Mai 1811 William Emerson starb, fiel Ruth Emerson die schwere Aufgabe zu, ihre große Familie unter teilweise recht schwierigen Bedingungen durchzubringen. Obwohl sie von der »First Church« eine gewisse finanzielle Unterstützung erhielt und zudem durch Logiergäste ihr Einkommen zu verbessern suchte, wäre sie ohne die Hilfe und Unterstützung von Verwandten kaum in der Lage gewesen, ihre stattliche Kinderzahl großzuziehen. Die Auswirkungen des beginnenden Krieges mit England (1812–15) verschärften die finanziellen Probleme der Familie zusätzlich.

Die Schwester William Emersons, Mary Moody Emerson, wurde zur wichtigsten Stütze für Ruth Emerson.[2] Sie setzte sich vor allem mit großem Nachdruck für die Erziehung ihrer Neffen ein; jeder der vier überlebenden Söhne – mit Ausnahme des geistig behinderten Robert Bulkeley – besuchte die »Boston Public Latin School« und studierte anschließend am Harvard College. Für Ralph Waldo Emerson wurde sie zur aufmunternden und kritischen Mentorin; sie beeinflußte seine frühe Entwicklung nachhaltig und begleitete ihn während ihres gesamten Lebens, besorgt wegen seiner unorthodoxen religiösen und philosophischen Überzeugungen, mit Warnungen und Ratschlägen.

Emerson besuchte von 1812 bis 1817 die »Boston Public Latin School«, die seit 1814 unter der Leitung des fähigen Altphilologen Benjamin Apthorp Gould einen neuen Aufschwung nahm und ingesamt einen durchaus positiven Beitrag zu Emersons Entwicklung leistete, wenngleich er nicht gerade mit schulischen Leistungen glänzte.[3] Die finanzielle Lage der Familie zeigte keine Besserung (zeitweise – 1814/15

– war sie sogar gezwungen, bei Verwandten in Concord unterzukommen), und wie seine Brüder mußte auch Ralph Waldo Emerson seit 1816 als Schullehrer Geld hinzuverdienen, eine Tätigkeit, die er mit Unterbrechungen bis 1826 ausübte. Diese frühen Erfahrungen von finanzieller Not und Entbehrung wurden zu einem prägenden Faktor in Emersons Leben.

Im September 1817 bestand Emerson die Aufnahmeprüfung für das Harvard College. Die Studienkosten wurden zum Teil durch ein Stipendium, zum Teil durch Unterrichtstätigkeit als Tutor am College und – während der Semesterferien – als Lehrer an der Schule seines Onkels Samuel Ripley, zum Teil aber auch durch andere Funktionen am College (Emerson war »president's freshman« und arbeitete als Kellner in den »Commons«) bestritten.[4] Das traditionelle Curriculum des vierjährigen Studienganges in Harvard[5] bot Emerson wenig Anreiz, sich auszuzeichnen. Er gewann zwar mehrfach Preise für seine Essays, schloß aber sein Studium im August 1821 nur als dreißigster in einer Gruppe von 59 ab; zum »class poet« wurde er erst gewählt, nachdem sechs seiner Mitstudenten diese Ehre abgelehnt hatten. Es ist dennoch nicht zu leugnen, daß diese ersten Jahre in Harvard recht entscheidend waren für Emersons Entwicklung. Er konnte seinen literarischen ebenso wie seinen rhetorisch-deklamatorischen Neigungen nachgehen, und einige seiner akademischen Lehrer hinterließen einen bleibenden Eindruck. Zu diesen gehörten George Ticknor, der nach seinem Studium in Göttingen 1817 eine Professur für romanische Sprachen und Literaturen übernommen hatte, Edward Tyrell Channing, der seit 1819 Boylston Professor für Rhetorik und Redekunst war, sowie Edward Everett, der 1817 sein Studium in Göttingen mit der Promotion abgeschlossen hatte und seit 1819 Eliot-Professor für Griechisch war.

Während seiner Zeit in Harvard begann Emerson Tagebuch zu führen; die ersten zusammenhängenden Aufzeichnungen stammen vom Januar 1820. Das Tagebuchschreiben begleitete Emerson während des größten Teils seines Lebens; es bildete den Grundstein seiner literarischen Tätigkeit. Die Tagebücher dieser Zeit dokumentieren seine intellektuelle Entwicklung, seine Lektüre, seine Zukunftshoffnungen, Selbstreflexionen und religiösen Zweifel.[6]

Nach dem Abschluß des Studiums sah es für einige Jahre so aus, als sollte Emerson dem Vorbild vieler seiner väterlichen Vorfahren als Schullehrer – und später als Geistlicher – folgen. Die wenig kongeniale Tätigkeit des Schullehrers ergab sich dabei ebensosehr aus finanziellen Zwängen wie aus einer tiefreichenden Unschlüssigkeit über die eigene Zukunft.[7]

Anfang 1825 aber verdichtete sich die latente Absicht der frühen Jahre, nach Harvard zurückzukehren, Theologie zu studieren und sich auf das geistliche Amt vorzubereiten.[8] Am 11. Februar 1825 wurde Emerson in die »Harvard Divinity School« aufgenommen. Er hatte sich schon zuvor unter Edward Tyrell Channings Anleitung mit theologischen Fragen beschäftigt, erwies sich aber erneut als wenig eifriger oder systematischer Student. Eine Reihe von Faktoren mag diese »desultory studies«[9] erklären: ein sich verschlechternder Gesundheitszustand; die Notwendigkeit, weiterhin als Schullehrer tätig zu sein; der Eindruck, den die Abwendung des älteren Bruders William (der in Göttingen der deutschen Bibelkritik begegnet war) von der Theologie hinterließ und der den schon erkennbaren religiösen Zweifeln Emersons neue Nahrung gab; und schließlich wohl auch die immer noch weiterwirkende Unsicherheit darüber, ob das geistliche Amt tatsächlich sein Lebensinhalt werden sollte. Emerson hatte während dieser Zeit an der »Harvard Divinity School« die Hoffnung auf eine literarische Tätigkeit oder zumindest auf eine Tätigkeit als Redner durchaus noch nicht aufgegeben.[10]

Ungeachtet all dieser Probleme erhielt Emerson bereits am 10. Oktober 1826 von der »Middlesex Association of Min-

isters« seine Predigterlaubnis. Seine erste Predigt mit dem
Titel »Pray without Ceasing«[11] hielt Emerson am 15. Oktober in Waltham, Mass. Die allsonntägliche Predigt wurde
von nun an für lange Jahre zur ständigen Bürde für ihn.
Im Spätherbst 1826 machte Emersons angegriffener Gesundheitszustand (man befürchtete u. a. den Ausbruch einer
Tuberkulose, dieser für viele Emersons so verhängnisvollen
Krankheit)[12] eine Unterbrechung der theologischen Ausbildung unumgänglich. Eine Reise über Georgia nach Florida,
die vom November 1826 bis zum Mai 1827 dauerte, brachte
zwar persönlichen Erfahrungszuwachs (Emerson traf u. a.
mit Achille Murat, dem Neffen Napoleons, zusammen),
aber keine nachhaltige Besserung des Gesundheitszustandes.
Nach seiner Rückkehr nahm Emerson seine Studien an der
»Divinity School« wieder auf und etablierte sich langsam als
angesehener Prediger an verschiedenen Kirchen in Boston
und anderen Städten Neuenglands. Am 11. März 1829
erhielt er seine Ordination als unitarischer Geistlicher an der
»Second Church« in Boston, deren puritanische Tradition
bis zu Increase und Cotton Mather zurückreichte. Emerson
war zunächst Henry Ware (1794–1843) zugeordnet, der
jedoch nach kurzer Zeit aus Gesundheitsgründen in den
Ruhestand trat.
Am 30. September 1829 heiratete Emerson die siebzehnjäh-
rige Ellen Louisa Tucker, Tochter eines wohlhabenden
Bostoner Kaufmanns, die er Weihnachten 1828 kennengelernt hatte. Ellen Tucker, eine zerbrechliche Schönheit mit
poetischen Ambitionen, war zu dieser Zeit schon von einer
Lungenkrankheit gezeichnet, die ihre kurze Ehe mit Emerson überschattete. Trotz dieser und anderer Probleme (so
war z. B. Emersons finanzielle Situation trotz eines Jahres-
gehaltes von $ 1800 alles andere als sicher) bedeutete diese
Ehe die wohl tiefste und nachhaltigste emotionale Erfahrung
in seinem Leben.[13]
Emerson widmete sich seinen Pflichten als Geistlicher,
wurde – wie zuvor sein Vater – »Chaplain of the State

Senate«, 1830 dann auch Mitglied des »Boston School Committee«, und konzentrierte sich auf seine Predigten, die ihm die Möglichkeit boten, seinen rhetorischen Stil zu entwickeln. Daneben trat eine ausgedehnte Lektüre, die seine immer noch tastende Suche nach einer adäquaten religiösphilosophischen Grundeinstellung erkennen ließ.

Belletristik spielte in dieser Phase der intellektuellen Entwicklung Emersons naturgemäß eine recht beiläufige Rolle; seinem nach Überblick und Orientierung strebenden Geist kamen systematische philosophische und historische Darstellungen eher entgegen. Emerson beschäftigte sich vor allem mit der griechischen Philosophie, wobei ihm Marie-Joseph de Gérandos *Histoire Comparée des Systèmes de Philosophie* (1804) das Gedankengut der vorplatonischen Denker erschloß. Platos wichtigste Dialoge lernte er zuerst durch Daciers Kurzfassungen und dann in den Übersetzungen von Thomas Taylor kennen. Ralph Cudworths *The True Intellectual System of the Universe* (1678) vermittelte ihm die Neuplatoniker.[14]

Entscheidende Einflüsse in dieser Zeit ergaben sich auch aus der Beschäftigung mit Coleridge (*Biographia Literaria*, 1817; *The Friend*, 1818; *Aids to Reflection*, 1825), dem Emerson einige seiner zentralen begrifflichen Oppositionen wie *reason/understanding* verdankt, und aus der Begegnung mit dem Gedankengut Swedenborgs, das Emerson durch Sampson Reeds *Observations on the Growth of the Mind* (1826) kennenlernte. Emerson kannte Reed seit dessen Vortrag über »Genius«, den er anläßlich der Verleihung des Magistergrades 1821 in Harvard gehalten hatte und der Emerson sehr beeindruckt hatte. Reeds Buch war Emersons Hauptquelle für seine Swedenborg-Rezeption; es hinterließ bleibende Spuren in seinem Denken, nicht zuletzt wegen der Doktrin der Korrespondenzen, die er hier fand. Über seine Beschäftigung mit Schillers *Geschichte des Dreißigjährigen Krieges* (1791–93) und Goethes *Dichtung und Wahrheit* (1811–14; 1833) näherte sich Emerson in diesen Jahren auch in einer ersten Weise der Gedankenwelt der deutschen Klassik.

Der Gesundheitszustand Ellen Emersons verschlechterte sich rapide, und trotz aller Fürsorge starb sie am 8. Februar 1831. Ihr Tod stürzte Emerson in eine tiefe persönliche und geistige Krise, die weitreichende Folgen hatte. Eine lange Periode selbstquälerischer Auseinandersetzungen, in denen er vor allem die Grundlagen seines Glaubens und damit auch seiner Tätigkeit als Geistlicher in Frage stellte, führte im Laufe des Jahres 1832 zur inneren Abwendung vom Unitarismus. Am 9. September predigte Emerson gegen den Anachronismus des »Last Supper«, und am 28. Oktober akzeptierte die »Second Church« seinen Rücktritt vom geistlichen Amt. Die Rationalisierung dieser Entscheidung als Ablehnung des Sakramentes der Kommunion kann freilich nicht verdecken, daß Emersons Bruch mit der Kirche als der institutionalisierten und dogmatisierten äußeren Erscheinungsform des Glaubens tief und radikal war. Emersons Rücktritt vom geistlichen Amt brachte die latenten theologischen und philosophischen Probleme dieser Jahre zu einem äußeren Abschluß; eine Lösung der grundlegenden Fragen bedeutete der Rücktritt zunächst nicht. Emersons jahrelange Suche verlagerte sich jedoch auf eine neue Ebene.

Zunächst führte die Suche nach einem geistigen Standort zu Emersons erster Europareise, die am 25. Dezember 1832 begann und fast ein Jahr dauerte. Die Reise führte Emerson zuerst nach Italien, wo er einen Zugang zur bildenden Kunst fand und u. a. in Florenz mit Walter Savage Landor zusammentraf. Über Paris reiste Emerson dann nach London, wo er John Stuart Mill traf, um sich dann in der Begegnung mit Coleridge dem Zentrum seiner Suche zu nähern. Nach dem enttäuschenden Besuch bei Wordsworth im Lake District traf Emerson schließlich am 25. August 1833 in Craigenputtock mit Thomas Carlyle zusammen, dessen revolutionäre

Essays Emerson in den Jahren 1827–29 kennengelernt hatte.
In der Freundschaft zwischen diesen beiden Männern, die
trotz großer persönlicher und gedanklicher Unterschiede
während ihres gesamten Lebens Bestand hatte, endete Emersons indirekter Weg zur Philosophie des deutschen Idealismus.

Carlyle als Vermittler der Literatur und der Philosophie des
deutschen Idealismus blieb während der nächsten Jahre für
Emerson von entscheidender Bedeutung. Vor allem Carlyles
Sartor Resartus hatte schon während seines Erscheinens in
Fraser's Magazine in den Jahren 1833/34 wichtige Katalysa-
torfunktion. Emerson besorgte im April 1836 die amerikanische Ausgabe des Buches. Es ist nicht verwunderlich, daß
sich Emerson in dieser Zeit verstärkt der klassisch-idealisti-
schen deutschen Literatur zuwandte.

Ein weiteres wichtiges Ergebnis der ersten Europareise
bestand darin, daß Emerson einen Zugang zur aufblühenden
viktorianischen Naturwissenschaft, vor allem im Bereich der
Biologie und der Geologie, fand. Die Eindrücke, die er im
Jardin des Plantes in Paris bekam, belegen diesen Erkennt-
niszuwachs, der von nun an in Emersons häufigem Zurückgreifen auf »natural history« zum Ausdruck kam.[15]

Bedeutete diese erste Europareise auch einen vorläufigen
Abschluß des langwierigen und komplizierten Selbstfin-
dungsprozesses Emersons, so blieb doch immer noch das
Problem eines adäquaten beruflichen Betätigungsfeldes und
einer Einnahmequelle. Trotz gewisser Aussichten auf Ein-
künfte aus dem Erbe Ellen Tuckers war Emersons finanzielle Zukunft noch völlig ungesichert. Die drei Jahre nach
seiner Rückkehr von der Europareise brachten dann alle
entscheidenden Klärungen.

Neben der Predigertätigkeit, die Emerson mit einigen
Unterbrechungen noch bis 1847 ausüben sollte, nahm er
kurz nach der Rückkehr aus Europa seine Vortragtätigkeit
auf. Im Winter 1833/34 hielt Emerson seine ersten Vorträge
über »The Uses of Natural History« am »Boston Mechanics'

Institute«; Anfang 1835 folgte eine Serie von sechs Vorträgen über »Biography« am »Masonic Temple« in Boston. Die Themen dieser ersten Vorträge markieren bereits wichtige Elemente des späteren Denkens Emersons.

Entscheidende Schritte unternahm Emerson auch in seinem Privatleben. Nachdem er einige Zeit ohne eigenen Wohnsitz gewesen war, zog er im Oktober 1834 nach Concord. Am 14. September 1835 heiratete er Lydia (Lidian) Jackson aus Plymouth, Mass., die er seit 1834 kannte. Mit ihr bezog er ein eigenes Haus (Coolidge House), das er bis an sein Lebensende bewohnte. Es ist sicher nicht von ungefähr, daß Emerson in diesen Jahren einen Höhepunkt seines lyrischen Schaffens erreichte.[16]

In der Zeit vom 5. November 1835 bis zum 14. Januar 1836 hielt Emerson zehn Vorträge mit dem Rahmenthema »English Literature« vor der »Society for the Diffusion of Useful Knowledge« in Boston. Es war dies die erste einer ganzen Serie solcher jährlichen Vortragsreihen in Boston, die Emerson mit gelegentlichen Unterbrechungen bis zu seiner zweiten Europareise durchführte. An den Titeln dieser Vortragsreihen läßt sich der Wandel, der sich im Laufe der Jahre in Emersons Denken vollzog, ablesen: »The Philosophy of History« (1836/37); »Human Culture« (1837/38); »Human Life« (1838/39); »The Present Age« (1839/40); »The Times« (1841/42); »Representative Men« (1845/46).

Mit diesen Vorträgen hatte Emerson eines seiner wichtigsten rhetorischen Medien gefunden, mit dem er ein begeistertes und ständig wachsendes Publikum direkt erreichen konnte. In der für Emerson charakteristischen Weise entstanden die Vorträge aus der »savings bank« der Tagebücher, die in diesen Jahren ihre größte Intensität und Bedeutung erreichten; die Vorträge wiederum wurden zur Grundlage für die später veröffentlichten Sammlungen von Essays.[17]

Die Vorträge waren nicht nur kongenialer Ausdruck der ausgeprägten rhetorischen und deklamatorischen Neigungen Emersons, sie waren auch für ihn – der den finanziellen

Aspekten seiner diversen Aktivitäten immer größte Bedeutung beimaß – eine unverzichtbare Einnahmequelle. Hier wirkten sich zweifellos die Erfahrungen aus der entbehrungsreichen, ständig von Geldnöten bestimmten Jugend aus. Zwar war Emerson 1837 in den vollen Genuß des Erbes seiner ersten Frau gekommen und bezog ein nicht unbeträchtliches Einkommen aus dem angelegten Kapital, seine wachsende Familie und sein Lebensstil aber machten zusätzliche Einnahmen unerläßlich, zumal es recht lange dauerte, bis seine Bücher zu auch finanziell lukrativen Aktivposten wurden. Die Vortragstätigkeit blieb – selbst nachdem sie finanziell nicht mehr unbedingt erforderlich war – ein fester Bestandteil in Emersons Leben; sie führte ihn vor allem in den fünfziger und sechziger Jahren bis in die Städte und Dörfer des Mississippi-Tales, das zu dieser Zeit die Westgrenze eines einigermaßen zivilisierten Amerika bildete. Oft genug waren die Vortragsreisen mit großen körperlichen Strapazen für den nie sehr robusten Emerson verbunden und trugen so wohl auch ihren Teil zum frühen Alterungsprozeß Emersons bei.

Das Jahr 1836 brachte noch weitere wichtige Ereignisse. Am 9. September wurde *Nature* veröffentlicht, ein schmales Buch, das sich nur schlecht verkaufte, jedoch als »the first clear blast on New England's Transcendental horn«[18] weitreichende Folgen hatte. In seiner richtungweisenden Bedeutung mit Thoreaus *Walden*, Whitmans *Song of Myself* oder Wordsworths *Prelude* vergleichbar,[19] enthält *Nature* im Kern Emersons wichtigstes Gedankengut; es ist zugleich Ausdruck persönlicher Erfahrung, Bekenntnis und Prophetie – der erste Gipfel des Emersonschen Idealismus. *Nature* nimmt Gedanken aus früheren Predigten, Tagebucheintragungen und Vorträgen auf; die Wurzeln seiner konkreten Entstehung reichen einige Jahre zurück. *Nature* war, in den Worten des Emerson-Kenners Kenneth W. Cameron, Emersons »first major challenge to the wasteland of his day«.[20]

Wenige Tage nach der Veröffentlichung von *Nature* traf sich in Concord zum erstenmal eine Gruppe von Leuten, die als »Transcendental Club« bis etwa 1843 aktiv blieb. Zu ihr gehörten u. a. Orestes Brownson, Theodore Parker, Bronson Alcott, Margaret Fuller, James Freeman Clarke und Frederic Hedge. Die Zusammensetzung des »Transcendental Club« veränderte sich natürlich im Laufe der Jahre, aber jeder, der zur ›Schule‹ der Transzendentalisten gezählt werden kann, stand irgendwann einmal damit in Verbindung. Obwohl Emerson, der in vieler Hinsicht extreme Individualist, nicht als eine Art Präsident dieses »Club« vorgestellt werden darf, war er doch der Kristallisationspunkt dieses Kreises, der zugleich auch ein äußerer Ausdruck der Tatsache war, daß Emerson im Laufe der Jahre aus dem ruhigen Dorf Concord einen geistigen Mittelpunkt Amerikas gemacht hatte.

Am 30. Oktober 1836 wurde Emersons erstes Kind, der Sohn Waldo, geboren. Somit hatte Emerson in einem Zeitraum von nur drei Jahren nach seiner Rückkehr aus Europa seine wahre Berufung gefunden, eine Familie gegründet und seine finanziellen Verhältnisse konsolidiert. Diese äußeren und inneren Umstände bildeten die Grundlage für die produktivste Schaffensperiode in Emersons Leben, die bis ungefähr in die Mitte der fünfziger Jahre andauerte und an deren Ende Emerson weltweit als einer der führenden Denker seiner Zeit anerkannt war.

Der ›ersten Herausforderung‹ durch *Nature* folgten weitere, ebenso entscheidende. Am 31. August 1837 hielt Emerson vor der »Phi Beta Kappa Society« in Harvard einen Vortrag mit dem Titel »The American Scholar«. Diese »second challenge« wurde von Oliver Wendell Holmes als »our intellectual Declaration of Independence« bezeichnet, und James Russell Lowells Einschätzung der Bedeutung dieses Vortrages war kaum weniger emphatisch: »an event without any former parallel in our literary annals«.[21] Der Vortrag, dessen gedankliche Wurzeln bis in das Jahr 1835 zurückreichen, ist eine spezifische Applikation der gedanklichen Prinzipien, wie sie Emerson in *Nature* entwickelt hatte; er fand positive Resonanz und bildete den zweiten Pfeiler im Gebäude des Emersonschen Selbstverständnisses.

Die »third challenge« erfolgte ein knappes Jahr später. Am 15. Juli 1838 hielt Emerson einen Vortrag vor der »Senior Class« des »Divinity College« in Harvard, der unter der Bezeichnung »Divinity School Address« bekannt geworden ist. Dieser Vortrag, der Emersons Argumente gegen Unitarismus und institutionalisierte Religion zusammenfaßte, kann als eine Art Selbstrechtfertigung verstanden werden und bildet den dritten Pfeiler seines religiösen und philosophischen Gedankengebäudes. Er entfesselte in konservativen kirchlichen Kreisen einen beträchtlichen Proteststurm und hatte zur Folge, daß Emerson lange Zeit für die »Harvard Divinity School« zur *persona non grata* wurde.

Emerson, der von den Auswirkungen seines Vortrages betroffen war, unterzog seine Position noch einmal einer strengen Überprüfung, die u. a. ihren Ausdruck in »Uriel«, einer stark autobiographischen Parabel über die Schwierigkeiten, neue Gedanken durchzusetzen, fand. Seine innere Überzeugung aber blieb unerschüttert, und wenn ihm auch fortan die Kirche als Auditorium unzugänglich blieb, so hatte Emerson doch durch seine Vortragsreisen und seine Bücher hinreichend Möglichkeiten zur Verbreitung seiner Ideen.

Ein neues Medium kam im Jahre 1840 hinzu, als Emerson die Zeitschrift *The Dial* mitbegründete. Sie wurde in den nächsten vier Jahren zu einem der wichtigsten Publikationsorgane für die Transzendentalisten und damit zu einer Art offiziellem Sprachrohr für die neue ›Schule‹. Obwohl Emerson dergleichen Formalisierungen und Institutionalisierungen wesensfremd waren, widmete er sich der Arbeit an der Zeitschrift mit großer Hingabe. Er übernahm sogar 1842, nach dem Ausscheiden Margaret Fullers, allein die Herausgeberschaft und hielt die Zeitschrift noch bis 1844 am Leben, obwohl sie eigentlich von Anfang an ein Zusatzgeschäft war und Emerson durch sie beträchtliche finanzielle Einbußen erlitt.

Am 20. März 1841 erschien der erste Band der *Essays*. Für ein Publikum, das *Nature* und die (gedruckten) Vorträge kannte, brachten diese Essays nichts grundlegend Neues. Gerade diese Vertrautheit aber erhöhte ihre Wirkung; der Band wurde insgesamt recht positiv aufgenommen.

Um die Mitte der vierziger Jahre ließ die Intensität von Emersons intellektuellen Aktivitäten nach. Dies ist u. a. wohl auch darauf zurückzuführen, daß der Tod seines Sohnes Waldo am 27. Januar 1842 diese Jahre überschattete. Emerson verzeichnete in seinem Tagebuch, daß er von diesem Ereignis nichts als dessen Bitterkeit verstanden habe.[22] Die Elegie »Threnody« entstand aus dieser seelischen Krise und half zugleich, sie zu überwinden. Emerson reduzierte seine Vortragtätigkeit (so hielt er z. B. im Winter 1843/44 nicht die gewohnte Serie der Bostoner Vorträge), konzentrierte sich stärker auf seinen unmittelbaren Lebenskreis in Concord und arbeitete vor allem an den Vorbereitungen für den zweiten Band seiner *Essays*, der am 19. Oktober 1844 erschien und seinen Ruhm auch in Europa (der Band kam zum Jahresende in London heraus) konsolidierte.

In diesem Buch, das deutlich weniger ›transzendental‹ und stärker erfahrungsbezogen angelegt ist als der erste Band der *Essays*, wird die wichtigste Komponente der Entwicklung Emersons in den vierziger Jahren greifbar: seine zunehmende Hinwendung zur politischen und sozialen Wirklichkeit der Zeit. Für konkrete lokale Probleme wie etwa die projektierte »Concord Railway« konnte er sich daher eher engagieren als für Versuche zu einer neuen ›transzendentalistischen‹ Lebensform wie George Ripleys »Brook Farm« (die Emerson einmal etwas verächtlich als »a perpetual pic-

nic« bezeichnete) oder Bronson Alcotts »Fruitlands«.[23]
Schon 1838 hatte sich Emerson in einem Brief an Präsident
van Buren gegen die Zwangsvertreibung der Cherokee-
Indianer aus Georgia gewandt; und er begann sich auch in
der Sklavenfrage zu engagieren, die ihn in den nächsten
Jahren, wie seine Vorträge zum »Fugitive Slave Law«
bekunden, immer wieder beschäftigte. Gelegentlich waren
in diesen Jahren Emersons politische Auffassungen auch
durch finanzielle Überlegungen bestimmt; so unterstützte er
in den Wahlen von 1840 die Whigs gegen den zur Wieder-
wahl stehenden van Buren in der Hoffnung, daß sein ange-
legtes Kapital bei ihnen sicherer sei als unter einer demokratischen Regierung.
Insgesamt waren die vierziger Jahre eine Periode der Konso-
lidierung, auch einer gewissen Umorientierung für Emerson. Dies läßt sich an den Rahmenthemen der Bostoner
Vorträge dieser Jahre ablesen (»Human Life«; »The Present
Age«; »The Times«), aber auch an der langen Sammelarbeit
für den ersten Band seiner *Poems*, der 1846 herauskam und
(mit dem späteren Band *May-Day and Other Pieces* von
1867) Emersons Ansehen als Lyriker begründete.
Neben seinen früheren Veröffentlichungen waren es vor
allem die *Poems*, die dazu beitrugen, daß Emersons zweite
Europareise (Oktober 1847 bis Juli 1848) ein großer persönlicher Erfolg wurde. Während er in Paris, wo er im Mai/Juni
1848 die Wirren der Revolution miterlebte, kaum Kontakt
zu intellektuellen Kreisen fand, traf er in London mit allen
literarischen Größen der neuen Generation (De Quincey,
Macaulay, Thackeray, Dickens, Tennyson, George Eliot)
zusammen und knüpfte auch seine alten Beziehungen zu
Carlyle wieder an. Emerson hielt eine Reihe von Vorträgen
in Liverpool, Manchester und einigen schottischen Städten,
später dann auch in London, und stützte sich dabei auf
Material aus der Vortragsreihe »Representative Men«, die er
1845/46 in Boston gehalten hatte und die Ende 1849 im
Druck erschien.

Nach seiner Rückkehr von dieser Reise, die nicht die gleichen gravierenden Auswirkungen hatte wie die erste, setzte Emerson sein Leben im Sinne einer verstärkten Hinwendung zum Praktisch-Alltäglichen fort. Er wurde zunehmend weniger streng und gelehrtenhaft in seinem Lebensstil und schien durchaus Gefallen am Leben eines »country squire« zu finden. Die heranwachsenden Kinder trugen sicherlich ihren Teil zu diesem Wandel bei. Symptomatisch für diese sich wandelnde Einstellung ist die Vortragsreihe »The Conduct of Life«, die Emerson im Frühjahr 1851 in Pittsburgh hielt und die Ende 1860 als Buch erschien. Gelegentlich als das beste Buch aus Emersons Reifeperiode bezeichnet,[24] markiert es seine Wandlung vom Transzendentalphilosophen zum pragmatischen Ethiker. *English Traits* (1856), die Frucht von Emersons zweitem intensivem Kontakt mit England, bestätigt diesen Befund einer stärkeren Hinwendung zur konkreten sozialen und historischen Wirklichkeit.

Emerson ließ sich jetzt nicht nur in die ›Niederungen‹ der Tageskontroversen hinab – wie etwa seine Beschäftigung mit der Suffragettenbewegung belegt –, er wurde nachgerade auch ein ›geselliger‹ Mensch, der 1855 einen »Saturday Club« mitbegründete (eine lockere literarische Gesprächsrunde, an der sich u. a. Longfellow, Hawthorne, Dana, Homes und Lowell beteiligten) und der an den Bergwanderungen des »Adirondack Club« teilnahm.[25] Das private Leben in Concord wurde Emerson auch deshalb zunehmend wichtiger, weil die strapaziösen Vortragsreisen, die ihn in diesen Jahren jeden Winter bis in das Mississippi-Tal führten, ihre Auswirkungen spüren ließen.

In diesen Jahren wandelten sich auch Emersons literarische Interessen; er wandte sich von der deutschen Klassik ab und zeigte ein stärkeres Interesse an der zeitgenössischen englischen und amerikanischen Literatur. Er wurde zum Mentor für junge Autoren wie Walt Whitman, der ihm im Sommer 1855 ein Exemplar von *Leaves of Grass* schickte und dem Emerson eine große Karriere vorhersagte. In seinen philosophischen Interessen wandte sich Emerson stärker der orientalischen Philosophie zu.

Während dieser Jahre der menschlichen und gedanklichen Abklärung entwickelten sich die politischen Probleme natürlich weiter, und Emerson sah sich zunehmend in die großen historischen Kontroversen seiner Zeit hineingezogen. Seine größte Sorge war die sich immer deutlicher abzeichnende Auseinandersetzung zwischen den Nord- und den Südstaaten. Obwohl der Ausbruch des Bürgerkrieges (1861–65) ihn mit Schrecken erfüllte, begrüßte er ihn letztlich doch, da er sich von ihm eine klärende und befreiende Wirkung vor allem in bezug auf die Sklavenfrage erhoffte. Emerson hatte sich in dieser Frage eindeutig auf die Seite der Abolitionisten geschlagen und unterstützte daher die Sache der Unionsstaaten.

Nach dem Ende des Bürgerkrieges, der im übrigen Emersons Lebensrhythmus nur unwesentlich beeinflußte, ging Emersons Rückzug in die Privatsphäre weiter. Gleichzeitig festigte sich sein Ansehen als »representative man«.[26] Schon 1864 war er in die »American Academy of Arts« gewählt worden, und 1866 erfolgte dann auch die längst überfällige Aussöhnung mit Harvard. Emerson bekam die Doktorwürde verliehen, wurde 1867 zum »overseer« des »Divinity College« bestellt und 1870 zu einer Vorlesungsreihe eingeladen. Obwohl er für diese Vorlesungen weitgehend auf früheres Material zurückgriff, bereiteten sie ihm doch ungewöhnliche Schwierigkeiten. Dieser Umstand wie auch der angegriffene Gesundheitszustand Emersons führten zu einem Abbruch der Vorlesungsreihe, und Emerson ergriff dankbar die Möglichkeit einer Erholungsreise, die ihn zum erstenmal in den äußersten Westen des Landes, nach Kalifornien, führte.

Die letzten Lebensjahre Emersons waren überschattet von einem zunehmenden Verfall seiner geistigen Kräfte. Angesichts dieses unbestrittenen Faktums ist es müßig, darüber zu streiten, wann genau dieser Verfall einsetzte. Man tut Emerson sicher Unrecht, wenn man den Beginn dieses Verfalls schon in die fünfziger Jahre zurückverlegt, auch wenn unbestreitbar ist, daß Qualität und Intensität der Publikationen nach der zweiten Europareise spürbar nachließen.[27] Manche sehen in der Veröffentlichung von *The Conduct of Life* im Dezember 1860 den letzten Höhepunkt von Emersons Schaffen, nach dem der allmähliche Rückgang seiner geistigen Schaffenskraft unverkennbar ist.[28]

Das Ende des Bürgerkrieges freilich markierte einen deutlichen Einschnitt. Ein schon früher in Ansätzen erkennbarer Trend verschärfte sich: Nach der Veröffentlichung des Gedichtbandes *May-Day and Other Pieces* im April 1867 war *Society and Solitude* (März 1870) das letzte einigermaßen originäre Buch, das Emerson selbständig zusammenstellte. Danach wurde selbst eine vergleichsweise anspruchslose Aufgabe wie das Vorwort zu einer neuen amerikanischen Ausgabe von Plutarchs *Moralia* (1870) zu einer fast unüberwindbaren Mühsal. Die Arbeit an *Parnassus*, einer Anthologie von Gedichten der englischen Literatur, die Emerson besonders liebte, war ein langwieriger Prozeß, der erst 1874 abgeschlossen werden konnte. Diese Arbeit wäre ebenso wie die Zusammenstellung von *Letters and Social Aims* (1875) ohne die Mitarbeit von Emersons Tochter Ellen und von James Elliot Cabot gänzlich unmöglich gewesen. Die Vorträge, die Emerson in diesen letzten Jahren hielt, waren kaum mehr als Blütenlesen aus alten Manuskripten, und in zunehmendem Maße waren es nur noch die große Erfahrung und Routine Emersons, die solche Vorträge davor bewahrten, zum Debakel zu werden. Die kritischen Stimmen, die sich schon in den sechziger Jahren bemerkbar gemacht hatten, mehrten sich nun; als stellvertretend mag das Urteil des Essayisten John Burroughs gelten, der 1872 mit Walt Whitman einen Vortrag Emersons in Baltimore besuchte: »Nothing can be more irrelevant or pitiful than those lectures he is now delivering.«[29] In den letzten Jahren seines Lebens mündete der geistige Verfall Emersons in nahezu totale Aphasie.

Dennoch blieb er eine hochgeachtete, beinahe sakrosankte öffentliche Persönlichkeit. Mark Twain, der sich anläßlich des Geburtstagsbanketts für John Greenleaf Whittier am 17. Dezember 1877 in einem respektlosen Sketch über die drei »gracious singers« Howell, Longfellow und Emerson lustig machte, mußte mit Zerknirschung erfahren, wie unantastbar diese Größen waren.[30] In sehr viel positiverer Weise wurde das Ausmaß der Wertschätzung Emersons deutlich, als nach dem Brand seines Hauses in der Nacht des 24. Juli 1872 innerhalb kürzester Zeit die stattliche Summe von $ 17 000 von Freunden und Gönnern gesammelt wurde. Mit diesem Geld konnte nicht nur das Haus wiederhergestellt, sondern auch Emersons letzte Europareise (Oktober 1872 bis Mai 1873) finanziert werden. Emersons angegriffener Gesundheitszustand machte diese Reise zu einem mit Schwierigkeiten behafteten Unterfangen. Ohne die Fürsorge seiner Tochter Ellen, die schon seit geraumer Zeit seine Hauptstütze war, wäre sie undurchführbar gewesen. Immerhin besuchte Emerson in England, Frankreich und Italien noch einmal die ihm von den früheren Reisen vertrauten Stätten, und er konnte sich den langgehegten Wunsch erfüllen, das Niltal und die Insel Phylae zu besuchen.

Die letzten Jahre seines Lebens verbrachte Emerson – bei nur gelegentlichen öffentlichen Auftritten in Concord und Umgebung – in fast völliger Zurückgezogenheit. »He slid into a serene and dignified senility, [...] outwardly calm and smiling, his mind grew blank.«[31] Emerson starb nach kurzer Krankheit am 27. April 1882 an den Folgen einer Lungenentzündung. Drei Tage später wurde er auf dem »Sleepy Hollow Cemetery« in Concord begraben.

Der amerikanische Transzendentalismus

Die Gedankenwelt Emersons kann wohl nur zureichend verstanden werden im Zusammenhang mit einer umfassenden Bewegung des neunzehnten Jahrhunderts, die als amerikanischer Transzendentalismus in die Geschichte eingegangen ist. Diese Bewegung selbst konfrontiert den Kritiker mit einer Reihe ungewöhnlicher Zuordnungsprobleme. So ist bis auf den heutigen Tag keine definitive und abschließende Antwort auf die Frage nach dem exakten Wer, Wann, Was und Warum der Bewegung gegeben worden. Octavius Brooks Frothingham kennzeichnet 1876 als Parteigänger und erster bedeutender Chronist den amerikanischen Transzendentalismus als »local in activity, limited in scope, brief in duration, engaging but a comparatively small number of individuals, and passing over the upper regions of the mind«.[1] Perry Miller, Herausgeber der einflußreichen Anthologien *The Transcendentalists* und *The American Transcendentalists*, eröffnet das Vorwort des letzteren Buches mit der vagen Zuordnung: »The ›Transcendentalists‹ were a number of young Americans, most of them born into the Unitarianism of New England in the early nineteenth century, who in the 1830's became excited, or rather intoxicated, by the new literature of England and the Continent (and also by a cursory introduction to that of the Orient), and who thereupon revolted against the rationalism of their fathers.«[2] Obwohl Millers Charakterisierung bereits spezifischer ist als die Frothinghams, wird offenkundig, daß in beiden Fällen plakativ mit umfassenden und deshalb vagen Kategorien operiert wird. Wer also waren die amerikanischen Transzendentalisten? Wo und wann sind sie anzusiedeln? Gab es ein konsistentes philosophisches System als Grundlage ihrer Aktivitäten und Lehren? Welchen intellektuellen Strömungen der Tradition waren sie verpflichtet, und welche Traditionen begründeten sie ihrerseits?

Der Versuch einer Beantwortung der ersten Frage führt bereits in ein charakteristisches Dilemma. Sollen nur jene als Mitglieder des Zirkels anerkannt werden, die Emerson selbst in seinem retrospektiven Vortrag »Historic Notes of Life and Letters in New England« als Mitglieder des sogenannten »Transcendental Club« aufführte?[3] Soll man, wie etwa Alexander Kern, versuchen, nach eigenem Gutdünken eine Liste von »thirty-odd of the more significant Transcendentalists«[4] zu erstellen? Oder soll man, wie Perry Miller in seiner Anthologie *The Transcendentalists*, mit Hilfe zeitlicher wie auch thematischer Parameter ein breites Feld von Diskutanden abstecken, das Vorläufer ebenso wie Zentralgestalten, Anhänger wie Gegner, bekannte Galionsfiguren ebenso wie nur im weitesten Sinne mit dem Transzendentalismus in Verbindung zu bringende Gestalten umfaßt?[5] Am informativsten erscheint vielleicht noch die an Millers Vorgehensweise geschulte Differenzierung von Lawrence Buell, der in seiner Studie *Literary Transcendentalism*[6] zwischen den Vorläufern der Bewegung (z. B. William Ellery Channing, James Marsh und Sampson Reed), den Zentralgestalten des inneren Kreises (u. a. Alcott, Emerson, Thoreau, Brownson, William Henry Channing, Fuller, Hedge, Parker, Clarke, Ripley, Elizabeth Peabody und Jones Very), den Randfiguren von sekundärer Bedeutung (u. a. Osgood, Francis und Sylvester Judd) und den »third-generation keepers of the faith«[7] (Frothingham, Moncure Conway, Franklin Benjamin Sanborn etc.) unterscheidet.

Was die Antwort auf das Wo der Begegnung angeht, so ist unumstritten, daß sie ihr Zentrum in Massachusetts (genauer in Concord, Mass.) hatte und letztlich nur begrenzt in anderen Regionen Amerikas Fuß fassen konnte. Hingegen bleibt die Antwort auf das Wann im Detail genau so umstritten wie das Problem der Gruppenzugehörigkeit. Alexander Kern geht in seinem informativen Überblick zum Transzendentalismus von den Eckdaten 1815 und 1860 aus.[8] Robert Spillers *Literary History of the United States* datiert die Zeit des Heranreifens von 1815 bis 1836 und die Zeit des Ausklingens in anderen Formen von Idealismus nach dem Bürgerkrieg.[9] Perry Miller spricht bisweilen vom frühen neunzehnten Jahrhundert und den dreißiger Jahren als Anfang,[10] an anderer Stelle von 1850 als dem ungefähren Ende.[11] Andere wollen den Beginn der Bewegung im Jahre 1836, genauer im Datum der Veröffentlichung von Emersons *Nature* sehen, während sie das Ende des Transzendentalismus als nicht fixierbar deklarieren. Und wieder andere erklären bündig, wie Orestes Brownson im Jahre 1857: »The transcendentalists, with Ralph Waldo Emerson for their high priest, Margaret Fuller for their high priestess, and *The Dial* for their organ [...] have nearly all disappeared.«[12] Über solche Detailabweichung hinaus darf wohl als gesichert angenommen werden, daß die Anfänge des amerikanischen Transzendentalismus mindestens eine Dekade vor seine Blütezeit in den dreißiger und vierziger Jahren zurückreichen, während spätestens die Zeit des *Civil War* (1861–65) das Ende der Bewegung als lebendige, sich erneuernde Kraft sah.

Weit beunruhigender noch als solche Fragen präsentiert sich das Problem des Selbstverständnisses der Transzendentalisten als möglicher Ansatzpunkt für eine Begriffsdefinition oder Rekonstruktion eines Systems philosophischer Prinzipien und weltanschaulicher Gemeinsamkeiten. Der Konsens unter den Mitgliedern der Bewegung scheint bisweilen gering, die Konsistenz des Selbstverständnisses einzelner recht disparat zu sein. So macht Emerson zum einen darauf aufmerksam, daß die ungeliebte Kennzeichnung »Transzendentalist« von außen oktroyiert wurde und daß unter den so Bezeichneten »no concert« bestand.[13] Zum anderen läßt er sich aber in seinem Essay »The Transcendentalist« auf eine verbindliche Begriffsbestimmung ein: »What is popularly called Transcendentalism among us, is Idealism; Ideal-

ism as it appears in 1842«,[14] die er dann freilich an anderer
Stelle wieder durch die selbstironische Kennzeichnung neu-
tralisiert: »»Transcendentalism means, says our accomplished
Mrs. B, with a wave of her hand, *A little beyond.*«[15]
Thoreau sagt von sich selbst in Beantwortung einer Anfrage
der »Association for the Advancement of Science« kaum
weniger ironisch:

> »The fact is I am a mystic, a transcendentalist, and a
> natural philosopher to boot. Now I think of it, I should
> have told them at once that I was a transcendentalist. That
> would have been the shortest way of telling them that
> they would not understand my explanations.«[16]

Und Charles Mayo Ellis schreibt als vermutlicher Autor des
»Essay on Transcendentalism«: »Talk to one of anything
foreign, and he will mutter something about Transcendentalism; another thinks the Germans are given to this
rather than the French.«[17] Derselbe Ellis jedoch versucht
sich andererseits an einer durchaus ernsthaften Fassung des
Begriffs, wenn er schreibt:

> »This, then, is the doctrine of Transcendentalism – the
> substantive, independent existence of the soul of man, the
> reality of conscience, the religious sense, the inner light,
> of man's religious affections, his knowledge of right and
> truth, his sense of duty [...].«[18]'

William Henry Channing scheint sich mit seiner »Partici-
pant's Definition« anzuschließen, wenn er formuliert:
»Transcendentalism was an assertion of the inalienable integrity of man, of the immanence of Divinity in instinct.«[19]
Ähnlich kennzeichnet George Ripley den Transzendentalismus als Glaube an die »supremacy of mind over matter«.[20]
Und Christopher Pearse Cranch schließlich formuliert
schwärmerisch in seinem Artikel »Transcendentalism«:

> »The true Transcendentalism is that living and always
> new *spirit* of truth, which is ever going forth on its

conquests into the world, and leading all captivity captive
[...] which is thus in the only sense *transcendental*, when
it labors to *transcend* itself, and soar ever higher and
nearer the great source of Truth, Himself.«[21]

Nathaniel Hawthorne, der der Bewegung zeitweilig nahe-
stand, stimmt hingegen in das Konzert zeitgenössischer
Spötter ein, wenn er in »The Celestial Railroad«, einer
Parodie auf Bunyans *Pilgrim's Progress*, einen »Giant Transcendentalist« auftreten läßt, der seine Gäste mit einem Mahl
aus »smoke, mist, moonshine, raw potatoes, and sawdust«
mästet und hinter unschuldigen Reisenden herbrüllt »in so
strange a phraseology that we knew not what he meant, nor
whether to be encouraged or affrighted«.[22]

Wenn schon die Selbstdarstellung der Betroffenen so disparat ausfällt und auf verwirrende Weise Witz und Tiefsinn,
populistische Mißverständnisse und philosophische Selbst-
analyse mischt, dann muß man befürchten, daß das Defi-
nierte selbst ein diffuses, vieldeutiges und ungreifbares
Gebilde ist. Obwohl also davor gewarnt werden muß, den
amerikanischen Transzendentalismus als eindeutige Denk-
richtung, als System oder als philosophische Einheit zu
sehen, soll hier eine Skizze versucht werden, die Gemeinsames und Generalisierbares in der Vielzahl der Phänomene,
die als transzendentalistisch bezeichnet wurden und werden,
identifizieren will.

Als grundlegender Ansatzpunkt bietet sich am ehesten die
transzendentalistische Auffassung vom Zusammenhang
bestimmter Seinsbereiche und die zugeordnete Lehre von
der »correspondence« an. Die transzendentalistische Onto-
logie läßt sich als eine Art Triade beschreiben, in der die
Bereiche des Natürlich-Materiellen, des Seelisch-Geistig-
Bewußten und eines übergreifenden, spirituell-göttlichen
Prinzips, kurz, also Natur, Mensch und Gott, in Korrela-
tion gesetzt wurden. Weder sind Natur, individuelle Seele
und Gott für den Transzendentalisten heterogene Prinzipien

eines unüberwindbaren Gegensatzes, noch stehen sie sich
indifferent gegenüber. Natur ist vielmehr Ausdruck des
Geistigen, so wie das Geistige sich in der Natur wiederfin-
det, während in beiden Bereichen das Göttliche stets unauf-
hebbar immanent bleibt. Die Gesetze der Natur korrespon-
dieren daher bis ins Detail mit den Gesetzen des menschlichen Geistes, und beide wiederum sind als Ausfluß und
Darstellung universell-göttlicher Gesetzlichkeiten zu verstehen. Man kann sagen, daß die Transzendentalisten an die
Einheit der Welt und des Menschen in Gott und an die
Immanenz Gottes in Natur und Bewußtsein glaubten, was
wiederum jede Art von Mikrokosmos oder scheinbar selb-
ständiger Seinsordnung zum Spiegel der Essenz einer umfassenderen Seinsordnung machte. In diesem Sinne war den
Transzendentalisten die individuelle Seele letztlich identisch
mit der Weltseele (»over-soul« in Emersons Sprache); und in
diesem Sinne postulierten sie, daß der Mensch sich nur in
sein Selbst oder in die Natur als Reflex des Selbst versenken
müsse, um auch schon immer bei Gott als dem universal-
spirituellen Prinzip zu sein. Dies sind Grundgedanken, wie
sie etwa in Emersons *Nature* dem Schema der Argumentation unterliegen, zugleich aber auch den noch näher zu
untersuchenden inneren Zusammenhang einzelner Werke
(etwa: *Nature*, »Self-Reliance« und »Over-Soul«) bestimmen. Und dies sind Grundgedanken, die einen anderen
Autor im Rekurs auf das Wesen des Menschen sagen lassen:
»His nature is triple – animal, rational, spiritual; and it is to
those systems, on whatever subject, which contemplate him
as a spiritual being, that we apply the term transcendental.«[23]
Hinsichtlich solcher in aller Regel gemeinsamen Grundanschauungen müssen allerdings sofort zwei Einschränkungen
angefügt werden. Unübersehbar ist zum einen die Tendenz
mancher Transzendentalisten, den Menschen vollends in das
Zentrum der Aufmerksamkeit zu rücken, gleichsam ihre
Reflexionen vom Menschen als spirituellem Zentrum des

Universums ausgehen und wieder dorthin zurückkehren zu lassen. Von daher gesehen ist es richtig, wenn Cyrus A. Bartol bewußt überspitzt formuliert: »Pantheism is said to sink man and nature in God; Materialism to sink God and man in nature, and Transcendentalism to sink God and nature in man.«[24] Und zum anderen muß – unter thesenhafter Vorwegnahme späterer Ausführungen – betont werden, daß solche transzendentalistischen Grundanschauungen nicht primär aus metaphysisch-theologischen Spekulationen entstanden, sondern eher in einer Art eklektischer Erkenntnistheorie begründet sind, die von Differenzierungen wie *reason/understanding* ihren Ausgang nahm und die Ergebnisse der Auseinandersetzung des deutschen Idealismus mit der sensualistisch-empiristischen Philosophie Lockes zu adaptieren und zu überhöhen vermeinte. Dieser Zusammenhang deutet sich etwa in folgenden Definitionen an:

> »That belief we term Transcendentalism which maintains that man has ideas, that come not through the five senses, or the powers of reasoning; but are either the result of direct revelation from God, his immediate inspiration, or his immanent presence in the spiritual world [...].«[25]

und:

> »The five senses do not constitute the whole inventory of our sources of knowledge [...]. We have not merely the senses opening to us the external world, but an internal sense, which places us in connexion with the world of intelligence and the decrees of God.«[26]

Wenn man die von den Transzendentalisten postulierte Einheit von Gott, Mensch und Natur im Auge behält, wird jedoch über alle Unterschiede historisch belegbarer Gewichtungen und Argumente hinweg verständlich, daß sich ein Spektrum von Ideen, Maximen und Theoremen zu entfalten vermochte, die bis auf den heutigen Tag vereinzelt oder kumulativ als charakteristische Prinzipien des Transzendentalismus angesehen werden. Denn auf den skizzierten Ansatz stützt sich der intuitive Idealismus der Transzendentalisten ebenso wie ihre ausgeprägte Naturverbundenheit und ihre Lehre von der »correspondence« moralischer und physischer Gesetze; stützt sich ihr Beharren auf dem Prinzip der Immanenz des Göttlichen und der »divinity of man« ebenso wie ihre Ablehnung einer christlich-historischen Offenbarungsreligion; ihr ausgeprägter Individualismus und der Optimismus ihrer Weltsicht ebenso wie ihre Mystizismen und ihre Verehrung von *reason, intuition, insight* und *instinct*; und schließlich ihre Anschauungen von der Einheit aller wahren Religionen ebenso wie ihre radikale Ablehnung äußerer, willkürlich erscheinender Autoritäten, seien diese nun staatlicher, kirchlicher oder irgendeiner anderen Natur. Und verständlich wird in bezug auf die grundlegende Triade auch, wie jede Überakzentuierung eines der Glieder der organischen Einheit zu partiellen Fehldeutungen des Transzendentalismus führen muß, die leicht zu verkürzenden Formeln wie der von der Naturreligion und Naturmystik oder der von der pantheistischen Weltanschauung oder aber zur alternativen Kennzeichnung als anthropozentrische Religion gerinnen können.

Es ist immer wieder darauf aufmerksam gemacht worden, daß eine Vielfalt von Ideen der philosophischen Tradition sowie historisch einflußreiche Geistesströmungen der Zeit in das transzendentalistische Gedankengebäude ihren Eingang gefunden und es als eklektische Mischung konstituiert haben. Es waren dies sowohl äußere Einflüsse Europas oder des Orients wie auch Einwirkungen einer mehr autochthonen amerikanischen Geistesgeschichte. Und es waren dies in aller Regel Einflüsse, die in einem dialektischen Prozeß der Auseinandersetzung wirksam wurden und deshalb zu Adaptionen und Modifikationen, oft genug auch zu Abgrenzungen und Gegenwendungen führten. Ideengeschichtlich können mindestens die folgenden Haupteinflüsse identifiziert werden, die sich in jedem Einzelfall wieder anders mit bestimmten Nebeneinflüssen verbanden oder aber in ihrer Gesamtheit zu einem schwer differenzierbaren Konglomerat vereinigten. Da war zum einen der Einfluß von Platos Ideenlehre sowie von Plotins Lehre vom »All-Einen« und der stufenweisen Emanation des *Nous*, der Welt-Seele, der Ideen, der Sinnenwelt und der Materie aus dem All-Einen; dazu kamen die Ansätze des englischen Neo-Platonismus der »Cambridge Platonists« aus dem siebzehnten Jahrhundert (insbesondere Cudworth und Henry More). Da war zum anderen der Einfluß orientalischen Denkens, wie es sich insbesondere in der Lehre des Konfuzius, im Buddhismus, in der Bhagavadgita und den Upanischaden darstellte. Dazu machten verschiedene Strömungen der Mystik von der Orphik der klassischen Tradition über fernöstliche Varianten bis hin zu Jakob Böhme ihren Einfluß geltend, wobei die späteren mystischen Ansätze und der Okkultismus Emanuel Swedenborgs die vielleicht größte Wirkung ausübten. Weiterhin kann der Einfluß der englischen Romantik mit ihrer Naturreflexion, ihren expressiven Kunsttheorien, ihrer Genieverehrung und ihrer partiellen Adaption von Ansätzen des deutschen Idealismus sowie der Einfluß der deutschen Transzendentalphilosophie nicht übersehen werden. Fügt man noch hinzu, daß bedeutende Persönlichkeiten der Zeit wie etwa Madame de Staël, Victor Cousin und Goethe über alle Unterschiede hinweg individuell ihren Einfluß geltend machten und daß zudem noch eine Auseinandersetzung mit nationalen Traditionen wie etwa dem amerikanischen Puritanismus und dem Unitarismus erfolgte, so sieht man, daß der Transzendentalismus Geistesströmungen von der Antike bis zur eigenen Gegenwart in sich aufsaugte, wie dies wohl kaum bei einer anderen Bewegung bis dahin der Fall gewesen war.

Es wäre vermessen, im Zuge einer Einführung all diese Einflußsphären und Berührungspunkte kommentierend berücksichtigen zu wollen. Für ein solches Bemühen kann vielmehr auf Spezialstudien wie Frothinghams *Transcendentalism in New England*, Kenneth W. Camerons *Emerson the Essayist* und eine Flut neuerer vergleichender Literatur verwiesen werden.[27] Hier muß es genügen, wenn ansatzweise und exemplarisch der Bezug transzendentalistischer Anschauungen zu zwei wichtigen Bereichen äußerer und innerer Einflußnahme thematisiert wird: zum einen zur Philosophie des deutschen Idealismus, insbesondere der Transzendentalphilosophie Kantscher Prägung, und zum anderen zur autochthonen Tradition des amerikanischen Puritanismus und des zeitgenössischen Unitarismus.

Transzendentalisten aller Couleur schätzen es, sich auf die deutsche Philosophie des 18. und 19. Jahrhunderts und insbesondere auf die transzendentale Wende Kants zu berufen. Dabei muß gesehen werden, daß die Kontakte zumeist nicht auf direktem Wege zustande gekommen waren, sondern von der Vermittlerfunktion bestimmter Zeitgenossen abhingen. So wurde unter den Transzendentalisten das Bild deutscher Philosophie, Theologie und Literatur zum einen mitgeprägt von einer Vorläufergeneration amerikanischer Intellektueller, die bereits zu Anfang des 19. Jahrhunderts in Deutschland studiert hatten (zu nennen wären etwa Edward Everett, George Bancroft und George Ticknor, aber für eine spätere Phase auch Frederic Henry Hedge). Zum anderen rezipierte das Amerika des 19. Jahrhunderts deutsche Philosophie und Literatur in starkem Maße über die europäischen Vermittler Coleridge, Carlyle und Victor Cousin, die sich schon früh mit der als revolutionär empfundenen Philosophie Kants auseinandergesetzt hatten.

Zentrale Begriffe einer philosophischen Neuorientierung wurden dabei in Amerika Konzepte wie *transzendentale Analyse*, *transzendentales Ich*, *a priori* und die Begriffsdichotomie *Verstand/Vernunft*. Die Transzendentalisten hatten auf ihre Weise verstanden, daß der Ausgangspunkt von Kants *Kritik der reinen Vernunft* eine scharfe

Wendung gegen die Kernthese des Empirismus beinhaltete, daß die alleinige Quelle menschlicher Erkenntnis die Erfahrung qua Sinneswahrnehmung sei. Kant hatte u. a. in seiner Analyse der synthetischen Urteile *a priori* nachgewiesen, daß alle menschliche Erkenntnis, die die Grenzen der Erfahrung nicht unkritisch überfliegen will, stets auf Daten der sinnlichen Wahrnehmung bezogen bleiben, also mit der Erfahrung anheben muß, diese aber insofern auch schon immer transzendiert, als das gesicherte Erkennen der phänomenalen Welt auf Vorbedingungen beruht, die selbst nicht aus der Erfahrung stammen. Zu den Daten der sinnlichen Wahrnehmung treten nämlich gemäß Kants Analyse als konstitutiv für Erkenntnis die reinen Formen der Anschauung (Raum und Zeit) und die reinen Verstandesbegriffe oder Kategorien, die diese Daten erst *a priori* zu verbinden und zur Erkenntnis der Erscheinungswelt zu synthetisieren vermögen. Kategorien als konstitutive Prinzipien des Verstandes wiederum sind bei Kant von Ideen als regulativen Prinzipien der Vernunft so abgegrenzt, daß Ideen die endlichen und auf die Erscheinungswelt bezogenen Erkenntnisse des Verstandes in Richtung auf ihre Totalität hin und in bezug auf die *Noumena* oder Dinge an sich zu übersteigen trachten. Unter einstweiliger Zurückstellung des Problems der praktischen Vernunft beweist Kant dann, daß die reine oder theoretische Vernunft (mit ihren psychologischen, kosmologischen und theologischen Ideen) überhaupt keine Quelle gesicherter Erkenntnis ist, obwohl sie unter einem anderen Aspekt als das höhere Vermögen als der Verstand erscheint. Seine das Erkenntnisvermögen oder genauer die Bedingungen der Möglichkeit von Erkenntnis betreffenden Analysen aber nannte Kant *transzendental*, und dies im expliziten Gegensatz zu *transzendent*, was bei Kant soviel wie die Grenzen der Erfahrung unkritisch überfliegen heißt. Ergebnis einer so verstandenen Transzendentalphilosophie ist, daß die Bedingungen der Möglichkeit der Erkenntnis von Gegenständen zugleich auch immer als die Bedingungen der

Möglichkeit der Gegenstände der Erkenntnis verstanden
werden müssen.

Die Transzendentalisten adaptierten nun in aller Regel iso-
lierte Aussagen und bruchstückhafte Thesen des in sich
geschlossenen Kantschen Systems und entstellten sie dabei
oft entscheidend.[28] So etwa deuteten sie die Dichotomie von
Verstand und Vernunft – ohne Kants kritische Differenzierung von deren Funktionen und Grenzen im Auge zu
behalten – spekulativ in die Dichotomie eines niederen und
eines höheren Erkenntnisvermögens um, die sie – schon
terminologisch verwirrend – als *understanding* und *reason*
bezeichneten. *Understanding* war ihnen dabei das Vermögen einer bloß rationalen und/oder empirischen Erkenntnis,
die nicht zu den letzten Dingen vorzudringen verstand,
während ihnen *reason* (oft leichtfertig mit *intuition, insight,
imagination*, aber auch einfach mit *mind, soul* und *spirit*
gleichgesetzt) zu demjenigen Erkenntnisvermögen wurde,
das alle Grenzen der Erfahrung zu übersteigen und im
direkten Zugriff intuitiv die spirituellen Wahrheiten von
Gott, Mensch und Welt zu enthüllen vermochte. Zudem
wurde von den wenigsten beachtet, daß Kants Analysen
stets beim transzendentalen Ich, d. h. jener zuhöchst allgemeinen, synthetisierenden Bewußtseinseinheit, die Erkenntnis überhaupt erst möglich macht, ansetzten und keineswegs
auf das individuelle Ich historisch vorkommender Personen
oder Personengruppen bezogen waren. Und schließlich lag
bei der scheinbaren Adaption der Transzendentalphilosophie eine grundlegende Verwechslung der Begriffe *transzendent* und *transzendental* vor, was, in den Worten Harold C.
Goddards, zur Folge hatte

»[that] the word *transcendental* came to be applied – by
the New England transcendentalists and others – to whatever in man's mental and spiritual nature is conceived of
as ›above‹ experience and independent of it. Whatever
transcends (sensational) experience is transcendental. In-

nate, original, universal, *a priori*, intuitive – these are
words all of which convey a part of the thought swept
under the larger meaning of the term.«[29]

Von daher gesehen war es dann nur ein Schritt zur schwär-
merisch-unkritischen Spekulation der Transzendentalisten,
daß der Mensch, mit Hilfe von *reason* und *intuition* die
Grenzen des Erfahrbaren ständig übersteigend, unmittelba-
res Wissen über eine durchgeistigte Natur, ein vergöttlichtes
Ich und schließlich das Absolute selbst zu erlangen vermochte; ein Wissen, das Kants radikale Kritik gerade einge-
schränkt, ja auf die theoretische Vernunft bezogen ausgeschlossen hatte.
Als historische Nebenbemerkung muß noch angefügt werden, daß sich die Transzendentalisten natürlich nicht nur auf
Kant als Quelle beriefen, sondern vielmehr ein Sammelsu-
rium von Autoren unter deutschem Idealismus und Transzendentalphilosophie subsumierten. Dies geht etwa aus
Frothinghams Studie zu den Einzugsgebieten hervor, die
neben dem Transzendentalismus in Deutschland vergleichbare Schulen in Frankreich und England auflistet, aber auch
aus der kritischen Zusammenfassung von William H. Channing als Partizipant der Bewegung:

»On the somewhat stunted stock of Unitarianism [...]
had been grafted German Idealism, as taught by masters
of most various schools – by Kant and Jacobi, Fichte and
Novalis, Schelling and Hegel, Schleiermacher and De
Wette, by Madame de Staël, Cousin, Coleridge, and
Carlyle; and the result was a vague yet exalting concep-
tion of the godlike nature of the human spirit.«[30]

Zudem muß betont werden, daß die Vertrautheit mit den
Schriften deutscher Philosophen in der Verlaufslinie Kant –
Fichte – Hegel immer vager wurde und selten auf primäre
Textkenntnisse zurückging. Mit bestimmten Ausnahmen
(wie etwa Hedge) bezogen die meisten Transzendentalisten

ihr Wissen aus sekundären Quellen wie der 1829er Ausgabe
von Coleridges *Aids to Reflection*, Carlyles *Sartor Resartus*
(1836) und Lindbergs Cousin-Übersetzung *Introduction to
the History of Philosophy* (1832). Insgesamt muß man sich
wohl Vernon Louis Parringtons wenig schmeichelhaftem
Urteil anschließen:

> »Transcendentalism, it must always be remembered, was
> a faith rather than a philosophy; [...] it went to Germany
> to find confirmation of its faith, not to reëxamine its
> foundations. [...] They [the transcendentalists] had
> found God for themselves before the philosophers justi-
> fied them; they took to Germany what they sought
> there.«[31]

Wesentlich anders stellt sich das Verhältnis der Transzendentalisten zu den originär amerikanischen Traditionen des
frühen Puritanismus und des späteren Unitarismus dar.
Obwohl der Transzendentalismus in einem gewissen Sinne
als verwandt mit beiden Vorgängersystemen angesehen werden kann, stand dabei weniger Adaption und Modifikation
im Vordergrund, als vielmehr scharfe Abgrenzung und
revolutionäre Gegenwendung. Der amerikanische Unitarismus des neunzehnten Jahrhunderts war eine einflußreiche
religiöse Doktrin, die das Konzept der Trinität leugnete und
– wie schon die europäische Bewegung des Unitarismus zur
Zeit der Reformation – durch Vorstellungen von der Einheit
der Gottheit abzulösen suchte. Aber nicht nur Differenzen
in theologischen Grundsatzfragen brachten die Unitarier in
Gegensatz zum amerikanischen Puritanismus. Weniger eine
systematische Theologie als eine die Gesamtheit der Lebensbereiche reflektierende Weltanschauung, richtete sich der
Unitarismus in Amerika besonders gegen die starre Ortho-
doxie des Calvinismus Neuenglands und seine Lehren von
der »innate depravity« des Menschen, von der Prädestina-
tion, der Gnadenwahl der wenigen Erwählten und Wieder-
geborenen, dem »covenant of grace«, der Leugnung des

freien Willens und gegen die allgegenwärtige Tendenz einer theokratischen Verschmelzung von Individuum, Staat und Glaubensgemeinschaft. Unitarismus war dabei lange Zeit in Amerika gleichbedeutend mit dem Versuch, Prinzipien eines aufgeklärten Rationalismus und Ansätze der empirisch-sensualistischen Philosophie Lockes und der sich abgrenzenden schottischen *Common Sense School* mit einer Art spekulativem Idealismus und humanitären Bestrebungen auf dem Gebiet der »practical christianity« in Einklang zu bringen. Konkret sah dies so aus, daß sich die Unitarier zunächst auf die Philosophie Lockes und seine psychologisierende Erkenntnistheorie beriefen, die den Gedanken von der Existenz »eingeborener Ideen« ablehnte und die als Quelle von Erkenntnis nur die Erfahrung zuließ: *Nihil est in intellectu, quod non ante fuerit in sensu.* Damit bot der Unitarismus das scheinbar paradoxe Bild einer empirisch orientierten Religion, die skeptischen Abstand zur Intuition und zum irrationalen Glaubenssprung hielt, dafür aber historisch-faktisch Belegbares (einschließlich der durch die Bibel verbürgten Wunder) in den Vordergrund stellte. Andererseits aber wurde die rein empirische Ausrichtung der Unitarier zumindest in einer Hinsicht wieder relativiert, da sie z. T. die Doktrin der Locke verwandten *Common Sense School* (insbesondere Reid, Brown, Stewart) akzeptierten, daß auf dem Gebiet der Ethik eine Art »innate moral sense« die Einsichten von richtig und falsch, gut und böse regele.

Die Transzendentalisten nun weiteten diesen Ansatz bis zu dem Punkte aus, wo der intuitive Idealismus der praktischen Philosophie auch auf das Gebiet der theoretischen Vernunft übergriff und in der Folge ein Menschenbild konstituierte, das mehr und mehr von »innate ideas«, von Prinzipien der Immanenz des Göttlichen und daher von der Größe und Vollendung der menschlichen Natur beherrscht wurde. Im Rückblick auf die letztere, entscheidende Verschiebung und eingedenk der vorgängigen puritanischen Doktrin von der radikalen Verdorbenheit der menschlichen Natur, die nur für die Auserwählten nach einem unerforschlichen Ratschluß Gottes das Heil erreichbar sein ließ, kann man pointiert sagen: »The Unitarians had pronounced human nature to be excellent; the transcendentalists pronounced it divine;«[32] und: »Transcendentalism simply claimed for all men what Protestant Christianity claimed for its own elect.«[33]

Eine weitere gravierende Differenz zwischen Puritanismus, Unitarismus und Transzendentalismus ergab sich aus der Beurteilung der Autorität und Erscheinungsform Gottes und seines verkündeten Wortes. Ließen die Puritaner als ursprüngliche Autorität nur die Bibel und das verkündete Gesetz eines persönlichen, weltfernen, strafenden Gottes gelten, das es von der puritanischen Theokratie zu vernehmen und auszulegen galt, so akzeptierten die Unitarier die Bibel eher als historisches Dokument (von höchstem Rang, aber letztlich ein Dokument unter anderen), dessen Wahrheitsanspruch überprüfbar und somit anderen Quellen religiöser Wahrheitsfindung gleichgeordnet schien. Die Transzendentalisten jedoch tendierten von ihrer ontologischen Grundposition her dazu, jegliche Art von Geschichtsdokument zu relativieren und seine Aussagekraft in Konkurrenz zur Erscheinung Gottes in der Natur oder im Menschen selbst treten zu lassen, wobei sie deutlich der Natur und dem Menschen als »Buch« Gottes und einem direkten intuitiven Zugang zum Absoluten den Vorzug vor anderen Quellen der Einsicht gaben. In diesem Zusammenhang mußte Emersons Diktum im »American Scholar« über die Funktion von Büchern (letztlich auch der Heiligen Schrift) selbst den liberalen Unitariern wie pure Häresie klingen: »When he [the scholar] can read God directly, the hour is too precious to be wasted in other men's transcripts of their readings.«[34]

Nun soll hier nicht der Eindruck erweckt werden, daß die transzendentalistische Revolte gegen Puritanismus und Unitarismus so radikal war, daß sich keine Verbindungslinien mehr ergaben. Es ist vielmehr so, daß puritanische Prinzipien wie das der Selbstversenkung, die Doktrin vom »inner light«, die Ablehnung kirchlicher Rituale und pompöser Zeremonien, die Ausrichtung der Reflexion aller Lebensbereiche auf das Moralische hin oder die Auseinandersetzung mit Welt und Natur als Bereiche, die den Menschen zu sich selbst und zu Gott zurückführten, im Transzendentalismus augenfällig ihre Fortführung oder Wiederholung fanden, obwohl angefügt werden muß, daß die Motivationszusammenhänge und die Zielrichtungen zumeist andere waren. Und es ist auch so, daß die Entwicklung des Transzendentalismus ohne die Revolten der unitarischen Vätergeneration und ohne ein liberales Unitariertum, dem nahezu alle Transzendentalisten irgendwann einmal anhingen oder gar als »Unitarian Ministers« gedient hatten, kaum denkbar erscheint. Andererseits aber war es unübersehbarer Bestandteil des Selbstbildes der Transzendentalisten, daß sie keineswegs als Nachfahren überlebter Traditionen, und sei es auch nur im Detail, verstanden werden wollten, sondern daß sie den Neuanfang in allen Denk- und Lebensbereichen suchten, auch wenn ihre Vorstellungen von diesem Neuanfang bisweilen vage blieben. »Unitarianism has demolished Calvinism«, so schreibt Orestes Brownson dazu,

> »made an end in all thinking minds of everything like dogmatic Protestantism, and Unitarianism itself satisfies nobody. It is negative, cold, lifeless, and all advanced minds among Unitarians are dissatisfied with it, and are craving something higher, better, more living and lifegiving.«[35]

Indem die Transzendentalisten aber diesem Wunsch nachstrebten und das Neue und Lebendige im Denken ihrer Zeit zu etablieren suchten, spalteten sie sich von einem Unitarismus ab, der einen der Ausgangspunkte ihrer Bewegung markiert hatte und der selbst wiederum aus einer Revolte

gegen den puritanischen Calvinismus der Vorväter hervorgegangen war, und ordneten sich so in eine historische
Entwicklungslinie ein, die sie im Versuch der Negation zum
vorläufigen Abschluß brachten.

Es ist unübersehbar, daß der amerikanische Transzendenta-
lismus eine Weltanschauung war, die sich in fast gleichem
Maße auf den Gebieten der Philosophie, der Theologie und
der Pädagogik, in der Ethik, Ästhetik und Literatur, in
Kirche, Politik und Gesellschaft geltend machte. Zwei dieser
Einflußsphären sind hier bisher nur benannt, nicht aber
näher in Augenschein genommen worden: die Bereiche des
Ästhetisch-Literarischen   und   des   Gesellschaftlich-So-
zialen.
Transzendentalismus bedeutete u. a. auch eine literarische
Praxis und ein ästhetisches Programm. Im Einklang mit
ihrem intuitiv-spontanen Denken, ihrem Programm von der
Freiheit individueller Expression, ihren zwanglosen Organi-
sationsformen und ihrem eher unsystematischen Vorgehen
auf allen Gebieten betonten die Transzendentalisten
bestimmte Kommunikationsformen, die dieser Orientierung
entgegenkamen. So wurden etwa *Essays, Lectures, Journals*
und *Notebooks*, Briefwechsel und Konversation als Kunst-
form, aber auch Pamphlete, autobiographische Schriften
und Predigten zu den bevorzugten Medien des Meinungs-
austauschs und der Selbstdarstellung, während die fiktionale
Literatur u. a. aufgrund des Nachwirkens traditioneller Vor-
urteile weitgehend unbeachtet blieb. (Sylvester Judds
Roman *Margaret*, 1845, ist eine der wenigen Ausnahmen.)
Folgerichtig nutzten die Transzendentalisten dabei für ihr
Wirken verstärkt Institutionen wie das auf Erwachsenenbil-
dung angelegte *Lyceum*, private und experimentelle Schulen
oder informelle Zusammenschlüsse wie den »Transcendental
Club« und schufen sich zudem in der Zeitschrift *The Dial*
(1840–44) ihr eigenes Publikationsorgan.
Auf einer umfassenderen Ebene implizierte ihr literarisches

Vorgehen aber auch ein poetologisches Programm. War die Rhetorik der transzendentalistischen Autoren durchgängig geprägt von »inchoate structure, prodigal imagery, wit, paradox, symbolism, aphoristic statement, paratactic syntax, and a manifesto-like tone«,[36] so erwies sich im besonderen der Hang zum Symbolismus als inhärenter Zug des transzendentalistischen Grundansatzes. Aus dem Zusammenhang von Natur, Mensch und spirituellem Prinzip war leicht ableitbar, daß etwa physische Gesetzmäßigkeiten als Symbol moralischer Wahrheiten, daß Natur als Symbol des Geistes verstanden und daß ganz allgemein jeder der drei Seinsbereiche mit den anderen auf symbolische Weise vermittelt werden konnte. Termini wie *symbol, sign, emblem, token* und *type* wurden damit zu Schlüsselbegriffen für die Zeichenstruktur eines allseitigen Verweisens, das die Transzendentalisten überall zu entdecken glaubten. Damit bildete sich zum einen eine Brücke zur amerikanischen Vergangenheit, denn diese Art von Symbolismus kann u. a. als säkularisierte Spielart der Typologie der Puritaner verstanden werden. Zum anderen festigte sich der Bezug zur europäischen Gegenwart, denn die Anschauungen vom allgegenwärtigen Symbol als intuitiver Vision des Künstlers und von der *imaginatio* als primärer Quelle schöpferischer Wahrheitserfassung brachte die Transzendentalisten in die Nähe ästhetischer Theorien, wie sie insbesondere in der englischen Romantik in den Vordergrund getreten waren. Verstärkt wurde dieser Gleichklang noch durch den Glauben an die Bedeutung des schöpferischen Individuums, an die Rolle des Dichters als Seher und Prophet und an die »divinity of literary creation« schlechthin (»to create is the proof of a Divine presence. Whoever creates is God«, so Emerson);[37] Anschauungen, die deutliche Parallelen zu den expressiven Kunsttheorien der Romantik aufwiesen und zur Sicht des Dichters als inspiriertem Visionär, der den Schöpfungsakt Gottes qua Akt der *imaginatio* wiederholt. Von daher ist verständlich, warum der Transzendentalismus immer wieder als amerikanische Romantik bezeichnet worden ist. Und von daher erhellt sich auch die z. T. von den Transzendentalisten ausgehende Programmatik literarisch-intellektueller Eigenständigkeit Amerikas (oft gesteigert bis zum kulturellen Nationalismus) wie auch die Verbindung der Transzendentalisten zum Symbolismus Hawthornes und Melvilles oder aber die Verbindungslinie von Emerson zu Walt Whitman.

Scheinbar widersprüchlich stellt sich die Situation des gesellschaftlichen und politischen Engagements der Transzendentalisten dar. Denn zum einen waren viele von ihnen verschrieen als unpraktische Träumer und Verweigerer, die die Rechte des Individuums jederzeit gegen alle gesellschaftlichen Ansprüche und Verpflichtungen auszuspielen gewillt waren; doch zum anderen schlossen sich einzelne immer wieder Reformbewegungen an und ließen zudem aus ihrem Kreis Entwürfe von Sozialutopien hervorgehen, die sie dann in kommunalen Experimenten in die Praxis umzusetzen suchten (vgl. etwa das *Brook Farm*-Experiment oder die Kommune *Fruitlands*). Die anti-gesellschaftlichen Tendenzen werden besonders deutlich in einem Mann wie Thoreau, der sein Experiment sozialer Verweigerung und individueller Autarkie (*Walden Pond*) wie auch seine politischen Programme streng individueller Verantwortung, die den Akt persönlicher Sezession vom Staatsleben einschloß (»Civil Disobedience« und »Life Without Principle«), in aggressiven Formeln wie der folgenden kulminieren ließ: »That government is best which governs not at all«,[38] und: »Society [...] has no price to offer me that can tempt me; not one.«[39] (Ähnlich radikal formuliert Orestes Brownson: »Society as it is, is a lie, a sham, a charnel-house, a valley of dry bones.«)[40] Andererseits war es dann aber gerade Thoreau, der in seinen politischen Essays das Konzept individueller Verantwortung mit dem historisch fruchtbaren Konzept gesellschaftlicher Einflußnahme durch gewaltlosen Widerstand vermittelte und der in den Kontroversen über den amerikanisch-mexikanischen Krieg und die Sklavenfrage engagiert Stellung bezog.

Der umfassende Widerspruch, den man den Transzendentalisten allgemein in bezug auf solche Bipolaritäten nachzuweisen suchte, war der zwischen ihrem kämpferischen Individualismus und ihren wiederholten Versuchen, Formen eines gesellschaftlichen Miteinanders zu entwickeln, die gerade Unterordnung, Nivellierung von Individualismus und Ausrichtung auf übersteigende soziale Ziele zu implizieren schienen. Formelhaft verknappt war dieser Vorwurf: wer die totale Freiheit und allseitige Selbstverwirklichung des Individuums als höchstes Ziel ausruft, der kann sich nicht gleichzeitig an kommunalen Experimenten wie *Brook Farm* oder *Fruitlands* beteiligen. Wessen Denken um die vergöttlichte Natur der menschlichen Seele kreist, der kann keine andere Autorität als diese selbst mehr gelten lassen und muß folglich einsehen, daß der Glaube an das Selbst oder die »divinity of man« und die Orientierung an jeder Art von institutioneller und gesellschaftlicher Maßgabe inkompatibel sind. Und schließlich ist gegen die politische Haltung der Transzendentalisten ins Feld geführt worden, daß auch die Polarität manchen Anhängers der Bewegung zwischen Bejahung der Demokratie im Prinzip und ihrer Ablehnung in der konkreten Form der »Jacksonian Democracy« sowie das Schwanken zwischen einem idyllischen Gesellschaftsentwurf jenseits aller Verirrungen moderner Zivilisation auf der einen Seite und der Ablehnung der dann folgenden Konsequenzen eines »hard primitivism«[41] auf der anderen nur als Spiegel der inneren Widersprüchlichkeit eines Denkens verstanden werden konnte, das sich nie über seine eigenen Prämissen und Folgerungen klar zu werden verstand.

Wenn auch konzediert werden muß, daß einiges am Aufweis solcher Widersprüchlichkeiten zutreffend erscheint, so muß doch andererseits betont werden, daß radikale Kritiker der gesellschaftlichen Haltung der Transzendentalisten sich die Sache bisweilen zu einfach machen. Denn zum einen behandeln sie häufig eine diffuse Gruppierung durchaus polarisierter einzelner als einheitliche Schule und werfen etwa dem einen Transzendentalisten vor, daß sein praktisches Sozialengagement auf der Basis der theoretischen Prämissen des anderen Transzendentalisten konzeptionell widersprüchlich sei. Zum anderen übersehen sie, daß die sozialreformerischen Ansätze eines George Ripley, die pädagogischen Ansätze eines Amos Bronson Alcott, die persönliche Verweigerung Thoreaus oder die didaktischen Erweckungsfeldzüge Emersons nur verschiedene Methoden umschreiben, wie im weitesten Sinne ähnliche Ziele erreichbar scheinen. Und schließlich beachten die Kritiker zu wenig, daß sich manches Paradox der transzendentalistischen Stellung zu Gesellschaft und Politik auflöst, wenn man bedenkt, daß ihr Protest primär und fast durchgängig ein Protest gegen die Fehlentwicklungen einer konkreten, zeitgenössischen Gesellschaft war, die im Kommerziellen, im Materialismus, in gesellschaftlichen Dogmatismen, in institutionellen Zwängen und in politischen Machtkämpfen und Intrigen zu ersticken drohte, aber keineswegs von den Transzendentalisten in ihrer negativen Ausprägung als Gesellschaft schlechthin verstanden wurde. Anders ausgedrückt: es hatte durchaus etwas Konsequentes, wenn die Transzendentalisten eine bestimmte Form von Gesellschaft und bestimmte soziale oder politische Zustände ablehnten, sich aber zugleich eine bessere Gesellschaft und bessere Zustände vorzustellen vermochten. Es ist also nur die halbe Wahrheit, wenn man ihnen bestätigt, sie seien gesellschaftlich »downright subversive« gewesen,[42] oder wenn man wie Parrington von ihnen sagt: »With such men nothing could be done [...].«[43] Tatsache ist vielmehr, daß sie unablässig das kritisieren, was Emerson als »false society«[44] bezeichnete, dabei aber keineswegs nur Obstruktionismus betreiben wollten, sondern häufig genug versuchten, negative gesellschaftliche Zustände in den positiven Maximen und Konzepten einer vorgestellten Idealgesellschaft zu überwinden; einer Idealgesellschaft,

die keineswegs als Widerpart des freien Individuums diesem
gerade erst einen optimalen Freiraum persönlicher Entfaltung sicherzustellen vermochte. Beide Tendenzen des
Transzendentalismus, der extreme Individualismus auf der
einen Seite und der Hang zum kommunal-utopischen Experiment auf der anderen, treffen sich dabei im Begriff der
sozialen und individuellen Verantwortung sowie im Gedanken des Rechts eines und aller Menschen zugleich und im
egalitären Prinzip gelebter Demokratie.

Man wird Perry Miller zustimmen können, wenn er sagt,
daß die Transzendentalisten im Verfolg ihrer sozialen und
politischen Ziele u. a. auch zum Sinnbild für »nothing less
than the first of a succession of revolts by the youth of
America against American Philistinism«[45] und zu »one more
instance of the rift between the generations«[46] wurden. Es
muß dahingestellt bleiben, ob dies zugleich eine zureichende
Erklärung für die Popularität und überraschende Aktualität
der sozialkritischen Haltung einiger Autoren (so z. B. Emerson und Thoreau) bei der Protestgeneration und *counter
culture* der amerikanischen sechziger Jahre unseres Jahrhunderts ist, die in der Tat einige der nie ganz gelösten Spannun-
gen zwischen Verweigerung und sozialem Engagement,
zwischen »soft« und »hard primitivism« und zwischen individueller Selbstbezogenheit und kommunaler Einbindung
zu wiederholen schien.

Abschließend möchte ich die eingangs gestellte zentrale
Frage noch einmal aufnehmen und in den Versuch einer
zusammenfassenden Antwort einmünden lassen: was zeich-
nete den amerikanischen Transzendentalismus des neunzehnten Jahrhunderts als Gesamtbewegung aus und welche
Neuorientierungen des amerikanischen Denkens verbinden
sich unmittelbar mit dem Wirken der Transzendentalisten
als informeller Gruppe? Hält man zugleich das kurz skizzierte Konglomerat von Adaptionen und Neuentwürfen
sowie die Problemgeschichte philosophisch-theologischer

Genealogien und die ideengeschichtlichen Fakten der Folgen
der Bewegung im Auge, so kann man mindestens sechs
Hauptpunkte hervorheben:

(1) Die Transzendentalisten brachen mit der in Amerika
    vorherrschenden empirisch-sensualistischen Philosophie
    Lockes wie auch mit der *Common Sense Philosophy* der
    Schottischen Schule und ersetzten sie durch einen intui-
    tiven Idealismus, der sich im weitesten Sinne an ihrer
    spezifischen Rezeption des deutschen Idealismus allge-
    mein und der Transzendentalphilosophie Kants im be-
    sonderen orientierte.

(2) Ihr Natur- und Weltverständnis betonte in Absetzung
    von der Tradition den Gedanken einer belebten und
    durchgeistigten Natur, die in der harmonischen Einheit
    von Gott, Mensch und Welt zum Symbol und Ausdruck
    eines umfassenden geistigen Prinzips wurde.

(3) In vergleichbarer Weise akzentuierte das Menschenbild
    der Transzendentalisten den Gedanken von der Imma-
    nenz des Göttlichen im Menschen; eine Immanenz, die
    sich dem einzelnen in den Einsichten von *reason* und
    intuition unvermittelt zu erschließen vermochte.

(4) Sie setzten sich damit in radikalen Gegensatz zum reli-
    giösen Erbe des Puritanismus, dessen Doktrinen von der
    »innate depravity« und der göttlichen Gnadenwahl sie
    negierten, wie auch in Gegensatz zu einem zur Institu-
    tion geronnenen Unitarismus, dessen Orientierung an
    Locke, an der Autorität des verkündeten Wortes und
    der historischen Verbürgtheit biblischer Ereignisse sie
    bekämpften.

(5) In ihrer ästhetischen Theorie und Praxis wurden sie zu
    Antagonisten neoklassischer Prinzipien der Kunst und
    zu Exponenten romantischer Prinzipien von Kunst als
    individuellem Ausdruck, kreativer Intuition und umfas-
    send symbolischem Gehalt.

(6) Schließlich steigerten sie in den Bereichen des Sozialen
    und Politischen das Bewußtsein von der Autonomie und

Unantastbarkeit, aber auch von der prinzipiellen Gleichheit der Individuen, deren Eigenwert auch im demokratischen Zusammenschluß, dem die Transzendentalisten im übrigen eine Art metaphysische Basis zu geben suchten, nicht um kollektiver Zwecke willen aufgegeben werden konnte.[47]

Zu Recht vermag also einer der neueren Chronisten des amerikanischen Transzendentalismus in bezug auf diese Entwicklungen zusammenzufassen: »In producing this loose pattern of thought the Transcendentalists made significant contributions to American culture, in philosophy, in the interpretation of science, in religious thought, in the theory and creation of art, and in social and economic thought and application.«[48]

Emerson als Transzendentalist

Ralph Waldo Emerson war zugleich die Zentralgestalt der transzendentalistischen Bewegung und einer ihrer profiliertesten Einzelgänger. Dies zeigt sich nicht nur an seinem unablässigen Schwanken zwischen der Rolle des offiziösen Anwalts der transzendentalistischen Sache und der des radikalen Individualisten, dem es vor Versammlungen, Schulenbildungen und geschlossenen philosophischen Lehren graute, sondern auch an der Einschätzung seiner Zeitgenossen und heutigen Kommentatoren. Nannte ihn z. B. sein Zeitgenosse Orestes Brownson bündig den »high priest« des Transzendentalismus[1] und versah ein neuerer Kritiker ein Unterkapitel seiner Anthologie zum amerikanischen Transzendentalismus mit dem Titel »The Central Man: Emerson«,[2] so beschrieb ihn andererseits James Russell Lowell in seiner *Fable for Critics* als »A convert – to nothing but Emerson«.[3]

Zur freiwillig-unfreiwilligen Leitfigur des Transzendentalismus gestempelt, hat sich Emerson in einer Vielzahl von Beiträgen zu fast allen Themen der Bewegung geäußert und dabei für die Kritik das Bild eines diffusen, vielfältig-verwirrenden Denkers abgegeben. Trotz seines häufig unsystematisch-sprunghaften Vorgehens – »A foolish consistency is the hobgoblin of little minds«, so Emerson selbst zu diesem Thema[4] – läßt sich dabei eine konsistente Basis seines Denkens rekonstruieren, auf die nahezu alle seine Ausführungen zurückbezogen werden können. Diese Basis rekurrenter Prämissen und Argumente erschließt sich schon aus der Kenntnis einer Handvoll Essays, so etwa *Nature*, »Self-Reliance«, »The Over-Soul«, »The Transcendentalist«, »The American Scholar« und »The Harvard Divinity School Address«. Von diesen Werken fehlen im vorliegenden Band nur die letzteren beiden, und zwar deshalb, weil sie zum einen noch am ehesten auf historisch-politische oder theologische Kontexte der Zeit bezogen sind, die für die heutigen Leser nicht in allen Verzweigungen von übermäßigem Interesse sind, und zum anderen, weil sie eine leicht nachvollziehbare Übertragung der später in »Self-Reliance« (1841) behandelten Prinzipien auf die spezifische nationale und kulturelle Situation Amerikas (»American Scholar«, 1837) und auf die Kontroverse zwischen Unitarismus und Transzendentalismus (»Divinity School Address«, 1838) zum Inhalt haben. Dafür wurden mit »The Poet« und »Friendship« zwei Essays in die Anthologie aufgenommen, die vielleicht im Emerson-Kanon eine weniger bedeutende Stellung einnehmen, andererseits aber aus noch näher zu kennzeichnenden Gründen eine Komplettierung der hier skizzierten Gedankenzusammenhänge ermöglichen. Grundsätzlich gilt für Emersons Werke, daß nahezu alle relevanten Problemkreise in nahezu allen Beiträgen des Autors eine entscheidende, wenn auch nicht immer explizit thematisierte Rolle spielen. Es ist zugleich überspitzt und erhellend, wenn D. H. Lawrence von Emerson sagt, er habe stets nur »one sort of message« verstanden und gesendet.[5] Was dem Versuch einer Differenzierung und Systematisierung Emersonscher Problemkreise zugrunde liegt, ist also die Absicht, das meist nur in Überlagerung und Synthese Vorkommende einmal zu trennen und diskursiv-fortschreitend darzustellen. Beachtet werden muß dabei natürlich, daß es aufgrund der Komplexität ineinandergeschachtelter Argumente und gedanklicher Exkurse nicht möglich sein wird, erschöpfende Kommentare zu liefern; Kommentare, die im übrigen auch schon aus Gründen der räumlichen Beschränkung nicht in Konkurrenz zu den detaillierten Spezialstudien treten könnten, die die Emerson-Kritik über nunmehr hundert Jahre zu den einzelnen Werken vorgelegt hat. Im Mittelpunkt der folgenden Ausführungen sollen daher Kurzskizzen und *abstracts* stehen, welche die Hauptpunkte der vorliegenden

Beiträge in Form von Leseanleitungen herauszuarbeiten und in einen übergreifenden Zusammenhang einzugliedern suchen.

1. *Nature*

Für Emersons Philosophie gilt in vollem Maße, was zur Bedeutung der Triade von Natur, Mensch und spirituell-göttlicher Einheit für den Transzendentalismus schlechthin gesagt wurde. Obwohl im Vordergrund seines Denkens zunächst die Dualität von Natur und Bewußtsein zu stehen scheint, erweist sich diese Dualität auch schon immer als scheinbare, da beide Seinsbereiche in einer übersteigenden Einheit zusammengeschlossen sind, die wechselweise als »God«, »the divine unity« oder »the universal spirit« bezeichnet wird. Natur wie auch die Inhalte des menschlichen Bewußtseins werden Emerson damit zu verweisenden Zeichen für die Anwesenheit des Absoluten (*sign, emblem, symbol, token, type* sind entscheidende Termini in diesem Zusammenhang), die der Mensch nur als diese Zeichen verstehen muß, um die gesonderte Existenz von Natur und Geist zu übersteigen und an der Einheit des Absoluten teilzuhaben. Je nach dem Punkte aber, den die analysierende und zugleich synthetisierende Reflexion in den Vordergrund stellt und den sie damit zum Ausgangspunkt ihres Aufstiegs nimmt, ergibt sich eine Konzentration auf Seinsbereiche und Prinzipien, die Emerson in den Werken *Nature*, »Self-Reliance« und »Over-Soul« schon vom Titel her zu Hauptthemen seiner Untersuchung macht.

Essenz und Funktion der Natur werden zu Emersons erstem großen Thema, als er 1836 mit *Nature* sein erstes bedeutendes Werk vorlegt, das in der Folge zu einer Art Manifest der transzendentalistischen Weltanschauung werden sollte. Aber gerade in der Anlage von *Nature* zeigt sich auch, daß Emerson schon am Anfang seines Werkes thematische Beschränkungen, wie sie der Titel zu suggerieren scheint, überwindet und gleichsam das Gesamtsystem seines Denkens in jedem seiner Teilsysteme eingeschachtelt bereithält. In der Einleitung betont er zum einen, daß das Universum philosophisch gesehen aus den Bereichen »Nature« und »Soul« bestehe, wobei er im Rekurs auf die Terminologie Fichtes Natur allgemein von der Dichotomie Nicht-Ich und Ich her zu fassen sucht und im weiteren zwischen einer streng philosophischen und einer mehr landläufigen Bedeutung des Begriffs *Natur* unterscheidet. Zum anderen betont er, daß es Aufgabe aller Wissenschaft sei, eine Theorie der Natur zu finden, und daß seine Leitfrage dabei sei: »to what end is nature?«[6] Und schließlich akzentuiert er durch die Frage nach dem Zweck der Natur den unaufhebbaren Bezug der Natur zum Geist, der die Erscheinung durchdringt, und damit schon ansatzweise eine Art teleologische Relation der beiden Grundbereiche.

Nimmt man nun die Frage nach Sinn und Zweck der Natur als strukturierende Leitfrage des ganzen Essays, so enthüllt sich dieser als stufenweise Reflexion auf die Dienste der Natur für den Menschen, die notwendig darin ihre Vollendung finden, daß der Mensch über die Mittlerfunktion der Natur zum Absoluten oder zum »divine spirit« geführt wird. Für den knappen Abriß der folgenden Einzelschritte gilt, was oben über die Interpretation Emersonscher Essays allgemein gesagt wurde: er kann nur gedankliche Skizze bleiben, ohne die Klärung einer Flut wichtiger Implikationen und Querverbindungen, die in *Nature* angelegt sind, auch nur anzustreben.

Das erste Kapitel mit dem Titel »Nature« konzipiert Emerson als Einstimmung und Hinführung zu den Kernthesen seines Werks. Er entwirft ein Bild des erhebenden Einflusses, den die Natur auf denjenigen Menschen hat, der ganz in sie eindringt, und läßt diese Schilderung in einem persönlichen Offenbarungserlebnis kulminieren, das schon den Endpunkt des Aufstiegs zur höchsten Bewußtseinsform vorwegnimmt:

»Standing on the bare ground, – my head bathed by the
blithe air, and uplifted into infinite space, – all mean
egotism vanishes. I become a transparent eye-ball; I am
nothing; I see all; the currents of the Universal Being
circulate through me; I am part or parcel of God.«[7]

Zu Beginn des zweiten Kapitels, »Commodity«, gibt er die
Gliederung der Folgekapitel vor, indem er auf die Leitfrage
nach der *causa finalis* der Natur verweist und ihre verschiedenen Zwecke den Kategorien »Commodity«, »Beauty«,
»Language« und »Discipline« zuordnet. »Commodity«
wird in unserer Übersetzung fast durchgängig mit
»Gebrauchsnutzen« wiedergegeben, obwohl der Begriff im
Emersonschen Verständnis eher zwischen Bedeutungen wie
»materieller Nutzen«, »Ware«, »Gebrauchsgegenstand« und
»Sache, über die man verfügen kann« schwankt. Unter den
Begriff dieser »commodity« subsumiert Emerson »all those
advantages which our senses owe to nature«[8] und betont im
weiteren, daß es sich hier um einen Nutzen von Natur
handele, der diese als eine Art Gut, das allen Menschen
zugänglich sei, verrechne und daraus zahlreiche materielle
Vorteile ziehe. Da dieser niedere »mercenary benefit«[9] aber
auch schon immer über sich hinausweist, bildet er zugleich
eine Stufe des Aufstiegs zur nächsthöheren Kategorie.
»Beauty« erweist sich im dritten Kapitel als der höhere
Dienst der Natur am Menschen. Kennzeichnend für die
Stufengliederung des Essays markiert dieser Schritt nicht nur
eine Phase des Gesamtaufstiegs, sondern ist auch in sich
selbst dreistufig gegliedert. Neben der ästhetischen Wertschätzung einer Schönheit, die aus der »simple perception of
natural forms«[10] entspringt, führt Emerson als Steigerungs-
stufe eine moralische Schönheit an, die aus der Verquickung
von Tat, menschlichem Willen und Tugend entsteht, und
endet schließlich bei einer Form der Schönheit als »object of
the intellect«. Diese Art der Schönheit hält nicht nur zur
Kontemplation der »absolute order of things as they stand in

the mind of God«[11] an, sondern führt auch zur erneuten Kreation von Schönem und damit zur Konstitution der Kunst. Zugleich erweist sich die höchste Form der Schönheit als eine der Erscheinungsformen des Absoluten (»Truth, and goodness, and beauty, are but different faces of the same All«) und weist damit wiederum als »herald of inward and eternal beauty« über sich selbst hinaus.[12]

Deutet sich in der Schönheit schon eine Brücke von der äußeren Erscheinungsform der Natur zum inneren Zustand des Menschen an, so vollendet sich dieser Brückenschlag im nächsten Untersuchungsbereich, dem das Kapitel »Language« gewidmet ist. Sprache als menschliches Erfassungs- und Darstellungsvermögen verdankt sich einer Natur als »vehicle of thought«, in welcher die unauflösliche Verbindung zwischen beiden Bereichen angelegt ist. Wieder vollzieht Emerson in seiner Argumentation einen Aufstieg vom Phänomenalen zum Essentiell-Noumenalen, wenn er den Dreischritt skizziert:

> »1. Words are signs of natural facts.
>   2. Particular natural facts are symbols
>   of particular spiritual facts.
>   3. Nature is the symbol of spirit.«[13]

Dabei wird im Verlaufe des Kapitels deutlich, daß Emersons Aufmerksamkeit weniger der Sprache als solcher gilt denn der Deduktion ihrer Möglichkeit aus der Tatsache, daß die Natur selbst Symbol des Geistes und damit auf zeichenhafte Repräsentation angelegt ist. Die weiteren Implikationen für den Zeichencharakter der Sprache und für ihr Potential, zum Ausgangspunkt eines Aufstiegs zur alles durchdringenden »universal soul« zu werden, arbeitet Emerson dann noch einmal in seinem späteren Essay »The Poet« mit aller Deutlichkeit heraus. Auffallend an der zweiten Prämisse und dem ihr gewidmeten Kommentar ist, wie Emerson in der Analogiesetzung von »natural facts« zu »spiritual facts« ein Grundprinzip seines Denkens betont, das auf Swedenborg

als Quelle zurückverweist: die Theorie der »correspondence«.[14] Und ebenso auffallend ist, wie er im dritten Unter-
abschnitt in Thesen wie »material forms [...] preëxist in
necessary Ideas in the mind of God«[15] einen neoplatoni-
schen Ansatz fruchtbar macht. Am Ende des Aufstiegs vom
gegebenen Faktum zur spirituellen Essenz aber steht, wie zu
erwarten, die Einsicht, daß natürliche Fakten Produkt und
Ausfluß der spirituellen Einheit sind und daß die Relation
von »mind« und »matter« eine durch ein übergeordnetes
Prinzip gestiftete Relation ist: »not fancied by some poet,
but [standing] in the will of God«.[16]

Das fünfte Kapitel, »Discipline«, faßt noch einmal die bisher
behandelten Funktionen der Natur für den Menschen unter
einem Oberbegriff zusammen und bringt dann eine Thema-
tisierung der menschlichen Vermögen, auf die solche Funktionen angelegt sind. »Discipline« wird in der vorliegenden
Übersetzung vereinfacht mit »Erziehung« wiedergegeben.
Emerson suggeriert in Wirklichkeit durch diesen Begriff
mehrere Bedeutungen, die sich von Disziplin im Sinne von
Studien- und Forschungsgebiet über dasjenige, was uns
unterweist und erzieht, bis hin zur Selbstdisziplin als durch-
dachtem und regelunterworfenem Verhalten erstrecken.[17]
Die menschlichen Vermögen, denen die Natur ihre »les-
sons« erteilt und die sie so zum adäquaten Gebrauch erzieht,
werden eindeutig durch zwei Schlüsselbegriffe transzendentalistischer Erkenntnistheorie als *understanding* und *reason* gekennzeichnet. Genauer betrachtet stellt sich die Schei-
dung von *understanding* und *reason*, die in etwa der Dichotomie von Verstand und Vernunft entspricht, als Dreiheit
dar, deren Teilglieder Emerson allerdings terminologisch
nicht explizit benennt: Verstand, praktische Vernunft und
theoretische Vernunft. Die Dichotomie *understanding/rea-
son*, die Emerson als ein Erbe des deutschen Idealismus in
der Modifikation durch Coleridge übernommen hatte, ist
schon im vorhergehenden Kapitel berührt worden. Es soll
hier deshalb nur eine kurze Rekapitulation und eine Erwei-

terung des Problemkreises im Zusammenhang mit dem fünften Kapitel von *Nature* erfolgen. Den Verstand sieht Emerson durch die niederen Funktionen der Natur dazu angeleitet, sich auf den Gebieten empirischer Wirklichkeitserfassung und empirischer Wirksamkeit ordnend, messend und kombinierend zu betätigen. Er ist die Schule des »common sense« für die alltägliche Erfahrung so gut wie für die speziellen Untersuchungen empirischer Naturwissenschaften. Aber er weist auch schon immer über sich hinaus auf einen Umgang mit der Natur in ihren höheren Funktionen. In der Auseinandersetzung mit der moralischen Seite der Dinge, dem moralischen Einfluß der Natur auf den Menschen, in den Bereichen des Willens und der »conscience« enthüllt sich nämlich die praktische Vernunft als regelndes Vermögen des Zugangs zur moralischen Wahrheit und Entscheidung. Und auf dem Gebiet eines umfassenden Denkens, das die Empirie übersteigt und die Einheit in der Verschiedenheit alles Seienden sowie als Grund dieser Einheit den »Universal Spirit« erkennt, etabliert sich die theoretische Vernunft als Schule des transzendierenden und synthetisierenden »thought«. Im nachhinein erweisen sich diese Distinktionen dabei auch als grundlegendes Strukturprinzip für den inneren Aufbau der ersten Kapitel von *Nature*. Denn die jeweiligen Funktionen der Natur, mit denen sich die vorangehenden Einzelkapitel auseinandersetzten, verweisen in ihrer hierarchischen Anordnung auf die zugeordneten Vermögen ihrer Erfassung, die in aller Regel mit der Dreiheit von Verstand, praktischer und theoretischer Vernunft korrelieren. Emerson schließt das Kapitel »Discipline« ab mit dem Hinweis, daß es eben die Vernunft sei, die die herausgehobene Stellung des Menschen im Universum ausmache, da sie allein eine Kommunikation zwischen endlicher Existenz und unendlichem Geist sicherzustellen vermöge.

Die folgenden Kapitel von *Nature* konfrontieren den Leser mit gewissen Einordnungsschwierigkeiten. Denn das im

zweiten Kapitel von Emerson selbst angegebene Ziel der
Untersuchung scheint erreicht und damit der Aufstieg zur
höchsten Funktion der Natur vollzogen zu sein. Was, so
muß man fragen, kann da noch Gegenstand und Aufgabe
der Kapitel sechs bis acht sein? Eine Antwort auf diese Frage
kann nur unter Verweis auf die Entstehungsgeschichte des
Werks gegeben werden. Wie wir aus zahlreichen Kommentaren Emersons (insbesondere in den Tagebüchern und Briefen) wissen, begann er schon im Januar 1832 mit vereinzelten Aufzeichnungen, aus denen später sein Buch hervorgehen sollte. Während zu Beginn des Jahres 1836 die Gliederung der ersten fünf Kapitel feststand, deutete er wenig
später in Briefen an William Emerson und Frederic Henry
Hedge an, daß er genaugenommen zwei Arbeiten plane und
z. T. bereits vorliegen habe, die die Titel »Nature« und
»Spirit« trügen und die sich nur schwierig zusammenfügen
ließen.[18] Es darf vermutet werden, daß es sich dabei um die
ersten fünf Kapitel mit dem Thema der hierarchisch ange-
ordneten Funktionen von Natur handelte und um eine
metaphysisch noch weiterführende Abhandlung, die einen
Entwurf zum Wesen und Ursprung der Natur, überhöht zu
einer Philosophie des transzendentalen Idealismus, zum
Inhalt hatte. Als *Nature* später in Buchform erscheint,
umfaßt es beide Teile in einer von Emerson kunstvoll erstell-
ten Verklammerung.[19]
In der Retrospektive wird nun sichtbar, daß die Verklammerung der zwei Teile durch die Einschaltung von »Idealism«
als Zwischenkapitel geleistet wurde. Hier nämlich weist
Emerson über sein bisheriges Thema hinaus, indem er die
Frage nach der Existenzweise einer in ihren Funktionen
beschriebenen Natur stellt. Wie, wenn die Natur zwar auf
die beschriebenen Zwecke ausgerichtet wäre, sich in dieser
Zweckmäßigkeit aber auch erschöpfte und keine unabhängige Existenz an sich selbst hätte? Die Frage, die Emerson
damit stellt, ist nichts weniger als die Kernfrage eines Idealismus, der Natur als auf den Geist bezogene Erscheinung

und damit in Emersons Terminologie »as phenomenon, not a substance«[20] sieht. Emerson bejaht im folgenden die These des Idealismus, daß der Natur keine »absolute existence«[21] zukomme, und überschreitet damit die Perspektive des bloßen Verstandes auf eine Einsicht der Vernunft hin, der sich Natur lediglich als Erscheinungsform des Absoluten darstellt. Der Hinführung zu solcher Einsicht aber dient, so Emerson, im weitesten Sinne die Kultur des Menschen. In fünf Unterabschnitten analysiert der Autor die unabweisbaren Wirkungen der Kultur auf den Menschen, Wirkungen, die sich als fortschreitende Initiierung in die Wahrheit der »Ideal Philosophy« herausstellen: »all culture tends to imbue us with idealism«.[22] Der Wirkungsprozeß ist abgeschlossen, wenn die Sichtweise der Vernunft vollends an die Stelle der Sichtweise des Verstandes getreten ist – »Culture inverts the vulgar views of nature, and brings the mind to call that apparant which it uses to call real, and that real which it uses to call visionary«[23] – und wenn die praktische und die spekulative Vernunft uns suggerieren, daß die Blickrichtung des Idealismus stets über die Phänomene hinaus auf das Noumenale geht, das sich notwendig als übernatürliche, geistige Substanz enthüllen wird.

Der Aufstieg zum letzten und höchsten Prinzip deutet sich am Ende von »Idealism« zwar an, ist aber noch nicht vollzogen. Denn, so argumentiert Emerson, wenn auch der Idealismus als Vorstufe der Einsicht recht hat, daß Natur nur als zweckvoll eingerichtete Erscheinung existiert, so bin ich als Idealist doch noch nicht bei jenem absoluten Prinzip angelangt, das notwendig aus sich selbst existiert und die Natur als Erscheinung aus sich entläßt: »it [idealism] does not satisfy the demands of the spirit. It leaves God out of me. It leaves me in the splendid labyrinth of my perceptions, to wander without end«.[24] Die letzte Stufe der Einsicht wird also erst erreicht, wenn der Mensch einsieht, daß die Natur »the apparition of God« und »the organ through which the universal spirit speaks to the individual«[25] darstellt.

Wie nicht anders zu erwarten, wird im Kapitel »Spirit«, das den Höhepunkt des systematischen Aufstiegs markiert, zum einen der Bezug zu einer philosophischen Tradition deutlich, der Emerson entscheidend verpflichtet ist, und zum anderen noch einmal die ontologische Triade ins Spiel gebracht, die Ausgangs- und Endpunkt seines Denkens umschreibt. So ist zu Beginn des Kapitels der Bezug zu Platos Höhlengleichnis nicht zu übersehen, wenn Emerson von der Natur als dem großen Schatten spricht, der auf die Sonne hinter sich verweist. So wird später die Verbindung zu Plotins Lehre von der Emanation deutlich, wenn er betont, daß Gott die Natur aus sich selbst entlasse und gleichsam durch uns hindurch entstehen lasse.[26] Und so wird schließlich im Verbund mit diesen Gedanken die Triade von Gott, Mensch und Natur noch einmal zum Thema, wenn Emerson zusammenfaßt, daß der »universal spirit« überall gegenwärtig sei und daß die Welt aus demselben Geist hervorgehe wie der Mensch, womit beide Inkarnation und Projektion Gottes in das andere zu sich selbst werden. Nicht Transzendenz, sondern Immanenz und Emanation des Göttlichen sind die höchsten Prinzipien, die es zu erfassen gilt.

Im Abschlußkapitel, »Prospects«, wendet sich Emerson dann wieder seiner Zeit, der Zukunft und einer praktischen Applikation der vorgelegten Thesen und Einsichten zu. Er kommt zu dem Schluß, daß seine Zeit zwar noch zu sehr der Perspektive des *understanding* verhaftet sei, um die spekulative wie praktische Höhe wahrer Vernunft erreichen zu können, daß aber andererseits die Geschichte schon voller Lichtblicke für die Vollendung der Vernunft sei. Er schließt den Kreis seiner Argumentation, indem er zu einer spezifisch amerikanischen Problematik und zur Diagnose des Anfangs zurückkehrt, die er nun aber in triumphaler Prophetie zu überhöhen sucht. Eine bessere Zeit wird kommen für Amerika und eine »correspondent revolution in things will attend the influx of the spirit«.[27] Auf daß diese Zeit

nicht für immer auf sich warten lasse, gibt er seinen Landsleuten die Einsicht vor: »Every spirit builds itself a house
and beyond its house a world and beyond its world a
heaven« und schließt eine Maxime an, die in Amerika Gehör
finden sollte: »Build therefore your own world.«[28]
Der skizzierte Aufstieg der Reflexion von den niederen
Funktionen der Natur bis hin zum Prinzip des »universal
spirit«, der zugleich eine Kreisbewegung von den Postulaten
des Anfangs zu den programmatischen Ausblicken des
Schlußkapitels darstellt, präsentiert sich bei Emerson bis-
weilen in verwirrender Form und wird zudem in einer
Sprache dargelegt, die ein breites Spektrum rhetorischer
Strategien und Darstellungsweisen nutzt. So mischen sich
Appelle und Aufforderungen, die z. T. in sentenzenhaften
Formulierungen ihren Niederschlag finden, mit brillanten
Aphorismen, philosophischen Begriffen und Thesen, Alltagssprache und einer oft lyrisch anmutenden Bildlichkeit zu
einem diffusen Ganzen, das Prämissen und Kernthesen,
Folgerungen, Vorhersagen und weitschweifige Exkurse
dicht nebeneinandersetzt. Es kann daher wenig verwundern,
daß die Rezeption von Emersons Essay schon bei seinen
Zeitgenossen sehr unterschiedlich war. So läßt sich auf der
einen Seite immer wieder enthusiastische Bejahung, ja Verehrung von Emersons Entwurf feststellen, während auf der
anderen Seite die Ablehnung bis hin zum Vorwurf reicht,
der Essay biete nur undurchdachte, unzusammenhängende
Philosopheme in vager Sprache. Der Vorwurf weitet sich
dann meist zu einer generellen Kritik an Emerson aus und
bezieht weitere Nahrung aus der genaueren Kenntnis der
Entstehungsbedingungen Emersonscher Werke. Es ist nämlich bekannt und vom Autor nie geleugnet worden, daß die
Quelle seiner Werke in den umfangreichen Aufzeichnungen
der *Journals* zu suchen ist, die zunächst ohne strenge Ordnung Beobachtungen und Aphorismen, Reflexionen, Fragen, Bilder und Einfälle aneinanderreihten, die dann von
Emerson bei Bedarf zu themenorientierten *Lectures* zusam-

mengefaßt und noch später zu *Essays* umstrukturiert wurden. Hat diese Vorgehensweise nicht notwendig zur Folge, so ist gefragt worden, daß die aphoristisch-impressionistischen Grundelemente das Bestimmende in den Essays bleiben und damit das Ganze einer jeweiligen Argumentation unausweichlich zur sprunghaften Aphorismensammlung machen? Gerade in bezug auf den Essay *Nature* erweisen sich zwei extreme Reaktionen auf solche Fragen als unzureichend. Es gibt Kritiker, die von der Voraussetzung auszugehen scheinen, daß Emerson nur zuhöchst Sinnvolles in subtilen Zusammenhängen geäußert haben könne. Folgerichtig gehen sie dann hin und unterwerfen seine Aussagen einer interpretatorischen Kritikimmunisierung, die *ex definitione* keine Ungereimtheiten und Abschweifungen akzeptiert und deshalb noch das Beiläufigste kunstvoll zu einem stimmigen System zusammenfügt. Andererseits gibt es Rezipienten, die Emerson von vornherein nicht ernst zu nehmen gewillt sind und seine Ausführungen deshalb nur unter dem Aspekt eines schönen, aber freilich inhaltslosen Scheins betrachten können. Die angemessene Reaktion dürfte eher zwischen diesen beiden Extremen liegen. Es darf nicht übersehen werden, daß Emerson in *Nature* keinesfalls ein geschlossenes philosophisches System präsentieren wollte: »we learn to prefer imperfect theories, and sentences which contain glimpses of truth, to digested systems which have no one valuable suggestion«.[29] Was er suchte, war die Mitte zwischen klarer philosophischer Aussage und literarischem Effekt (der bisweilen auf Kosten der Klarheit ging) oder, wie ein neuerer Kritiker dies einmal ausdrückte: die Mitte »between metaphor and metaphysics, between the word as message and the word as art«.[30] Es ist diese Mitte, die Emerson auch in *Nature* immer wieder sucht und findet. Und er hätte es wohl deshalb kaum als Tadel empfunden, wenn er gewußt hätte, daß er daraufhin von den Philosophen für einen Dichter und von den Dichtern für einen Philosophen gehalten wurde.

2. Self-Reliance

Einer weiteren Grundlegung und daraus folgenden Implikationen des Prinzips der Selbstbezogenheit und der Immanenz des Göttlichen widmet sich Emerson u. a. in seinem Essay »Self-Reliance«. Deutlich arbeitet er die zentralen Verhaltensmaximen für eine metaphysisch gegründete Existenz selbstvertrauender Humanität und Individualität heraus. Dies beginnt schon bei der ersten Zeile des Mottos: »Man is his own star«,[31] und setzt sich fort in den Wendungen: »Trust Thyself«: every heart vibrates to that iron string«;[32] »Nothing is at last sacred but the integrity of your own mind«;[33] »No law can be sacred to me but that of my own nature«;[34] und endet in der Formel: »Insist on yourself; never imitate.«[35] Dabei führt eine Analyse der Gründe des unerschütterlichen Selbstvertrauens zurück auf diejenigen Vermögen des menschlichen Geistes, die bei Emerson allgemein als Quelle umfassendster Einsicht gelten: »Intuition«, »Instinct«, »Spontaneity«.[36] Diese aber weisen wiederum zurück auf den universal-spirituellen Ursprungsort, von dem sie ihren Ausgang nehmen und zu dem sie den Menschen zurückkehren lassen: »the divine Spirit«, »divine wisdom« oder einfach »God«.[37] Wie eng sich in dieser Konstruktion die Konzepte des Göttlich-Absoluten und einer von Emerson postulierten endlichen Existenz als Anwesenheit und Repräsentanz des Absoluten verbinden, lassen die Wendungen von der »divine idea which each of us represents«[38] und die These: »Self-existence is the attribute of the Supreme Cause«[39] ahnen.

Doch nicht genug damit: Emerson sucht zugleich – vom Prinzip der »self-reliance« ausgehend – die für ihn relevanten Verbindungen von Mensch zu Natur, Mitmensch, Gesellschaft und Tradition zu erfassen. So sagt er über die vorgestellte Idealfigur des »wahren Menschen«, daß dort Natur anwesend sei, wo er sei. Und so verkündet er – obwohl immer wieder eine an die Romantik erinnernde

Genieverehrung und eine an Carlyle erinnernde Akzentuierung des großen einzelnen als weltgeschichtlich bedeutendem Individuum anklingt[40] – die Übertragbarkeit des Konzepts von der Größe des einzelnen auf alle Menschen in Wendungen, die seiner Formel aus dem »American Scholar« ähneln: »For a man, rightly viewed, comprehendeth the particular natures of all men.«[41] Andererseits aber korrespondiert für Emerson der Hinwendung zum autarken, nur noch dem Göttlichen verpflichteten Selbst eine komplementäre Abwendung von übergreifenden Bezugssystemen, die den einzelnen zu binden, ja zu absorbieren suchen. Von daher wendet er sich gegen Gesellschaft und Konformität, gegen Tradition und überwuchernde Vergangenheitsbezüge. So erklärt er: »history is an impertinence and an injury if it be any thing more than a cheerful apologue or parable of my being and becoming«.[42] So wirft er der Gesellschaft vor, eine Art von Konspiration gegen die Selbständigkeit ihrer einzelnen Mitglieder darzustellen.[43] Und so setzt er gegen jede Form gesellschaftlicher und historisch/traditioneller Abhängigkeit die Maxime, daß der wahre Mensch sich selbst »cause«, »country« und »age« genug sei,[44] und fragt zudem provokant: »What have I to do with the sacredness of traditions, if I live wholly from within?«[45] Bei diesen Abgrenzungen muß allerdings deutlich hervorgehoben werden, daß sich Emersons Kritik nicht gegen jede Form, sondern eher gegen seiner Anschauung nach pervertierte, wenn auch historisch gängige Formen von Gesellschaft und Traditionsbindung richtet.

Von der extremen Betonung der »self-reliance« ist es dann nur ein gedanklicher Schritt zur Applikation des Prinzips auf sehr spezifischen Gebieten wie etwa der Theologie und Religion der Zeit oder aber der problematischen Selbstfindung Amerikas als Kulturnation. Emerson deutet die Notwendigkeit der Übertragung in »Self-Reliance« selbst an, wenn er schreibt:

»It is easy to see that a greater self-reliance must work a revolution in all the offices and relations of men; in their religion; in their education; in their pursuits; their modes of living; their association; in their property; in their speculative views.«[46]

Die beiden berühmten Reden der Jahre 1837 und 1838, »The American Scholar« und »Divinity School Address«, hatten sich bereits auf herausgehobene Einzelaspekte der hier erwähnten Revolution konzentriert. So antizipierte Emerson schon im »American Scholar« in einer Situation kultureller Selbstzweifel das Prinzip der »self-reliance« und übertrug es auf die amerikanischen Intellektuellen, Dichter, Gelehrten und Künstler sowie – vermittelt über die Abstraktionsfigur des »scholar« – auf die amerikanische Nation als ganze. Was er dabei als Verpflichtung zu »self-trust« darstellte, spiegelt im wesentlichen auf die historische Situation des amerikanischen Intellektuellen bezogene allgemeine Maximen zur »self-reliance« wider.[47] Diese Maximen wiederum gestaltet Emerson im Zuge seiner Rede zur Verhaltensnorm für die Nation als ganze um. Der Transfer spiegelt sich u. a. in der Satzfolge des Schlußteils: »We have listened too long to the courtly muses of Europe. [...] We will walk on our own feet [...]. A nation of men will for the first time exist, because each believes himself inspired by the Divine Soul which also inspires all men.«[48]

Auf vergleichbare Weise war Emerson im Jahre 1838 seine Rede vor der »Harvard Divinity School« zur Philippika gegen den Unitarismus als institutionell erstarrter Religion und zur triumphalen Verkündung religiöser Neuorientierung durch das sich selbst zum Ausgangspunkt nehmende und sich selbst vertrauende Individuum geraten. Wiederum steht zunächst Ablehnung des Etablierten im Vordergrund, und zwar Ablehnung der Kirche als beherrschender Institution, Ablehnung einer die Intuitionen des einzelnen übersteigenden theologischen Lehre, Ablehnung der historisch-

dokumentarischen Wunderauslegung und ganz allgemein
Ablehnung dessen, was Emerson provokant die »defect[s] of
historical Christianity«[49] nannte. Die Zuhörer werden aufgefordert, von den zwei Grundirrtümern der »historical
Christianity« Abstand zu nehmen, die beide auf eine
Suspendierung des Selbst und seiner Intuitionen im direkten
Mensch-Gott-Verhältnis zurückzuführen seien. Statt dessen
sollte beachtet werden: »That is always best which gives me
to myself. The sublime is excited in me by the great stoical
doctrine, Obey thyself. That which shows God in me,
fortifies me.«[50] Emerson schließt mit der Behauptung, daß
die »evils of the church«[51] manifest seien und daß es nicht
lohne, ein abgewirtschaftetes System durch ein neues zu
ersetzen. Was Formen des Glaubens angehe, so gelte vielmehr: »The remedy to their deformity is first, soul, and
second, soul, and evermore, soul.«[52] Es war wenig verwunderlich, daß die Unitarier die so proklamierte Umwendung
als Revolution empfanden, daß sich Andrews Norton als
einer ihrer Leitfiguren zur Kennzeichnung von Emersons
Thesen als »the latest form of infidelity« hinreißen ließ[53] und
daß Emerson fast dreißig Jahre nicht mehr in die Hochburg
der unitarischen Theologie eingeladen wurde.

Werke wie »Self-Reliance« und »Divinity School Address«
lassen noch einmal deutlich den großen Abstand erkennen,
der zwischen der transzendentalistischen Weltanschauung
auf der einen Seite und dem Puritanismus und Unitarismus
auf der anderen entstanden war. Stellvertretend für eine
Vielzahl von Zeitgenossen sieht Emerson die Glaubenssätze
seiner Vorväter als nurmehr historische Phänomene, die in
dogmatischer und institutioneller Erstarrung ihre Wahrheit
und Wirksamkeit verloren haben. Durch die allseitige Applikation des Prinzips der »self-reliance« aber läßt er erkennen, daß diese viel mehr als ein psychologisch-persönliches
Desideratum darstellt und daß sie als zwingende Folge eines
metaphysischen Ansatzes verstanden werden muß, der die

Immanenz des Göttlichen betonte und unabdingbar auf dem Prinzip des Selbst als zentralem Vermittlungsprinzip zwischen Natur, Mensch und Gott bestand.

3. *The Over-Soul*

Als dritten Essay, der sich direkt mit den Systempfeilern der Emersonschen Triade auseinandersetzt, kann man »The Over-Soul« ansehen. Denn was Emerson in diesem Zusammenhang als All-Seele oder Über-Seele bezeichnet, deutet auf das von ihm immer wieder reflektierte Prinzip einer übergreifend-spirituellen Einheit allen Seins hin. Zum Ausgangsphänomen wird dabei in der Reflexion auf die Einheit sowohl auf der Seite der menschlichen Existenz als auch auf der Seite der Natur die Partikularisierung und vielfältige Differenzierung des endlichen Seienden:

> »We live in succession, in division, in parts, in particles. Meantime within man is the soul of the whole; the wise silence; the universal beauty [...] the eternal ONE. [...] We see the world piece by piece, as the sun, the moon, the animal, the tree; but the whole, of which these are the shining parts, is the soul.«[54]

Der Essay vertieft auf vielfältige Weise, daß diese Partikularisierung nur Schein ist und auf einer höheren Ebene wieder aufgehoben wird. Wieder wendet sich Emerson dabei auch jenen Vermögen menschlicher Erkenntnis zu, die über die phänomenale Vereinzelung hinaus Einsichten in die noumenale Einheit des Ganzen sicherzustellen vermögen. Gut transzendentalistisch wird die Begrenztheit von *understanding* als Erkenntnisprinzip zur Erfassung dieses Zusammenhangs aufgewiesen und *reason* und *revelation* (hier wie auch an anderer Stelle mit *inspiration* und *intuition* gleichgesetzt) als die der All-Einheit korrespondierende Zugangsweise angesetzt.[55] Als Folge der Suspendierung von *understanding*

und des Inkraftsetzens höherer, intuitiver Erfassungsweisen
aber skizziert Emerson: »Before the revelations of the soul,
Time, Space and Nature shrink away.«[56] Die menschliche
Seele wird zu einer Form endlicher Existenz, in der die
Aufhebung und Überwindung des Endlichen schon immer
angelegt ist. »Not a faculty, but a light«,[57] prägt sie den
Menschen von Grund auf als Ort ihrer Anwesenheit: »we
are nothing, but the light is all«.[58] Damit deutet Emerson
auch eine Spezifizierung des Gedankens von der »self-
reliance« an, und zwar so, daß er eine mögliche Auslegung
als egozentrische Selbstbezogenheit oder als rücksichtsloses
Beharren auf individueller Vereinzelung gerade aus-
schließt:

> »And the blindness of the intellect begins when it would
> be something of itself. The weakness of the will begins
> when the individual would be something of himself. All
> reform aims in some one particular to let the soul have its
> way through us [. . .]. It is undefinable, unmeasurable;
> but we know that it pervades and contains us.«[59]

Obwohl Emerson die All-Einheit bisweilen als unausssprech-
lich (»ineffable«) apostrophiert, drängt alles in diesem Essay
gerade zur Darstellung der Einheit. Und das Erfassen der
Einheit wird im Schlußabschnitt zum Versprechen für all
diejenigen, die Emerson auf seinem Weg von der phänomenalen Beobachtung zur noumenalen Erfassung zu folgen
vermögen:

> »[. . .] man will come to see that the world is the perennial
> miracle which the soul worketh, and be less astonished at
> particular wonders; he will learn [. . .] that the universe is
> represented in an atom, in a moment of time. He will
> weave no longer a spotted life of shreds and patches, but
> he will live with a divine unity.«[60]

Es ist verschiedentlich darauf aufmerksam gemacht worden,
daß Emersons Begriff der »Over-Soul« zum einen eine

Lehnübersetzung des hinduistischen Begriffs der *adhi atma* oder der *superior soul* darstelle[61] und zum anderen auf Plotins Begriff der *psychè* (auch: *All-Soul* oder *Weltseele*) rekurriere.[62] Insbesondere der Verweis auf Plotin ist dabei zwar erhellend, bedarf aber zugleich einer warnenden Einschränkung. Bei Plotin taucht nämlich die *psychè* in der Hierarchie der Emanationsstufen erst an dritter Stelle nach den Prinzipien des *All-Einen* und des *Nous* auf. Bei Emerson aber scheinen diese drei Emanationsstufen unter einem bestimmten Aspekt weitgehend zusammenzufallen, so daß »Over-Soul« nicht nur die umfassende Einheit der Einzelseelen bezeichnet, sondern auch – wenn man die Analogie zu Plotin weiterverfolgen will – die Prinzipien des *Nous* als Weltgeist und der von der Vernunft nicht erfaßbaren göttlichen All-Einheit als Ursprungsort allen Seins mit umgreift.

4. *The Transcendentalist*

Schon in *Nature* hatte Emerson deutlich gemacht, daß er sein Denken als eine Spielart von Idealismus verstanden wissen wollte. In »The Transcendentalist« widmet er sich nun einer genaueren Darlegung seines Verständnisses von Idealismus und spezifiziert zudem die philosophische Genealogie des Transzendentalismus unter Verweis auf den transzendentalen Idealismus Kants. Schon in den ersten Sätzen erklärt Emerson rundheraus, daß die sogenannten neuen Ansichten des Transzendentalismus nichts anderes seien als eine Form von Idealismus, und zwar »Idealism as it appears in 1842«.[63] Im weiteren setzt er sich dann mit einer Differenzierung der entgegengesetzten philosophischen Schulen von Idealismus und Materialismus (in theoretischer wie in praktisch-ethischer Hinsicht) auseinander und versucht, eine durch Beispiele angereicherte Widerlegung des letzteren vorzulegen. Man mag schon diese Darlegungen für

philosophisch unzureichend halten. Ein bedenklich kursori-
sches Vorgehen und ein deutlicher Mangel an begrifflicher
Schärfe zeigen sich vollends, wenn Emerson im folgenden
einen Abriß der Transzendentalphilosophie Kants als
Ursprungssystem eigener Anschauungen versucht. Wie
schon im vorhergehenden Kapitel ausgeführt, beruhte die
Kant-Rezeption vieler Transzendentalisten über weite
Strecken auf Mißverständnissen. Emersons Ausführungen
im »Transcendentalist« machen dies schon terminologisch
deutlich. Zwar erfaßt er mit der Wendung gegen Locke
einen Ausgangspunkt der Philosophie Kants, folgt dann
aber Kant keineswegs in seiner strengen und für die Transzendentalphilosophie bestimmenden Begrifflichkeit. So
etwa können die Kantschen Kategorien nicht als Ideen
bezeichnet werden, da Kategorien als konstitutive Prinzipien des Verstandes von Ideen als regulativen Prinzipien der
Vernunft scharf geschieden sind. So ist es weiterhin mißver-
ständlich, Kategorien als »intuitions of the mind«[64] zu
bezeichnen, da die Wendung *intuitions* den Begriff der
unmittelbaren Anschauung nahelegt. Und so verwendet
Emerson schließlich auch den Schlüsselbegriff *transzendental* so unscharf, daß die entscheidende Differenzierung
zwischen *transzendental* und *transzendent* außer Kraft
gesetzt wird. Wenn man einmal die Frage ausklammert, ob
Emersons Mißverständnisse notwendige Folge der speziellen Rezeption Kants im Amerika des neunzehnten Jahrhunderts waren oder ob er es besser hätte wissen können,[65] so
bleibt in jedem Falle die Einsicht, daß seine Darstellung
bestenfalls eine verkürzende und entstellende Popularisie-
rung der Philosophie Kants beinhaltet, die in dieser Form
weder zur Basis einer philosophischen Genealogie noch zum
Ausgangspunkt einer Weiterdifferenzierung zu werden vermochte. Es bleibt anzufügen, daß Emersons wiederholte
Rückverweise auf andere Schlüsselgestalten der deutschen
Philosophie wie etwa Fichte, Schelling, Jacobi und Hegel
eine ähnliche Mischung von Verstehen und Mißverstehen,

von eklektischer Aneignung, popularisierender Einvernahme und ideengeschichtlicher Fehldeutung widerspiegeln.[66]

Aber noch zwei andere für Emerson charakteristische Tendenzen werden im »Transcendentalist« überdeutlich. Dies ist zum einen der Hang, unmittelbar nach der Darlegung von theoretischen Prinzipien zu einer Skizze praktischer Folgen fortzuschreiten, die sich notwendig für diejenigen ergeben, die nach Maßgabe transzendentalistischer Ideen und Maximen leben; und es ist dies zum anderen die kaum verhüllte Beziehung zwischen allgemeinen Ausführungen und konkreter Selbstdarstellung und Identifikation des Autors als herausgehobene Persönlichkeit. Obwohl Emerson einerseits betont, daß es noch gar keinen »pure Transcendentalist«[67] gäbe, sondern daß dieser vielmehr nur vorgestellte Idealfigur sei, reklamiert er andererseits für diesen schon bestimmte Verhaltensweisen gegenüber der Gesellschaft und den Lebensumständen der Zeit als berechtigt und entschuldbar. So entwirft er etwa das Gegenbild einer negativ gesehenen Gesellschaft, die sich durch »common labors and competitions of the market and the caucus«,[68] durch »cowardly compromise [...] a frightful skepticism, a life without love, and an activity without an aim«[69] und durch ihren geforderten »respect to this institution and that usage; to an obsolete history; to some vocation, or college, or etiquette, or beneficiary«[70] auszeichne. Gegen solche leeren Zwänge und Gebote, gegen solche »alienations and misgivings«,[71] setzt er radikal das Recht des transzendentalistischen Dissenters auf Zurückgezogenheit, Selbstabkapselung, Verneinung und Verweigerung bis hin zur Tatenlosigkeit. Denn obwohl »miserable with inaction«,[72] darf der wahre Transzendentalist als Prophet und Verkünder einer besseren Welt die Privilegien der Kindheit weiter für sich in Anspruch nehmen und etwa auf die Aufforderung zum Handeln antworten: »I can sit in a corner and *perish* (as you call it), but I will not move until I have the highest com-

mand«.[73] Wenn er sich so der gesellschaftlichen Integration
entzieht, kann die Gesellschaft andererseits jedoch nicht von
ihren Pflichten gegenüber dem Dissidenten Abstand nehmen, und dies allein schon deshalb, so Emerson, weil sich
in der Zukunft einmal ein möglicher Nutzen von den
Außenseitern, den »rare and gifted men«,[74] ergeben
könnte.

Mit dieser herausfordernden Konstruktion liefert Emerson
u. a. den ideologischen Überbau für eine Entwicklung, die
sich im Amerika der Zeit abzuzeichnen begann, nämlich die,
daß sich eine Klasse von Intellektuellen herausbildete, die
sich selbst zwar als gesellschaftliche Leitbilder anboten,
ansonsten aber kaum Verpflichtungen gegenüber dem abge-
lehnten Ganzen, dessen Teil sie doch waren, akzeptieren
wollten. Und zugleich liefert Emerson in diesem Zusammenhang eine verdeckte Selbstbeschreibung, die deutlich
macht, daß er sich selbst als Annäherung an die Idealfigur
des noch nicht existierenden, aber seiner Vollendung zustre-
benden wahren Transzendentalisten sieht. Dies läßt sich im
vorliegenden Essay schon sprachlich belegen, und zwar in
jenen Passagen, wo er unvermutet vom Personalpronomen
»they« zum verbindenden »we« und dann sogar zum spontanen »I« wechselt.[75] Man kann zusammenfassend sagen,
daß »The Transcendentalist« einen der wenigen Beiträge
Emersons darstellt, die sich an einer expliziten Systemdarstellung versuchen und dabei zugleich die Systemdarstellung
nahtlos in eine Selbstdarstellung, fast schon Apologie für die
eigene Verhaltensweise, übergehen lassen.

5. *The Poet*

Der amerikanische Transzendentalismus allgemein, so war
behauptet worden, impliziere von seinen Prämissen her eine
Ästhetik und tendiere deshalb folgerichtig zur poetologi-
schen Theorie. Dies gilt im besonderen Maße für Emerson,

und so wurde für diese Anthologie nach den Essays zur Standortbestimmung und zu den Systempfeilern mit »The Poet« ein Beitrag ausgewählt, der sich explizit mit einer Dichtungstheorie und mit der Gestalt des Dichters als Schlüsselfigur transzendentalistischen Bemühens auseinandersetzt.

Nimmt Emerson schon in einer Vielzahl verstreuter Werke zu diesem Themenkreis Stellung[76] und hatte er schon in *Nature* eine Theorie der Sprache als universalem Verweisungsinstrument entwickelt, so faßt er in »The Poet« diese verschiedenen Ansätze zusammen und entwirft ein Bild von Dichtung und Dichter, das diesen als Zentrum des Vermittlungsprozesses zwischen Natur, Mensch und spiritueller Einheit erscheinen läßt. Der Essay nimmt seinen Ausgang, wie so oft bei Emerson, von negativen Befunden der zeitgenössischen Situation. Die Einsichten in die Interdependenz von Form und Seele, in die Abhängigkeit der materiellen Welt von der Welt des Geistes und in die vielfältige Bedeutungsschichtung des sinnlich Gegebenen seien der zeitgenössischen Dichtung wie auch der korrespondierenden Dichtungstheorie abhanden gekommen. Dagegenzusetzen sei eine Besinnung auf Natur, Funktion, Mittel und Gegenstände des wahren Dichters, der repräsentativ für den vollendeten Menschen und damit für die Möglichkeit allseitigen Ausgebildetseins der menschlichen Natur stehe. Wenn alle Menschen von ihrer Natur her auf Erkenntnis der Wahrheit und auf Ausdruck des Erkannten ausgerichtet seien und wenn in seiner differenzierenden Prägung das Universum die Abkömmlinge »the Knower, the Doer, and the Sayer« hervorbringe, die für die Liebe zur Wahrheit, zum Guten und zur Schönheit stünden,[77] so personifiziere der Dichter in herausgehobenem Maße die Gestalt des »sayers«, aber so, daß er zugleich Erkennender und mit Worten Handelnder sei.[78] Wird der Dichter seiner Natur und Funktion nach somit zum »beholder of ideas and an utterer of the necessary and causal«, so wird sein Produkt weniger erkennbar an

spezifischen Formen als an gedanklichen Inhalten, die die
Formen ihrerseits erst prägen: »For it is not metres, but a
metre-making argument that makes a poem«.[79]
Was aber nun sind die Materialien und Mittel, denen sich der
Dichter zuwendet, bzw. die er einsetzt, um der Wahrheit
adäquaten dichterischen Ausdruck zu verleihen? Emerson
weist in diesem Zusammenhang wie schon an anderer Stelle
auf Natur und Sprache hin, die er beide durch die Vermitt-
lungsfunktion des Symbolischen verbunden sieht. Gegenstände schlechthin sind auf symbolisches Verständnis und
auf symbolische Darstellung hin angelegt, weil der Kosmos
der Natur selbst Symbol ist: »Things admit of being used as
symbols because nature is a symbol, in the whole, and in
every part.«[80] Sprache wiederum ist an sich selbst symbo-
lisch und wird damit zum Ausdrucksträger für die Bedeu-
tungsverweise, die Welt, Bewußtsein und übergreifenden
Sinn ständig zusammenschließen. Die von Emerson so
postulierte universale Symbolik aber verweist wieder auf
eine übernatürliche Einheit alles Seienden als verbindungs-
und sinnstiftende Quelle. »The Universe is the externali-
zation of the soul«,[81] erklärt er, um dann »nature the
symbol« mit »nature certifying the supernatural«[82] gleichzu-
setzen. Der dem symbolischen Verständnis vorgezeichnete
Weg zur höheren Einheit aber verdankt sich einer besonderen »insight« oder »imagination« des Dichters. Diese besondere Form des Erfassens schließlich teilt der Dichter –
zumindest der Möglichkeit nach – mit allen anderen Menschen, was wiederum zur Basis der Wertschätzung seiner
Kunst durch die anderen wird. Die Dichter werden auf diese
Weise zu den »liberating gods«[83] der Menschheit, und ihre
Kunst erfreut und befreit den Menschen zugleich zu seinen
höchsten Möglichkeiten: »They are free, and they make
free.«[84]
Drei entscheidende Folgerungen sind in diesem Kontext
gedanklich angelegt, die Emerson fast beiläufig gegen Ende
seines Essays aufgreift. Zum einen erscheinen Sinn und

Funktion von Dichtung jetzt religiös bestimmt, und das
Ästhetische erfährt seine entscheidende Rechtfertigung aus
spekulativ-religiösen Zusammenhängen. Folgerichtig verweist Emerson daher auch auf die dem Ursprung der wahren
Dichtung ähnliche Genealogie von Religion, und folgerichtig grenzt er die symbolische Vorgehensweise des Dichters
von der des religiös inspirierten Mystikers ab. Festzuhalten
aber bleibt, daß über alle Unterschiede hinweg der Dichter
nun als eine Art »poet-priest« erscheint.[85] Zum anderen
führt die postulierte Universalität symbolischer Verweise, in
deren Licht die Welt als Tempel erscheint, »whose walls are
covered with emblems, pictures, and commandments of the
Deity«, zu dem Schluß: »Small and mean things serve as well
as great symbols«; ein Schluß, der schon aufgrund der These
begründet erscheint, »that there is no fact in nature which
does not carry the whole sense of nature«.[86] Unmittelbare
Konsequenz für die dichterische Praxis ist dann: »Bare lists
of words are found suggestive to an imaginative and excited
mind.«[87] Und schließlich lag nahe, daß Emerson sein so
entworfenes Idealbild des Dichters mit der Wirklichkeit
poetischer Praxis seiner Zeit vergleichen würde. »I look in
vain for the poet whom I describe«,[88] erklärt er gegen Ende
seines Essays und fügt an, daß, obwohl Amerika selbst in
seinen Augen ein grandioses Gedicht darstelle, seine großen
Themen und Motive bisher noch unbesungen seien. Man
kann diesen Schluß zum einen als eine Form der Selbstkritik
und zum anderen als prophetischen Verweis lesen. Denn
Tatsache ist, daß Emerson, der sich selbst primär als Dichter
verstand, auch bewußt war, daß seine poetische Praxis das
vorgezeichnete Ideal so gut wie nie erreichte. Und zukünf-
tige Entwicklung wurde, daß Walt Whitman Maximen
Emersonscher Poetologie aufgriff und – unter ausdrück-
licher Berufung auf ihn als Vorgänger und Erwecker – in
eine dichterische Praxis überführte, die dem Ideal schon viel
näher kommen sollte.

6. *Friendship*

Obwohl der Essay »Friendship« keine herausgehobene Stellung im Emerson-Kanon einnimmt, wurde er hier aufgenommen, weil er den Kreis der Emersonschen Überlegungen, die vom Menschen als Zentralgestalt ihren Ausgang nehmen und wieder zum Menschen zurückkehren, folgerichtig schließt. Untersuchte Emerson in den anderen aufgeführten Werken die Relationen des Menschen zur Natur, zu sich selbst und zum Absoluten, so thematisiert er in »Friendship« zuvörderst eine besondere Form der Relation zum Mitmenschen. Zum negativen Gegenbegriff einer recht verstandenen »self-reliance« und eines gelungenen Verhältnisses zum Mitmenschen erklären dabei schon die ersten Sätze die »selfishness« des einzelnen. Diese wird im weiteren von positiv gesehenen Prinzipien des Verbindenden abgesetzt. »Love«, »good-will« und »affection«[89] werden als mögliche Vermittlungsprinzipien beansprucht, die über alle Partikularisierung hinweg die verbindende Humanität des Gattungswesens Mensch sicherzustellen vermögen: »the whole human family is bathed with an element of love like a fine ether«.[90] Im speziellen und seltenen Falle der Freundschaft stellt Emerson »truth« und »tenderness« als die beiden Grundkomponenten einer Beziehung heraus, die bewirkt, daß sich Freunde behandeln »with the simplicity and wholeness with which one chemical atom meets another«.[91] Daß dieses Verhältnis für Emerson keine einfache Relation darstellt, sondern vielmehr aus der dialektischen Koppelung von Gleichheit und Verschiedenheit, von Einheit und Getrenntsein entsteht, belegen seine Sätze: »Friendship requires that rare mean betwixt likeness and unlikeness«, und: »Let him [the friend] not cease an instant to be himself. The only joy I have in his being mine, is that the *not mine* is *mine*.«[92] Zur Basis solcher Einheit in der Verschiedenheit aber wird bei Emerson, wie nicht anders zu erwarten, eine tiefer angelegte Einheit, die auf Gott als das Einheitsstiftende zurückverweist:

> »My friends have come to me unsought. The great God gave them to me. By oldest right, by the divine affinity of virtue with itself, I find them, or rather not I but the Deity in me and in them derides and cancels the thick walls of individual character, relation, age, sex, circumstance, at which he usually connives, and now makes many one.«[93]

Emerson hat damit in »Friendship« die Grundthese der »Divinity School Address« wieder aufgenommen: »All things proceed out of the same spirit«[94] und sie am konkreten Beispiel einer herausgehobenen mitmenschlichen Beziehung exemplifiziert.

Durch Auswahl und Anordnung der vorliegenden Essays soll nun keinesfalls der Eindruck erweckt werden, daß sich Emersons Denken ausschließlich den behandelten Themenkreisen zugewandt habe. Es ist vielmehr so, daß gerade Emerson sich vielleicht am engagiertesten von allen Transzendentalisten bemühte, dem Ideal jener Abstraktionsfiguren nahezukommen, die er im »American Scholar« als »delegated intellect« und »Man Thinking«[95] und in »The Poet« als »complete man«[96] herausgestellt hatte. Dabei war von vornherein eine Beschränkung der Problemkreise, denen sich die Person gewordene Vernunft zuwenden konnte, wie auch eine enge, gesellschaftlich diktierte Funktionalität dieser Idealfigur ausgeschlossen. Von daher gesehen war es nur konsequent, wenn sich Emerson in seinen Werken einem breiten Spektrum von Themen und Problemen zuwandte, die sich von den Naturwissenschaften über die Theologie, von der Ästhetik über die Philosophie und Pädagogik, von der Geschichte über die Politik bis hin zur Gesellschaftslehre und zum Kommentar alltäglicher Ereignisse und

Lebensphänomene erstreckten. Und es war auch konsequent, daß Emerson aufgrund der Tatsache, daß er den vollendeten und repräsentativen Menschen nicht als Produkt und Opfer der Gesellschaft,[97] sondern als deren Leitbild und Gewissen sah, durchgängig die Rolle des Kritikers, Mahners und Fordernden übernahm.[98]

Die Vielfalt und Ambivalenz Emersonscher Beiträge, die ihn u. a. auch in den Mittelpunkt einer gesellschaftlichen, kulturphilosophischen und politischen Diskussion zogen, läßt sich ansatzweise an einer Handvoll weiterer Themen entwickeln, die hier nur kurz erwähnt werden können. So ging einerseits folgerichtig aus den Prämissen seines Denkens eine Grundlegung und Bejahung der Demokratie hervor (John Dewey nannte Emerson »the philosopher of democracy«),[99] die er aber andererseits durch eine scharfe Kritik an den politischen Modellen und Praktiken konkreter zeitgenössischer Demokratie ergänzte.[100] So feierte er einerseits die Bedeutung des praktischen Handelns und der tätigen Auseinandersetzung mit der Welt in einem Maße, daß seine Maximen zu einer Hymne auf die *vita activa* anstelle der *vita contemplativa* zu werden schienen,[101] kritisierte aber andererseits ständig und auf unmißverständliche Weise das Machtstreben und den blinden Aktionismus einer modernen Zivilisation, die im Materialismus und im Kommerziellen zu ersticken drohte.[102] So wies er Amerika zum einen den Weg aus der Verfallenheit an eine fremde Tradition und Geschichte hin zur nationalen Identität, die zugleich politisch und kulturell zu verstehen war, ohne dabei zum anderen die Dimension des Geschichtlichen schlechthin preiszugeben.[103] Und so warnte er schließlich vor der drohenden Entmündigung des einzelnen in einem heraufziehenden Massenzeitalter, vor den Folgen einer Partikularisierung, die die Einheit des Gattungswesens Mensch in eine Reihe verdinglichter Funktionen aufzuspalten drohte, und vor der Entfremdung als durchgängiger Kondition im Leben des Individuums,[104] dem er eher eine Haltung der gesellschaftli-

chen Verweigerung empfahl, als sich einer Gesellschaft des
bloß Praktischen und Materiellen ein- und unterzuordnen.[105]

Mit solchen Warnungen und Empfehlungen wurde Emerson
zum Dissidenten einer Gesellschaft, die bisweilen eher
geneigt war, ihn als einen ihrer Exponenten, ja Propheten zu
feiern. Seine Philosophie, so kann man ganz allgemein
sagen, war zum großen Teil gedanklicher Reflex auf diejenigen Probleme, die auf historischer, politischer und ökono-
mischer Ebene das Amerika der Zeit bestimmten oder schon
bestimmt hatten. Sie war der philosophische Ausdruck
praktizierter Demokratie, gewonnener Unabhängigkeit und
proklamierter Gleichheit der Amerikaner. Jedoch war sie
auch – und dies häufig genug unbemerkt von seinen Zeitgenossen – Ausdruck der Ablehnung und Anklage einer sich
rapide verfestigenden Gesellschaftsform, die im Materialismus, in gesellschaftlichen Dogmatismen, in institutionellen
Zwängen und in politischen Machtkämpfen und Intrigen zu
erstarren drohte. Folgerichtig erscheint uns deshalb heute
manchmal das Emersonsche Denken paradox zu sein, weil
es etwas bestärkte, das es zugleich zu bekämpfen schien.
Aber gerade in dieser Paradoxie, die von vielen Zeitgenossen
als solche nicht wahrgenommen wurde, spiegelt sich auch
zuverlässig die Vielfalt der oft disparaten Strömungen, die
das Amerika der Zeit bestimmten. Es bleibt anzufügen, daß
Emerson freilich über den paradoxen Reflex hinaus als Prophet und Anreger, als Warner und Leitfigur zu einer
ursprünglichen Kraft und Einflußgröße für Entwicklungen
wurde, die dem Amerika der Gegenwart und der Zukunft
unabweisbar seinen Stempel aufdrückten. Es wirkt daher
wie ein abschließender Selbstkommentar des Autors, der
nach eigenem Bekunden aufgebrochen war »to try the magic
of sincerity«,[106] wenn er später schreibt: »There are persons
who are not actors, not speakers, but influences.«[107]

Die Natur

Eine zarte Verkettung von endlosen Ringen
Mag das Nächste dem Fernsten noch nahe zu bringen;
Das Auge liest Zeichen, wohin es auch schweift,
Die Rose alle Sprachen umgreift;
Und strebend Mensch zu sein, der Wurm
Erhebt sich durch alle Wandlung der Form.[1]

Unser Zeitalter ist retrospektiv. Es baut die Grabdenkmäler seiner Väter. Es schreibt Biographien, Geschichtsbücher und Kritiken.[2] Frühere Generationen schauten Gott und Natur von Angesicht zu Angesicht; wir jedoch sehen nur mit ihren Augen. Warum sollten nicht auch wir uns einer ursprünglichen Beziehung zum Universum erfreuen? Warum sollten wir nicht eine Dichtung und Philosophie der Einsicht statt der bloßen Tradition haben und eine Religion zu uns selbst sprechender Offenbarungen anstelle einer Geschichte der Religion unserer Vorväter? Wenn uns nur ein einziges Mal die Natur umfangen hat, deren Lebensfluten um und in uns pulsieren und uns durch die Kräfte, die sie spenden, zum naturgemäßen Handeln einladen, warum dann noch im Staub der Vergangenheit wühlen, warum dann noch die lebende Generation in den verblichenen Masken und Kostümen der Vergangenheit auftreten lassen? Auch heute scheint die Sonne. Es gibt immer noch Wolle und Flachs auf den Feldern. Es gibt immer wieder neue Länder, neue Menschen und neue Gedanken. Laßt uns darum unsere eigenen Werke, Gesetze und Weisen der Verehrung fordern.

Zweifellos stellen wir keine Fragen, die nicht beantwortet werden können. Wir müssen im Vertrauen auf die Vollendung der Schöpfung daran glauben, daß die Ordnung der Dinge eben jene Neugierde zu befriedigen vermag, die sie selbst erweckt hat. Die Befindlichkeit eines jeden Menschen ist eine verschlüsselte Antwort auf jene Fragen, denen er nachzuspüren vermag. Er lebt diese Antwort, bevor er sie als Wahrheit begreift. Auf ähnliche Weise beschreibt die Natur bereits in ihren Formen und Tendenzen ihren Gesamtplan. Laßt uns also die großartige Erscheinung, die uns so friedlich umgibt, zum Gegenstand unseres Fragens machen. Laßt uns erforschen, was der Zweck der Natur ist.

Alle Wissenschaft hat ein Ziel, nämlich eine Theorie der

Natur zu erstellen. Wir kennen Theorien über Rassen und Funktionen, aber kaum eine entfernte Annäherung an die Idee der Schöpfung. Wir haben uns heute so weit vom Weg zur Wahrheit entfernt, daß religiöse Denker sich streiten und einander hassen und daß spekulative Menschen für krankhaft und frivol gehalten werden. Aber für ein gesundes Urteil ist die abstrakteste Wahrheit zugleich auch die praktischste. Wann immer eine wahre Theorie auftaucht, wird sie ihren Beweis in sich selbst tragen. Ihr Prüfstein ist, ob sie alle Erscheinungen hinreichend erklärt. Gegenwärtig gelten viele Erscheinungen nicht nur für unerklärt, sondern auch für unerklärbar, wie z. B. Sprache, Schlaf, Wahnsinn, Träume, Tiere, Geschlecht.

Philosophisch gesehen, besteht das Universum aus Natur und Seele. Deshalb muß, genau genommen, alles, was von uns verschieden ist und was die Philosophie als NICHT-ICH bezeichnet,[3] d. h. beides, Natur und Kunst, alle anderen Menschen und mein eigener Körper, unter dem Begriff NATUR zusammengefaßt werden. Wenn ich im folgenden die Werte der Natur durchgehe und ihre Summe ziehe, werde ich das Wort Natur im doppelten Sinne verwenden: in seiner gewöhnlichen und in seiner philosophischen Bedeutung. In Untersuchungen, die so allgemein gehalten sind wie die unsrige, fällt diese Ungenauigkeit nicht ins Gewicht, und es wird keine Begriffsverwirrung eintreten. *Natur* im gewöhnlichen Sinne bezeichnet Wesenheiten, die der Mensch nicht verändert hat: der Raum, die Luft, der Fluß, das Blatt. Der Begriff *Kunst* hingegen bezieht sich auf solches, das aus einer Vermischung des menschlichen Willens mit eben denselben Dingen hervorgegangen ist, wie z. B. bei einem Haus, einem Kanal, einer Statue, einem Gemälde. Aber alle menschlichen Anstrengungen zusammengenommen sind so unbedeutend – ein bißchen Meißeln, Zusammenpappen, Flicken und Reinigen –, daß sie auf den gewaltigen Eindruck, den die Welt im menschlichen Geist hinterläßt, so gut wie keinen Einfluß haben.[4]

Natur

I

Wer sich in die Einsamkeit begeben will, muß seine Kammer ebenso verlassen wie die Gesellschaft. Ich bin nicht allein, solange ich lese und schreibe, obwohl niemand um mich ist. Wenn jemand die Einsamkeit sucht, soll er die Sterne anschauen. Die Lichtstrahlen, die von diesen himmlischen Welten kommen, werden ihn loslösen von allem, womit er in Berührung steht. Man möchte denken, die Atmosphäre sei deshalb transparent geschaffen worden, um dem Menschen in den Himmelskörpern den immerwährenden Anblick des Erhabenen zu gewähren. Wie großartig sind die Sterne, wenn man von den Straßen der Städte zu ihnen aufblickt! Würden die Sterne nur einmal in tausend Jahren erscheinen, wie wären die Menschen zu Glaube und Bewunderung hingerissen, wie würden sie über Generationen hinweg die Erinnerung bewahren an jene Stadt Gottes, die ihnen erschienen ist! Doch Nacht für Nacht erscheinen diese Sendboten der Schönheit und erleuchten das Universum mit ihrem mahnenden Lächeln.

Die Sterne erwecken eine gewisse Ehrfurcht, da sie – obwohl immer gegenwärtig – doch unerreichbar sind. Aber alle natürlichen Dinge vermitteln einen ähnlichen Eindruck, wenn der Geist dafür offen ist. Niemals erscheint die Natur gemein. Und niemals ringt ihr selbst der Weiseste ihr Geheimnis ab und verliert seine Neugierde, weil er ihre ganze Vollendung entdeckt. Natur wurde noch nie zum Spielzeug für den Weisen. Die Blumen, die Tiere, die Berge spiegelten nur die Weisheit seiner besten Stunde wider, so wie sie einst die Einfalt seiner Kindheit erfreuten.

Wenn wir so von der Natur reden, tun wir es in einem klar definierten, doch höchst poetischen Sinn. Wir meinen die Geschlossenheit des Eindrucks, den vielerlei Gegenstände der Natur hinterlassen. Es ist dies, was das Stück Holz des

Holzfällers vom Baum des Dichters unterscheidet. Die reizvolle Landschaft, die ich heute morgen sah, setzt sich zweifellos aus einigen zwanzig oder dreißig Farmen zusammen. Miller gehört dieses Feld, Locke jenes und Manning der Wald da drüben. Aber keinem von ihnen gehört die Landschaft. Der Horizont umfaßt ein Eigentum, das keiner besitzen kann außer dem, dessen Auge alle Einzelheiten zu vereinigen vermag, mit anderen Worten dem Dichter. Dies ist der beste Teil von den Farmen jener Männer, aber gerade darauf gibt ihnen ihr Besitzbrief kein Anrecht.

Um die Wahrheit zu sagen, nur wenige erwachsene Menschen sind imstande, die Natur zu sehen. Die meisten sehen die Sonne nicht. Zumindest haben sie nur eine sehr oberflächliche Sicht davon. Die Sonne erhellt nur das Auge des Erwachsenen, aber sie scheint zugleich ins Auge und ins Herz des Kindes. Wer die Natur liebt, dessen innere und äußere Sinne stehen noch wahrhaft im Einklang miteinander; er hat sich den Geist der Kindheit bis ins Mannesalter erhalten. Sein Umgang mit Himmel und Erde wird Teil seiner täglichen Nahrung. Im Angesicht der Natur erfüllt trotz wirklichen Leids eine wilde Freude den Menschen. Dies ist mein Geschöpf, sagt die Natur, und ungeachtet seiner zudringlichen Sorgen soll er glücklich mit mir sein. Nicht allein die Sonne oder der Sommer zollen ihren Freudentribut, sondern jegliche Stunde und Jahreszeit; denn jede Stunde und jeder Wechsel entspricht einer anderen Geistesverfassung und bestätigt sie, vom windstillen Mittag bis zur furchtbarsten Mitternacht. Natur ist ein Rahmen, der gleich gut für ein Lustspiel wie für ein Trauerspiel paßt. Bei guter Gesundheit ist die Luft eine Stärkung von wunderbarer Kraft. Wenn ich im Zwielicht über ein kahles Stück Gemeindewiese gehe, durch Schneepfützen, unter einem bewölkten Himmel, ohne einen Gedanken an irgendein besonderes Glück, verspüre ich vollendete Heiterkeit.[5] Meine Freude grenzt fast schon an Furcht. Auch in den Wäldern wirft der Mensch seine Jahre von sich wie eine Schlange ihre Haut und ist, in welchem Alter auch immer, stets ein Kind. In den Wäldern finden wir immerwährende Jugend. In diesen Plantagen Gottes herrschen Anstand und Heiligkeit, vollzieht sich ein ständiges Fest, und der Festgast vermag sich nicht vorzustellen, wie er selbst in tausend Jahren all dessen müde werden könnte. In den Wäldern kehren wir zur Vernunft und zum Glauben zurück. Dort spüre ich, daß mir im Leben nichts zustoßen kann – keine Schande, kein Unglück (solange ich mein Augenlicht behalte), die die Natur nicht wiedergutmachen könnte. Ich stehe auf der nackten Erde, mein Haupt umweht von linden Lüften und erhoben in die Unendlichkeit des Raums, und alle niedrige Selbstsucht fällt von mir ab. Ich werde ganz zum durchscheinenden Auge; ich selbst bin nichts und sehe doch alles; Ströme des allumfassenden Seins durchfluten mich; ich bin Teil oder Bestandteil Gottes. Der Name des engsten Freundes klingt dann fremd und unwichtig: mit jemandem verwandt oder bekannt zu sein, Herr oder Diener, alles wird zur Nebensächlichkeit, ja zur Last. Ich bin nur noch Anbeter einer grenzenlosen und unsterblichen Schönheit. In der Wildnis finde ich etwas, das mir teurer und verwandter ist als die Dinge in den Straßen und Dörfern. In der stillen Landschaft und besonders in der fernen Linie des Horizonts erblickt der Mensch etwas, das der Schönheit seiner eigenen Natur vergleichbar ist.

Die größte Freude, die Feld und Wald uns bereiten, ist die Andeutung einer dunklen Beziehung[6] zwischen Mensch und Pflanzenwelt. Ich bin nicht allein und unerkannt. Die Pflanzen nicken mir zu und ich nicke zurück. Das Schwanken der Zweige im Sturm ist mir vertraut und unvertraut zugleich. Es überrascht mich und ist mir doch nicht unbekannt. Seine Wirkung ist wie die eines höheren Gedankens oder einer besseren Empfindung, die mich überkommt, wenn ich glaube, Rechtes zu denken oder zu tun.

Doch ist sicher, daß das Vermögen, solche Freude hervorzubringen, nicht in der Natur beschlossen liegt, sondern im

Menschen oder in der Harmonie beider. Wir sollten diese Freude nur sehr maßvoll genießen. Denn die Natur erscheint nicht immer im Festkleid; dieselbe Szene, die gestern noch Wohlgeruch atmete und glitzerte wie zum Spiel der Nymphen, ist heute in Schwermut getaucht. Die Natur trägt immer die Farben des Geistes. Für den, der unter Not und Elend leidet, hat selbst die Wärme des eigenen Kaminfeuers etwas Trauriges an sich. Und es gibt eine Art Verachtung für die Landschaft, die jener fühlt, der gerade einen guten Freund durch den Tod verloren hat. Der Himmel ist weniger großartig, wo er sich über das weniger Wertvolle in den Menschen wölbt.

II

Gebrauchsnutzen

Wer über den Endzweck der Welt nachdenkt, wird eine ganze Reihe von Nutzen unterscheiden, die sich als Teile in das Endresultat einfügen. Sie alle können einer der folgenden Klassen zugeordnet werden: Gebrauchsnutzen, Schönheit, Sprache und Erziehung.
Unter den allgemeinen Begriff des Gebrauchsnutzens fällt all jenes, das unsere Sinne der Natur verdanken. Dies ist selbstverständlich ein Nutzen, der in sich vergänglich und mittelbar ist und nicht absolut wie sein Gewinn für die Seele. Aber obwohl ein geringer Nutzen, so ist er doch auf seine Art vollendet und der einzige Gebrauch der Natur, den alle Menschen kennen. Das Unglück der Menschen erscheint wie kindisches Schmollen, wenn wir den ständigen Überfluß an Gütern betrachten, die für den Unterhalt und die Freude des Menschen auf diesem grünen Erdball, der ihn durch den Raum trägt, zur Verfügung gestellt worden sind. Welche Engel erfanden diesen herrlichen Schmuck, diesen Reichtum von Annehmlichkeiten, dieses Luftmeer über uns, diesen Ozean darunter und dieses Erdengewölbe zwischen beiden? Wer erfand diesen Kreis von Lichtern, dieses Zelt von wasserspendenden Wolken, dieses gestreifte Kleid der Klimazonen, diese vier Jahreszeiten? Tiere, Feuer, Wasser, Steine und Getreide, sie alle dienen dem Menschen. Das Feld ist ihm zugleich Grund und Boden, Arbeitsstätte, Spielplatz, Garten und Bett.

> Mehr Diener hat der Mensch,
> Als er je um sich weiß. –[7]

Die Natur steht dem Menschen nicht nur als Stoff zu Diensten, sondern sie ist auch Prozeß und Ergebnis. Alle ihre Teile wirken unablässig ineinander zum Nutzen des Menschen. Der Wind sät die Saat; die Sonne bringt das Meer

zum Verdunsten; der Wind weht den Dunst auf die Felder;
das Eis auf der anderen Seite des Planeten kondensiert den
Regen; der Regen nährt die Pflanzen; die Pflanzen nähren
die Tiere; und schließlich kommt auf diese Weise der endlose Kreislauf göttlicher Wohltaten dem Menschen zu-
gute.

Die praktischen Künste sind vom menschlichen Geist erfun-
dene Reproduktionen oder neue Kombinationen derselben
natürlichen Wohltäter. Der Mensch wartet nicht länger auf
günstige Winde, sondern er läßt mit Hilfe des Dampfes die
Fabel vom Windgott Aeolus Wirklichkeit werden und trägt
die zweiunddreißig Winde im Dampfkessel seiner Schiffe
mit sich. Um die Reibung zu vermindern, pflastert er die
Straße mit Eisenschienen,[8] besteigt einen Wagen und bewegt
sich pfeilschnell mit einer Schiffsladung von Menschen,
Tieren und Waren hinter sich durch die Lande, von Stadt zu
Stadt, so wie der Adler oder die Schwalbe durch die Luft.
Wie hat sich das Antlitz der Erde verändert von Noah bis
Napoleon unter dem geballten Einfluß solcher hilfreicher
Erfindungen! Selbst der arme Privatmann hat seinen Nutzen
von Städten, Kanälen und Brücken. Er geht zur Post, und
die ganze Menschheit spielt Bote für ihn; er geht in die
Buchhandlung, und die Menschheit liest und schreibt über
alle Ereignisse für ihn; er geht zum Gericht, und Nationen
verhelfen ihm zu seinem Recht. Er baut sein Haus an die
Straße, und die Menschen kommen jeden Morgen, um den
Schnee fortzuschaufeln und einen Pfad für ihn zu legen.

Aber es ist unnötig, die Einzelheiten dieser Gattung des
Nutzens genauer aufzuführen. Der Katalog ist endlos und
die Beispiele so offenkundig, daß ich sie den Überlegungen
des Lesers überlassen kann, vielleicht mit der allgemeinen
Bemerkung, daß dieser materielle Nutzen stets auf ein höheres Gut angelegt ist. Der Mensch wird versorgt, nicht damit
er versorgt sei, sondern damit er arbeiten kann.

Schönheit

Die Natur dient auch einem edleren Bedürfnis des Menschen, nämlich seiner Liebe zur Schönheit.

Die alten Griechen nannten die Welt *kosmos*, Schönheit.[9] Derart ist der Zustand aller Dinge oder derart die Formkraft des menschlichen Auges, daß die Urformen wie Himmel, Gebirge, Baum, Tier uns Vergnügen *an und für sich* bereiten; ein Vergnügen, das aus ihrer Gestalt, Farbe, Bewegung und Anordnung hervorgeht. Dies verdanken wir, wie es scheint, teilweise dem Auge selbst. Das Auge ist der beste Künstler. Die Interaktion zwischen seiner eigenen Struktur und den Gesetzen des Lichts erzeugt eine Sichtweite, die jede Masse von Objekten, welcher Art auch immer, in ein farblich gelungenes und abgestimmtes Ganzes zusammenzufassen vermag, so daß selbst da, wo die einzelnen Gegenstände gemein und wenig anziehend sind, die Landschaft, die sie schließlich formen, abgerundet und symmetrisch erscheint. Und wie das Auge der beste Komponist ist, so ist das Licht der beste Maler. Es gibt keinen noch so häßlichen Gegenstand, den ein intensives Licht nicht schön machen würde. Der Reiz, den es den Sinnen bietet, und die Art von Unendlichkeit, die es mit der Erscheinung von Raum und Zeit teilt, lassen alles Dingliche erstrahlen. Sogar der Leichnam hat seine eigene Schönheit.[10] Aber neben dieser allgemeinen Anmut, welche die ganze Natur durchdringt, sind nahezu alle ihre Einzelformen dem Auge angenehm. Dies beweisen unsere endlosen Nachahmungen einiger solcher Formen, wie z. B. der Eichel, der Traube, des Tannenzapfens, der Ähre, des Eis, der Flügel und Gestalt der meisten Vögel, der Löwentatze, der Schlange, des Schmetterlings, der Muscheln, Flammen, Wolken, Knospen, Blätter und vieler Bäume, z. B. der Palme.

Um der größeren Klarheit willen wollen wir Schönheit unter einem dreifachen Aspekt sehen.

1. Erstens, schon die einfache Betrachtung natürlicher Formen bereitet Vergnügen. Der Mensch bedarf des Einflusses der Gestalten und Vorgänge der Natur so sehr, daß dieser Einfluß in seiner niedrigsten Funktion auf der Grenze zwischen Gebrauchsnutzen und Schönheit angesiedelt scheint. Für einen Körper und einen Geist, die sich in schädlicher Arbeit oder Gesellschaft verkrampft haben, ist die Natur Medizin und Wiederbelebung. Der Kaufmann, der Anwalt kommt aus dem Lärm und der Geschäftigkeit der Straße, sieht den Himmel und die Wälder und ist wieder Mensch. In ihrer ewigen Ruhe findet er sich selbst. Die Gesundheit des Auges scheint nach einem Horizont zu verlangen. Wir sind niemals müde, solange unser Blick noch in die Ferne schweifen kann.[11]

Doch zu anderen Zeiten befriedigt uns die Natur durch ihre Lieblichkeit ohne unmittelbar körperliche Wirkungen. Ich betrachte das Schauspiel des Morgens, vom Morgengrauen bis zum Sonnenaufgang, von der Hügelkuppe gegenüber meinem Haus mit Gefühlen, die ein Engel mit mir teilen könnte. Die langen, schlanken Wolkenbänder schwimmen wie Fische in einem Meer von tiefrotem Licht. Vom Ufer der Erde schaue ich hinaus auf dieses schweigende Meer. Mir scheint, als nähme ich teil an seinen raschen Verwandlungen; der tätige Zauber erfaßt mich in meiner Vergänglichkeit, und ich dehne mich aus und vereinige mich mit dem Morgenwind. Wie vermag uns die Natur zu vergöttlichen mit so wenigen und einfachen Mitteln! Gebt mir Gesundheit und einen Tag, und ich will den Prunk eines Kaisers lächerlich erscheinen lassen. Die Morgendämmerung ist mein Assyrien; der Untergang der Sonne und der Aufgang des Mondes mein Paphos[12] und mein unvorstellbares Feenland; der helle Mittag soll mein England der Sinne und des Verstandes sein; die Nacht mein Deutschland der mystischen Philosophie und der Träume.

Nicht weniger herrlich war der Reiz eines Januar-Sonnenuntergangs gestern abend, obwohl wir doch in der zweiten Tageshälfte weniger empfänglich für dergleichen sind. Im Westen teilten und teilten sich die Wolken in rosafarbene Flocken von reicher Schattierung und unsagbarer Sanftheit, und die Luft war so voller Leben und Süße, daß es einem Schmerzen bereitete, wieder ins Haus zu gehen. Was war es, das die Natur ausdrücken wollte? Lag nicht eine Bedeutung in der lebendigen Ruhe des Tals hinter der Mühle, eine Bedeutung, die selbst Homer oder Shakespeare mir nicht in Worte hätten fassen können? Die blattlosen Bäume werden im Untergang der Sonne zu Flammenkegeln, mit dem blauen Osten als Hintergrund, und die Sterne der toten Blumenkelche und alle verwelkten Blumenstengel und Getreidestoppeln im Frostreif liefern ihren Beitrag zu der stummen Musik.

Stadtbewohner glauben, daß ländliche Gebiete nur während der einen Hälfte des Jahres etwas Angenehmes haben. Ich erfreue mich an den Schönheiten der Winterlandschaft und glaube, daß sie uns ebenso ansprechen kann wie die belebenden Stimmungen des Sommers. Für das wache Auge hat jede Zeit des Jahres ihre eigene Schönheit, und in demselben Feld nimmt es stündlich einen neuen Anblick wahr, der nie zuvor gesehen wurde und vielleicht nie wieder gesehen wird. Jeden Augenblick verändert sich der Himmel und spiegelt seine Herrlichkeit oder seine düstere Stimmung in den Ebenen darunter wider. Der Stand der Saat auf den umliegenden Farmen verändert das Gesicht der Erde von Woche zu Woche. Die Blütenfolge der heimischen Pflanzen auf den Weiden und am Wege, jene stille Uhr, mit der die Zeit die Stunden des Sommers anzeigt, macht dem scharfen Beobachter sogar den Tagesablauf wahrnehmbar. Die Völker der Vögel und Insekten folgen einander pünktlich wie die Pflanzen zu ihrer eigenen Zeit, und das Jahr hat Platz für sie alle. Noch größer ist die Mannigfaltigkeit an Wasserläufen. Im Juli blüht die blaue Pontederia oder das Laichkraut in gro-

ßen Feldern an den seichten Stellen unserer lieblichen Flüsse
und wimmelt von gelben Schmetterlingen in ständiger
Bewegung. Die Kunst kann mit so viel purpurner und
goldener Pracht nicht wetteifern. Der Fluß ist wahrhaftig in
beständiger Gala und prangt jeden Monat in neuem
Schmuck.

Doch diese Schönheit der Natur, die als Schönheit sichtbar
und greifbar ist, macht nur ihren geringsten Teil aus. Das
Spiel des Tages, der taufrische Morgen, der Regenbogen, die
Berge, blühende Obstgärten, Sterne, Mondschein, Schatten
auf reglosem Wasser und dergleichen werden zum bloßen
Spektakel und halten uns zum Besten mit ihrem unwirk-
lichen Schein, wenn wir ihnen zu begierig nachjagen. Geh'
aus dem Haus, um den Mond anzuschauen, und er wird
zum bloßen Flitterwerk; er erfreut dich nicht mehr so, als
wenn sein Licht deine notwendig gewordene Reise
bescheint. Die Schönheit, die im gelben Nachmittag des
Oktobers schimmert, wer vermöchte sie je zu fassen? Geh'
hin und suche sie, und sie ist verschwunden; sie ist nur eine
Luftspiegelung, flüchtig erspäht aus den Fenstern der Geschäftigkeit.

2. Die Gegenwart eines höheren, und zwar eines geistigen
Elements ist unabdingbar zur Vollendung der Schönheit.
Die hohe und göttliche Schönheit, die wir ohne Verweich-
lichung lieben können, ist jene, die sich in Verbindung mit
dem menschlichen Willen findet. Schönheit ist das Kennzeichen, das Gott der Tugend verliehen hat.[13] Jede natürliche
Handlung hat Anmut. Jede heroische Tat ist zudem auch
ehrbar und verleiht dem Ort der Tat sowie den Anwesenden
einen eigenen Glanz. Große Taten lehren uns, daß das
Universum jedem darin befindlichen Individuum gehört.
Jedes Vernunftwesen hat die ganze Natur als Erbe und
Besitz. Sie ist sein, wenn es nur will. Der einzelne mag sich
davon abwenden; er mag sich in einer Ecke verkriechen und
auf sein Königreich verzichten, wie die meisten es tun, er
behält dennoch durch Geburtsrecht seinen Anspruch auf die

Welt. Er nimmt die Welt in sich auf entsprechend der Energie seines eigenen Denkens und Wollens. »Alle Dinge, um derentwillen die Menschen pflügen, bauen oder segeln, gehorchen der Tugend«, sagt Sallust.[14] »Wind und Wellen«, sagt Gibbon, »sind immer auf der Seite des fähigsten Steuermanns.«[15] Und so auch die Sonne, der Mond und alle Sterne am Himmel. Wenn eine große Tat vollbracht wird, vielleicht zufällig auf einem Schauplatz von großer natürlicher Schönheit – wenn Leonidas und seine dreihundert Märtyrer ihren langen Tod sterben und Sonne und Mond nacheinander hervorkommen, um sie im steilen Engpaß der Thermopylen zu betrachten; wenn Arnold Winkelried hoch in den Alpen unter dem Schatten der Lawinen ein ganzes Bündel österreichischer Speere auf sich zieht, um seinen Kameraden eine Bresche zu schlagen[16] –, verdienen es dann diese Helden nicht, daß sich zur Schönheit ihrer Tat die Schönheit des Schauplatzes gesellt? Wenn sich das Schiff des Columbus der Küste Amerikas nähert, vor ihm der Strand voller Wilder, die aus ihren Rohrhütten stürzen, hinter ihm das Meer, und rings am Horizont die purpurnen Berge des indischen Archipels,[17] vermögen wir dann noch Mensch und lebendiges Gemälde zu trennen? Umhüllt nicht die Neue Welt mit ihren Palmenhainen und Savannen die Gestalt des Columbus mit einem geziemenden Gewand? Immer stiehlt sich die natürliche Schönheit ins Bild wie Luft und umhüllt die großen Taten. Als Sir Harry Vane auf einem Schlitten zum Tower-Hügel geschleppt wurde, um als Verteidiger der Gesetze Englands den Tod zu erleiden, schrie ihm einer aus der Menge zu: »Nie hast du auf einem so ruhmreichen Sitz gesessen!«[18] Um die Bürger Londons einzuschüchtern, ließ Karl II. den Patrioten Lord Russell in einem offenen Wagen durch die Hauptstraßen der Stadt zum Schafott fahren. »Aber die Menge«, so berichtet der Biograph, »glaubte die Freiheit und die Tugend an seiner Seite sitzen zu sehen.«[19] Selbst an gewöhnlichen Orten, inmitten der üblichen Niedrigkeiten, scheint sich ein Akt der Wahrheit oder des Heroismus sofort den Himmel zum Tempel und die Sonne zur Wiege zu machen. Die Natur breitet ihre Arme aus, um den Menschen zu umarmen, wenn nur sein Denken sich ihrer Größe als würdig erweist. Bereitwillig folgt sie seinen Schritten mit Rosen und Veilchen und zeichnet die Linien ihrer Größe und Würde zum Schmuck um ihr Lieblingskind. Laßt nur sein Denken von gleicher Größe sein, und der Rahmen wird sich dem Bild schon angleichen. Ein tugendhafter Mensch steht im Einklang mit ihren Werken und bildet den Mittelpunkt der sichtbaren Welt. Homer, Pindar, Sokrates, Phokion[20] verbinden sich in unserer Erinnerung harmonisch mit der Landschaft und dem Klima Griechenlands. Die sichtbaren Himmel und die Erde stehen im Einklang mit Jesus. Und wer immer im gewöhnlichen Leben einem Menschen von kraftvollem Charakter und glücklicher Anlage begegnet ist, wird bemerkt haben, wie einfach dieser alles mit sich riß – die Personen und Meinungen, der Tag und die ganze Natur wurden zum Diener eines einzelnen Menschen.

3. Doch es gibt noch einen anderen Gesichtspunkt unter dem die Schönheit der Welt gesehen werden kann, und zwar, wenn sie zum Gegenstand des Intellekts wird. Die Dinge haben außer ihrer Beziehung zur Tugend noch eine Beziehung zum Denken. Der Intellekt erfaßt die absolute Ordnung der Dinge, so wie sie sich im Geiste Gottes darstellen, frei von den Beimischungen des Gefühls. Die intellektuellen und praktischen Kräfte des Menschen scheinen aufeinander zu folgen, und die ausschließliche Tätigkeit der einen ruft die ausschließliche Tätigkeit der anderen hervor. Es scheint eine gewisse Feindseligkeit zwischen beiden zu herrschen, doch sie verhalten sich wie die abwechselnden Perioden der Nahrungsaufnahme und der Arbeit bei den Tieren: eins bereitet das andere vor, und eins wird auf das andere folgen. Daher bleibt Schönheit, die sich in bezug auf Taten, wie wir gesehen haben, ungesucht und gerade weil ungesucht einstellt, auch ein Gegenstand, der vom

Intellekt zu erfassen und zu verfolgen ist und dann wiederum, zu anderer Zeit, von der tätigen Kraft. Nichts Göttliches vergeht. Alles Gute bringt sich immer wieder neu hervor. Die Schönheit der Natur reproduziert sich im menschlichen Geist, und zwar nicht um unfruchtbarer Kontemplation, sondern um neuer Schöpfungen willen.

Alle Menschen werden bis zu einem gewissen Grade von der Erscheinung der Welt beeindruckt, einige gar bis zum Entzücken. Diese Liebe zur Schönheit nennt man Geschmack. Andere verspüren solche Liebe in so überreichlichem Maße, daß sie, nicht zufrieden mit bloßer Bewunderung, sie in neuen Formen zu verkörpern suchen. Diese Erschaffung von Schönem nennt man Kunst.

Die Erschaffung eines Kunstwerks wirft ein Licht auf das Geheimnis des Menschseins. Ein Kunstwerk ist ein Modell oder ein Abriß der Welt. Es ist Resultat oder Ausdruck von Natur im Kleinen. Denn obwohl die Werke der Natur zahllos und alle verschieden sind, so ist ihr Resultat oder Ausdruck doch ähnlich und einzigartig. Natur ist ein Meer von Formen, die entschieden gleichartig und sogar unverwechselbar sind. Ein Blatt, ein Sonnenstrahl, eine Landschaft, der Ozean machen alle einen ähnlichen Eindruck auf den Geist. Was ihnen allen gemeinsam ist – diese Vollendung und Harmonie –, eben das ist Schönheit. Das Maß der Schönheit ist der gesamte Umkreis natürlicher Formen, jene Totalität, welche die Italiener meinten, als sie Schönheit als »il più nell'uno«[21] definierten. Nichts ist vollendet schön in seiner Vereinzelung, sondern nur als Teil des Ganzen. Ein einzelner Gegenstand ist nur insofern schön, als er uns diese universale Anmut ahnen läßt. Der Dichter, der Maler, der Bildhauer, der Musiker, der Architekt, sie alle suchen den Glanz der Welt auf einen Punkt zu konzentrieren, und jeder von ihnen sucht in seinen Werken der Schönheitsliebe gerecht zu werden, die seine Schöpfungen angeregt hat. So ist Kunst eine Natur, die durch die Retorte des Menschen gegangen ist. Und so wirkt Natur in der Kunst durch den

Willen eines Menschen, der von der Schönheit ihrer
ursprünglichen Werke erfüllt ist.

Die Welt also existiert für die Seele, um das Schönheitsver-
langen zu stillen. Dies nenne ich einen Endzweck. Kein
Grund kann gesucht oder angegeben werden, warum die
Seele nach Schönheit strebt. Die Schönheit ist in ihrem
umfassendsten und tiefsten Sinne ein Ausdruck des Universums. Gott ist das All-Schöne. Die Wahrheit, das Gute und
die Schönheit sind nur verschiedene Erscheinungsformen
des einen Allumspannenden. Doch das Schöne in der Natur
ist nicht das Letztgültige. Es ist vielmehr Verkünder der
inneren und ewigen Schönheit und nicht an sich selbst schon
unverbrüchliches und befriedigendes Gut. Es muß stets als
ein Teil und nicht schon als der letzte und höchste Ausdruck
des Urgrundes der Natur verstanden werden.

IV

Sprache

Sprache ist ein dritter Nutzen, den die Natur dem Menschen bietet. Natur ist das Medium des Denkens, und dies in einem einfachen, zweifachen, ja dreifachen Grade.

1. Wörter sind Zeichen für natürliche Erscheinungen.
2. Bestimmte natürliche Erscheinungen sind Symbole für bestimmte geistige Erscheinungen.
3. Natur ist das Symbol des Geistes.

1. Wörter sind Zeichen für natürliche Erscheinungen. Der Zweck der Naturgeschichte ist es, uns in der Geschichte des Übernatürlichen zu unterweisen; der Zweck der äußeren Schöpfung ist es, uns eine Sprache für das Sein und Werden der inneren Schöpfung zu verleihen. Jedes Wort, das eine moralische oder eine geistige Erscheinung ausdrückt, entpuppt sich in seinem Ursprung als Bezeichnung für eine materielle Erscheinung. *Recht* bedeutet *gerade*; *unrecht* meint *verdreht*; *Geist* bedeutet ursprünglich *Wind*, *Übertretung* das Überschreiten einer *Grenzlinie*, *hochmütig* das *Anheben der Augbraue*. Wir sagen *Herz*, um Gefühl und *Kopf*, um Denken zu bezeichnen; *Denken* und *Gefühl* wiederum stammen aus der Sphäre der Wahrnehmungsgegenstände und werden danach erst auf geistige Erscheinungen bezogen. Ein Großteil des Prozesses solcher Umwandlungen verliert sich im Dunkel einer Zeit, als die Sprache entstand. Dieselbe Tendenz jedoch läßt sich noch täglich bei der Sprache der Kinder beobachten. Kinder und primitive Völker verwenden nur Substantiva und Namen von Dingen, die sie in Verben umwandeln und dann auf analoge geistige Vorgänge beziehen.

2. Allerdings ist dieser Ursprung aller Wörter, die einen geistigen Gehalt haben – eine in der Sprachgeschichte auffällige Tatsache –, noch unsere geringste Schuld der Natur

gegenüber. Denn nicht nur Bezeichnungen sind emblematisch, sondern auch die Dinge selbst. Jede natürliche Erscheinung ist Symbol einer geistigen Erscheinung. Jede Erscheinung in der Natur entspricht irgendeinem geistigen Zustand, und dieser vermag nur durch den Verweis auf jene Naturerscheinung als ihr Abbild beschrieben zu werden. Ein wutentbrannter Mensch ist ein Löwe, ein listiger Mensch ein Fuchs, ein standhafter Charakter ist ein Fels, ein gelehrter Kopf eine Leuchte. Ein Lamm steht für Unschuld, eine Schlange für heimtückische Bosheit, Blumen sind uns der Ausdruck zarter Empfindungen. Licht und Dunkel sind unsere gebräuchlichen Ausdrücke für Wissen und Unwissen, und Wärme der Ausdruck für Liebe. Sichtbare Entfernungen hinter und vor uns geben unser jeweiliges Bild für Erinnerung und Hoffnung ab.

Wer wird nicht an das Fließen aller Dinge erinnert, wenn er in einer besinnlichen Stunde einen Fluß betrachtet? Wirf einen Stein in den Strom, und die sich ausbreitenden Kreise werden zum Sinnbild für jede Art von fortwirkendem Einfluß. Der Mensch ist sich einer All-Seele in und über seinem individuellen Leben bewußt, worin wie an einem Firmament Gerechtigkeit, Wahrheit, Liebe und Freiheit erscheinen und erglänzen. Diese All-Seele nennt er Vernunft; sie ist nicht mein oder dein oder sein, sondern wir gehören ihr; wir sind ihr Eigentum und ihre Geschöpfe. Und der blaue Himmel, der die kleine Erde umschließt, der Himmel in seiner ewigen Ruhe und voller unvergänglicher Sphären, ist das Sinnbild der Vernunft. Dasjenige, was wir in bezug auf den Intellekt Vernunft nennen, heißt in bezug auf die Natur Geist. Der Geist ist der Schöpfer. Der Geist schließt in sich selbst das Leben ein. Und die Menschen aller Zeiten und Länder nennen ihn in ihrer Sprache VATER.

Man wird leicht einsehen, daß nichts Zufälliges oder Launenhaftes an solchen Analogien ist, sondern daß sie beständig sind und die ganze Natur durchdringen. Sie gehen nicht auf die Träume einiger weniger Dichter hier und dort zurück, sondern der Mensch als solcher denkt in Analogien und sucht in allem nach Beziehungen. Er steht im Mittelpunkt alles Seienden, und ein Strahl der erhellenden Beziehung geht von jedem Seienden zu ihm hin. Und weder kann man den Menschen ohne all diese Dinge verstehen, noch diese Dinge ohne den Menschen. Alle Erscheinungen der Naturgeschichte haben an sich selbst keinen Wert, sondern sind unfruchtbar wie ein einzelnes Geschlecht. Aber verbinde sie mit der Geschichte des Menschen, und sie sind voller Leben. Ganze Werke über die Flora,[22] alle Bände von Linné und Buffon[23] sind trockene Faktensammlungen. Aber noch das trivialste dieser Fakten, etwa die Verhaltensweise einer Pflanze oder die Organe, Geräusche, Arbeitsweise eines Insekts, erscheint uns ansprechend und angenehm, wenn wir es als Illustration einer geistigen Erscheinung sehen oder auf irgendeine Weise in Beziehung zur menschlichen Natur setzen. Der Samen einer Pflanze – zu welch bewegenden Analogien in bezug auf die Natur des Menschen wird dieses kleine Körnchen in den verschiedensten Darstellungen verwendet bis hin zum Ausspruch des Paulus, der den menschlichen Körper ein Saatkorn nennt: »Er wird als natürliches Saatkorn gesät und herangezogen als geistige Frucht.«[24] Die Bewegung der Erde um ihre Achse und um die Sonne erzeugt den Tag und das Jahr. Diese sind zunächst nur Erscheinungen von seelenlosem Licht und Wärme. Aber liegt darin nicht auch eine Analogie zwischen dem Leben des Menschen und den Jahreszeiten beschlossen? Und gewinnen die Jahreszeiten nicht an Größe oder Pathos durch diese Analogie? Die Instinkte der Ameise sind als Ameiseninstinkte betrachtet völlig unwichtig. Aber in dem Moment, wo wir eine erhellende Beziehung zum Menschen sehen und wo das kleine Arbeitstier als mahnendes Zeichen verstanden wird – ein winziger Körper mit einem mächtigen Herzen –, werden alle seine Verhaltensweisen, sogar jene, daß die Ameise, wie erst neulich beobachtet, niemals schläft, erhebend bedeutungsvoll.

Aufgrund dieser durchgängigen Korrespondenz zwischen den sichtbaren Dingen und dem menschlichen Denken sprechen primitive Völker, die nichts als das Notwendige kennen, in Bildern. Je weiter wir in der Geschichte zurückgehen, desto bildhafter wird die Sprache, bis hin zu ihrer Kindheit, wo sie ganz Poesie ist, wo alle geistigen Erscheinungen durch Natursymbole dargestellt werden. Und dieselben Symbole sind als das ursprüngliche Element aller Sprachen entdeckt worden. Mehr noch, es ist beobachtet worden, daß die Wendungen aller Sprachen in Passagen größter Eloquenz und Ausdruckskraft einander nahe kommen. Und wie dies die erste Sprache ist, so ist es auch die letzte. Diese unmittelbare Abhängigkeit der Sprache von der Natur, diese Verwandlung äußerer Phänomene in Sinnbilder für irgend etwas im menschlichen Leben, verliert nie ihre Faszination. Es ist dies, was der Rede eines urwüchsigen Farmers oder eines Hinterwäldlers jene kraftvolle Würze verleiht, die wir alle schätzen.

Die Fähigkeit eines Menschen, seine Gedanken mit den entsprechenden Symbolen zu verbinden und sie so zu äußern, hängt von der Gradlinigkeit seines Charakters ab, d. h. von seiner Liebe zur Wahrheit und seinem Wunsch, diese ohne Einbuße zu vermitteln. Dem Verfall des Menschen folgt der Verfall der Sprache. Wo die Gradlinigkeit des Charakters und die Eigenständigkeit der Ideen durch die Vorherrschaft sekundärer Begierden abgelöst wird – die Begierden nach Reichtum, Vergnügen, Macht und Ruhm – und wo Zwiespältigkeit und Falschheit den Platz von Einfachheit und Wahrheit einnehmen, da geht die Macht über die Natur als Mittlerin des Willens bis zu einem gewissen Grade verloren. Es werden keine neuen Bilder mehr geprägt, und alte Bezeichnungen werden verdreht und stehen für Dinge, die nicht existieren; Papiergeld wird in Umlauf gesetzt, wenn kein Gold und Silber mehr in den Schatzkammern ist. Aber der Betrug wird zu gegebener Zeit offenkundig, und die Sprache verliert all ihre Kraft, den

Verstand oder die Empfindungen anzuregen. Hunderte von Schriftstellern finden sich in jeder seit langem zivilisierten Nation, die für kurze Zeit glauben und andere glauben machen, daß sie Wahrheiten sehen und äußern; in Wirklichkeit aber kleiden sie aus eigener Kraft nicht einen Gedanken in sein natürliches Gewand, sondern sie leben unbewußt von der Sprache, die die ersten Schriftsteller ihres Landes geprägt haben, jene also, die sich zuerst an die Natur halten.

Doch der Weise durchschaut diese verrottete Sprache und knüpft Wörter wieder an sichtbare Dinge, so daß bildhafte Sprache zum klaren Ausweis dafür wird, daß sich derjenige, der sie gebraucht, in Einklang mit der Wahrheit und mit Gott befindet. Sobald sich unsere Rede über das Niveau vertrauter Tatsachen erhebt und von Leidenschaften ergriffen oder vom Denken beflügelt wird, kleidet sie sich in Bilder. Wer sich ernsthaft unterhält und die dabei ablaufenden intellektuellen Prozesse beobachtet, wird finden, daß gleichzeitig mit jedem Gedanken in seinem Bewußtsein mehr oder weniger deutlich ein materielles Bild entsteht, das dem Gedanken sein Gewand gibt. Folglich besteht gute Schriftstellerei und glänzende Rede aus beständigen Allegorien. Diese Art Bildersprache entsteht spontan. Erfahrung vermischt sich in ihr mit gegenwärtiger Tätigkeit des Geistes. Sie ist Schöpfung im eigentlichen Sinne. In ihr wirkt der Urgrund durch jene Werkzeuge, die er sich bereits geschaffen hat.

Diese Tatsachen lassen den Vorteil des Landlebens für einen kraftvollen Geist gegenüber dem gekünstelten und eingeengten Leben in den Städten ahnen. Wir wissen mehr von der Natur, als wir nach Belieben mitteilen können. Ihr Licht überflutet ständig unseren Geist, und wir vergessen ihre Gegenwart. Der Dichter, der Redner, der in den Wäldern aufgewachsen ist und dessen Sinne durch ihre schönen und ruhevollen Veränderungen von Jahr zu Jahr belebt wurden, ohne Absicht und Acht, wird selbst im Trubel der Städte oder im Tumult der Politik ihre Lektion nicht verlernen.

Noch lange danach, in der Aufregung und im Streit der Volksversammlungen – in der Stunde der Revolution –, werden diese erhabenen Bilder in ihrem Morgenglanz wiedererscheinen als treffende Sinnbilder und Wörter für jene Gedanken, welche die flüchtigen Ereignisse hervorrufen. Auf den Ruf einer edlen Empfindung rauschen die Wälder von neuem, murmeln die Kiefern wieder, wälzt sich glänzend der Fluß und brüllt das Vieh auf den Bergen ganz so, wie er es in seiner Kindheit sah und hörte. Und mit diesen Erinnerungen sind die Zauberkräfte der Überzeugung, die Schlüssel zur Macht in seine Hände gelegt.

3. Die Dinge der Natur helfen uns so, besondere Bedeutungen zum Ausdruck zu bringen. Doch welch große Sprache, um letztlich nur ein Körnchen Information zu vermitteln. Bedurfte es wirklich solch edler Geschlechter von Kreaturen, dieses Überflusses an Formen, dieser Scharen von Himmelssphären, um dem Menschen ein Wörterbuch und eine Grammatik für seine weltliche Sprache an die Hand zu geben? Während wir uns dieser großen Chiffre bedienen, um unsere Alltagsgeschäfte zu erledigen, empfinden wir, daß wir ihren eigentlichen Gebrauch noch nicht erschöpft haben und dies auch gar nicht vermögen. Wir sind wie Reisende, welche die Schlacke eines Vulkans zum Braten ihrer Eier benutzen.[25] Während wir sehen, daß alles um uns herum bereit steht, in Bilder einzukleiden, was wir sagen möchten, können wir der Frage nicht ausweichen, ob all diese Chiffren nicht auch als solche bedeutungsvoll sind. Haben Berge, Wellen und Himmel keine Bedeutung außer der, die wir ihnen bewußt geben, wenn wir sie als Embleme unseres Denkens verwenden? Die Welt selbst ist emblematisch. Einzelteile unserer Sprache sind Metaphern, eben weil das Gesamt der Natur eine Metapher für den menschlichen Geist ist. Die Gesetze der moralischen Natur entsprechen denen der Dinge wie ein Gesicht seinem Abbild im Spiegel. »Die sichtbare Welt und das Beziehungsgefüge ihrer Teile ist das Zifferblatt der unsichtbaren.«[26] Die Axiome der Physik

übersetzen die Prinzipien der Ethik. So z. B. die Sätze: »das Ganze ist größer als sein Teil«, »Reaktion ist gleich Aktion«, »das kleinste Gewicht kann das größte heben, wenn der Gewichtsunterschied durch den Zeitfaktor kompensiert wird« und viele andere Lehrsätze, die eine ethische wie auch eine physikalische Anwendung haben. Diese Lehrsätze haben, auf das menschliche Leben angewandt, einen ungleich umfassenderen und universelleren Sinn, als wenn wir sie nur auf ihre technische Anwendung beschränken.

In gleicher Weise gehen denkwürdige Aussprüche der Geschichte und die Sprichwörter der verschiedenen Nationen für gewöhnlich auf eine natürliche Tatsache zurück, die man als Bild oder Parabel für eine moralische Wahrheit wählte. So zum Beispiel: Ein rollender Stein setzt kein Moos an; Ein Vogel in der Hand ist besser als zwei im Busch; Ein Krüppel auf dem rechten Weg bringt es weiter als ein Rennläufer auf dem falschen; Macht Heu, solange die Sonne scheint; Es ist schwer, einen vollen Becher gerade zu tragen; Essig ist der Sohn des Weines; Die letzte Unze brach dem Kamel den Rücken; Langlebige Bäume bilden zuerst die Wurzeln aus – und dergleichen mehr. Im ursprünglichen Sinne sind dies triviale Tatsachen, aber wir wiederholen sie um ihres analogischen Wertes willen. Und was für Sprichwörter gilt, gilt für alle Fabeln, Parabeln und Allegorien.

Diese Verwandtschaft von Geist und Materie ist nicht das Phantasieprodukt irgendeines Dichters, sondern sie gründet sich auf den Willen Gottes und ist damit der freien Einsicht aller Menschen zugänglich. Sie leuchtet den Menschen ein oder sie leuchtet ihnen nicht ein. Wenn wir in glücklichen Stunden dieses Wunder überdenken, fragt sich der Weise, ob er nicht zu anderen Zeiten blind und taub sei.

> Kann solcher Zustand sein,
> Uns überkommen wie des Sommers Wolken
> Und nicht einmal erstaunen?[27]

Denn das Universum wird transparent, und das Licht von

Gesetzen, die höher als seine eigenen sind, durchscheint es. Dies ist das bleibende Problem, das seit dem Beginn der Welt die Verwunderung und das Interesse jedes wahren Genius herausgefordert hat von der Zeit der Ägypter und Brahmanen[28] bis hin zu Pythagoras, Plato, Bacon, Leibniz und Swedenborg.[29] Da sitzt die Sphinx am Wegesrand, und alle Propheten, die von Zeitalter zu Zeitalter vorbeiziehen, versuchen ihr Glück bei der Auflösung ihres Rätsels.[30] Es scheint, daß der Geist sich notwendig in materiellen Formen offenbaren muß und daß Tag und Nacht, Strom und Sturm, Vieh und Vogel, Säure und Alkali als notwendige Ideen im Geiste Gottes bereits bestehen und sind, was sie sind, aufgrund früherer Regungen in der Welt des Geistes. Ein Faktum ist Ziel oder letzter Zweck des Geistes. Die sichtbare Schöpfung ist Grenzlinie oder Peripherie der unsichtbaren Welt. »Die materiellen Dinge«, so sagte ein französischer Philosoph, »sind notwendig eine Art *scoriae* der substantiellen Gedanken des Schöpfers und müssen stets eine genaue Beziehung zu ihrem ersten Ursprung bewahren; mit anderen Worten, die sichtbare Natur muß eine geistige und moralische Seite haben.«[31]

Diese Lehre ist recht verschwommen, und obgleich die Bilder vom »Gewand«, von »scoriae« und »Spiegel« etc. unsere Phantasie anregen mögen, so müssen wir doch, um Klarheit zu erlangen, subtilere und tiefgründigere Kommentatoren zu Hilfe rufen. »Jede Schrift muß in dem Geiste interpretiert werden, der sie entstehen ließ«[32] – das ist das Fundamentalgesetz der Kritik. Ein Leben in Harmonie mit der Natur, Liebe zur Wahrheit und zur Tugend klären den Blick für das Verständnis ihres Textes. Schritt für Schritt vermögen wir so den grundlegenden Sinn der bleibenden Gestalten der Natur zu erfassen, so daß die Welt für uns zum offenen Buch wird und jede ihrer Gestalten zum bedeutungsvollen Zeichen ihres verborgenen Lebens und letzten Grundes.

Während wir unter dem angedeuteten Aspekt den ungeheuren Umfang und die Menge der Gegenstände betrachten, überrascht uns ein neues Interesse; denn »jeder Gegenstand, recht betrachtet, erschließt eine neue seelische Fähigkeit«[33]. Was unbewußte Wahrheit war, wird, an einem Gegenstand verdeutlicht und eingegrenzt, Teil der Domäne unseres Wissens – eine neue Waffe im Arsenal unserer Macht.

V

Erziehung

Angesichts dieser Bedeutung der Natur stoßen wir alsbald auf eine neue Tatsache, nämlich daß die Natur Schulung für uns ist. Dieser Nutzen der Welt schließt die vorhergehenden Nutzen als Teile in sich ein.

Raum, Zeit, Gesellschaft, Arbeit, Klima, Nahrung, Fortbewegung, die Tiere, die mechanischen Kräfte, sie alle erteilen uns Tag für Tag einen Unterricht von grenzenloser Bedeutung. Sie erziehen beides, Verstand und Vernunft. Jede Eigenschaft der Materie ist eine Schule für den Verstand – ihre Dichte oder ihr Widerstand, ihr Beharrungsvermögen, ihre Ausdehnung, ihre Gestalt, ihre Teilbarkeit. Der Verstand addiert, teilt, kombiniert, mißt und findet Nahrung und Raum für seine Aktivitäten auf diesem würdigen Gebiet. Inzwischen überträgt die Vernunft all diese Lehren in ihre eigene Gedankenwelt, indem sie die Analogie, welche Materie und Geist verbindet, wahrnimmt.

1. Natur ist die Schulung des Verstandes in intellektuellen Wahrheiten. Unser Umgang mit wahrnehmbaren Dingen ist eine ständige Einübung in die notwendigen Lehren von Differenz, Gleichheit, Ordnung, Sein und Schein, fortschreitender Anordnung, des Aufsteigens vom Besonderen zum Allgemeinen und der Kombination vielfältiger Kräfte zu einem Zweck. Proportional zur Wichtigkeit des Organs, um dessen Bildung es geht, verhält sich die außerordentliche Sorgfalt, mit der seine Erziehung betrieben wird, eine Sorgfalt, die in keinem einzigen Fall außer acht gelassen wird. Welch mühsame und nie enden wollende Schulung, Tag für Tag, Jahr für Jahr, um den gesunden Menschenverstand zu bilden; welch kontinuierliche Reproduktion von Ärgernissen, Unbequemlichkeiten und Dilemmas; welche Schadenfreude über uns von kleinen Geistern; welch ein Streit um Preise, welches Aufrechnen der Zinsen – und

alles, um die Handlungsfähigkeit des Geistes zu schulen, um uns zu lehren, daß »gute Einfälle nicht besser sind als gute Träume, es sei denn, sie würden in die Tat umgesetzt!«[34]

Denselben guten Dienst leisten uns das Eigentum und die dazugehörigen Systeme von Schuld und Kredit. Schulden, niederdrückende Schulden, deren bedrohlichen Anblick die Witwe, der Waise und die Söhne des Genius fürchten und hassen, Schulden, die so viel unserer Zeit auffressen und einen großen Geist mit so niedrigen Sorgen lähmen und entmutigen, sind ein Lehrmeister, dessen Lehren nicht übergangen werden können. Und diejenigen bedürfen ihrer am meisten, die am meisten davon erdulden. Mehr noch, Eigentum, das man zutreffend mit dem Schnee verglichen hat – »wenn er heute auch gleichmäßig fällt, so wird er doch morgen verweht sein« –, markiert die Oberflächenbewegung einer inneren Maschinerie wie die Zeiger auf dem Zifferblatt einer Uhr. Während es jetzt die Gymnastik des Verstandes bedeutet, speichert es in der Voraussicht des Geistes Erfahrung nach tieferen Gesetzen.

Der ganze Charakter und das Schicksal des einzelnen werden von den geringsten Ungleichheiten in der Bildung des Verstandes beeinflußt, z. B. in der Wahrnehmung von Unterschieden. Deshalb gibt es den Raum und deshalb die Zeit, damit der Mensch lerne, daß die Dinge nicht durcheinander und zusammengeworfen, sondern säuberlich geschieden und als einzelne vorkommen. Eine Glocke und ein Pflug haben beide ihren Zweck, und keines kann den Dienst des anderen versehen. Wasser ist zum Trinken da, Kohle zum Brennen, Wolle zum Kleiden; aber Wolle kann nicht getrunken werden, noch kann Wasser gesponnen oder Kohle gegessen werden. Der Weise zeigt seine Weisheit im Trennen und Abstufen, und seine Skala der Geschöpfe und Werte ist so umfangreich wie die Natur selbst. Die Narren kennen keine umfangreiche Skala, sondern sie nehmen an, daß jeder Mensch wie der andere ist. Was nicht gut ist, nennen sie das Schlechteste, und was nicht abscheulich ist, nennen sie das Beste.

Doch welche Vorsicht lehrt uns die Natur! Sie verzeiht keinen Fehler. Ihr Ja ist Ja und ihr Nein ist Nein.[35]

Schon die ersten Schritte in der Agrikultur, Astronomie und Zoologie (jene ersten Schritte, die der Farmer, der Jäger, der Seemann tun) lehren, daß die Natur kein Zufallsspiel betreibt; daß in ihrem Schutt und ihren Abfallhaufen sichere und nützliche Resultate verborgen liegen.

Wie gelassen und kongenial erfaßt der Geist ein Gesetz der Physik nach dem anderen. Welche edlen Gefühle erfüllen den Sterblichen, wenn die Schöpfung ihn ins Vertrauen zieht und wenn er durch sein Wissen das Privileg des DASEINS entdeckt. Seine Einsicht läutert ihn. Die Schönheit der Natur erstrahlt in seiner Brust. Der Mensch ist größer, da er dies zu sehen vermag, und das Universum kleiner, denn Zeit und Raumbeziehungen verschwinden in dem Maße, in dem Naturgesetze erkannt werden.

Hier wiederum werden wir von dem ungeheuren Universum, das wir erforschen sollen, beeindruckt, ja erschreckt. »Was wir wissen, ist ein Inselchen im Meer dessen, was wir nicht wissen.«[36] Man öffne irgendeine neuere wissenschaftliche Zeitschrift und wäge die Probleme ab, die sich in bezug auf Licht, Wärme, Elektrizität, Magnetismus, Physiologie oder Geologie stellen, und urteile dann, ob es wahrscheinlich ist, daß die Problemstellungen der Naturwissenschaften bald erschöpft sind.

Während wir viele Einzelheiten der Erziehung durch die Natur übergehen, sollten wir es doch nicht unterlassen, zwei davon näher zu bestimmen.

Jedes Ereignis ist eine Anleitung zur Willensübung oder eine Lektion in Machtentfaltung. Vom allmählichen Besitzergreifen des Kindes, das seiner Sinne mächtig wird, bis zur Stunde, wo der Mensch sagt: »Dein Wille geschehe!«[37] lernt er das Geheimnis, daß er nicht nur besondere Ereignisse, sondern ganze Klassen, ja die umfassende Ordnung der

Ereignisse seinem Willen unterzuordnen und so alle Tatsachen mit seinem Charakter in Einklang zu bringen vermag. Die Natur ist durchgängig vermittelnd. Sie ist geschaffen, um zu dienen. Sie erträgt die Herrschaft des Menschen so geduldig wie der Esel, auf welchem der Erlöser ritt. Sie bietet dem Menschen alle ihre Königreiche als Rohmaterial an, das er zu etwas Nützlichem umgestalten kann. Und der Mensch wird dieser Bearbeitung nie müde. Er formt die flüchtige und zarte Luft zu weisen und melodischen Worten und gibt ihnen Schwingen als Engel der Überzeugung und des Gebietens. Schritt für Schritt ergreift und formt sein überwältigendes Denken die Dinge, bis zuletzt die Welt zum verwirklichten Willen wird – das Ebenbild des Menschen.

2. Wahrnehmbare Gegenstände fügen sich den Vorahnungen der Vernunft und reflektieren das Gewissen. Alle Dinge sind moralisch und stehen in ihrem grenzenlosen Wechsel in einem fortwährenden Bezug zur geistigen Natur. Deshalb ist die Natur so voller glorreicher Formen, Farben und Bewegungen, damit jeder Himmelskörper in den entferntesten Sphären, jede chemische Veränderung vom einfachsten Kristall bis hinauf zu den Gesetzen des Lebens, jeder Wandel in der Vegetation vom ersten Prinzip des Wachstums in der Knospe eines Blattes bis hin zu den tropischen Wäldern und urzeitlichen Kohlelagern, jede Lebensfunktion von der des Schwammes bis hin zu Herkules dem Menschen die Gesetze von Recht und Unrecht zu verstehen gebe oder eher entgegendonnere und die Zehn Gebote widerhallen lasse. Deshalb ist die Natur auch stets im Bunde mit der Religion, leiht all ihren Pomp und all ihre Reichtümer dem religiösen Gefühl. Propheten und Priester, David, Jesaja, Jesus, haben tief aus dieser Quelle geschöpft. Dieser ethische Charakter durchdringt so sehr das Mark der Natur, daß er als ihr Endzweck erscheint. Welchen privaten Zweck auch immer eines ihrer Glieder oder Teile hervorkehren mag, dies ist ihre öffentliche und universale Funktion, die nirgends außer acht

gelassen ist. Nichts in der Natur erschöpft sich in seinem ersten Zweck. Wenn etwas einem Zweck bis zum äußersten gedient hat, so kann es dennoch für einen weiteren Zweck völlig neu sein. In Gott verwandelt sich jeder Zweck in ein neues Mittel. So ist z. B. der Gebrauchsnutzen an sich selbst betrachtet etwas Gemeines und Niedriges. Aber für den Geist wird er zur Unterweisung in der Lehre vom Nutzen schlechthin, nämlich daß etwas nur insofern gut ist, als es dient; und daß ein Zusammenspiel von Teilen und Anstrengungen zum Erreichen eines Ziels für jedes Wesen essentiell ist. Die erste und grobe Manifestation dieser Wahrheit ist unsere unvermeidliche und lästige Erziehung in Sachwerten und Bedürfnissen, in Korn und Fleisch.

Es ist schon erläutert worden, daß jeder natürliche Prozeß eine moralische Wahrheit umschreibt. Das Moralgesetz ruht im Zentrum der Natur und strahlt bis zur Peripherie aus. Es ist die Seele und das Mark jeder Substanz, jeder Relation und jedes Prozesses. Alle Dinge, mit denen wir zu tun haben, predigen zu uns. Was ist eine Farm anders als ein stummes Evangelium? Die Spreu und der Weizen, Unkraut und Pflanzen, Trockenfäule, Regen, Insekten, Sonne – sie sind heilige Sinnbilder von der ersten Furche des Frühlings bis zum letzten Getreidestapel, den der Schnee des Winters auf den Feldern überkommt. Aber auch der Seemann, der Hirte, der Bergmann, der Kaufmann machen alle auf ihrem jeweiligen Gebiet ganz entsprechende Erfahrungen, die zu derselben Schlußfolgerung führen, und zwar deshalb, weil alle Ordnungen radikal gleich sind. Auch unterliegt es keinem Zweifel, daß diese moralische Grundstimmung, die in der Luft spürbar ist, die im Samenkorn wächst und die die Wasser der Welt durchtränkt, vom Menschen empfunden wird und in seine Seele sinkt. Der moralische Einfluß der Natur auf jeden einzelnen ist jenes Quantum an Wahrheit, das sie ihm anschaulich macht. Wer kann dies abschätzen? Wer kann sagen, wieviel Festigkeit der meerumbrandete Felsen den Fischer gelehrt hat? Wieviel Ruhe und Gelassen-

heit der azurblaue Himmel, über dessen ungetrübte Tiefe
der Wind unaufhörlich Herden von Sturmwolken treibt,
ohne doch Runzeln oder Flecken zu hinterlassen, auf den
Menschen übertragen hat? Wieviel Geschäftigkeit, Voraussicht und Liebe uns das stumme Schauspiel der Tierwelt
gelehrt hat? Welch eindringliche Prediger der Selbstbeherr-
schung sind die wechselnden Phänomene der Gesundheit!

Hieran im besonderen begreifen wir die Einheit der Natur –
die Einheit in der Vielfalt –, die uns überall begegnet. Die
ganze endlose Vielfältigkeit der Dinge macht auf uns ein und
denselben Eindruck. Xenophanes beklagte sich in seinem
Alter, daß alle Dinge, wohin er auch schaue, zurück zur
Einheit strebten. Er war es überdrüssig, immer wieder dieselbe Wesenheit in der ermüdenden Vielfalt ihrer Formen zu
sehen.[38] Die Fabel von Proteus enthält eine zu Herzen
gehende Wahrheit.[39] Ein Blatt, ein Tropfen, ein Kristall, ein
Augenblick der Zeit, alles ist mit dem Ganzen verbunden
und hat teil an der Vollendung des Ganzen. Jedes Teilchen
ist ein Mikrokosmos und erweist sich als getreues Abbild der
Welt.[40]

Nicht nur, daß Ähnlichkeiten bei Dingen bestehen, deren
Analogie offenkundig ist, so etwa wenn wir das Urbild der
menschlichen Hand in der Flosse des versteinerten Sauriers
entdecken; diese Ähnlichkeiten bestehen auch bei Dingen,
die oberflächlich betrachtet völlig verschieden sind. So
bezeichnen Madame de Staël und Goethe Architektur als
»versteinerte Musik«.[41] Vitruvius meinte, daß ein Architekt
auch immer Musiker sein müsse.[42] »Eine gotische Kirche«,
sagt Coleridge, »ist Stein gewordene Religion.«[43] Michelangelo behauptete, daß für den Architekten Kenntnisse in
der Anatomie unerläßlich seien.[44] In Haydns Oratorien
vermittelt die Musik der Phantasie nicht nur den Eindruck
von Bewegungen, wie etwa die der Schlange, des Hirsches
und des Elephanten, sondern auch von Farben, wie etwa das
Grün des Grases. Die Gesetzmäßigkeiten des harmonischen

Klangs wiederholen sich in harmonischen Farben. Die verschiedenen Formen von Granit unterscheiden sich voneinander lediglich durch das Mehr oder Weniger von Wärmeeinwirkung durch den Fluß, der sie abträgt. Der Fluß gleicht in seinem Fließen der Luft, die über ihn hinwegströmt; die Luft gleicht dem Licht, das sich in seinen feineren Strömungen in ihr ausbreitet; das Licht gleicht der Wärmestrahlung, die sich zusammen mit ihm im Raum ausbreitet. Jede Kreatur ist nur eine Modifikation der anderen; ihre Gleichheit ist größer als ihre Verschiedenheit, und ihr ursprüngliches Gesetz ist ein und dasselbe. Die Regel einer bestimmten Kunst oder das Gesetz einer bestimmten Ordnung gilt allgemein für die ganze Natur. So innig ist diese Einheit, daß sie sich, wie einfach einzusehen ist, noch in der letzten Hülle der Natur zu erkennen gibt und ihren Ursprung im Allumfassenden Geist bezeugt. Denn sie durchdringt auch das Denken. Jede universale Wahrheit, die wir in Worte fassen, schließt jede andere Wahrheit ein oder setzt sie voraus. *Omne verum vero consonat.*[45] Sie gleicht einem umfassenden Sphärenkreis, der alle möglichen Kreise umgreift, die jedoch selbst wieder auf die gleiche Weise gezogen werden können und umgreifend sind. Jede solche Wahrheit ist das absolute Ens, von einer Seite aus gesehen. Aber es hat unzählige Seiten.

Die zentrale Einheit ist noch auffallender in Handlungen. Worte sind endliche Instrumente des unendlichen Geistes. Sie können die Dimensionen dessen, was in Wahrheit ist, nicht ausschöpfen. Sie zerbrechen, zerstückeln und laugen es nur aus. Eine Handlung ist die Vollendung und Offenbarung des Denkens. Eine rechte Handlung scheint das Auge mit ihrem Anblick zu erfüllen und in Beziehung zur ganzen Natur zu stehen. »Der Weise, wenn er eines tut, tut alles; oder er sieht das Abbild alles rechten Handelns in dem einen, das er recht macht.«[46]

Worte und Handlungen sind keine Attribute der niederen Natur. Sie machen uns mit der Gestalt des Menschen bekannt, von der alle anderen natürlichen Organisationen nur niedere Abstufungen zu sein scheinen. Wenn diese Gestalt unter den vielen anderen, die sie umgeben, erscheint, dann zieht der Geist sie allen anderen vor. Er sagt: »An einem Wesen wie diesem habe ich meine Freude und erweitere ich mein Wissen; in einem solchen Wesen finde und schaue ich mich selbst; ich werde zu ihm sprechen; es kann mir antworten; es kann mir Gedanken geben, die schon Form und Leben haben.« Fürwahr, das Auge – der Geist – ist stets umgeben von diesen Gestalten, männlich und weiblich, und diese sind fraglos die überwältigendste Kundgebung der Macht und Ordnungskraft, die im Herzen der Dinge liegen. Unglücklicherweise trägt jede einzelne dieser Gestalten die Merkmale irgendeiner Unvollkommenheit, ist entstellt und äußerlich unvollständig. Nichtsdestoweniger ruhen sie alle, im Unterschiede zu der tauben und stummen Natur um sie herum, wie Brunnenschächte in der unauslotbaren See des Denkens und der Tugend, in die sie von allen Arten allein den Zugang bilden.

Es wäre eine angenehme Aufgabe, einmal detailliert ihren Beitrag zu unserer Erziehung darzustellen. Aber wo sollte man da einhalten? Wir alle haben in unserer Jugendzeit und später als Erwachsene Umgang mit einigen Freunden, die wie Himmel und Wasser unseren Ideen kongenial sind; die jeder auf eine bestimmte Neigung unserer Seele antworten und so auf dieser Seite unsere Wünsche befriedigen; bei denen uns die Kraft fehlt, sie in eine solch distanzierte Sicht zu rücken, daß wir sie verändern oder gar analysieren könnten. Wir müssen sie einfach lieben. Wenn der häufige Umgang mit einem Freund uns mit einem Maßstab an Vortrefflichkeit versehen und unseren Respekt vor den Mitteln Gottes erhöht hat, der uns so einen wirklichen Menschen gesandt hat, um unser Ideal zu übertreffen, wenn der Freund zudem Gegenstand unseres Nachdenkens geworden ist und – während sein Charakter alle seine unbewußten Einwirkungen behält – sich in unserem Bewußtsein in unverbrüchliche und süße Weisheit verwandelt hat, dann ist dies für uns Zeichen, daß sich sein Dienst erfüllt hat und daß er wohl bald unserem Gesichtskreis entzogen wird.[47]

VI

Idealismus

So wird dem Menschen, dem ewigen Schüler, die unaussprechliche, aber dennoch verstehbare und in Handlung umsetzbare Bedeutung der Welt von jedem Gegenstand der Sinne vermittelt. Zu diesem einen Zweck der Erziehung wirken alle Teile der Natur zusammen.

Doch ein edler Zweifel drängt sich uns beständig auf, nämlich ob dieser Zweck nicht Endzweck des Universums sei und ob die Natur überhaupt äußerlich existiere. Es ist ein genügender Grund für jene Erscheinung, die wir die Welt nennen, daß Gott den menschlichen Geist unterrichten will und ihn deshalb zum Empfänger einer gewissen Anzahl von entsprechenden Sinneseindrücken macht, die wir Sonne und Mond, Mann und Frau, Haus und Handel nennen. Bei meiner völligen Unfähigkeit, die Echtheit des Berichts meiner Sinne zu überprüfen und zu wissen, ob meine Sinneseindrücke wirklichen äußeren Gegenständen entsprechen, welchen Unterschied macht es da, ob Orion wirklich da oben am Himmel steht oder ob ein Gott nur sein Bild am Firmament des Bewußtseins erscheinen läßt? Da die Beziehung der Teile und der Zweck des Ganzen dieselben bleiben, welchen Unterschied macht es, ob Land und Meer wirklich aufeinander Einfluß nehmen und ob zahl- und endlose Welten sich tatsächlich drehen und verbinden – Tiefe unter Tiefe gähnend, die eine Galaxis die andere im Gleichgewicht haltend, überall im absoluten Raum – oder ob dieselben Erscheinungen, ohne Beziehungen zu Raum und Zeit, nur dem unerschütterlichen Glauben des Menschen eingeprägt sind? Ob die Natur sich nun eines substantiellen äußeren Daseins erfreut oder ob sie nur in der Apokalypse des Geistes existiert, sie ist gleichermaßen nützlich und verehrenswert für mich. Sei sie, was sie sei, für mich bleibt sie vorgestellt, solange ich die Zuverlässigkeit meiner Sinneswahrnehmungen nicht überprüfen kann.

Frivole Menschen machen sich lustig über die Theorie des Idealismus, so als führe sie zu lächerlichen Konsequenzen und beeinträchtige die Beständigkeit der Natur. Dies aber ist wirklich nicht der Fall. Gott hält uns nie zum besten und wird des Zweck der Natur nicht gefährden, indem er irgendwelche Inkonsequenzen in ihrem Gang erlaubt. Jegliches Mißtrauen bezüglich der Beständigkeit von Gesetzen würde die geistigen Fähigkeiten des Menschen lähmen. Ihre Beständigkeit wird als heilig erachtet, und der menschliche Glaube daran ist vollkommen. Die Räder und Triebfedern des Menschen funktionieren im Einklang mit der Hypothese von der Permanenz der Natur. Wir sind nicht gebaut wie ein Schiff, auf daß wir umhergeworfen werden, sondern um fest zu stehen wie ein Haus. Es ist eine natürliche Konsequenz dieser Bauweise, daß wir, solange die tätigen Kräfte die reflektierenden dominieren, jede Andeutung, die Natur sei kurzlebiger oder wechselhafter als der Geist, mit Empörung zurückweisen. Der Makler, der Stellmacher, der Zimmermann, der Zolleinnehmer wären alle aufs höchste entrüstet über diese Andeutung.

Doch während wir die Dauerhaftigkeit der Naturgesetze als gegeben hinnehmen, bleibt immer noch die Frage nach der absoluten Existenz der Natur offen. Es ist der einheitliche Eindruck, den alle Kultur im menschlichen Geist bewirkt, daß unser Glaube an die Dauerhaftigkeit bestimmter Phänomene wie Wärme, Wasser, Stickstoff zwar nicht erschüttert wird, wir aber wohl dahin geführt werden, Natur als Erscheinung und nicht als Substanz zu betrachten, dem Geist notwendige Existenz zuzusprechen und Natur als Akzidens und Erwirktes einzuschätzen.

Den Sinnen und dem ungeläuterten Verstand ist eine Art instinktiver Glaube an die absolute Existenz der Natur eigen. Aus ihrer Sicht sind Mensch und Natur unauflöslich verbunden. Für sie sind die Dinge etwas letztlich Gegebenes, und nie blicken sie darüber hinaus. Erst das Aufkommen der Vernunft durchbricht diesen Glauben. Schon die ersten Anstrengungen der Vernunft schwächen die Alleinherrschaft der Sinne, die uns an die Natur binden, als wären wir ein Teil von ihr, und enthüllen uns die Natur als erhaben fern und, wie man sagen könnte, im Fluß. Bevor sich dieses höhere Vermögen einschaltet, sieht das Auge der bloßen Wahrnehmung mit wunderbarer Schärfe exakte Umrisse und farbige Oberflächen. Doch sobald das Auge der Vernunft sich öffnet, gesellen sich zu Umriß und Oberfläche im selben Moment Anmut und Ausdruck. Einbildungskraft und Empfindsamkeit sind deren Quelle, und sie nehmen den Gegenständen ein wenig von ihrer eckigen Genauigkeit. Wird die Vernunft zu noch gewissenhafteren Visionen angeregt, so werden Umrisse und Oberflächen transparent und nicht länger wahrgenommen; Ursachen und geistige Gehalte werden durch sie hindurch sichtbar. Die besten Augenblicke des Lebens bestehen aus diesem herrlichen Erwachen der höheren Kräfte und dem ehrerbietigen Zurücktreten der Natur vor ihrem Gott.

Doch wollen wir fortfahren und die Wirkungen der Kultur aufzeigen.

1. Unsere erste Einführung in die Philosophie des Idealismus geschieht durch einen Wink der Natur selbst.

Die Natur wirkt mit dem Geist zusammen, um unsere Befreiung zu erwirken. Gewisse mechanische Veränderungen, ein geringfügiger Ortswechsel, lassen uns einen Dualismus wahrnehmen. Wir werden merkwürdig berührt, wenn wir die Küste von einem fahrenden Schiff aus sehen oder von einem Ballon aus oder durch die Farbschattierungen eines ungewöhnlichen Himmels. Die geringste Veränderung unseres Blickwinkels gibt der ganzen Welt ein malerisches Aussehen. Jemand, der selten ausfährt, braucht nur in eine Kutsche zu steigen und seine eigene Stadt zu durchqueren, um die Straßen in ein Marionettentheater zu verwandeln. Die Männer, die Frauen – redend, rennend, schachernd, sich

prügelnd –, der ernsthafte Handwerker, der Herumlunge-
rer, der Bettler, die Jungen, die Hunde, alle werden mit
einem Schlage unwirklich oder wenigstens all ihrer Beziehungen zum Beobachter enthoben und verwandeln sich von
substantiellen Wesen in Schein. Welch neue Gedanken drän-
gen sich auf, wenn wir vom dahineilenden Zug aus in das
Gesicht einer ganz vertrauten Landschaft blicken! Ja, die
alltäglichsten Gegenstände (wenn man nur den Blickwinkel
ein klein wenig verändert) erfreuen uns am meisten. In einer
camera obscura amüsiert uns der Wagen des Fleischers oder
der Anblick eines unserer eigenen Familienmitglieder. Und
so erfreut uns auch das Portrait eines längst bekannten
Gesichts. Man sehe sich eine Landschaft durch die Beine
hindurch an, wobei man die Sicht auf den Kopf stellt, und
wie ansprechend erscheint das Bild, obwohl man es seit
zwanzig Jahren jederzeit vor Augen hatte!

In solchen Fällen wird durch mechanische Mittel auf den
Unterschied zwischen Beobachter und beobachtetem Schauspiel – zwischen Mensch und Natur – aufmerksam gemacht.
Daraus entsteht ein Vergnügen, das mit Ehrfurcht gemischt
ist. Ich möchte sagen, ein erster Anschein des Erhabenen
stellt sich ein, und zwar wahrscheinlich durch die Tatsache,
daß der Mensch etwas Unverrückbares in sich erfährt, während ihm die Welt zum Schauspiel wird.

2. In höherem Maße vermittelt uns der Dichter dasselbe
Vergnügen. Mit wenigen Strichen zeichnet er gleichsam wie
in die Luft die Sonne, den Berg, das Lager, die Stadt, den
Helden, das Mädchen, alle nicht verschieden von dem, wie
wir sie kennen, aber doch ein wenig entrückt und wie vor
dem Auge verschwimmend. Er löst Land und Meer aus
ihrem Kontext, läßt sie um die Achse seines ursprünglichen
Denkens kreisen und weist ihnen einen neuen Platz zu. Von
einer heroischen Leidenschaft besessen, gebraucht er die
Dinge als deren Symbol. Der den Sinnen verhaftete Mensch
paßt seine Gedanken den Dingen, der Dichter die Dinge
seinen Gedanken an. Der eine hält die Natur für die unver-

änderliche Wurzel, der andere hält sie für fließend und
drückt ihr den Stempel seines Daseins auf. Für den letzteren
ist die starre Welt formbar und beweglich; er erfüllt Staub
und Steine mit Menschlichkeit und macht sie zu den Worten
der Vernunft. Die Einbildungskraft kann man definieren als
den Gebrauch, welchen die Vernunft von der materiellen
Welt macht. Shakespeare besitzt mehr als alle anderen Dichter das Vermögen, Natur den Zwecken des Ausdrucks
unterzuordnen. Seine königliche Muse wirft die Schöpfung
wie ein Spielzeug von einer Hand in die andere und verwendet sie als Verkörperung jeglicher Laune des Denkens, die
ihn gerade beherrscht. Die entlegensten Sphären der Natur
werden aufgesucht, und die am weitesten voneinander entfernten Dinge werden durch eine subtile gedankliche Verbindung zusammengebracht. Es wird uns bewußt gemacht,
daß die Größe der materiellen Dinge nur relativ ist und daß
alle Gegenstände schrumpfen und sich ausdehnen, wie es die
Leidenschaft des Dichters will. In seinen Sonetten läßt er
den Gesang der Vögel, den Duft und die Farben der Blumen
zum *Schatten*[48] seiner Geliebten werden; die Zeit, welche sie
von ihm trennt, wird zu seinem *Sarg*;[49] der Argwohn, den
sie erweckt hat, wird ihr *Schmuck*:

> Verdacht und Argwohn sind des Schönen Zier,
> Im Himmelblau ein schwarzes Krähenspiel.[50]

Seine Leidenschaft ist nicht die Frucht des Zufalls; sie
schwillt, während er noch spricht, zu einer Stadt, einem
Staat an:

> Nein, sie erwuchs vom Zufall fern; ihr droht
> Kein prunkend Lächeln, nicht zu Boden schlagen
> Kann sie mit finstern Mienen ein Despot;
> Nicht fürchtet sie den Ketzer Politik,
> Der kurzgemeßner Stunden Sold erkeuchet;
> Sie selber ist der Staatskunst Meisterstück.[51]

Im Hochgefühl seiner Beständigkeit scheinen ihm die Pyramiden neu und vergänglich. Die Frische von Jugend und Liebe blendet ihn durch ihre Ähnlichkeit mit dem jungen Morgen:

> Bleibt, o bleibt ihr Lippen ferne,
> Die so lieblich falsch geschworen;
> Und ihr Augen, Morgensterne,
> Die mir keinen Tag geboren![52]

Die wilde Schönheit dieser Hyperbel – wie ich beiläufig bemerken möchte – wird schwerlich ihresgleichen in der Literatur finden.

Diese Umgestaltung, die alle materiellen Dinge durch die Leidenschaft des Dichters erfahren – diese Kraft, mit der er das Große verkleinert und das Kleine vergrößert –, ließe sich an Tausenden von Beispielen aus Shakespeares Dramen verdeutlichen. Vor mir liegt *Der Sturm*, und ich will nur diese wenigen Zeilen zitieren:

> ARIEL. Des Vorgebirgs Grundfest'
> [hab' ich] erschüttert, ausgerauft am Knorren
> Die Ficht' und Zeder.[53]

Prospero ruft nach Musik, um den rasenden Alonzo und seine Gefährten zu beruhigen:

> Ein feierliches Lied, der beste Tröster
> Zur Heilung irrer Phantasie! – Dein Hirn
> Jetzt nutzlos kocht im Schädel dir.[54]

Und weiter:

> Allmählich löst sich die Bezaub'rung auf,
> Und wie die Nacht der Morgen überschleicht,
> Das Dunkel schmelzend, fangen ihre Sinne
> Erwachend an, den blöden Dunst zu scheuchen,
> Der noch die hellere Vernunft umhüllt.

> Ihr Verstand
> Beginnt zu schwellen, und die nah'nde Flut
> Wird der Vernunft Gestad' in kurzem füllen,
> Das daliegt, schwarz und schlammig.[55]

Die Wahrnehmung wirklicher Affinitäten zwischen Ereignissen (d. h. *ideeller* Affinitäten, denn nur diese sind wirklich) ermöglicht es so dem Dichter, selbst über die eindrucksvollsten Formen und Phänomene der Welt frei zu verfügen und die Vorherrschaft der Seele geltend zu machen.

3. Während der Dichter so die Natur durch sein eigenes Denken belebt, unterscheidet er sich vom Philosophen nur darin, daß er Schönheit als Endzweck anstrebt, der Philosoph aber Wahrheit. Aber der Philosoph ebenso wie der Dichter unterwirft die scheinbare Ordnung und Beziehung der Dinge der Herrschaft des Denkens. »Das Grundproblem der Philosophie«, so Plato, »ist es, für alles, was bedingt existiert, einen unbedingten und absoluten Grund zu finden.«[56] Sie stützt sich dabei auf den Glauben, daß alle Phänomene von einem Gesetz bestimmt werden, dessen Kenntnis es erlaubt, die Phänomene vorauszusagen. Ein solches Gesetz, vom Geist erfaßt, nennt man Idee. Ihre Schönheit ist unendlich. Der wahre Philosoph und der wahre Dichter sind eins, und das Ziel beider ist eine Schönheit, die zugleich Wahrheit ist, und eine Wahrheit, die zugleich Schönheit ist. Ist nicht der Zauber einer Definition von Plato oder Aristoteles dem Zauber der Antigone des Sophokles zuhöchst vergleichbar? In beiden Fällen ist es so, daß der Natur ein geistiges Leben verliehen wird; daß der massiv scheinende Block des Dinglichen vom Denken durchdrungen, gleichsam aufgelöst wurde; daß dieses schwache Menschenwesen den gewaltigen Stoff der Natur mit seiner verständigen Seele durchdrungen und sich selbst in ihrer Harmonie erkannt hat, und das heißt ihr Gesetz erfaßt hat. Wenn dies, etwa in der Physik, erreicht ist, dann

entledigt sich die Erinnerung ihrer lästigen Kataloge von Besonderheiten und faßt Jahrhunderte an Beobachtung in einer einzigen Formel zusammen.

So hat sogar in der Physik das Geistige den Vorrang vor dem Materiellen. Der Astronom, der Geometer verlassen sich auf ihre unwiderlegbare Analyse und stellen die Resultate der Beobachtung zurück. Eulers kühne Bemerkung über sein Bogengesetz: »man wird finden, daß es im Widerspruch zu aller Erfahrung steht, aber dennoch wahr ist«[57] zeigt, daß er Natur bereits in Geist umgesetzt und die Materie wie eine leere Hülse hinter sich gelassen hatte.

4. Man hat beobachtet, daß intellektuelle Studien unweigerlich einen Zweifel an der Existenz des Materiellen hervorbringen. Turgot sagte: »Wer niemals die Existenz der Materie in Zweifel gezogen hat, kann versichert sein, daß er keine Begabung für metaphysische Untersuchungen hat.«[58] Diese nämlich richten unsere Aufmerksamkeit auf unvergängliche, notwendige, nicht erschaffene Naturen, das heißt auf Ideen. Und in deren Gegenwart spüren wir, daß äußeres Dasein Traum und Schatten ist. Während wir uns in diesem Olymp von Göttern aufhalten, erscheint uns die Natur als Appendix der Seele. Wir steigen auf in die Region der Ideen und wissen, daß diese die Gedanken des Höchsten Wesens sind. »Diese sind es, die von Ewigkeit her waren, von Anbeginn an oder noch ehe die Erde war. Als er die Himmel schuf, waren sie da; und ebenso, als er die Wolken über uns auftürmte und den Quellen der Tiefe ihre Kraft gab. Da waren sie mit ihm, wie das eine entstanden mit dem anderen. Sie waren es, die seinen Rat bildeten.«[59]

Entsprechend ist der Einfluß der Ideen. Als Gegenstand der Wissenschaft sind sie nur wenigen Menschen zugänglich. Und doch können alle Menschen durch Ehrfurcht oder Leidenschaft in ihr Reich erhoben werden. Und niemand kommt mit diesen göttlichen Naturen in Berührung, ohne nicht in einem gewissen Grade selbst göttlich zu werden. Sie erneuern den Körper gleichsam wie eine neue Seele. Unsere physische Natur wird behende und leicht, wir gehen wie auf Wolken, das Leben ist nicht länger eine Last, und wir glauben, daß es dies nie sein wird. In ihrer friedlich-heiteren Gegenwart fürchtet der Mensch weder Alter noch Unglück noch Tod, denn er ist dem Bereich des Wandels entronnen. Während wir das unverhüllte Wesen der Gerechtigkeit und der Wahrheit schauen, erkennen wir den Unterschied zwischen absolut und bedingt oder relativ. Wir erfassen das Absolute. *Wir existieren* gleichsam zum ersten Male. Wir werden unsterblich, denn wir lernen, daß Zeit und Raum bloße Beziehungen des Dinglichen sind, daß sie mit der Erkenntnis der Wahrheit oder mit einem sittlichen Willen nichts gemein haben.

5. Schließlich üben Religion und Ethik, die zutreffend die Anwendung der Ideen oder die Einführung derselben in den Bereich des Lebens genannt werden können, eine analoge Wirkung auf alle niedere Kultur aus, indem sie die Bedeutung der Natur schmälern und ihre Abhängigkeit vom Geist andeuten. Ethik und Religion unterscheiden sich darin, daß erstere das System menschlicher Pflichten vom Menschen, letztere es von Gott ableitet. Religion schließt die Person Gottes ein, die Ethik nicht. Doch für unseren gegenwärtigen Zweck sind sie eins. Beide erheben sich über die Natur. Die erste und die letzte Lektion der Religion ist: »Sichtbare Dinge sind endlich, unsichtbare aber ewig.«[60] Religion trotzt also der Natur. Sie ist für den Ungeschulten das, was die Philosophie für Berkeley und Viasa ist.[61] Die immer gleiche Botschaft, die man noch in den Kirchen der einfältigsten Sekten hören kann, ist: »Verachte den insubstantiellen Schein der Welt; er ist Eitelkeit, Traum, Schatten, Unwirklichkeit. Suche die Wirklichkeiten der Religion.«[62] Der Verehrer der Religion verspottet die Natur. Einige Theosophen gelangten sogar zu einer gewissen Feindschaft und einem Unwillen gegenüber der Materie, wie z. B. die Manichäer[63] und Plotin. Sie mißtrauten jeder in ihnen entstehenden Sehnsucht nach diesen Fleischtöpfen Ägyptens.[64] Plotin

schämte sich seines Körpers.[65] Kurzum, sie könnten alle von
der Materie sagen, was Michelangelo von der äußeren
Schönheit sagte: »Sie ist das vergängliche und lästige
Gewand, in das Gott die Seele kleidet, die er in das zeitliche
Leben gerufen hat.«[66]

Es scheint, daß Bewegung, Dichtung, Natur- und Geistes-
wissenschaften und die Religion alle darauf hinzielen, unsere
Überzeugungen von der Wirklichkeit der äußeren Welt zu
untergraben. Aber ich muß zugeben, daß es eine gewisse
Undankbarkeit verrät, wenn wir den allgemeinen Satz, daß
alle Kultur uns mit der Wahrheit des Idealismus erfüllt, zu
sehr auf alle Einzelheiten ausdehnen. Ich kenne keine Feindschaft gegen die Natur, sondern nur kindliche Liebe zu ihr.
Ich dehne mich aus und lebe an einem warmen Tag wie das
Korn und die Melonen. Laßt uns der Natur ihr Lob zollen.
Ich fühle kein Verlangen, Steine auf meine herrliche Mutter
zu werfen oder mein sanftes Nest zu beschmutzen. Ich
möchte nur die wahre Stellung der Natur in Beziehung zum
Menschen aufzeigen, eine Stellung, in die alle rechte Erziehung den Menschen einweisen soll als den Lebensgrund,
welchen zu erreichen das Ziel menschlicher Existenz, und
das heißt die Verbindung des Menschen mit der Natur, ist.
Kultur kehrt die gemeine Sicht der Natur um und bringt den
Geist dahin, das bloße Erscheinung zu nennen, was für
gewöhnlich wirklich genannt wird, und das wirklich, was
gewöhnlich visionär heißt. Es ist wahr, Kinder glauben an
die Existenz der äußeren Welt. Der Glaube, daß sie nur
Erscheinung sei, kommt später; aber mit dem Fortschreiten
der Kultur wird dieser letztere Glaube ebenso unabweisbar
aufkommen, wie es beim ersteren der Fall war.

Der Vorzug, den die idealistische Theorie gegenüber dem
allgemein verbreiteten Glauben hat, ist dieser: sie stellt die
Welt genau in dem Lichte dar, das dem Geist am zuträglich-
sten ist. Sie repräsentiert in der Tat die Sichtweise der
Vernunft, der spekulativen wie der praktischen, und das
heißt der Philosophie und der Tugend. Denn im Lichte des

Denkens ist die Welt stets Phänomen; und die Tugend ordnet sie dem Geist unter. Der Idealismus sieht die Welt in Gott. Er betrachtet den ganzen Kreis von Menschen und Dingen, von Handlungen und Ereignissen, von Land und Religion nicht als mühsam aufeinandergehäuft, Atom auf Atom, Handlung auf Handlung in einer uralten, schleichenden Vergangenheit, sondern als das eine, umfassende Gemälde, das Gott der unmittelbaren Ewigkeit zur Kontemplation durch die Seele aufgeprägt hat. Deshalb hält sich die Seele fern von einem allzu trivialen und mikroskopischen Studium des Universalgemäldes. Sie achtet den Zweck zu sehr, als daß sie sich in den Mitteln verlieren würde. Sie sieht etwas Wichtigeres im Christentum als die Skandale der Kirchengeschichte oder die Spitzfindigkeiten der Kritik. Frei von Neugierde bezüglich Personen oder Wundern und ungerührt durch die Lücken historischer Evidenz, empfängt sie von Gott die Erscheinung, so wie sie sie vorfindet, als die reine und erhabene Form der Religion in der Welt. Sie erhitzt und erregt sich nicht über das Erscheinen dessen, was sie ihr eigenes Glück oder Unglück nennt, und über die Zustimmung oder Opposition anderer Menschen. Niemand ist ihr Feind. Sie akzeptiert, was immer sich zuträgt, als Teil ihrer Lektion. Sie beobachtet eher, als daß sie handelt, und sie handelt nur, um desto besser beobachten zu können.

VII

Geist

Es ist wesentlich für eine wahre Theorie der Natur oder des Menschen, daß sie etwas Fortschreitendes hat. Nutzen, die sich erschöpft haben oder erschöpft werden können, und Tatsachen, die in ihrer Konstatierung enden, können nicht die ganze Wahrheit sein über diese herrliche Wohnstätte, die den Menschen beherbergt und in der alle seine Fähigkeiten eine angemessene und endlose Beschäftigung finden. Und aller Nutzen der Natur läßt sich in einem zusammenfassen, der den Aktivitäten des Menschen einen unendlichen Spielraum gewährt. Durch all ihre Reiche bis zu den Rand- und Grenzbezirken der Dinge ist die Natur dem Ursprung verhaftet, aus dem sie entstand. Sie legt immer Zeugnis ab vom Geist. Sie läßt das Absolute ahnen. Sie ist unablässige Wirkung. Sie ist ein großer Schatten, der stets auf die Sonne hinter uns verweist.

Das Antlitz der Natur ist andächtig. Wie die Gestalt Jesu steht sie da mit gebeugtem Haupt und auf der Brust gefalteten Händen. Der glücklichste Mensch ist der, welcher von der Natur die Lektion der Gottesverehrung lernt.

Wer am meisten darüber nachdenkt, wird am wenigsten aussagen über jenes unbeschreibbare Wesen, das wir den Geist nennen. Wir können Gott in den gemeinen, gleichsam fernen Phänomenen der Materie erahnen; aber wenn wir versuchen, ihn selbst zu definieren und zu beschreiben, dann versagen Sprache und Denken, und wir sind so hilflos wie Narren und Wilde. Jenes Wesen läßt sich nicht in Lehrsätzen fassen, aber wenn der Mensch es im Geiste verehrt hat, dann ist es die edelste Aufgabe der Natur, zur Erscheinung Gottes zu werden. Sie ist das Organ, durch welches der universale Geist zum einzelnen spricht und ihn zu sich zurückzuführen trachtet.

Wenn wir den Geist betrachten, sehen wir, daß die bisher

dargestellten Ansichten nicht den gesamten Umfang menschlicher Erkenntnis ausschöpfen. Wir müssen noch einige verwandte Gedanken anfügen.

Drei Probleme stellt die Natur dem menschlichen Geist: Was ist Materie? Woher kommt sie? Und wozu ist sie? Nur die erste dieser Fragen wird von der Theorie des Idealismus beantwortet. Der Idealismus sagt: Materie ist Erscheinung und nicht Substanz. Der Idealismus lehrt uns die totale Verschiedenheit zwischen der Evidenz von unserem eigenen Sein und der Evidenz vom Sein der Welt. Die erstere ist vollkommen, die letztere kann nie erbracht werden. Der Geist ist ein Teil der Natur der Dinge, die Welt ist ein göttlicher Traum, aus dem wir jederzeit zur Herrlichkeit und Gewißheit des Tages erwachen können. Der Idealismus stellt eine Hypothese dar, die die Natur aufgrund anderer Prinzipien als derer des Zimmerhandwerks und der Chemie zu erklären sucht. Doch wenn er lediglich die unabhängige Existenz der Materie leugnet, befriedigt er noch nicht die Erklärungsbedürfnisse des Geistes. Der Idealismus läßt Gott außer mir. Er läßt mich in dem glänzenden Labyrinth meiner Vorstellungen zurück, in dem ich endlos umherwandere. Dem widerspricht das Herz, denn das Leugnen eines selbständigen Seins der Menschen mißachtet unsere tiefsten Gefühle. Die Natur ist so durchdrungen von menschlichem Leben, daß sich in aller und jeder Besonderheit etwas Menschliches findet. Diese Theorie aber entfremdet mir die Natur und erklärt nicht die Blutsverwandtschaft, die wir ihr zugestehen.

Lassen wir sie also beim gegenwärtigen Stand unseres Wissens als nützliche Eingangshypothese stehen, die dem Zweck dient, uns den bleibenden Unterschied zwischen Seele und Welt vor Augen zu halten.

Wenn wir aber auf den unsichtbaren Spuren des Denkens zu den Fragen kommen: woher ist die Materie und wozu? dann erheben sich viele Wahrheiten aus den Tiefen des Bewußtseins zu uns. Wir lernen, daß das Höchste in der Seele des

Menschen gegenwärtig ist; daß die erhabene universale
Wesenheit, die nicht Weisheit oder Liebe oder Schönheit
oder Macht ist, sondern alles zugleich und jedes ganz,
dasjenige ist, um dessentwillen und durch welches alles
existiert. Wir lernen, daß der Geist schöpferisch ist, daß
hinter der Natur, überall in ihr, der Geist gegenwärtig ist;
einfach und nicht zusammengesetzt, wirkt er nicht von
außen auf uns ein, d. h. nicht in Raum und Zeit, sondern er
wirkt auf geistige Weise oder durch uns selbst: wir lernen
also, daß der Geist, d. h. das höchste Wesen, die Natur nicht
um uns herum aufbaut, sondern daß er sie durch uns hindurch entstehen läßt, so wie das Leben des Baumes neue
Zweige und Blätter durch die Poren der alten treibt. Wie
eine Pflanze in der Erde, so ruht der Mensch an Gottes
Brust; er wird aus unversiegbaren Quellen genährt und
schöpft nach Maßgabe seiner Bedürfnisse unerschöpfliche
Kräfte. Wer vermag den Möglichkeiten des Menschen Grenzen zu setzen? Atme einmal die Luft des Überirdischen,
nachdem es dir vergönnt wurde, die absolute Natur der
Gerechtigkeit und der Wahrheit zu schauen, und du wirst
mit uns erfahren, daß der Mensch Zugang zum gesamten
Geist seines Schöpfers hat, ja daß er selbst Schöpfer im
Endlichen ist. Diese Sichtweise, die mir in Erinnerung ruft,
wo die Quellen der Weisheit und der Kraft liegen, und die
auf die Tugend als

> Den goldenen Schlüssel,
> Der den Palast der Ewigkeit öffnet[67]

verweist, trägt das Zeugnis höchster Wahrheit auf ihren
Zügen, denn sie regt mich an, meine eigene Welt durch die
Läuterung meiner Seele zu erschaffen.
Die Welt geht aus demselben Geist hervor wie der Körper
des Menschen. Sie ist eine entferntere und niedrigere Inkar-
nation Gottes, eine Projektion Gottes in den Bereich des
Nicht-Bewußten. Aber sie unterscheidet sich vom Körper in
einer wichtigen Hinsicht. Sie ist nicht wie dieser jetzt dem

menschlichen Willen unterworfen. Ihre klare Ordnung ist für uns unantastbar. Sie ist deshalb für uns der stets gegenwärtige Kommentator des göttlichen Geistes. Sie ist ein Fixpunkt, an dem wir unsere Abweichung messen können. Je mehr wir entarten, desto augenfälliger wird der Kontrast zwischen uns und unserer Wohnstätte. Wir sind im gleichen Maße Fremde in der Natur, wie wir Gott entfremdet sind. Wir verstehen den Gesang der Vögel nicht. Fuchs und Reh fliehen uns, Bär und Tiger zerreißen uns. Wir kennen nur den Gebrauch einiger weniger Pflanzen wie Korn und Apfel, Kartoffel und Weinrebe. Ist nicht die Landschaft – jeder Schimmer von ihr hat Größe – sein Antlitz? Doch gerade dies vermag uns zu zeigen, welcher Mißklang zwischen Mensch und Natur herrschen kann; denn man kann eine erhabene Landschaft nicht frei bewundern, wenn Arbeiter ein nahes Feld umgraben. Der Dichter findet etwas Lächerliches in seinem Entzücken, bis er außer Sicht der Menschen ist.

VIII

Ausblicke

In Untersuchungen, welche die Gesetze der Welt und die Verfassung der Dinge betreffen, ist die höchste Einsicht immer die wahrste. Was nur entfernt möglich scheint, ist so verfeinert und oft schwach und undeutlich, weil es im menschlichen Geist am tiefsten verwurzelt ist unter den ewigen Wahrheiten. Die empirische Wissenschaft neigt dazu, den Blick zu trüben und gerade durch die Kenntnis von Funktionen und Prozessen den Forschenden der aufrechten Kontemplation des Ganzen zu entziehen. Der Gelehrte wird undichterisch. Aber der kundigste Naturforscher, welcher der Wahrheit seine ungeteilte und hingebungsvolle Aufmerksamkeit widmet, wird einsehen, daß er noch viel zu lernen hat über seine Beziehung zur Welt und daß dies nicht durch irgendeine Addition oder Subtraktion oder ein anderes Vergleichen von bekannten Größen geschehen kann, sondern nur durch nicht erlernte Geistesblitze, durch beständige Selbstentdeckung und durch vollständige Demut. Er wird sehen, daß es weit bedeutendere Talente für den Forschenden gibt als Genauigkeit und Unfehlbarkeit, daß eine Mutmaßung oft fruchtbarer ist als eine unbestreitbare Behauptung und daß ein Traum uns tiefer in das Geheimnis der Natur einführen kann als hundert koordinierte Experimente.

Denn die Probleme, die zu lösen sind, sind genau diejenigen, welche der Physiologe und der Naturforscher zu konstatieren unterlassen. Es ist für den Menschen nicht so sehr von Belang, alle Einzelwesen des Tierreichs zu kennen, als zu wissen, woher und wozu in seiner eigenen Konstitution dieser tyrannische Einheitsdrang kommt, der die Dinge fortwährend trennt und klassifiziert in dem Bestreben, noch das Verschiedenartigste auf eine Grundform zurückzuführen. Wenn ich eine abwechslungsreiche Landschaft betrachte, ist es weniger sinnvoll für mich, genau die Ordnung und Stufung der Formationen aufzuführen, als zu wissen, warum jeder Gedanke der Vielheit in einen ruhigen Begriff von Einheit mündet. Ich kann Genauigkeit im Detail nicht hochschätzen, solange es keinen Ansatz gibt, die Beziehung zwischen Dingen und Gedanken zu erklären, solange kein Lichtstrahl auf die *Metaphysik* der Konchologie, der Botanik, der Künste fällt, der die Beziehung der Formen der Blumen, Muscheln, Tiere, Architektur zum Geist erhellt und Wissenschaft auf Ideen gründet. In einem naturgeschichtlichen Museum überkommt uns ein gewisses geheimnisvolles Gefühl von Wiedererkennen und Sympathie angesichts der höchst unbeholfenen und ausgefallenen Formen von Tier, Fisch und Insekt. Der Amerikaner, der sich in seinem eigenen Land auf den Anblick von Gebäuden beschränkt sah, die nach fremden Vorbildern entworfen wurden, wird beim Eintritt in die Kathedrale von York oder die Peterskirche in Rom von dem Gefühl überrascht, daß auch diese Strukturen Nachahmungen sind – matte Kopien eines unsichtbaren Archetyps. Auch fehlt es der Wissenschaft an der nötigen Humanität, solange der Naturforscher jene wundervolle Übereinstimmung, die zwischen Mensch und Welt besteht, übersieht; einer Welt, deren Herr er ist, nicht weil er ihr klügster Bewohner ist, sondern weil er ihr Kopf und Herz ist und etwas von sich selbst in jedem großen und kleinen Ding findet, in jeder Gebirgsformation, in jedem neuen Gesetz der Farben, Faktum der Astronomie oder atmosphärischen Einfluß, den Beobachtung oder Analyse offenlegen. Ein Wissen um dieses Geheimnis inspirierte George Herbert, den herrlichen Psalmisten des siebzehnten Jahrhunderts. Die folgenden Verse sind aus seinem kleinen Gedicht »Der Mensch«:

> Der Mensch ist gänzlich Symmetrie,
> Voll Harmonie ein Glied zum anderen sich verhält,
> Und zu der ganzen Welt zudem.

Jedwelcher Teil des anderen Bruder ist,
Denn Kopf und Fuß in Freundschaft miteinander
stehen,
Und beide wieder mit den Monden und Gezeiten.

Nichts ist so fern,
Als daß der Mensch es nicht ergreift und sich zur Beute
macht;
Sein Auge holte den höchsten Stern zu sich herab:
Er ist im Kleinen das Gesamt der Sphären.
Die Kräuter heilen freudig unseren Leib, da doch
Als Freund sie ihn erkennen.

Für uns die Winde wehen,
Die Erde ruht, die Himmel sich bewegen, Quellen
fließen;
Nichts schauen wir, als was uns Gutes bietet,
Zu unsrer Freude dient und uns bereichert;
Das Ganze ist zum einen unsere Vorratskammer,
Zum anderen die Truhe unsrer Freuden.

Die Sterne leuchten uns zur Ruh':
Nacht wirft den Vorhang über uns, die Sonne zieht ihn
wieder fort.
Musik und Licht erfreuen unseren Geist.
Und alle Dinge sind dem Leib geneigt
Von ihrer Herkunft und in ihrem Sein; sind unserem
Geist geneigt
In ihrem Aufstieg und in ihrem Grund.

Mehr Diener hat der Mensch,
Als er je um sich weiß. Auf jedem Pfade
Tritt er nieder, was ihm gut,
Wenn Krankheit ihn erbleichen läßt und schwächt.
O mächt'ge Liebe! Der Mensch ist eine Welt und hat
noch
Eine andre, ihm zu dienen.[68]

Ein Gespür für diese Art von Wahrheiten erzeugt die Anziehungskraft, welche die Menschen zur Wissenschaft hinzieht; aber in der Konzentration auf die Mittel verlieren sie das Ziel aus den Augen. Angesichts dieser Kurzsichtigkeit der Wissenschaft stimmen wir dem Wort Platos zu, daß »Dichtung der lebendigen Wahrheit näher kommt als Geschichtsschreibung«.[69] Jede Mutmaßung und Prophezeiung des Geistes verdient einen gewissen Respekt, und wir lernen es, unvollkommene Theorien und Sätze, die einen Schimmer von Wahrheit enthalten, wohlgeordneten Systemen vorzuziehen, die keine einzige nützliche Anregung bieten. Ein kluger Schriftsteller wird fühlen, daß es den Zwecken des Studierens und Schreibens am ehesten entspricht, wenn unentdeckte Regionen des Denkens erschlossen und so voller Hoffnung dem trägen Geist neue Aktivitäten vorgeschlagen werden.

Ich werde deshalb diesen Essay mit einigen überlieferten Gedanken zu Mensch und Natur abschließen, die mir ein gewisser Dichter gesungen hat und die, da sie immer in der Welt gewesen sind und vielleicht jedem Barden aufs neue erscheinen, zugleich Geschichte und Prophezeiung sein mögen.

»Die Fundamente des Menschen ruhen nicht im Materiellen, sondern im Geiste. Das Element des Geistes aber ist die Ewigkeit. Für ihn sind also die längsten Ketten von Ereignissen, die ältesten Zeitfolgen jung und wie von heute. Im Zyklus des universellen Menschseins, aus dem die bekannten Einzelmenschen hervorgehen, sind Jahrhunderte bloß Punkte und die ganze Geschichte nur die Epoche einer einzigen Entartung.

Wir mißtrauen und verleugnen innerlich unsere Sympathie mit der Natur. Bald erkennen wir unsere Verwandtschaft mit ihr an, bald leugnen wir sie. Wir sind wie Nebukadnezar, entthront, der Vernunft beraubt, und fressen Gras wie ein Ochse.[70] Aber wer kann der Heilkraft des Geistes Grenzen setzen?

Der Mensch ist ein Gott in Trümmern. Wenn die Menschen unschuldig sind, wird das Leben länger währen und so sanft in die Unsterblichkeit übergehen, wie wir aus unseren Träumen erwachen. Würde die jetzige Zerrüttung Hunderte von Jahren fortdauern, die Welt würde wahnsinnig und rasend. Tod und Kindheit halten sie im Schach. Die Kindheit ist der immerwährende Messias, der in die Arme der gefallenen Menschen kommt und sie anfleht, in das Paradies zurückzukehren.

Der Mensch ist der Zwerg seiner selbst. Einst war er vom Geist durchdrungen und durchsetzt. Er füllte die Natur mit seinen überfließenden Strömen. Aus ihm entsprangen Sonne und Mond; aus dem Manne die Sonne, aus der Frau der Mond. Die Gesetze seines Geistes, die Perioden seines Handelns fanden ihre äußere Gestalt in Tag und Nacht, in Jahr und Jahreszeiten. Doch nachdem er sich diese gewaltige Schale geschaffen hatte, versiegten seine Wasser, füllte er nicht länger die Adern und Äderchen der Welt; er ist zu einem Tropfen geschrumpft. Er sieht zwar, daß das Gebäude ihm noch paßt, aber doch nur ins Kolossale verzerrt. Sagen wir lieber, es paßte ihm einst, aber jetzt entspricht es ihm nur noch entfernt, gleichsam von hoch oben. Der Mensch bewundert dann zaghaft sein eigenes Werk. Jetzt ist der Mann Anhänger der Sonne und die Frau Anhängerin des Mondes. Doch manchmal fährt er aus seinem Schlummer hoch und ist verwundert über sich selbst und sein Haus und grübelt befremdet über die Ähnlichkeit zwischen den beiden nach. Er sieht, daß, wenn auch sein Gesetz noch vorherrschend ist, wenn er auch noch elementare Kraft hat, wenn auch sein Wort noch bare Münze ist in der Natur,[71] dies keine bewußte Kraft ist und seinem Willen nicht unterlegen, sondern überlegen. Das ist Instinkt.« Also sang mein orphischer Dichter.[72]

Gegenwärtig widmet sich der Mensch der Natur nur mit halber Kraft. Nur mit seinem Verstand wirkt er in die Welt hinein. Er lebt in ihr und meistert sie mit Pfennig-Weisheiten; und gerade derjenige, der am meisten in ihr wirkt, ist nur ein halber Mensch, denn während seine Arme stark sind und seine Verdauung gut ist, verwildert sein Geist, und er wird zum selbstsüchtigen Primitiven. Seine Beziehung zur Natur, seine Macht über sie, ist vermittelt durch den Verstand, so wie man ein Düngemittel einsetzt; sie beschränkt sich auf den ökonomischen Gebrauch des Feuers, des Windes, des Wassers und der Kompaßnadel des Seemanns; auf Dampf, Kohle, chemische Ackerwirtschaft und Heilverfahren für den menschlichen Körper durch Zahnarzt und Chirurg. Dies ist eine Art der Wiederinbesitznahme der Macht, als ob ein verbannter König seine Territorien Zoll um Zoll zurückkaufen würde, anstatt sich direkt auf seinen Thron zu schwingen. Unterdessen fehlt es in der undurchdringlichen Dunkelheit nicht an vereinzelten Strahlen eines besseren Lichts – gelegentliche Beispiele von der Einwirkung des Menschen auf die Natur mit seiner ganzen Kraft, mit Vernunft wie auch Verstand. Solche Beispiele sind etwa die Traditionen der Wunder in der frühen Geschichte aller Nationen; die Geschichte Jesu; der Triumph eines Prinzips wie in religiösen und politischen Revolutionen und der Abschaffung des Sklavenhandels; die Wunder an Enthusiasmus, wie sie von Swedenborg, Hohenlohe[73] und den Shakers[74] berichtet werden; viele verborgene und noch bestrittene Tatsachen, die heute unter dem Namen Mesmerismus[75] zusammengefaßt werden; Gebet, Beredsamkeit, Selbstheilung und die Weisheit der Kinder. Dies sind Beispiele dafür, wie die Vernunft für Augenblicke das Zepter ergreift, Beispiele vom Wirken einer Macht, die nicht in Zeit oder Raum existiert, sondern ein plötzliches Hereinströmen darstellt, das Macht bewirkt. Der Unterschied zwischen der wirklichen und der ideellen Kraft des Menschen ist von den Schulphilosophen zutreffend dargestellt worden, als sie sagten, daß das Wissen des Menschen ein Abendwissen sei, *vespertina cognitio*, das Wissen Gottes aber ein Morgenwissen, *matutina cognitio*.[76]

Das Problem, der Welt ihre ursprüngliche und ewige Schönheit wiederzugeben, löst sich durch die Befreiung der Seele. Der Verfall oder die Leere, die wir sehen, wenn wir die Natur betrachten, liegt in unserem eigenen Auge. Die Achse unseres Sehens fällt nicht mit der Achse der Dinge zusammen, und so erscheinen sie nicht transparent, sondern undurchsichtig. Der Welt fehlt die Einheit, und sie liegt zertrümmert und als ungeordneter Haufen da, weil der Mensch mit sich selbst zerfallen ist. Er kann nicht eher Naturforscher sein, bis er alle Forderungen des Geistes erfüllt hat. Liebe ist ebenso eine dieser Anforderungen wie Wahrnehmungsfähigkeit. In der Tat, keine der beiden kann ohne die andere zur Vollendung gelangen. Im tiefsten Sinne des Wortes ist Denken Hingabe, und Hingabe ist Denken. Tiefe spricht zu Tiefe.[77] Doch im wirklichen Leben wird diese Ehe nicht geschlossen. Es gibt unschuldige Menschen, die Gott nach der Tradition ihrer Väter verehren, aber ihr Pflichtgefühl erstreckt sich noch nicht auf den Gebrauch aller ihrer Fähigkeiten. Und es gibt geduldige Naturforscher, aber sie lassen ihren Untersuchungsgegenstand im kalten Licht des Verstandes erstarren. Ist das Gebet nicht auch eine Suche nach der Wahrheit – ein Flug der Seele in die unerforschte Unendlichkeit? Niemand hat je von Herzen gebetet, ohne etwas zu lernen. Aber wenn einmal ein gläubiger Denker, entschlossen, jeden Gegenstand von persönlichen Beziehungen loszutrennen und im Lichte des Denkens zu sehen, zugleich seine Wissenschaft mit der Glut heiligster Zuneigung befeuern wird, dann wird Gott abermals in der Schöpfung erscheinen.

Wenn der Geist zu forschen bereit ist, bedarf es keiner Suche nach Gegenständen. Unveränderliches Kennzeichen der Weisheit ist es, das Wunderbare im Alltäglichen zu sehen. Was ist ein Tag? Was ist ein Jahr? Was ist der Sommer? Was die Frau? Was das Kind? Was ist Schlaf? Unserer Blindheit erscheinen diese Dinge belanglos. Wir erfinden Fabeln, um die Nacktheit der Tatsache zu verbergen, und passen sie, wie

wir sagen, den höheren Gesetzen des Begreifens an. Aber
wenn die Tatsache im Lichte einer Idee betrachtet wird,
dann welkt die prunkende Fabel dahin und schrumpft
zusammen. Wir sehen das wirkliche höhere Gesetz. Dem
Weisen ist daher eine Tatsache wahre Poesie und die schön-
ste aller Fabeln. Diese Wunder liegen vor unserer eigenen
Tür. Auch du bist im Mensch. Mann und Frau und ihr
Gemeinschaftsleben, Armut, Arbeit, Schlaf, Furcht, Glück,
sie alle sind dir bekannt. Lerne also, daß keines dieser Dinge
nur oberflächlich ist, sondern daß jedes Phänomen seine
Wurzeln in den Fähigkeiten und Stimmungen des Geistes
hat. Während die abstrakte Frage deinen Verstand beschäftigt, legt die Natur sie dir in konkreter Form als Aufgabe in
die Hand. Es wäre eine angemessene Untersuchung für die
Gelehrtenstube, einmal Punkt für Punkt, insbesondere in
bemerkenswerten Krisen des Lebens, unsere Alltagsge-
schichte mit dem Entstehen und Fortschreiten der Ideen im
Geist zu vergleichen.

So werden wir die Welt mit neuen Augen ansehen. Sie wird
auf die endlosen Fragen des Intellekts: Was ist Wahrheit? –
und der Empfindungen: Was ist das Gute? – antworten,
indem sie sich passiv dem durchgeistigten Willen überläßt.
Dann wird sich ereignen, was mein Dichter sagte:[78] »Die
Natur ist nicht starr, sondern im Fluß. Der Geist verändert,
formt, erschafft sie. Die Unbeweglichkeit oder Unbehauen-
heit der Natur ist die Abwesenheit des Geistes; für den
reinen Geist ist sie fließend, flüchtig, gehorsam. Jeder Geist
baut sich selbst ein Haus und jenseits des Hauses eine Welt
und jenseits der Welt einen Himmel. Wisse denn, daß die
Welt für dich da ist. Für dich ist die Erscheinung vollkommen. Wir können nur das sehen, was wir sind. Alles, was
Adam hatte und was Caesar vermochte, hast und vermagst
auch du. Adam nannte sein Haus: Himmel und Erde;
Caesar nannte sein Haus: Rom; vielleicht nennst du das
deine: Schusterhandwerk, hundert Morgen gepflügtes Land
oder die Gelehrtenstube. Doch Zug um Zug und Punkt für

Punkt ist dein Reich so groß wie das ihre, wenn auch ohne
stolze Namen. Baue deshalb deine eigene Welt. So schnell
wie du dein Leben mit der reinen Idee in deinem Geist in
Einklang bringst, wird diese ihre großartigen Proportionen
entfalten. Eine entsprechende Revolution im Bereich der
Dinge wird dem Einfluß des Geistes folgen. Und schnell
werden unangenehme Erscheinungen wie Schweine, Spinnen, Schlangen, Pestilenzen, Irrenhäuser, Gefängnisse und
Feinde verschwinden. Sie sind vergänglich und werden nicht
mehr gesehen. Die Sonne wird den Unrat und Schmutz der
Natur austrocknen und der Wind wird sie davonwehen. So
wie der Sommer aus dem Süden heraufzieht und die Schnee-
haufen schmilzt und das Antlitz der Erde grün macht, so
wird der heraufziehende Geist seine Zierden schaffen auf
seinem Wege und, wohin er führt, die Schönheit mit sich
bringen und den Gesang, der ihn verzaubert. Er wird auf
seinen Wegen schöne Gesichter, warme Herzen, weise
Reden und heroische Taten um sich scharen, bis das Böse
nicht mehr zu sehen ist. Er wird die königliche Herrschaft
des Menschen über die Natur, welche nicht aus der Beobachtung entspringt – eine Herrschaft, die jetzt noch seinen
Traum von Gott übersteigt –, antreten ohne größere Verwunderung, als der Blinde sie verspürt, der allmählich sein
volles Augenlicht wiedergewinnt.«

Selbstvertrauen

... du sollst nicht über dich selbst hinaus fragen.[1]

Der Mensch ist sein eigen Geschick: und die Seele,
Die den Menschen rechtschaffen und vollkommen macht,
Gebietet allem Licht, aller Macht, allem Schicksal;
Alles geschieht ihm zur rechten Zeit.
Ob gut oder schlecht, unsere Taten sind unsere Engel,
Unsere Schicksalsschatten, die uns stets begleiten.[2]

Wirf den Bankert auf den Fels,
Nähr ihn mit der Wölfin Zitze,
Abgehärtet wie Falke und Fuchs,
Kraft und Behendheit seien ihm Hand und Fuß.[3]

Ich las neulich einige Verse eines berühmten Malers,[4] die originell und nicht konventionell waren. Die Seele vernimmt in solchen Zeilen stets eine Ermahnung, was immer auch ihr Gegenstand sein mag. Das Empfinden, das sie einflößen, ist wertvoller als irgendein Gedanke, den sie vielleicht enthalten. Seinen eigenen Gedanken zu vertrauen, daran zu glauben, daß das, was für sein innerstes Herz wahr ist, für alle Menschen wahr ist, das macht das Genie aus. Verkünde deine verborgene Überzeugung, und sie wird die allgemeine Meinung sein; denn das Innerste wird zu gegebener Zeit das Äußerste, und unser erster Gedanke schallt uns aus den Trompeten des Jüngsten Gerichtes zurück. So vertraut auch die Stimme des Geistes jedem ist, die höchste Anerkennung, die wir Moses, Plato und Milton zukommen lassen, besteht darin, daß sie Bücher und Traditionen für wertlos hielten und nicht die Gedanken anderer, sondern *ihre eigenen* verkündeten. Der Mensch sollte lernen, jenen Lichtstrahl, der von innen her seinen Geist erhellt, zu entdecken und mehr auf ihn achten als auf das Glitzern eines Sternenhimmels von Barden und Weisen. Aber er übergeht achtlos seinen Gedanken, weil er sein eigener ist. In jedem Werk des Genies entdecken wir unsere eigenen zurückgewiesenen Gedanken; sie kommen mit einer bestimmten verfremdeten Würde zu uns zurück. Große Kunstwerke lehren uns nichts eindringlicher als dies. Sie lehren uns, gerade dann mit heiterer Unbeugsamkeit zu unseren spontanen Eindrücken zu stehen, wenn sich die Mehrzahl der Stimmen auf der Gegenseite befindet. Andernfalls wird morgen ein Fremder mit meisterlich gesundem Menschenverstand genau das sagen, was wir die ganze Zeit gedacht und gefühlt haben, und wir werden genötigt sein, beschämt unsere eigene Meinung von einem anderen anzunehmen.

In der Erziehung jedes Menschen gibt es einen Punkt, an dem er zu der Überzeugung kommt, daß Neid Unwissenheit und Nachahmung Selbstmord ist; daß er sich selbst wohl oder übel als sein Schicksal anerkennen muß; daß er,

obwohl das unendliche Universum voll von Gutem ist, kein
nahrhaftes Getreidekorn ernten kann, wenn er sich nicht
Mühe gibt um das Stück Erde, das ihm zum Bebauen
gegeben ist. Die Kraft, die in ihm ruht, ist neu in der Natur,
und nur er weiß, was er damit erreichen kann, und auch erst
dann, wenn er sie erprobt hat. Nicht von ungefähr macht ein
Gesicht, ein Charakter, eine Tatsache großen Eindruck auf
ihn, und auf andere überhaupt keinen. Jene Skulptur, an die
man sich erinnert, ist nicht ohne prästabilierte Harmonie.[5]
Das Auge wurde dorthin gerichtet, wohin ein Lichtstrahl
fallen sollte, damit es für diesen besonderen Lichtstrahl
Zeugnis ablegen konnte. Wir drücken uns nur halb aus und
schämen uns der göttlichen Idee, die jeder von uns repräsentiert. Man kann getrost annehmen, daß sie wohlangemessen
und voll guter Auswirkung ist, wenn sie nur getreulich
mitgeteilt wird, aber Gott läßt es nicht zu, daß seine
Werke durch Feiglinge verkündet werden. Ein Mensch ist
erleichtert und froh, wenn er seine Arbeit mit ganzem
Herzen getan und sein Bestes gegeben hat; aber was er auf
andere Weise gesagt oder getan hat, wird ihm keinen
Frieden bringen. Es ist eine Befreiung, die nicht befreit.
Bei dem Versuch verläßt ihn sein Genius; keine Muse
schließt Freundschaft; es gibt keine Eingebung, keine Hoffnung.

Vertraue auf dich selbst: jedes Herz antwortet dieser eher-
nen Saite. Akzeptiere den Ort, den die göttliche Vorsehung
für dich gefunden hat, die Gemeinschaft mit deinen Zeitgenossen, den Zusammenhang der Ereignisse. Große Menschen haben immer so gehandelt; sie haben sich wie Kinder
dem Geist ihres Zeitalters anvertraut und so ihre Einsicht
enthüllt, daß das absolute Vertrauen in ihrem Herzen ruht,
daß es ihre Hände lenkt und ihr ganzes Sein beherrscht. Und
nun sind wir Menschen und müssen hochgemut das gleiche
transzendente Geschick akzeptieren; wir sind nicht Minderjährige und Invaliden in einer geschützten Ecke, nicht Feiglinge, die vor einer Revolution fliehen, sondern Führer,

Erlöser und Wohltäter, die der göttlichen Aufforderung folgen und gegen Chaos und Dunkelheit vorrücken.

Welch hübsche Orakel liefert uns die Natur zu diesem Sachverhalt im Aussehen und Verhalten von Kindern, Säuglingen und sogar Tieren! Diese haben nicht jenen zerstrittenen und aufrührerischen Geist, jenes Mißtrauen gegenüber einer Empfindung, das entsteht, weil unsere Rechenkunst die Kräfte und Zwecke, die unserer Absicht entgegenstehen, ermittelt hat. Da ihr Geist noch ein Ganzes ist, ist ihr Auge noch nicht überwältigt, und wenn wir ihnen ins Antlitz blicken, sind wir verwirrt. Kindheit paßt sich niemandem an; alle passen sich ihr an, so daß ein Säugling gewöhnlich vier oder fünf Säuglinge aus den Erwachsenen macht, die mit ihm plappern und spielen. In gleicher Weise hat Gott auch Jugend, Pubertät und Mannesalter mit ihrem eigenen prikkelnden Charme gewappnet und sie beneidenswert, anmutig und unwiderstehlich gemacht – wenn sie für sich selbst stehen. Denke nicht, der Jüngling habe keine Kraft, weil er nicht mit dir oder mir sprechen kann. Horch! im Zimmer nebenan ist seine Stimme hinreichend deutlich und nachdrücklich. Anscheinend versteht er es, mit seinen Altersgenossen zu sprechen. Sei er denn schüchtern oder kühn – er wird es verstehen, uns Ältere höchst überflüssig zu machen.

Die Unbekümmertheit von Jungen, die sich eines Essens sicher sind und die es wie ein Lord verschmähen würden, irgend etwas zu tun oder zu sagen, um sich eins zu erschmeicheln, zeigt die gesunde Einstellung der menschlichen Natur. Ein Junge in einem Wohnzimmer entspricht in gewisser Weise den Stehplatzbesuchern in einem Theater; unabhängig und frei von Verantwortung beobachtet er aus seiner Ecke Personen und Ereignisse, die an ihm vorüberziehen, und prüft und verurteilt ihren Wert schnell und summarisch, wie Jungen das tun, als gut, schlecht, interessant, einfältig, beredt, unangenehm. Er kümmert sich nie um Konsequenzen oder Interessen; er fällt ein unabhängiges,

echtes Urteil. Du mußt um ihn werben; er wirbt nicht um
dich. Aber der Mann ist durch seine Bewußtheit sozusagen
in ein Gefängnis gesperrt. Sobald er einmal durch sein
Handeln oder Reden Aufsehen erregt hat, hat er sich festge-
legt und wird vom Mitgefühl oder Haß von Hunderten
überwacht, deren Gefühle er von nun an in seine Berech-
nungen aufnehmen muß. Für dergleichen gibt es keinen
Fluß des Vergessens.[6] Ach, wenn er sich doch wieder in
seine Neutralität zurückziehen könnte! Wer so allen Verpflichtungen ausweichen kann und, nachdem er einmal
beobachtet hat, mit der gleichen ungekünstelten, unbefange-
nen, unbestechlichen und unerschrockenen Unschuld noch
einmal beobachten kann, der wird immer furchterregend
sein müssen. Er würde Meinungen zu allen wechselnden
Ereignissen äußern, die, weil als nicht privat, sondern als
notwendig erkannt, wie Pfeile in die Ohren der Menschen
dringen und sie in Furcht versetzen würden.

Dies sind die Stimmen, die wir in der Einsamkeit hören,
aber sie werden schwach und unhörbar, wenn wir in die
Welt treten. Die Gesellschaft hat sich überall gegen das
Menschsein jedes einzelnen ihrer Mitglieder verschworen.
Die Gesellschaft ist eine Aktiengesellschaft, deren Mitglie-
der übereingekommen sind, auf die Freiheit und Kultiviert-
heit des Essenden zu verzichten, um jedem Aktionär sein
Brot besser sichern zu können. Die Tugend, die am meisten
gefragt ist, ist die Konformität. Selbstvertrauen ist ihr ein
Greuel. Sie liebt nicht Realitäten und Schöpfer, sondern
Namen und Konventionen.

Wer ein Mensch sein möchte, muß Nonkonformist sein.
Wer unsterblichen Lorbeer erringen möchte, darf sich nicht
im Namen des Guten aufhalten lassen, sondern muß heraus-
finden, ob es tatsächlich das Gute ist. Es ist letztlich nichts
heilig außer der Integrität deines eigenen Geistes. Sprich
dich vor dir selbst frei, und du wirst die Zustimmung der
Welt finden. Ich erinnere mich an eine Antwort, die ich in
jungen Jahren einem geschätzten Ratgeber, der mich mit den

liebens- und ehrwürdigen Doktrinen der Kirche zu belästigen pflegte, zu geben veranlaßt war. Als ich sagte: »Was
kümmern mich geheiligte Traditionen, wenn ich ganz von
innen heraus lebe?« meinte mein Freund – »Aber solche
Impulse können von unten kommen und nicht von oben.«
Ich erwiderte: »Sie kommen mir nicht wie solche vor; aber
wenn ich denn ein Kind des Teufels bin, dann will ich aus
dem Teufel leben.« Kein Gesetz kann mir heilig sein außer
dem meiner Natur. Gut und schlecht sind bloße Bezeichnungen, die sich sehr leicht auf dieses oder jenes übertragen
lassen; richtig ist allein das, was meiner Natur entspricht,
falsch allein das, was gegen sie ist. Im Angesicht jeglichen
Widerstands muß ein Mensch sich so verhalten, als sei alles
bloßer Schein und schnell vergänglich, nur er selbst nicht. Es
beschämt mich, daran zu denken, wie leicht wir vor Dienst-
graden und Namen, großen Vereinigungen und toten Institutionen kapitulieren. Jedes anständige und beredte Individuum bewegt und beeinflußt mich mehr als recht ist. Ich
sollte aufrecht und stark einhergehen und überall die unge-
schminkte Wahrheit sagen. Kann man es durchgehen lassen,
daß Bosheit und Eitelkeit den Deckmantel der Menschen-
liebe tragen? Wenn ein erzürnter religiöser Eiferer sich der
löblichen Abschaffung der Sklaverei[7] annimmt und mit seinen letzten Neuigkeiten aus Barbados[8] zu mir kommt,
warum sollte ich nicht zu ihm sagen: »Geh und liebe dein
Kind, liebe deinen Holzhacker; sei gutmütig und bescheiden; begnüge dich mit solchem Anstand und beschönige
niemals deinen harten und unbarmherzigen Ehrgeiz mit
diesem unglaubwürdigen Zartgefühl für schwarze Menschen, die tausend Meilen entfernt sind. Deine Liebe nach
draußen ist Bosheit zu Hause.« Rauh und ungehobelt wäre
eine solche Begrüßung, aber Wahrheit ist schöner als geheu-
chelte Liebe. Das Gute in dir muß ein paar scharfe Kanten
haben – sonst ist es keines. Die Doktrin des Hasses muß als
Gegengewicht zur Doktrin der Liebe gepredigt werden,
sobald diese winselt und wimmert. Ich meide Vater und

Mutter, Weib und Bruder,[9] wenn mein Genius mich ruft. Ich möchte *Laune* auf den Türpfosten schreiben.[10] Ich hoffe, daß es letztlich etwas Besseres als eine Laune ist, aber wir können nicht den ganzen Tag mit Erklärungen zubringen. Erwarte nicht von mir, daß ich die Gründe aufzeige, warum ich Gesellschaft suche oder meide. Und erinnere mich auch nicht, wie es ein wohlmeinender Mann heute tat, an meine Verpflichtung, die Verhältnisse aller Armen zu verbessern. Sind sie *meine* Armen? Ich sage dir, du törichter Menschenfreund, daß ich mich nur ungern von dem Dollar, dem Zehncentstück, dem Cent trenne, den ich Menschen gebe, die nicht zu mir gehören und denen ich nicht gehöre. Es gibt eine Klasse von Menschen, denen ich durch jegliche geistige Affinität auf Gedeih und Verderb angehöre; für diese würde ich, sollte dies notwendig sein, ins Gefängnis gehen; aber jene vielfältigen Stiftungen für das Volk; die Erziehung von Narren auf dem College; die Errichtung von Versammlungshäusern für die nichtigen Zwecke, denen bereits so viele dienen; Almosen an Trunkenbolde und die tausendfachen Wohltätigkeitsvereine – obwohl ich zu meiner Schande gestehe, daß ich manchmal schwach werde und einen Dollar spende, so ist er doch ein schlechter Dollar, den zu verweigern ich nach und nach Manns genug sein werde.

Tugenden sind nach der allgemeinen Auffassung eher die Ausnahme als die Regel. Es gibt den Menschen *und* seine Tugenden. Menschen vollbringen eine sogenannte gute Tat, wie z. B. einen Akt des Mutes oder der Barmherzigkeit, mit der gleichen Einstellung, mit der sie eine Geldstrafe als Buße für ihr tägliches Nichterscheinen beim Appell bezahlen würden. Ihre Werke verrichten sie wie eine Entschuldigung oder Beschönigung für ihr Dasein in der Welt – so wie Invalide oder Geisteskranke ein hohes Kostgeld bezahlen. Ihre Tugenden sind Bußen. Ich möchte nicht sühnen, sondern leben. Mein Leben steht für sich selbst; es ist kein Schaustück. Es ist mir viel lieber, daß es von niederer Art, dafür aber echt und gleichförmig ist, als daß es glitzernd und unbeständig wäre. Ich möchte, daß es gesund und süß ist und nicht der Diät oder des Aderlasses bedarf. Ich verlange den grundlegenden Nachweis dafür, daß du ein Mensch bist, und lehne einen Verweis vom Menschen auf seine Handlungen ab. Ich weiß, daß es für mich gleichgültig ist, ob ich jene Handlungen, die als ausgezeichnet empfunden werden, vollbringe oder sie unterlasse. Ich kann mich nicht bereit finden, für ein Privileg zu bezahlen, wo ich ein angestammtes Anrecht habe. So gering und unbedeutend meine Gaben auch sein mögen, so existiere ich doch tatsächlich und bedarf für meine Selbstbestätigung oder die meiner Mitmenschen keines weiteren Zeugnisses.

Was ich tun muß, ist alles, was für mich wichtig ist, nicht, was die Leute denken. Diese Regel, im alltäglichen wie im geistigen Leben gleich schwer zu befolgen, kann als unterscheidendes Merkmal für Größe und Erbärmlichkeit dienen. Sie ist um so beschwerlicher, als du immer Leute finden wirst, die deine Pflicht besser zu kennen glauben, als du selbst sie kennst. In der Welt läßt es sich leicht nach den Vorstellungen der Welt leben; es ist leicht, in der Einsamkeit nach unseren eigenen zu leben; aber der große Mensch ist der, der sich inmitten der Menge mit vollkommener Liebenswürdigkeit die Unabhängigkeit der Einsamkeit erhält.

Der Einwand gegen die Anpassung an Gebräuche, die tot für dich sind, besteht darin, daß Anpassung deine Kraft verschwendet. Sie ist Zeitvergeudung und verwischt das Gepräge deines Charakters. Wenn du eine abgestorbene Kirche unterhältst, für eine tote Bibelgesellschaft spendest, mit der großen Menge für oder gegen die Regierung stimmst, den Tisch deckst wie niedere Hauswirte – dann kann ich hinter all diesen Trennwänden nur mit Mühe den Menschen, der du wirklich bist, erkennen: und ebensoviel Kraft wird natürlich deinem eigentlichen Leben entzogen. Aber geh deiner Arbeit nach, und ich weiß, wer du bist. Geh deiner Arbeit nach, und du wirst gestärkt daraus hervorgehen. Der Mensch muß bedenken, was für ein Blinde-Kuh-Spiel dieses Konformitätsverhalten ist. Wenn ich deine Sekte kenne, kenne ich deine Argumente im voraus. Ich höre, wie ein Prediger als seinen Text und Gegenstand die Nützlichkeit einer der Einrichtungen seiner Kirche ankündigt. Weiß ich nicht von vornherein, daß er unmöglich ein neues oder spontanes Wort sagen kann? Weiß ich nicht, daß er trotz aller Beteuerungen, die Grundlagen jener Institution zu überprüfen, nichts dergleichen tun wird? Weiß ich nicht, daß er sich selbst verpflichtet ist, die Sache nur von einer Seite her, der erlaubten, zu betrachten, und zudem nicht als Mensch, sondern als Pfarrgeistlicher? Er ist ein bezahlter Anwalt, und jenes Gebaren des Richterstuhls ist die reinste Heuchelei. Nun, die meisten Menschen haben ihre Augen mit irgendeinem Tuch verbunden und sich einer jener Meinungsgemeinden angeschlossen. Dieses Konformitätsverhalten verfälscht sie nicht nur in einigen Einzelheiten, macht sie nicht nur zu Urhebern von einigen wenigen Lügen, sondern verfälscht sie in allen Einzelheiten. Jede ihrer Wahrheiten ist nicht ganz wahr. Ihre Zwei ist nicht die wahre Zwei, ihre Vier nicht die wahre Vier, so daß jedes ihrer Worte uns ärgert und wir nicht wissen, wo wir anfangen sollen, sie zurechtzurücken. Unterdessen zögert die Natur nicht, uns mit der Gefängnisuniform der Partei, der wir anhängen, auszustatten. Unsere Gesichter und unser Aussehen nehmen schließlich einen identischen Zuschnitt an, und wir eignen uns nach und nach einen höchst sanften eselhaften Ausdruck an. Eine bestimmte Erfahrung, die sich unweigerlich auch in der allgemeinen Geschichte austobt, ist besonders demütigend: ich meine »das dümmliche Gesicht der Lobhudelei«,[11] das gezwungene Lächeln, das wir in einer Gesellschaft, in der wir uns nicht wohlfühlen, als Antwort auf eine Unterhaltung, die uns nicht interessiert, aufsetzen. Die Muskeln, die sich nicht spontan bewegen, sondern mit einer niederen, aufgezwungenen Vorsätzlichkeit bewegt werden, verkrampfen sich in unserem Gesicht mit einem äußerst unangenehmen Gefühl.

Für Nonkonformismus straft die Welt dich mit ihrem Mißfallen. Und daher muß der Mensch lernen, eine saure Miene einzuschätzen. Auf der Straße oder in der Wohnstube eines Freundes sehen ihn die Umstehenden schief an. Hätte diese Abneigung so wie die seine ihren Ursprung in Verachtung und Widerstand, dann müßte er wohl mit einem traurigen Gesicht nach Hause gehen; aber die sauren Mienen der Masse haben, wie die süßen, keinen tiefen Grund, sondern werden auf- und abgesetzt je nachdem, wie der Wind weht und eine Zeitung es vorschreibt. Dennoch ist die Unzufriedenheit der Masse schlimmer als die des Senats oder der Universität. Es ist für einen entschlossenen Mann, der die Welt kennt, nicht schwer, den Zorn der gebildeten Klasse zu ertragen. Deren Zorn ist angemessen und besonnen, denn sie sind furchtsam, da sie selbst sehr verletzbar sind. Wenn aber zu ihrem weibischen Zorn die Entrüstung des Volkes kommt, wenn die Unwissenden und die Armen aufgerüttelt werden, wenn die dumme brutale Gewalt, die auf dem Grund der Gesellschaft liegt, zum Knurren und Grimassieren gebracht wird, dann bedarf es der Haltung von Großmut und Religion, um sie wie ein Gott als eine Kleinigkeit ohne jede Bedeutung abzutun.

Die andere Furcht, die uns vom Selbstvertrauen abhält, ist unsere Beständigkeit; eine Ehrfurcht vor unseren früheren Taten oder Worten, weil die Augen der anderen keine anderen Daten zur Berechnung unserer Umlaufbahn haben als unsere vergangenen Taten und wir sie nur ungern enttäuschen.

Aber warum solltest du immer ganz regelmäßig sein? Warum diesen Leichnam deiner Erinnerungen mit dir herumschleppen, nur damit du nicht einer Äußerung, die du hier oder dort in der Öffentlichkeit getan hast, widersprichst? Angenommen, du widersprichst dir – was dann? Es scheint eine Weisheitsregel zu sein, sich niemals nur auf sein Gedächtnis zu verlassen, nicht einmal in reinen Gedächtnishandlungen, sondern vielmehr die Vergangenheit vor das Urteil der tausendäugigen Gegenwart zu bringen und immer einen neuen Tag zu leben. In deiner Metaphysik hast du der Gottheit Personenhaftigkeit abgesprochen, aber wenn die frommen Seelenregungen kommen, überantworte ihnen Herz und Leben, auch wenn sie Gott in Form und Farbe kleiden. Laß ab von deiner Theorie, so wie Joseph sein Gewand in der Hand der Hure ließ, und fliehe.[12]

Eine törichte Beständigkeit ist der Popanz kleiner Geister, der von kleinen Politikern, Philosophen und Theologen angebetet wird. Eine große Seele hat mit Beständigkeit einfach nichts zu tun. Sie könnte sich ebensogut mit ihrem Schatten auf der Wand beschäftigen. Sage das, was du jetzt denkst, in harten Worten, und morgen sage das, was das Morgen denkt, wiederum in harten Worten, auch wenn es allem widerspricht, was du heute gesagt hast. – »So wird man dich gewiß mißverstehen.« – Ist es denn so schlimm, mißverstanden zu werden? Pythagoras[13] wurde mißverstanden, und Sokrates und Jesus und Luther und Kopernikus und Galilei und Newton und jeder lautere und weise Geist, der je Mensch wurde. Groß sein heißt mißverstanden werden.

Ich gehe davon aus, daß kein Mensch seiner Natur Gewalt antun kann. All seine Willensanwandlungen sind geborgen in dem Gesetz seines Seins, so wie die Anden und der Himalaya unerhebliche Unebenheiten in der Erdkrümmung sind. Es kommt auch nicht darauf an, wie du ihn einschätzt oder prüfst. Ein Charakter ist wie ein Akrostichon oder eine Alexandrinerstrophe: lies ihn vorwärts, rückwärts oder kreuzweise, es kommt immer dasselbe heraus.[14] Laß mich in diesem angenehm-reuevollen Wald-Leben, das Gott mir beschieden hat, Tag für Tag meine ehrlichen Gedanken ohne Vorausblick oder Rückblick aufzeichnen, und es wird sich, daran kann ich nicht zweifeln, als symmetrisch erweisen, obwohl ich das nicht beabsichtige und auch nicht sehen kann. Mein Buch sollte nach Kiefern duften, und das Summen der Insekten sollte darin widerklingen. Die Schwalbe über meinem Fenster sollte den Faden oder Halm, den sie in ihrem Schnabel trägt, auch in mein Gewebe verweben. Wir gelten als das, was wir sind. Charakter lehrt jenseits unseres Willens. Die Menschen bilden sich ein, daß sie ihre Tugenden oder Laster nur durch äußere Handlungen mitteilen, und sie erkennen nicht, daß Tugenden oder Laster jeden Augenblick einen Hauch verströmen.

Es wird eine Übereinstimmung auch in den verschiedenartigsten Handlungen geben, wenn sie nur jede zu ihrer Zeit ehrlich und natürlich sind. Da sie einem Willen entspringen, werden die Handlungen harmonisch sein, wie ungleich sie auch erscheinen mögen. Jene Unterschiede verschwinden in einiger Entfernung und Gedankenhöhe aus dem Blick. Eine Tendenz vereinigt sie alle. Der Kurs des besten Schiffes ist eine Zickzacklinie von zahlreichen Kursänderungen. Betrachte diese Linie aus hinreichender Entfernung, und sie glättet sich zu einer Durchschnittsrichtung. Deine wahre Handlung wird sich selbst erklären und wird deine übrigen wahren Handlungen erklären. Dein Konformismus erklärt nichts. Handle selbständig, und deine früheren selbständigen Handlungen werden dich nun rechtfertigen. Größe wendet sich an die Zukunft. Wenn ich heute standhaft genug sein kann, richtig zu handeln und Zuschauer zu mißachten, dann muß ich früher schon so viel Richtiges getan haben, daß ich jetzt geschützt bin. Wie dem auch sei – tue jetzt das Richtige. Mißachte immer den äußeren Schein, und du wirst es immer können. Charakterstärke wächst beständig. All die früheren Tage der Tugendhaftigkeit übertragen ihre Gesundheit auf den heutigen Tag. Worin besteht die Größe der Helden des Senats und des Schlachtfeldes, die so die Einbildungskraft erfüllt? In dem Bewußtsein einer Reihe großer Tage und Siege, die hinter ihnen liegen. Diese werfen gemeinsam ihr Licht auf den voranschreitenden Helden. Er wird gleichsam von einer sichtbaren Engelseskorte begleitet.

Das ist es, was Chathams Stimme die Donnergewalt und Washingtons Auftreten Würde verleiht und in Adams' Augen Amerika aufscheinen läßt.[15] Ehre ist verehrungswürdig für uns, weil sie keine kurzlebige Erscheinung ist. Sie ist stets alte Tugend. Wir verehren sie heute, weil sie nicht von heute ist. Wir lieben sie und huldigen ihr, weil sie keine Falle für unsere Liebe und Hochachtung ist, sondern in sich selbst ruht, aus sich selbst hergeleitet und daher von alter und makelloser Abstammung ist, selbst wenn sie sich in einem jungen Menschen zeigt.

Ich hoffe, daß wir in diesen Tagen zum letzten Mal von Konformismus und Beständigkeit gehört haben. Gebt diese Worte von nun an öffentlich der Lächerlichkeit preis. Statt des Gongs, der zum Essen ruft, wollen wir einen Pfiff der spartanischen Pfeife hören. Wir wollen niemals mehr dienern und uns entschuldigen. Ein bedeutender Mann kommt zum Essen in mein Haus. Ich will ihm nicht gefällig sein, sondern will, daß er mir zu gefallen sucht. Ich werde hier die Menschheit vertreten, und obwohl ich gastlich sein möchte, möchte ich dennoch aufrichtig sein. Wir wollen die Stirn haben, die glatte Mittelmäßigkeit und die erbärmliche Selbstzufriedenheit der Zeit zu tadeln, und der Gewohnheit, dem Handel und der Obrigkeit die Tatsache ins Gesicht schleudern, die die Summe aller Geschichte ist, daß nämlich ein bedeutender und verantwortungsbewußt Denkender und Handelnder überall dort tätig ist, wo ein Mensch tätig ist, und daß ein wahrer Mensch an keinen anderen Ort oder in eine andere Zeit gehört, sondern der Mittelpunkt aller Dinge ist. Wo er ist, da ist Natur. Er ist der Maßstab für dich und alle Menschen und alle Ereignisse. Gewöhnlich erinnert uns jedes Mitglied der Gesellschaft an etwas anderes oder an irgendeine andere Person. Charakter und Wirklichkeit erinnern dich an nichts anderes; sie nehmen die Stelle der ganzen Schöpfung ein. Der Mensch muß so viel sein, daß er alle Begleitumstände bedeutungslos macht. Jeder wahrhafte Mensch ist eine Ursache, ein Land und ein Zeitalter; er bedarf unendlicher Räume, Zahlen und Zeiten, um sich ganz zu verwirklichen; – und die Nachwelt scheint seinen Spuren wie eine Anhängerschaft zu folgen. Ein Mann namens Caesar wird geboren, und nach ihm haben wir für Jahrhunderte ein Römisches Reich. Christus wird geboren, und Millionen Gehirne verwachsen so mit seinem Genius, daß er schließlich mit der Tugend und den Möglichkeiten des Menschen schlechthin verwechselt wird. Eine Institution ist der verlängerte Schatten eines Menschen; das Mönchtum der des Eremiten Antonius, die Reformation der Luthers, das Quäkertum der von Fox, das Methodistentum der Wesleys, die Sklavenbefreiung der Clarksons.[16] Milton nannte Scipio »die Vollendung Roms«,[17] und die gesamte Geschichte läßt sich sehr leicht in die Biographie einiger standhafter und ernsthafter Menschen auflösen.

Laß einen Menschen also seinen Wert kennen und Herr der Dinge bleiben. Er soll nicht umherlugen oder stehlen oder mit der Miene eines Waisenkindes, eines Bastards oder eines Eindringlings in einer Welt umherschleichen, die für ihn da ist. Aber der Mann auf der Straße, der keinen Wert in sich findet, der der Kraft entspricht, die einen Turm errichtete oder einen Marmorgott schuf, kommt sich armselig vor, wenn er diese anschaut. Ein Palast, eine Statue oder ein kostbares Buch wirken auf ihn fremdartig und abweisend, fast wie eine elegante Kutsche, und sie scheinen zu sagen: »Und wer sind Sie, mein Herr?« Dennoch sind all diese Dinge sein, bemühen sich um seine Aufmerksamkeit, appellieren an seine Fähigkeiten, sich zu zeigen und sie in Besitz zu nehmen. Das Gemälde wartet auf mein Urteil; es darf nicht über mich bestimmen, vielmehr muß ich sein Anrecht auf Lob bestimmen. Die bekannte Geschichte von dem Säufer, der volltrunken von der Straße aufgelesen wurde, in den Palast des Fürsten gebracht, gesäubert und gekleidet in dessen Bett gelegt und beim Erwachen mit der gleichen Unterwürfigkeit geehrt wurde wie der Fürst, dieweil man ihm versicherte, er sei wahnsinnig gewesen, verdankt ihre

Beliebtheit der Tatsache, daß sie ein so treffendes Symbol
für den Zustand des Menschen ist, der in der Welt wie eine
Art Betrunkener lebt, aber hin und wieder erwacht, seine
Vernunft gebraucht und herausfindet, daß er in Wirklichkeit
ein Prinz ist.[18]

Unser Lesen ist bettlerisch und kriecherisch. In der
Geschichte treibt unsere Einbildungskraft ein falsches Spiel
mit uns. Königtum und Herrschaft, Macht und Besitz sind
ein grellerer Stoff als einfache Leute wie John und Edward in
ihrem kleinen Haus und bei ihrer alltäglichen Arbeit; aber
die Dinge des Lebens sind für beide gleich; das Endergebnis
beider ist das gleiche. Warum all diese Ehrerbietung vor
Alfred und Scanderbeg und Gustavus?[19] Nehmen wir an,
daß sie tugendhaft waren; haben sie die Tugendhaftigkeit
aufgebraucht? Bei deinen augenblicklichen persönlichen
Handlungen steht ebensoviel auf dem Spiel wie bei den
öffentlichen und gefeierten Schritten, die jene unternahmen.
Sobald Privatmenschen aus ursprünglichen Überzeugungen
handeln, wird der Glanz königlicher Handlungen auf jene
gebildeter Männer übertragen.

Die Welt ist von ihren Königen erzogen worden, die
dadurch die Augen der Nationen magnetisch auf sich gezogen haben. Dieses gewaltige Symbol hat sie die gegenseitige
Hochachtung gelehrt, die zwischen den Menschen herrschen muß. Die freudige Loyalität, mit der Menschen überall zuließen, daß König, Edelmann oder Großgrundbesitzer
sich nach ihren eigenen Gesetzen unter ihnen bewegten; sich
ihren eigenen Maßstab für Menschen und Dinge machten
und dabei die vorhandenen umkehrten; für Wohltaten nicht
mit Geld, sondern mit Ehre zahlten und in der eigenen
Person das Gesetz verkörperten – all dies war das Zeichen,
mit dem sie versteckt ihr Bewußtsein des eigenen Rechts und
der eigenen Anmut und damit des Rechtes jedes Menschen
ausdrückten.

Die Anziehungskraft, die von jeder ursprünglichen Handlung ausgeht, erklärt sich, wenn wir nach der Ursache des

Selbstvertrauens fragen. Wer ist der Betraute? Was ist das
ursprüngliche Selbst, auf das man ein allgemeines Vertrauen
gründen kann? Worin bestehen Beschaffenheit und Kraft
jenes Sterns ohne Parallaxe und berechenbare Elemente, der
der Wissenschaft trotzt, der einen Strahl von Schönheit
selbst über triviale und unsaubere Handlungen wirft, wenn
sich nur das geringste Anzeichen von Selbständigkeit
bemerkbar macht? Diese Frage führt uns zu jenem Quell,
der zugleich das Wesen des Genius, der Tugend und des
Lebens ist, und den wir Spontaneität oder Instinkt nennen.
Wir nennen diese ursprüngliche Weisheit Intuition, während alle späteren Unterweisungen Belehrungen sind. In
dieser tiefliegenden Kraft, der letzten Tatsache, hinter die
die Analyse nicht vordringen kann, finden alle Dinge ihren
gemeinsamen Ursprung. Das Gefühl des Daseins, das in
stillen Stunden und ohne daß wir wissen wie in der Seele
aufsteigt, unterscheidet sich nämlich nicht von Dingen, von
Raum, Licht, Zeit und Menschen, sondern ist eins mit ihnen
und geht offenbar aus dem gleichen Ursprung hervor, aus
dem ihr Leben und Dasein auch hervorgeht. Wir haben
zunächst teil an dem Leben, aus dem heraus die Dinge
existieren, und sehen sie später als Erscheinungen in der
Natur und vergessen, daß wir einen gemeinsamen Ursprung
haben. Hier liegt der Quell des Handelns und Denkens.
Hier sind die Lungen jener Inspiration, die dem Menschen
Weisheit verleiht und die zu leugnen Gottlosigkeit oder
Atheismus bedeuten würde. Wir liegen im Schoß unermeß-
licher Weisheit, die uns zu Empfängern ihrer Wahrheit und
zu Organen ihres Handelns macht. Wenn wir Gerechtigkeit
erkennen, wenn wir Wahrheit erkennen, dann tun wir nichts
von uns selbst aus, sondern gewähren ihren Strahlen einen
Zugang. Wenn wir fragen, woher dies kommt, wenn wir
versuchen, in die bewegende Seele einzudringen, dann wird
jede Philosophie zum Irrtum. Ihre An- oder Abwesenheit ist
alles, was wir bestätigen können. Jeder Mensch unterscheidet zwischen den bewußten Akten seines Geistes und seinen

unbewußten Wahrnehmungen und weiß, daß seinen unbewußten Wahrnehmungen uneingeschränkter Glaube ge-
bührt. Er mag fehlgehen in ihrem Ausdruck, aber er weiß,
daß sie ebensowenig wie Tag oder Nacht zu leugnen sind.
Meine bewußten Taten und Errungenschaften schweifen nur
umher; – die müßigste Träumerei, die schwächste eingebo-
rene Regung beanspruchen meine Neugier und meine Aufmerksamkeit. Gedankenlose Menschen sind ebenso leicht
oder sogar noch leichter dazu bereit, der Feststellung von
Wahrnehmungen zu widersprechen wie der von Meinungen,
denn sie unterscheiden nicht zwischen Wahrnehmung und
Begriff. Sie meinen, daß es mir anheimgestellt sei, dieses
oder jenes wahrzunehmen. Die Wahrnehmung aber ist keine
Laune, sondern Schicksal. Wenn ich etwas Bestimmtes sehe,
dann werden meine Kinder es nach mir sehen und im Laufe
der Zeit die ganze Menschheit – obwohl es durchaus geschehen kann, daß es vor mir niemand gesehen hat. Denn diese
meine Wahrnehmung ist ebensosehr eine Tatsache wie die
Sonne.
Die Beziehungen der Seele zum göttlichen Geist sind so
rein, daß es profan ist, zusätzliche Hilfen dazwischenschal-
ten zu wollen. Es muß so sein, daß Gott, wenn er spricht,
nicht ein Ding, sondern alle Dinge offenbart; daß er die Welt
mit seiner Stimme füllt; daß er aus dem Zentrum des gegenwärtigen Gedankens Licht, Natur, Zeit und Seelen aus-
streut; daß er das Ganze neu ansetzt und neu erschafft.
Wann immer ein Geist schlicht ist und seine göttliche Weisheit empfängt, schwinden alte Dinge – Hilfsmittel, Lehrer,
Texte und Tempel fallen; er lebt jetzt und faßt Vergangenheit und Zukunft in der gegenwärtigen Stunde zusammen.
Alles wird durch seine Beziehung zu ihm geheiligt – eines so
gut wie das andere. Alle Dinge werden durch ihre Ursache
zu ihrem Zentrum hin aufgelöst, und in dem umfassenden
Wunder verschwinden unbedeutende besondere Wunder.
Wenn daher ein Mensch behauptet, Gott zu kennen und von
ihm zu sprechen, und dich dabei zu der Ausdrucksweise

eines alten vermoderten Volkes in einem anderen Land und einer anderen Welt zurückführt, dann glaube ihm nicht. Ist die Eichel besser als die Eiche, die ihre Vervollständigung und Vollendung ist? Sind die Eltern besser als das Kind, in das sie ihr ausgereiftes Wesen gelegt haben? Woher also rührt diese Anbetung der Vergangenheit? Die Jahrhunderte sind Verschwörer gegen die Unversehrtheit und Hoheit der Seele. Zeit und Raum sind nur physiologische Farben, die das Auge zeichnet, die Seele aber ist Licht: wo sie ist, ist Tag; wo sie war, ist Nacht; und Geschichte ist eine Unverschämtheit und Beleidigung, wenn sie mehr sein will als eine fröhlich belehrende Fabel oder Parabel meines Seins und Werdens.

Der Mensch ist furchtsam und voller Entschuldigungen; er ist nicht länger aufrecht; er wagt nicht zu sagen ›Ich denke‹, ›Ich bin‹, sondern zitiert irgendeinen Heiligen oder Weisen. Er wird vom Grashalm oder der blühenden Rose beschämt. Jene Rosen unter meinem Fenster verweisen nicht auf frühere oder bessere Rosen; was sie sind, sind sie um ihrer selbst willen; sie existieren mit Gott im Heute. Es gibt keine Zeit für sie. Die Rose ist einfach da; sie ist vollkommen in jedem Augenblick ihrer Existenz. Bevor eine Knospe aufbricht, ist ihre ganze Lebenskraft in Aktion; in der aufgeblühten Blume ist nicht mehr, in der blattlosen Wurzel nicht weniger Leben. Ihre Natur ist erfüllt, und ebenso erfüllt sie immer die Natur. Aber der Mensch schiebt auf oder erinnert sich; er lebt nicht in der Gegenwart, sondern beklagt mit rückwärts gewandtem Auge die Vergangenheit, oder er stellt sich auf die Zehenspitzen, um die Zukunft vorherzusehen, ohne die Reichtümer zu beachten, die ihn umgeben. Er kann nicht glücklich und stark sein, ehe nicht auch er mit der Natur in der Gegenwart und über der Zeit lebt.

Das sollte offenkundig genug sein. Und doch – wie viele überlegene Geister wagen nur dann Gott selbst zu hören, wenn er in der Ausdrucksweise irgendeines David oder Jeremias oder Paulus spricht. Wir werden nicht immer

einige wenige Texte, einige wenige Leben so hoch einschätzen. Wir sind wie Kinder, die auswendig die Sprüche von
Großmüttern und Lehrern wiederholen und, wenn sie älter
werden, die Sprüche von talentierten und charakterstarken
Menschen, denen sie zufällig begegnen, wobei sie sich mühsam an ihre genauen Worte erinnern; später, wenn sie sich
den Standpunkt derjenigen angeeignet haben, die jene Äußerungen gemacht haben, verstehen sie sie und sind bereit, den
genauen Wortlaut geringer zu achten, denn wenn es darauf
ankommt, können sie selbst jederzeit ebensogute Wörter
verwenden. Wenn wir wahrhaftig leben, werden wir wahrhaftig sehen. Für einen starken Mann ist es ebenso leicht,
stark zu sein, wie für den schwachen Mann schwach. Wenn
wir neue Wahrnehmungen machen, dann werden wir mit
Freude das Gedächtnis von seinen angehäuften Schätzen wie
von altem Schutt befreien. Wenn ein Mensch mit Gott lebt,
dann wird seine Stimme so angenehm sein wie das Plät-
schern des Baches und das Rauschen des Korns.
Und nun bleibt letztlich die höchste Wahrheit dieses Gegenstandes ungesagt; sie kann vielleicht gar nicht ausgesprochen
werden, denn alles, was wir sagen, ist ein entferntes Erinnern an die Intuition. Der Gedanke, mit dem ich sie am
weitesten angenähert ausdrücken kann, ist der folgende.
Wenn das Gute dir nahe ist, wenn du Leben in dir hast, so
geschieht dies nicht auf bekannten oder vertrauten Wegen;
du wirst nicht die Spuren anderer bemerken; du wirst kein
menschliches Gesicht erblicken, du wirst keinen Namen
hören; – der Weg, der Gedanke und das Gute werden
vollkommen fremd und neu sein. Du nimmst den Weg vom
Menschen weg, nicht zum Menschen hin. Alle Menschen,
die jemals existiert haben, sind vergessene Werkzeuge des
Guten. Furcht und Hoffnung liegen gleichermaßen hinter
ihm. Selbst in der Hoffnung liegt etwas Niedriges. In der
Stunde der Erleuchtung gibt es nichts, das Dankbarkeit oder
eigentlich Freude genannt werden könnte. Die Seele ist über
die Leidenschaft erhaben und betrachtet Identität und ewige

Ursächlichkeit, erblickt die selbständige Existenz des Wahren und Richtigen und findet Ruhe in dem Wissen, daß alle Dinge ihre Ordnung haben. Weite Räume der Natur wie der Atlantik oder die Südsee, lange Zeitspannen, Jahre oder Jahrhunderte, sind ohne Bedeutung. Was ich denke und empfinde, bildete die Grundlage aller früheren Lebensumstände, ebenso wie es die Grundlage meiner gegenwärtigen Lebensumstände ist und dessen, was Leben und was Tod genannt wird.

Das Leben allein ist zu etwas nütze, nicht das Gelebthaben. Kraft vergeht im Augenblick der Ruhe; sie wirkt im Augenblick des Überganges von einem vergangenen zu einem neuen Zustand, im Überqueren eines Abgrundes, im Hinstreben auf ein Ziel. Die Welt haßt diese eine Tatsache, daß nämlich die Seele *wird*, denn das setzt für immer die Vergangenheit herab, verkehrt allen Reichtum in Armut, alles Ansehen in Schande, vertauscht den Heiligen mit dem Schurken und schiebt Jesus und Judas gleichermaßen beiseite. Warum also schwatzen wir von Selbstvertrauen? Insofern die Seele gegenwärtig ist, wird es eine Kraft geben, die wirkt und nicht nur von sich überzeugt ist. Von Vertrauen zu sprechen ist eine arme und äußerliche Redeweise. Sprich lieber von dem, was vertraut, denn das wirkt und ist. Wer mehr Gehorsam hat als ich, beherrscht mich, auch wenn er keinen Finger krümmt. Ich muß um ihn kreisen nach dem Schwerkraftgesetz der Geister. Wir halten es für Rhetorik, wenn wir von erhabener Tugend sprechen. Wir erkennen noch nicht, daß Tugend Höhe bedeutet und daß ein Mensch oder eine Gruppe von Menschen, die formbar und Prinzipien aufgeschlossen sind, nach dem Gesetz der Natur alle Städte, Nationen, Könige, Reiche und Poeten, die dies nicht sind, überwältigen und beherrschen müssen.

Dies ist nun die letzte Tatsache, die wir bei diesem Gegenstand ebenso schnell wie bei jedem anderen erreichen: die Auflösung aller Dinge in dem ewig gepriesenen EINEN. Selbständige Existenz ist eine Eigenschaft des Letzten Grundes und sie bildet, entsprechend dem Ausmaß, mit dem sie alle niederen Formen durchdringt, den Maßstab des Guten. Alle Dinge sind wirklich in dem Maß, wie sie Tugend enthalten. Handel, Ackerbau, Jagd, Walfang, Krieg, Beredsamkeit und persönlicher Einfluß sind etwas und beanspruchen meine Aufmerksamkeit als Beispiele ihrer Anwesenheit und ihres unvollkommenen Handelns. Ich sehe das gleiche Gesetz in der Natur für Wachstum und Erhaltung wirken. In der Natur ist Macht der eigentliche Maßstab für das Recht. Die Natur duldet nichts in ihrem Reiche, das sich nicht selbst helfen kann. Die Entstehung und Vollendung eines Planeten, sein Gleichgewicht und seine Umlaufbahn, der gekrümmte Baum, der sich nach einem Sturm wieder aufrichtet, die Lebensenergien jedes Tieres und jeder Pflanze sind Beweise der selbstgenügsamen und daher sich selbst vertrauenden Seele.

So sammelt sich alles: wir wollen nicht umherschweifen, sondern mit dem Urgrund zu Hause bleiben. Wir wollen den lärmenden Ansturm von Menschen und Büchern und Institutionen durch eine einfache Erklärung der göttlichen Wahrheit verblüffen und befremden. Gebiete den Eindringlingen, die Schuhe von den Füßen zu ziehen,[20] denn hier drinnen ist Gott gegenwärtig. Laß unsere Einfachheit sie richten und unsere Fügsamkeit gegenüber unserem eigenen Gesetz die Armseligkeit von Natur und Reichtum gegenüber unseren eingeborenen Schätzen beweisen.

Doch heute sind wir ein Pöbelhaufen. Der Mensch hat keine Ehrfurcht vor dem Menschen, noch fühlt sich sein Genius gehalten, zu Hause zu bleiben und mit dem inneren Ozean Kontakt aufzunehmen, sondern er schweift in die Ferne, um einen Becher Wasser aus den Krügen anderer Menschen zu erbetteln. Wir müssen alleine gehen. Die Stille der Kirche vor dem Gottesdienst sagt mir mehr zu als jedes Predigen. Wie weit entfernt, wie kühl und keusch sehen die Menschen aus, jeder wie von einer Schutzmauer oder einer geheiligten Stätte umgeben. So wollen wir immer sitzen. Warum sollen wir die Fehler unserer Freunde, Frauen, Väter oder Kinder annehmen, nur weil sie um unseren Herd sitzen oder angeblich das gleiche Blut haben? Alle Menschen haben mein Blut und ich habe das aller Menschen. Aber deshalb kann ich doch ihre Ungeduld und Torheit nicht annehmen, selbst wenn ich mich dafür schämen muß. Aber deine Isolation darf nicht mechanisch sein, sondern muß geistig, d. h. eine innere Erhebung sein. Zeitweise scheint sich die ganze Welt verschworen zu haben, dich mit ausgesprochenen Unerheblichkeiten zu belästigen. Freund, Geschäftspartner, Kind, Krankheit, Angst, Not und Mildtätigkeit klopfen gleichzeitig an deine Zimmertür und rufen: »Komm heraus zu uns«.[21] Aber bleibe, wo du bist; geh nicht unter ihre Verwirrung. Menschen haben die Macht, mich zu belästigen, weil ich sie ihnen durch eine schwächliche Neugierde gebe. Kein Mensch kann sich mir nähern, es sei denn durch mein eigenes Verhalten. »Was wir lieben, das haben wir, aber durch Verlangen berauben wir uns der Liebe.«[22]

Wenn wir uns nicht sofort zu den Heiligkeiten von Gehorsam und Glauben erheben können, so wollen wir wenigstens unseren Versuchungen widerstehen; wir wollen den Krieg beginnen und Thor und Wotan, Mut und Standhaftigkeit in unseren Sachsenherzen wecken. In unseren sanften Zeiten hat dies dadurch zu geschehen, daß die Wahrheit gesagt wird. Zügele jene verlogene Gastfreundlichkeit und verlogene Zuneigung. Lebe nicht länger nach den Erwartungen jener betrogenen und betrügerischen Menschen, mit denen wir umgehen. Sage ihnen: »O Vater, o Mutter, o Frau, o Bruder, o Freund, mein bisheriges Leben mit euch war ein Scheinleben. Von nun an gehöre ich der Wahrheit. Ihr sollt wissen, daß ich von nun an keinem geringeren als dem ewigen Gesetz gehorchen werde. Ich will keine Bündnisse mehr, sondern natürliche Beziehungen. Ich werde mich bemühen, meine Eltern zu ernähren, meine Familie zu erhalten und der keusche Ehemann einer einzigen Frau zu sein – aber ich muß diese Beziehungen in neuer und beispielloser Weise erfüllen. Ich darf mich nicht länger auf eure Gewohnheiten berufen. Ich muß ich selbst sein. Ich kann mich nicht länger für diesen oder jenen zugrunde richten. Wenn ihr mich um meiner selbst willen lieben könnt, dann werden wir um so glücklicher sein. Könnt ihr es nicht, so werde ich mich dennoch bemühen, eure Liebe zu verdienen. Ich werde meine Vorlieben und Abneigungen nicht verbergen. Ich werde so darauf vertrauen, daß das, was tief ist, heilig ist, daß ich vor der Sonne und dem Mond kühn das tun werde, was mich im Innersten erfreut und was mir mein Herz vorschreibt. Wenn ihr edel seid, werde ich euch lieben; wenn nicht, werde ich euch und mich nicht durch heuchlerische Artigkeiten verletzen. Wenn ihr wahr seid, aber nicht in der gleichen Weise wie ich, dann bleibt euren Genossen treu; ich werde meine eigenen suchen. Ich tue dies nicht selbstsüchtig, sondern demütig und wahrhaftig. Es ist gleichermaßen in meinem wie in eurem und aller Menschen Interesse, in der Wahrheit zu leben, wie lange wir auch immer in der Lüge gelebt haben. Klingt dies heute schroff? Ihr werdet bald lieben, was euch eure wie meine Natur vorschreibt, und wenn wir der Wahrheit folgen, so wird sie uns endlich sicher zum Ziel führen.« Aber dadurch wirst du vielleicht diese Freunde verletzen. Ja, aber ich kann nicht meine Freiheit und meine Kraft verkaufen, um ihre Empfindlichkeit zu schonen. Zudem haben alle Menschen ihre Momente der Vernunft, wo sie in den Bereich der absoluten Wahrheit hinausblicken: dann werden sie mir recht geben und handeln wie ich.

Das gemeine Volk denkt, daß deine Ablehnung weitverbreiteter Verhaltensregeln eine Ablehnung jeglicher Regeln ist, bloßer Antinomismus; und der hemmungslose Sensualist wird die Philosophie zur Beschönigung seiner Verbrechen mißbrauchen. Aber das Gesetz des Bewußtseins bleibt bestehen. Es gibt zwei Arten von Beichtstühlen – und in einem von beiden müssen wir beichten. Du kannst deine Pflichterfüllung dadurch abrunden, daß du dich in *direkter* oder *rückwirkender* Weise entlastest. Denk darüber nach, ob du deine Beziehungen zu Vater, Mutter, Vetter, Nachbar, Stadt, Katze und Hund zufriedenstellend erfüllt hast; ob einer von diesen dir etwas vorwerfen kann. Ich kann aber auch diesen rückwirkenden Beurteilungsmaßstab mißachten und mich vor mir selbst freisprechen. Ich habe meine eigenen strengen Anforderungen und meinen vollendeten Kreis. Er spricht den Namen der Pflicht manchen Verrichtungen ab, die Pflicht genannt werden. Wenn ich aber seine Anforderungen erfüllen kann, ermöglicht er es mir, auf den allgemeinen Verhaltenskodex zu verzichten. Wenn irgendwer glaubt, dieses Gesetz sei lasch, dann soll er nur für einen Tag seinem Gebot folgen.

Und in der Tat verlangt es etwas Göttliches in dem, der die gewöhnlichen Motive menschlichen Handelns abgeworfen und das Wagnis unternommen hat, sich selbst als Aufseher zu vertrauen. Sein Herz sei hochgemut, sein Wille fest und sein Blick klar, damit er in vollem Ernst sich selbst Doktrin, Gesellschaft und Gesetz sein kann, damit ein einfacher Vorsatz für ihn ebenso stark ist wie eiserne Notwendigkeit für andere!

Wenn jemand den gegenwärtigen Zustand dessen betrachtet, was durch die Bezeichnung *Gesellschaft* ausgezeichnet wird, dann wird er die Notwendigkeit dieser Ethik erkennen. Sehnen und Herz des Menschen scheinen erschlafft zu sein, und wir sind ängstliche, verzagte Jammergestalten geworden. Wir fürchten uns vor der Wahrheit, vor dem Glück, vor dem Tod und voreinander. Unser Zeitalter bringt keine großen und vollkommenen Menschen hervor. Wir brauchen Männer und Frauen, die das Leben und unseren gesellschaftlichen Zustand erneuern werden, aber wir erkennen, daß die meisten Menschen bankrott sind, ihre eigenen Bedürfnisse nicht befriedigen können, einen Ehrgeiz haben, der weit über ihre praktischen Kräfte hinausgeht, und Tag und Nacht unablässig betteln und sich unterstützen lassen. Unser Wirtschaften ist bettlerhaft, unsere Künste, Berufe, Heiraten und

unsere Religion haben nicht wir selbst gewählt, sondern die
Gesellschaft für uns. Wir sind Salonhelden. Wir meiden die
harte Schlacht des Schicksals, in der Stärke geboren wird.
Wenn unseren jungen Leuten ihre ersten Unternehmungen
mißlingen, so verlieren sie jegliches Vertrauen. Wenn der
junge Kaufmann einen Fehlschlag erleidet, so sagen die
Leute, er sei *ruiniert*. Wenn der feinste Kopf an einer unserer
Hochschulen studiert und nicht innerhalb eines Jahres
danach eine feste Stellung in Boston oder New York oder
ihren Vorstädten erlangt hat, so erscheint es ihm und seinen
Freunden berechtigt, daß er entmutigt ist und sich für den
Rest seines Lebens beklagt. Ein kräftiger Bursche aus New
Hampshire oder Vermont, der sich nach und nach in allen
Berufen versucht, der *Kutschen fährt*, das *Land bebaut*, der
hausieren geht, nacheinander eine Schule aufmacht, Prediger
wird, eine Zeitung herausgibt, in den Kongreß gewählt
wird, sich einen Stimmbezirk kauft etc. und immer wie eine
Katze auf die Füße fällt, wiegt hundert von diesen Stadtpup-
pen auf. Er hält Schritt mit seiner Zeit und empfindet keine
Scham darüber, nicht »auf einen Beruf zu studieren«, denn
er verschiebt sein Leben nicht auf später, sondern lebt schon
jetzt. Er hat nicht nur eine, sondern hundert Chancen. Laß
einen Stoiker die Möglichkeiten des Menschen aufdecken
und den Menschen sagen, daß sie keine anlehnungsbedürfti-
gen Weiden sind, sondern sich absondern können und müssen; daß mit der Ausübung des Selbstvertrauens neue Kräfte
erscheinen werden; daß der Mensch das fleischgewordene
Wort ist, geboren, um Heilung unter die Völker zu
streuen;[23] daß er sich unseres Mitleids schämen sollte und
daß wir ihn von dem Augenblick an, wo er aus sich heraus
handelt, wo er Gesetze, Bücher, Götzen und Gebräuche aus
dem Fenster wirft, nicht mehr bemitleiden, sondern ihm
danken und ihn verehren – ein solcher Lehrer wird dem
Menschenleben wieder zu Glanz verhelfen, und sein Name
wird der Geschichte teuer sein.
Es ist leicht einzusehen, daß ein größeres Selbstvertrauen

eine Revolution in allen Funktionen und Beziehungen der Menschen bewirken muß; in ihrer Religion, ihrer Erziehung, ihrem Bestreben, ihrer Lebensweise, ihren Verbindungen, ihrem Eigentum, ihren spekulativen Ansichten.

1. Was für Gebeten sich die Menschen hingeben! Was sie ein heiliges Amt nennen, ist nicht einmal tapfer und männlich. Das Gebet blickt nach außen und bittet um fremde Hilfe, die von irgendeiner fremden Tugend kommen soll, und verliert sich in endlosen Labyrinthen von Natürlichem und Übernatürlichem, Vermitteltem und Wunderbarem. Ein Gebet, das um die Erfüllung eines bestimmten Wunsches fleht statt um das ganze Gute, ist verwerflich. Ein Gebet ist die Kontemplation der Lebenstatsachen vom höchsten Gesichtspunkt aus. Es ist das Selbstgespräch einer schauenden und frohlockenden Seele. Es ist der Geist Gottes, der seine Werke gutheißt. Aber das Gebet als ein Mittel, um private Zwecke zu erreichen, ist Gemeinheit und Raub. Es setzt Dualismus und nicht Einheit in der Natur und im Bewußtsein voraus. Sobald der Mensch mit Gott eins ist, wird er nicht betteln. Er wird dann ein Gebet in jeglichem Handeln sehen. Das Gebet des Bauern, der in seinem Felde kniet, um es zu jäten, und das Gebet des Ruderers, der sich mit jedem Ruderschlag hinkniet, sind wahre Gebete, die man überall in der Natur hört, obwohl ihre Ziele bescheiden sind. Als Caratach in Fletchers *Bonduca*[24] aufgefordert wird, den Geist des Gottes Audate zu erkunden, erwidert er:

> In unserm Bemühen liegt sein versteckter Sinn;
> Unser Heldenmut ist unser bester Gott.

Unser Bedauern ist eine weitere Art von falschem Gebet. Unzufriedenheit ist Mangel an Selbstvertrauen: sie ist Willensschwäche. Bedauere Unglücksfälle, wenn du damit den Leidenden helfen kannst; wenn nicht, dann kümmere dich um deine eigene Arbeit, und schon fängt die Behebung des Übels an. Unser Mitgefühl ist genauso schlecht. Wir kommen zu denen, die töricht weinen, setzen uns und weinen aus Gesellichkeit mit, anstatt ihnen mit kräftigen elektrischen Schlägen Wahrheit und Gesundheit zu vermitteln und sie so wieder in Übereinstimmung mit ihrer Vernunft zu bringen. Das Geheimnis des Glücks ist Freude in unseren Händen. Der Mensch, der sich selbst hilft, ist Göttern und Menschen immer gleichermaßen willkommen. Für ihn werden alle Tore weit geöffnet, es grüßen ihn alle Zungen, alle Ehren krönen ihn und alle Augen folgen ihm mit Verlangen. Unsere Liebe strebt ihm entgegen und umarmt ihn, weil er sie nicht brauchte. Wir verhätscheln und feiern ihn besorgt und reumütig, weil er auf seinem Weg blieb und unsere Mißbilligung ihm gleichgültig war. Die Götter lieben ihn, weil die Menschen ihn haßten. »Für den beharrlichen Sterblichen«, sagt Zarathustra, »sind die seligen Unsterblichen schnell.«[25]

So wie die Gebete der Menschen eine Krankheit des Willens sind, so sind ihre Glaubenslehren eine Krankheit des Intellekts. Sie sagen mit jenen törichten Israeliten: »Gott möge nicht mit uns sprechen, damit wir nicht sterben. Sprich du oder sonst jemand mit uns, und wir werden gehorchen.«[26] Überall werde ich daran gehindert, Gott in meinem Bruder zu begegnen, weil dieser seine Tempeltüren geschlossen hat und bloße Fabeln vom Gott seines Bruders oder seines Bruders Bruder dahersagt. Jeder neue Geist bedeutet eine neue Klassifikation. Erweist er sich als ein Geist von ungewöhnlicher Regsamkeit und Kraft, wie ein Locke, Lavoisier, Hutton, Bentham, Fourier,[27] dann zwingt er seine Klassifikation den anderen Menschen auf und, siehe da – ein neues System. Dessen Selbstgenügsamkeit steht in Relation zu der Tiefe der Gedanken und somit zu der Zahl der Gegenstände, die es berührt und in die Reichweite des Schülers bringt. In erster Linie aber ist dies offenkundig in Glaubenslehren und Kirchen, die auch Klassifikationen eines mächtigen Geistes sind, der nach dem elementaren Gedanken der Pflicht und des menschlichen Verhältnisses zum Allerhöchsten handelt.

Beispiele sind der Kalvinismus, das Quäkertum und der Swedenborgianismus. Der Schüler empfindet, indem er alles der neuen Terminologie unterordnet, das gleiche Entzücken wie ein Mädchen, das gerade Botanik gelernt hat und infolgedessen eine neue Erde und neue Jahreszeiten sieht. Es wird eine Zeitlang so sein, daß der Schüler feststellt, daß sein Intellekt durch das Studium der Gedanken seines Meisters gewachsen ist. Aber in allen unausgeglichenen Köpfen wird die Klassifikation zum Idol, wird für den Zweck gehalten und nicht für ein sich rasch erschöpfendes Mittel, so daß sich in ihren Augen die Grenzen des Systems am fernen Horizont mit den Grenzen des Universums vermischen; die Himmelskörper scheinen ihnen an dem Gewölbe zu hängen, das ihr Meister gebaut hat. Sie können sich nicht vorstellen, wie ihr Fremden ein Recht habt zu sehen – wie ihr überhaupt sehen könnt; »Ihr müßt uns irgendwie das Licht gestohlen haben.« Sie verstehen noch nicht, daß Licht unsystematisch und unbezähmbar ist und daß es in jeden Raum, auch in den ihren, einbrechen wird. Sollen sie sich nur eine Weile freuen und es ihr eigen nennen. Wenn sie ehrlich sind und sich recht verhalten, dann wird sich ihr hübscher neuer Pferch sehr bald als zu eng und zu niedrig erweisen, wird brechen, wird umstürzen, wird verrotten und verschwinden, und das unsterbliche Licht, ganz Jugend und Freude, wird in Millionen Kreisen und Farben wie am ersten Morgen über dem Universum strahlen.[28]

2. Ein Mangel an Selbstkultur führt dazu, daß der Aberglaube des Reisens, dessen Götzenbilder Italien, England und Ägypten sind, seine Faszination für alle gebildeten Amerikaner behält. Diejenigen, die England, Italien oder Griechenland für die Einbildungskraft verehrungswürdig machten, taten dies, indem sie wie eine Erdachse fest an ihrer Stelle blieben. In Stunden der Stärke fühlen wir, daß die Pflicht unser eigentlicher Ort ist. Die Seele ist kein Reisender; der Weise bleibt zu Hause, und wenn ihn seine Notwendigkeiten oder seine Pflichten einmal aus dem Haus

oder in ein fremdes Land rufen, so bleibt er letztlich doch zu Hause und gibt den Menschen durch seinen Gesichtsausdruck zu verstehen, daß er als Verkünder von Weisheit und Tugend kommt und daß er Städte und Menschen wie ein Herrscher und nicht wie ein Eindringling oder ein Lakai besucht.

Ich habe keine kleinlichen Einwände gegen eine Weltreise, wenn sie der Kunst, dem Wissen oder der Wohltätigkeit dient, vorausgesetzt, der Reisende ist bereits irgendwo heimisch oder verreist nicht in der Hoffnung, etwas Größeres zu finden, als er schon kennt. Wer um des Vergnügens willen reist oder um etwas zu erlangen, was er noch nicht hat, der reist von sich selbst weg und wird auch in der Jugend alt unter alten Dingen. In Theben und in Palmyra werden sein Wille und sein Geist ebenso alt und verfallen sein wie diese. Er trägt Ruinen zu Ruinen.

Reisen ist ein Narrenparadies. Unsere ersten Reisen offenbaren uns die Bedeutungslosigkeit von Orten. Zu Hause träume ich, daß ich mich in Neapel oder Rom an der Schönheit berauschen und meine Traurigkeit vergessen kann. Ich packe meinen Koffer, umarme meine Freunde, schiffe mich ein und wache schließlich in Neapel auf – und neben mir steht die strenge Tatsache, das traurige Ich, unerbittlich, unverändert, vor dem ich geflohen bin. Ich suche den Vatikan und die Paläste auf. Ich tue so, als ob ich von Schönheit und Anregungen berauscht sei, aber ich bin nicht berauscht. Mein gigantisches Ich geht mit mir, wohin ich auch gehe.

3. Doch die Reisewut ist ein Symptom einer tieferen Ungesundheit, die jede intellektuelle Regung beeinflußt. Der Intellekt ist ungebunden, und unser Erziehungssystem begünstigt Ruhelosigkeit. Unsere Gedanken reisen, während unsere Körper zu Hause bleiben müssen. Wir ahmen nach, und was ist Nachahmung anderes als das Reisen des Geistes? Unsere Häuser sind nach ausländischem Geschmack gebaut, unsere Regale mit ausländischen Orna-

menten geschmückt; unsere Meinungen, unser Geschmack und unsere Fähigkeiten richten sich nach dem Vergangenen und dem Entfernten aus und folgen ihnen. Die Seele schuf die Künste, wo immer sie geblüht haben. Der Künstler suchte sich sein Modell in seinem eigenen Geist. Er richtete sein eigenes Denken auf den Gegenstand, der zu schaffen, und die Bedingungen, die zu beachten waren. Und warum müssen wir das dorische oder gotische Modell nachahmen? Schönheit, Angemessenheit, Erhabenheit des Gedankens und Eigenart des Ausdrucks liegen uns so nahe wie irgend jemand, und wenn der amerikanische Künstler mit Zuversicht und Liebe seine eigentliche Aufgabe betrachtet, wenn er dabei das Klima, den Boden, die Länge des Tages, die Bedürfnisse der Menschen, die Beschaffenheit und Form der Regierung berücksichtigt, dann wird er ein Haus erbauen, das für all diese Dinge passend sein wird und wodurch auch Geschmack und Gefühl zufriedengestellt werden.

Beharre auf dir selbst; ahme niemals nach. Deine eigene Gabe kannst du jederzeit mit der gesammelten Kraft einer lebenslangen Kultivierung vorweisen; aber das angenommene Talent eines anderen besitzt du nur halb und unvollkommen. Nur sein Schöpfer kann den Menschen das lehren, was er am besten kann. Kein Mensch weiß, was dies ist, kann es nicht wissen, bevor diese Person es nicht vorgewiesen hat. Wo ist der Meister, der Shakespeare gelehrt haben könnte? Wo ist der Meister, der Franklin, Washington, Bacon oder Newton unterrichtet haben könnte? Jeder große Mensch ist einzigartig. Das, was Scipio zu Scipio machte, ist genau das, was er nicht borgen konnte. Ein Shakespeare wird niemals durch das Studium Shakespeares gemacht. Tue das, was dir zugeteilt ist, und du kannst weder zuviel hoffen noch zuviel wagen. Es gibt für dich in diesem Augenblick eine Ausdrucksmöglichkeit, die so groß und erhaben ist wie der riesige Meißel des Phidias oder die Maurerkelle der Ägypter oder die Feder eines Moses oder eines Dante, aber völlig verschieden von all diesen. Es ist ganz unmöglich, daß

sich die reine und tausendzüngig beredte Seele[29] jemals zu
einer Wiederholung herabläßt; aber wenn du hören kannst,
was diese Patriarchen sagen, so kannst du ihnen sicher in der
gleichen Stimmlage antworten, denn das Ohr und die Zunge
sind zwei Organe eines Wesens. Verweile in den schlichten
und edlen Bereichen deines Lebens, gehorche deinem Herzen, und du wirst die Urwelt wieder erschaffen.

4. Wie unsere Religion, unsere Erziehung und unsere
Kunst, so orientiert sich auch unser Gesellschaftsgeist nach
außen. Jedermann brüstet sich mit der Verbesserung der
Gesellschaft, und niemand wird besser.

Die Gesellschaft macht niemals Fortschritte. Sie weicht an
einer Seite so schnell zurück, wie sie an der anderen
gewinnt. Sie wandelt sich ständig; sie ist barbarisch, zivili-
siert, christianisiert, reich, wissenschaftlich; aber dieser
Wandel ist keine Verbesserung. Für alles, was gegeben wird,
wird etwas weggenommen. Die Gesellschaft erlangt neue
Kunstfertigkeiten und verliert alte Instinkte. Was für ein
Unterschied zwischen dem wohlgekleideten, lesenden,
schreibenden und denkenden Amerikaner, der eine Uhr,
einen Bleistift und einen Geldschein in der Tasche hat, und
dem nackten Neuseeländer,[30] dessen Besitz aus einer Keule,
einem Speer, einer Matte und einem ganzen Zwanzigstel
eines Schuppens als Schlafstätte besteht! Vergleiche aber die
Gesundheit dieser beiden Menschen, und du wirst feststellen, daß der Weiße seine ursprüngliche Kraft verloren hat.
Wenn der Reisende uns die Wahrheit berichtet, dann kannst
du den Wilden mit einer Streitaxt schlagen, und nach ein bis
zwei Tagen wird sich die Wunde schließen und verheilen, als
habe man den Schlag in weichen Teer geführt; der gleiche
Schlag wird den Weißen ins Grab schicken.

Der zivilisierte Mensch hat eine Kutsche gebaut, aber er hat
den Gebrauch seiner Füße verlernt. Er stützt sich auf Krük-
ken, hat aber entsprechend weniger Unterstützung durch
Muskeln. Er hat eine prächtige Schweizer Uhr, besitzt aber
nicht mehr die Fähigkeit, die Zeit nach der Sonne zu bestim-

men. Der Mann auf der Straße hat einen nautischen Alma-
nach mit den Greenwich-Zeiten, und da er so weiß, daß er
Informationen bekommen kann, wann er sie braucht, kennt
er keinen Stern am Himmel. Er beachtet nicht die Sonnen-
wende; die Tagundnachtgleiche kennt er ebensowenig; und
der ganze lichte Kalender des Jahres hat keinen Uhrzeiger in
seinem Geist. Seine Notizbücher schwächen sein Gedächtnis; die Versicherungsgesellschaft erhöht die Zahl der
Unfälle; und es ist durchaus zu fragen, ob nicht Maschinen
auch Erschwernis bedeuten, ob wir nicht durch Verfeine-
rung einige Energie und durch ein hinter Formen und
Satzungen verschanztes Christentum etwas von der Kraft
ursprünglicher Tugend verloren haben. Denn jeder Stoiker
war ein Stoiker – aber wo ist in der Christenheit der
Christ?

In den moralischen Maßstäben gibt es ebensowenig Abweichung wie in denen von Höhe und Größe. Es gibt heute
keine bedeutenderen Menschen als früher. Es läßt sich eine
einzigartige Gleichheit zwischen den großen Männern der
frühesten und denen der letzten Jahrhunderte beobachten;
und all die Wissenschaft, Kunst, Religion und Philosophie
des neunzehnten Jahrhunderts kann nicht dazu verhelfen,
größere Männer hervorzubringen als die Helden Plutarchs
vor drei- und vierundzwanzig Jahrhunderten. Die menschliche Rasse schreitet nicht in der Zeit fort. Phokion, Sokrates,
Anaxagoras und Diogenes[31] sind bedeutende Männer, aber
sie begründen keine Klasse. Derjenige, der wirklich ihrer
Klasse angehört, wird nicht ihren Namen führen, sondern
wird ganz er selbst und seinerseits Begründer einer Sekte
sein. Die Kunstfertigkeiten und Erfindungen jedes Zeitalters
sind nur dessen Kostümierung, aber sie stärken die Menschen nicht. Die Nachteile verbesserter Maschinen können
deren Vorteile aufwiegen. Hudson und Behring brachten in
ihren Fischerbooten so viel zustande, daß sie Parry und
Franklin, deren Ausrüstung alle Hilfsmittel von Kunst und
Wissenschaft umfaßte, in Erstaunen versetzten.[32] Galilei

entdeckte mit einem Opernglas eine glänzendere Reihe von Himmelserscheinungen als irgend jemand nach ihm. Kolumbus fand die Neue Welt in einem offenen Boot. Es ist eigenartig zu beobachten, wie Mittel und Maschinen, die mit lauten Lobpreisungen vor ein paar Jahren oder Jahrhunderten eingeführt wurden, in periodischen Abständen nicht mehr gebraucht werden und verschwinden. Das große Genie kehrt zum Eigentlichen im Menschen zurück. Wir hielten die Verbesserungen in der Kriegskunst für einen großen Triumph der Wissenschaft, und doch eroberte Napoleon Europa mit Hilfe des Biwaks, d. h. durch einen Rückgriff auf nackten Mut und seine Befreiung von allen äußeren Hilfsmitteln. Der Kaiser hielt es für unmöglich, eine perfekte Armee zu schaffen, berichtet Las Casas, »ohne unsere Waffen, Magazine, Verpflegungsdepots und Transportwagen abzuschaffen, bis daß nach römischem Vorbild jeder Soldat seinen Kornvorrat erhielt, diesen in seiner eigenen Mühle mahlte und sich sein Brot selbst backte«.[33]

Die Gesellschaft ist eine Welle. Die Welle bewegt sich vorwärts, nicht aber das Wasser, aus dem sie besteht. Ein bestimmtes Partikel steigt nicht vom Tal zum Wellenkamm auf. Die Einheit der Welle ist nur eine der Erscheinung. Die Menschen, die heute eine Nation bilden, sterben nächstes Jahr, und ihre Erfahrung stirbt mit ihnen.

Und so ist das Vertrauen auf Eigentum, einschließlich des Vertrauens auf die Regierungen, die es schützen, ein Mangel an Selbstvertrauen. Die Menschen haben so lange den Blick von sich selbst abgewandt und auf die Dinge gerichtet, daß sie schließlich die religiösen, gelehrten und bürgerlichen Einrichtungen als Hüter des Eigentums ansehen, und sie mißbilligen Angriffe auf diese Einrichtungen, weil sie sie als Angriffe auf das Eigentum empfinden. Sie bemessen ihre gegenseitige Achtung nach dem, was jeder hat, und nicht nach dem, was jeder ist. Aber aufgrund einer neuen Einschätzung seiner Natur beginnt ein kultivierter Mensch, sich seines Eigentums zu schämen. Insbesondere haßt er seinen

Besitz, wenn er erkennt, daß er ihn durch Zufall erworben hat – daß er ihm als Erbteil, Geschenk oder durch ein Verbrechen zugefallen ist; dann fühlt er, daß dergleichen kein Besitz ist; er gehört ihm nicht, hat keine Wurzeln in ihm und liegt nur herum, weil keine Revolution oder kein Räuber ihn wegnimmt. Aber das, was ein Mensch ist, vermehrt sich zwangsläufig immer weiter, und was der Mensch so erwirbt, ist lebender Besitz, der nicht von der Gnade der Herrscher oder des Pöbels abhängt, auch nicht von Revolutionen, Feuer, Sturm, Bankrotten, sondern sich beständig erneuert, wo immer der Mensch atmet. »Dein Los oder Lebensschicksal«, sagt Kalif Ali, »ist auf der Suche nach dir; darum höre auf, nach ihm zu suchen.«[34] Unsere Abhängigkeit von diesen fremden Gütern verführt uns zu unserer sklavischen Hochachtung vor Zahlen. Die politischen Parteien treffen sich auf stark besuchten Parteitagen; je größer der Zulauf ist und mit jeder neuen lauten Ankündigung, »Die Abordnung von Essex! Die Demokraten aus New Hampshire! Die Whigs aus Maine!«, fühlt sich der junge Patriot um ein neues Tausend Augen und Arme stärker als zuvor. In gleicher Weise berufen die Kirchenreformer Tagungen ein und stimmen ab und beschließen in Massen. Aber so, o Freunde, wird der Gott nicht geruhen, in euch einzukehren und bei euch zu verweilen, sondern nach einer genau entgegengesetzten Methode. Nur wenn der Mensch alle fremde Unterstützung ablegt und allein dasteht, sehe ich ihn erstarken und den Sieg davontragen. Er wird mit jedem neuen Anhänger seiner Fahne schwächer. Ist nicht ein einzelner Mensch besser als eine Stadt? Verlange nichts von den Menschen, und in der endlosen Wandlung wirst du bald als die einzige feste Säule erscheinen, die alles stützt, was dich umgibt. Wer weiß, daß Kraft eingeboren ist und daß er schwach ist, weil er das Gute außer sich und anderswo gesucht hat, und wer sich nach dieser Erkenntnis ohne Zögern auf seine eigenen Gedanken wirft, der richtet sich sofort auf, steht in aufrechter Haltung, ist Herr über seine Gliedmaßen und bewirkt Wunder; ebenso wie ein Mensch, der auf seinen Füßen steht, stärker ist als einer, der auf dem Kopf steht.

So verhalte dich allem gegenüber, was Schicksal genannt wird. Die meisten Menschen spielen mit ihm, gewinnen alles oder verlieren alles, wie sein Rad gerade rollt. Du aber laß ab von diesen gesetzlosen Gewinnen und handle nach Ursache und Wirkung, den Statthaltern Gottes. Handle und erwirb aus dem Willen heraus, und du legst das Rad der Fortuna an die Kette, und du wirst fortan ruhig und ohne Furcht vor seinen Umdrehungen sitzen können. Ein politischer Sieg, ein erhöhter Gewinn, die Genesung deines kranken oder die Rückkehr deines abwesenden Freundes oder ein anderes günstiges Ereignis erheben deine Lebensgeister, und du glaubst, daß dir gute Tage bevorstehen. Glaub nicht daran. Nichts kann dir Frieden bringen als du selbst. Nichts kann dir Frieden bringen als der Sieg der Prinzipien.

Die All-Seele

Doch Seelen, die sein eigenes gutes Leben teilen,
Liebt er so wie sein eigen Selbst; teuer wie sein Auge
Sind sie ihm: Er wird sie nie verlassen:
Wenn sie dann sterben, wird Gott selber sterben:
Sie leben, leben fort in seliger Ewigkeit.[1]

Henry More

Der Raum ist weit in Ost und West,
Doch noch zu eng für zwei, die Brust an Brust
Gemeinsam ihn durchwandern wollen:
Jener herrschsüchtige Kuckuck dort
Drängt jedes Ei aus fremdem Nest,
Ob lebend oder tot, doch nur das eigene nicht;
Ein Fluch ist ausgebreitet über Gras und Stein,
Verkehrt sind Tag und Nacht,
Jede Eigenschaft und jedes Wesen
Ist aufgeladen und brennt von einer Macht,
Die Zeit und Stunde ihrem Willen unterwirft.[2]

Die einzelnen Stunden des Lebens unterscheiden sich in ihrer Gewichtigkeit und ihren späteren Auswirkungen. Unser Glaube kommt in Augenblicken; unser Laster ist Gewohnheit. Dennoch ist in jenen kurzen Augenblicken eine Tiefe, die uns nötigt, ihnen mehr Realität als allen anderen Erfahrungen zuzuschreiben. Aus diesem Grund ist das Argument, das beständig vorgebracht wird, um diejenigen zum Schweigen zu bringen, die außerordentliche Hoffnungen in die Menschen setzen, nämlich die Berufung auf die Erfahrung, für immer hinfällig und nichtig. Wir geben die Vergangenheit dem Gegner preis, und doch hoffen wir. Er muß diese Hoffnung erklären. Wir gestehen ein, daß das menschliche Leben unbedeutend ist, aber wie haben wir herausgefunden, daß es unbedeutend ist? Was ist die Ursache dieses unseres Unbehagens; dieser alten Unzufriedenheit? Was ist das universale Gefühl von Mangel und Unwissenheit anders als die feine Andeutung, durch die die Seele ihren ungeheuren Anspruch stellt? Warum fühlen die Menschen, daß die Naturgeschichte des Menschen noch nie geschrieben wurde, daß er vielmehr beständig das hinter sich zurückläßt, was man über ihn gesagt hat, so daß es veraltet und Bücher der Metaphysik wertlos werden? Die Philosophie von sechstausend Jahren hat die Kammern und Magazine der Seele nicht erforscht. In ihren Experimenten ist – genau betrachtet – immer ein Rückstand geblieben, den sie nicht auflösen konnte. Der Mensch ist ein Strom, dessen Quelle verborgen ist. Unser Dasein geht beständig in uns ein, ohne daß wir wissen woher. Der sorgfältigste Planer hat kein Vorwissen darüber, ob nicht etwas Unvorherberechenbares den nächsten Augenblick durchkreuzt. Ich bin in jedem Augenblick gezwungen, für Ereignisse einen höheren Ursprung als den Willen, den ich mein eigen nenne, anzuerkennen.

Wie mit Ereignissen, so ist es mit Gedanken. Wenn ich jenen strömenden Fluß betrachte, der aus Regionen kommt, die ich nicht erblicke, und für eine Weile seine Fluten in mich ergießt, so erkenne ich, daß ich ein Empfangender bin; nicht eine Ursache, sondern ein überraschter Betrachter dieses ätherischen Wassers; daß ich verlange und nach oben schaue und mich in die Haltung des Empfangens versetze, aber die Visionen kommen aus einer unbekannten Kraftquelle.

Der oberste Richter über die Irrtümer der Vergangenheit und der Gegenwart und der einzige Prophet dessen, was sein muß, ist jene große Natur, in der wir so ruhen, wie die Erde in den sanften Armen der Atmosphäre liegt; jene Einheit, jene All-Seele, in der das Einzeldasein jedes Menschen enthalten ist und mit allen anderen vereint wird; jenes gemeinsame Herz, das in jedem aufrichtigen Gespräch verehrt wird und dem sich jedes wahre Handeln unterwirft; jene überwältigende Realität, die all unsere Schliche und Fähigkeiten zunichte macht und jeden einzelnen zwingt, für das zu gelten, was er ist, und mit seinem Wesen zu sprechen statt mit seiner Zunge, und die beständig dazu neigt, in unser Denken und Handeln einzugehen und zu Weisheit, Tugend, Macht und Schönheit zu werden. Wir leben in Aufeinanderfolge, in Abschnitten, in Teilen, in Partikeln. Unterdessen ist die All-Seele[3] im Menschen; das weise Schweigen, die universale Schönheit, mit der jedes Teil und Partikel gleichermaßen verbunden ist; das ewige Eins-Sein. Und diese tiefe Kraft, in der wir existieren und deren Glückseligkeit uns vollständig zugänglich ist, ist nicht nur zu jeder Stunde selbstgenügsam und vollkommen, sondern der Akt des Sehens und der Gegenstand des Sehens, der Sehende und der Anblick, das Subjekt und das Objekt, sind eins. Wir sehen die Welt Stück für Stück, wie z. B. die Sonne, den Mond, das Tier, den Baum; aber das Ganze, dessen Abglanz diese sind, ist die Seele. Nur im Anblick jener Weisheit kann das Horoskop der Zeitalter gelesen werden, und indem wir uns auf unsere besseren Gedanken besinnen und uns dem Geist der Weissagung, der jedem Menschen eingeboren ist, hingeben, können wir wissen, was sie sagt. Die Worte eines jeden Menschen, der aus diesem Leben heraus spricht, müssen nichtig klingen für all diejenigen, die ihrerseits nicht in eben diesem Gedanken leben. Ich wage nicht, für die Seele zu sprechen. Meine Worte vermitteln ihren erhabenen Sinn nicht; sie sind unzulänglich und kalt. Nur die Seele selbst kann jeden Beliebigen inspirieren und siehe – seine Sprache wird poetisch und melodisch und universal wie das Sich-Erheben des Windes. Und doch strebe ich sogar mit profanen Worten, wenn ich heilige nicht benutzen darf, danach, den Himmel dieser Göttin anzudeuten und zu berichten, welche Hinweise auf die transzendente Einfachheit und Energie des höchsten Gesetzes ich angesammelt habe.

Wenn wir bedenken, was in einem Gespräch geschieht, in Träumereien, in Gewissensnot, in Zeiten der Leidenschaft, in Überraschungen, in den Belehrungen der Träume, in denen wir uns oft maskiert sehen – wobei jene possierlichen Verkleidungen ein reales Element lediglich vergrößern und verstärken und es unserer entfernten Wahrnehmung aufzwingen –, dann werden wir viele Hinweise empfangen, die sich zur Kenntnis des Geheimnisses der Natur ausweiten und erhellen werden. Alles läuft darauf hinaus zu zeigen, daß die Seele im Menschen kein Organ ist, sondern alle Organe belebt und in Bewegung hält; daß sie keine Funktion ist wie die Gabe der Erinnerung, des Rechnens, des Abwägens, sondern diese als Hände und Füße gebraucht; daß sie keine Fähigkeit ist, sondern ein Licht ist; daß sie nicht der Intellekt oder der Wille ist, sondern Herr über Intellekt und Willen; daß sie der Hintergrund unseres Daseins ist, in dem all diese ruhen – eine Unermeßlichkeit, die nicht Besitz ist und auch nicht Besitz sein kann. Von innen heraus oder von hinten scheint ein Licht durch uns hindurch auf die Dinge und macht uns bewußt, daß wir nichts sind, daß aber das Licht alles ist. Ein Mensch ist die Fassade eines Tempels, in dem alle Weisheit und alles Gute ruhen. Was wir gemeinhin Mensch nennen, der essende, trinkende, pflanzende und zählende Mensch, repräsentiert, so wie wir ihn kennen, nicht sich selbst, sondern stellt sich falsch dar. Ihn respektieren wir nicht, die Seele aber, deren Organ er ist, ließe er sie nur durch seine Handlungen erscheinen, würde uns auf die Knie zwingen. Wenn sie durch seinen Intellekt atmet, ist sie Genie; wenn sie durch seinen Willen atmet, ist sie Tugend; wenn sie durch sein Gefühl strömt, ist sie Liebe. Und die Blindheit des Intellekts beginnt, wenn er etwas aus sich selbst heraus sein möchte. Die Schwäche des Willens beginnt, wenn das Individuum etwas aus sich selbst sein möchte. Jede Reform zielt in einem bestimmten Menschen darauf ab, der Seele ihren Weg durch uns hindurch freizugeben; mit anderen Worten, uns zum Gehorsam zu verpflichten.

Dieser reinen Natur ist sich jeder Mensch zuweilen bewußt. Die Sprache kann sie mit ihren Farben nicht ausmalen. Sie ist zu fein. Sie ist undefinierbar, unmeßbar; aber wir wissen, daß sie uns durchdringt und umschließt. Wir wissen, daß alles geistige Sein im Menschen ist. Ein weises altes Sprichwort sagt: »Gott sucht uns auf ohne Glockengeläut«;[4] das heißt, so wie es keine Schutzwand oder Decke zwischen unseren Häuptern und dem grenzenlosen Himmel gibt, so gibt es keinen Riegel oder keine Wand in der Seele, wo der Mensch, die Wirkung, endet und Gott, die Ursache, beginnt. Die Wände sind fortgenommen. Wir sind auf einer Seite offen für die Tiefen der geistigen Natur, für die Eigenschaften Gottes. Wir sehen und erkennen Gerechtigkeit, Liebe, Freiheit, Macht. Über diese Naturgegebenheiten ist noch nie ein Mensch hinausgelangt, vielmehr überragen sie uns, und dies am deutlichsten dann, wenn unser Eigennutz uns verlockt, sie zu verletzen.

Die uneingeschränkte Herrschaft dieser Natur, über die wir sprechen, bekundet sich darin, daß sie unabhängig ist von jenen Begrenzungen, die uns überall einschränken. Die Seele umfaßt alle Dinge. Wie ich bereits gesagt habe, widerspricht sie aller Erfahrung. In gleicher Weise hebt sie Raum und Zeit auf. Der Einfluß der Sinne hat in den meisten Menschen den Geist in einem solchen Ausmaß überwältigt, daß die

Wände von Zeit und Raum nunmehr wirklich und unüber-
windlich erscheinen; und mit Leichtfertigkeit von diesen
Begrenzungen zu sprechen, gilt in der Welt als Anzeichen
von Wahnsinn. Und doch sind Zeit und Raum nur umge-
kehrte Maßstäbe für die Kraft der Seele. Der Geist spielt mit
der Zeit –

> Kann Ewigkeit in eine Stunde drängen
> Oder eine Stunde zur Ewigkeit dehnen.[5]

Wir bekommen oft das Gefühl, daß es eine andere Jugend
und ein anderes Alter gibt als das, das vom Jahr unserer
natürlichen Geburt an gezählt wird. Einige Gedanken finden uns immer jung und halten uns jung. Ein solcher
Gedanke ist die Liebe zur allgemeinen und ewigen Schönheit. Jeder Mensch nimmt von ihrer Betrachtung das Empfinden mit, daß sie eher den Jahrtausenden als dem sterblichen Leben angehört. Die geringste Betätigung der intellektuellen Kräfte erlöst uns in einem gewissen Maße von den
Bedingungen der Zeit. Gebt uns in Krankheit oder Nieder-
geschlagenheit eine Strophe eines Gedichtes oder einen tiefen Gedanken, und wir sind neu belebt; oder holt einen
Band Plato oder Shakespeare hervor oder erinnert uns an
ihre Namen, und sogleich empfinden wir ein Gefühl ewigen
Lebens. Sieh wie der tiefe göttliche Gedanke Jahrhunderte
und Jahrtausende schrumpfen läßt und durch alle Zeitalter
gegenwärtig bleibt. Ist die Lehre Christi heute weniger
wirkungsvoll als sie es war, als sich sein Mund zuerst auftat?
Das Übergewicht von Fakten und Personen in meinem
Denken hat nichts mit Zeit zu tun. Und daher ist der
Maßstab der Seele immer ein eigener, der der Sinne und des
Verstandes aber ein anderer. Vor den Offenbarungen der
Seele schrumpfen Zeit und Raum und Natur hinweg. Im
normalen Reden beziehen wir alle Dinge auf die Zeit, so wie
wir gewohnheitsmäßig die unendlich getrennten Sterne auf
eine konkave Himmelswölbung beziehen. Und so sagen
wir, daß das Jüngste Gericht fern oder nah ist, daß das

Millennium[6] herannaht, daß der Tag bestimmter politischer, moralischer oder sozialer Reformen bevorsteht und ähnliches mehr, wenn wir sagen wollen, daß nach der Natur der Dinge eine der Tatsachen, die wir betrachten, äußerlich und vergänglich und die andere beständig und mit der Seele verwandt ist. Die Dinge, die wir jetzt für unumstößlich halten, werden sich eines nach dem anderen wie reife Früchte von unserer Erfahrung ablösen und herabfallen. Der Wind wird sie unauffindbar zerstreuen.[7] Die Landschaft, die Gestalten, Boston, London sind ebenso vergängliche Fakten wie eine vergangene Institution oder ein Hauch von Nebel oder Rauch, und ebenso auch die Gesellschaft und die Welt. Die Seele schaut beständig nach vorne; sie erschafft dabei eine Welt vor sich und läßt Welten hinter sich. Sie kennt weder Daten noch Riten noch Personen noch Eigenheiten noch Menschen. Die Seele kennt nur die Seele; das Gewebe der Ereignisse ist das fließende Gewand, in das sie gekleidet ist.

Der Grad ihres Fortschritts muß nach ihrem eigenen Gesetz und nicht nach der Arithmetik bemessen werden. Das Fortschreiten der Seele geschieht nicht als Abfolge, die sich als Bewegung auf einer Geraden darstellen läßt, sondern eher als Zustandssteigerung, wie sie in der Metamorphose dargestellt werden kann – vom Ei zum Wurm, vom Wurm zur Fliege. Die Fortschritte des Genius haben einen gewissen Charakter von *Totalität*, der das auserwählte Individuum nicht zuerst über John, dann Adam und dann Richard hinausbringt und dabei jedem von diesen den Schmerz entdeckter Minderwertigkeiten zufügt – vielmehr erweitert sich der Mensch mit jedem Wachstumsschub in seinem Wirkungskreis und überflügelt mit jedem Pulsieren Gesellschaftsklassen, ja Bevölkerungen. Mit jedem göttlichen Impuls zerreißt der Geist die dünnen Schalen des Sichtbaren und Endlichen und gelangt hinaus in die Ewigkeit und atmet deren Luft ein und aus. Er unterhält sich mit Wahrheiten, die immer schon in der Welt ausgesprochen wurden, und wird sich einer engeren Sympathie mit Zeno und Arrian[8] bewußt, als sie zu Personen in seinem eigenen Haus besteht.

Dies ist das Gesetz des moralischen und geistigen Gewinns. Einfache Menschen steigen aufgrund spezifischer Leichtigkeit nicht zu einer besonderen Tugend auf, sondern in die Region aller Tugenden. Sie sind von dem Geiste, der sie alle enthält. Die Seele verlangt nach Reinheit, aber sie ist nicht Reinheit; verlangt nach Gerechtigkeit, ist aber nicht Gerechtigkeit; verlangt nach Wohltätigkeit, ist aber etwas Besseres, so daß ein Gefühl von Abstieg und Anpassung entsteht, wenn wir davon ablassen, von sittlicher Natur zu sprechen, um auf einer Tugend zu bestehen, die jene auferlegt. Für ein Kind von guter Abstammung sind alle Tugenden natürlich und nicht mühsam erworben. Sprich zu seinem Herzen, und der Mensch wird plötzlich tugendhaft.

In eben diesem Empfinden liegt der Keim des intellektuellen Wachstums, das dem gleichen Gesetz gehorcht. Diejenigen, die der Demut, der Gerechtigkeit, der Liebe und der Sehnsucht nach Höherem fähig sind, stehen bereits auf einem erhöhten Standpunkt, der über die Wissenschaften und Künste, Sprache und Dichtung, Tätigkeit und Anmut gebietet. Denn wer in dieser moralischen Glückseligkeit wohnt, nimmt jene besonderen Kräfte, die die Menschen so hoch einschätzen, schon vorweg. Der Liebende hat keine Begabung, keine Geschicklichkeit, die bei seinem geliebten Mädchen gar keinen Wert hätte, wie gering auch ihre eigenen entsprechenden Fähigkeiten sein mögen; und das Herz, das sich dem höchsten Geiste hingibt, entdeckt, daß es mit allen seinen Werken verwandt ist, und wird einen herrlichen Pfad zu besonderen Kenntnissen und Kräften beschreiten. Im Aufstieg zu diesem primären und ursprünglichen Gefühl sind wir aus unserer entfernten Randposition augenblicklich in das Zentrum der Welt gerückt, wo wir, wie in Gottes Studierzimmer, Ursachen schauen und das Universum vorwegnehmen, das nur langsame Wirkung ist.

Ein Modus der göttlichen Lehre ist die Inkarnation des
Geistes in einer Form – in Formen wie der meinen. Ich lebe
in der Gesellschaft; mit Personen, die Gedanken in meinem
eigenen Geist entsprechen oder einen gewissen Gehorsam
gegenüber den großen Instinkten, nach denen ich lebe,
ausdrücken. Ich sehe, daß der Geist in ihnen gegenwärtig
ist. Ich bin überzeugt von einer gemeinsamen Natur; und
diese anderen Seelen, diese vereinzelten Individualitäten,
ziehen mich an, wie nichts anderes es kann. Sie erregen in
mir die neuen Empfindungen, die wir Leidenschaft nennen;
die der Liebe, des Hasses, der Furcht, der Bewunderung,
des Mitleids; daher rühren Umgang, Wettbewerb, Überzeu-
gungskraft, Städte und Krieg. Menschen sind eine Ergän-
zung der ursprünglichen Lehre der Seele. In der Jugend sind
wir versessen auf Menschen. Kindheit und Jugend sehen in
ihnen die gesamte Welt. Aber die umfassendere Erfahrung
des Mannes erkennt die identische Natur, die in ihnen allen
erscheint. Die Menschen selbst machen uns mit dem Unper-
sönlichen bekannt. In jedem Gespräch zwischen zwei Menschen wird unausgesprochen auf eine gemeinsame Natur wie
auf einen dritten Partner Bezug genommen. Dieser dritte
Gesprächspartner bzw. diese gemeinsame Natur ist nicht
gesellschaftlicher Art; sie ist unpersönlich, ist Gott. Und
daher werden in Gruppen, in denen die Debatte ernst ist,
und besonders, wenn sie sich auf tiefe Fragen bezieht, die
Teilnehmer sich bewußt, daß in ihrer aller Herzen der
Gedanke sich auf die gleiche Höhe erhebt, daß alle ebensosehr geistige Eigentümer des Gesprochenen sind wie der
Sprecher. Sie werden alle weiser, als sie es waren. Wie ein
Tempel wölbt sich über ihnen diese Einheit des Gedankens,
in der jedes Herz mit einem nobleren Gefühl von Kraft und
Pflicht schlägt und mit ungewöhnlicher Feierlichkeit denkt
und handelt. Alle sind sich bewußt, eine höhere Selbstge-
wißheit zu erlangen. Sie leuchtet für alle. Es gibt eine
gewisse Weisheit der Menschlichkeit, die den größten wie
den niedrigsten Menschen gemeinsam ist und die unsere

gewöhnliche Erziehung oft zum Schweigen bringen oder behindern will. Der Geist ist ungeteilt, und die besten Köpfe, die die Wahrheit um ihrer selbst willen lieben, denken entsprechend weniger daran, sie zu besitzen. Sie nehmen sie überall dankbar entgegen und beschriften oder stempeln sie nicht mit dem Namen irgendeines Menschen, denn sie gehört ihnen schon längst und seit ewigen Zeiten. Die Gelehrten und die Denker haben keinen Alleinanspruch auf Weisheit. Die Heftigkeit ihres Vorgehens macht es ihnen in gewissem Ausmaß unmöglich, wahrhaft zu denken. Wir verdanken viele wertvolle Beobachtungen Leuten, die nicht sehr scharf- oder tiefsinnig sind, die aber ohne Mühe das sagen, was wir wollen und nach dem wir schon lange vergeblich gejagt haben. Das Handeln der Seele liegt öfter in dem, was gefühlt wird und ungesagt bleibt, als in dem, was in irgendeinem Gespräch ausgesprochen wird. Es schwebt über jeder Gesellschaft, und jeder sucht es unbewußt im anderen. Unser Handeln entspricht nicht unserem Wissen. Wir besitzen uns noch nicht und wissen doch zur gleichen Zeit, daß wir viel mehr sind. Wie oft verspüre ich diese Wahrheit in meinen belanglosen Gesprächen mit meinem Nachbarn, daß nämlich etwas Höheres in uns auf dieses Zwischenspiel herabschaut und daß hinter jedem von uns ein Jupiter dem anderen zunickt.

Die Menschen lassen sich dazu herab, einander zu treffen. In ihrem gewöhnlichen und niedrigen Dienst an der Welt, für den sie ihren angeborenen Adel preisgeben, ähneln sie jenen arabischen Scheichen, die in schäbigen Häusern wohnen und äußerlich Armut vortäuschen, um der Habgier des Pascha zu entgehen, und alle Schaustellung ihres Reichtums für ihre inneren und geschützten Gemächer aufsparen.

So wie die Seele in allen Menschen anwesend ist, so ist sie es auch in jeder Lebensperiode. Sie ist bereits im kindlichen Menschen voll ausgebildet. Wenn ich mich mit meinem Kind beschäftige, so nützen mir mein Latein und mein Griechisch, meine Kenntnisse und mein Geld gar nichts;

aber was ich an Seele habe, nützt mir. Wenn ich eigenwillig bin, setzt es seinen Willen gegen meinen, einer gegen den anderen, und erlaubt mir, wenn ich dies will, die Erniedrigung, es aufgrund meiner überlegenen Stärke zu schlagen. Wenn ich aber meinen Willen aufgebe und für die Seele handle, indem ich diese als Schiedsrichter zwischen uns stelle, dann blickt aus seinen jungen Augen die gleiche Seele; es verehrt und liebt mit mir.

Die Seele erkennt und offenbart Wahrheit. Wir erkennen die Wahrheit, wenn wir sie sehen, mögen Skeptiker und Spötter sagen, was sie wollen. Törichte Menschen fragen dich, wenn du gesagt hast, was sie nicht hören wollen: »Woher weißt du, daß dies die Wahrheit ist und nicht dein eigener Irrtum?« Wir erkennen die Wahrheit, wenn wir sie sehen, nach dem Dafürhalten, so wie wir, wenn wir wach sind, wissen, daß wir wach sind. Es war ein großartiger Satz von Emanuel Swedenborg, der schon allein die Größe der Erkenntnisfähigkeit dieses Mannes verdeutlichen könnte – »Es ist kein Beweis für den Verstand eines Menschen, daß er fähig ist, alles zu bestätigen, was ihm zusagt; aber die Fähigkeit zu erkennen, daß das, was wahr ist, wahr ist und was falsch, falsch ist, das ist das Kennzeichen und Charakteristikum von Intelligenz.«[9] In dem Buch, das ich lese, gibt mir der gute Gedanke, wie dies jede Wahrheit tut, das Bild der ganzen Seele zurück. Für den schlechten Gedanken, den ich in ihm finde, wird die gleiche Seele zum bloßlegenden und trennenden Schwert und weist ihn zurück. Wir sind weiser als wir wissen. Wenn wir uns nicht in unser Denken einmischen, sondern lediglich handeln oder sehen, wie eine Sache in Gott steht, dann erkennen wir diese bestimmte Sache und jede Sache und jeden Menschen. Denn der Schöpfer aller Dinge und Menschen steht hinter uns und wirft seine erhabene Allwissenheit durch uns über die Dinge.

Aber über dieses Selbsterkennen in bestimmten Abschnitten der Erfahrung des Individuums hinaus offenbart sie auch Wahrheit. Und hier sollten wir danach streben, uns durch eben diese ihre Anwesenheit zu stärken und in einer würdigeren, erhabeneren Weise von jener Ankunft zu sprechen. Denn die Vermittlung der Wahrheit durch die Seele ist das höchste Ereignis in der Natur, da sie dabei nicht etwas von sich, sondern sich selbst gibt oder in den Menschen eingeht, den sie erhellt, und somit dieser Mensch selbst wird; oder sie nimmt ihn im Verhältnis zu der Wahrheit, die er empfängt, in sich selbst auf.

Wir bezeichnen die Verkündigungen der Seele, ihre Manifestationen ihrer eigenen Natur, mit dem Begriff *Offenbarung*. Diese sind immer begleitet von der Empfindung des Erhabenen. Denn diese Vermittlung ist ein Einfließen des göttlichen Geistes in unseren Geist. Es ist ein Zurückfluten des individuellen Baches vor den flutenden Wogen der See des Lebens. Jedes einzelne Erkennen dieses zentralen Gebotes erregt in den Menschen Ehrfurcht und Entzücken. Ein Schauer durchzieht alle Menschen beim Empfang neuer Wahrheit oder bei der Ausführung einer großen Tat, die aus dem Herzen der Natur kommt. In diesen Vermittlungen ist die Kraft des Sehens nicht vom Willen des Handelns getrennt, vielmehr geht die Einsicht aus Gehorsam hervor und der Gehorsam aus einer freudigen Wahrnehmung. Jeder Augenblick, in dem das Individuum sich davon durchdrungen fühlt, ist erinnerungswürdig. Aufgrund der Beschaffenheit unserer Natur begleitet ein gewisser Enthusiasmus das Bewußtsein des Individuums von jener göttlichen Anwesenheit. Art und Dauer dieses Enthusiasmus ändern sich mit dem Zustand des Individuums; von Ekstase, Trance und prophetischer Inspiration – was seine seltenere Erscheinungsform ist – bis zum schwächsten Glühen tugendhafter Empfindung, in welcher Form er, wie das Feuer in unseren Häusern, alle Familien und Vereinigungen der Menschen erwärmt und so Gesellschaft ermöglicht. Eine gewisse Neigung zum Wahnsinn hat immer das Aufgehen des religiösen Sinnes im Menschen begleitet, als ob die Menschen durch ein »Übermaß an Licht versengt«[10] worden seien. Die Verzückungen des Sokrates, die »Vereinigung« des Plotinus,[11] die Vision des Porphyrius,[12] die Bekehrung des Paulus, die Morgenröte des Jakob Böhme,[13] die Konvulsionen des George Fox und seiner Quäker, die Erleuchtung Swedenborgs sind von dieser Art. Was im Falle dieser bemerkenswerten Menschen eine Verzückung war, hat sich in unzähligen Fällen im normalen Leben in weniger ausgeprägter Form gezeigt. Die Geschichte der Religion verrät allenthalben eine Neigung zum Enthusiasmus. Die Begeisterung der Mährischen Brüdergemeinde[14] und der Quietisten[15]; die Offenbarung des ewigen Sinnes des Wortes in der Sprache der Kirche des neuen Jerusalem[16]; die *Erweckung* der kalvinistischen Kirchen; die *Erfahrungen* der Methodisten sind verschiedene Erscheinungsformen jenes Schauders von Ehrfurcht und Entzücken, mit dem sich die Einzelseele immer mit der All-Seele verbindet.

Die Natur dieser Offenbarungen ist stets die gleiche: sie sind Wahrnehmungen des absoluten Gesetzes. Sie sind Antworten auf die Fragen der Seele selbst. Sie beantworten nicht die Fragen, welche der Verstand stellt. Die Seele antwortet nie mit Worten, sondern mit der Sache selbst, nach der gefragt ist.

Offenbarung ist die Enthüllung der Seele. Die volkstümliche Vorstellung von Offenbarung ist, daß sie ein Wahrsagen sei. In vergangenen Orakeln der Seele sucht der Verstand Antworten auf materielle Fragen zu finden und will von Gott erfahren, wie lange die Menschen leben werden, was ihre Hände tun werden und mit wem sie Umgang haben werden, unter genauer Angabe von Namen, Daten und Orten. Aber wir dürfen keine Schlösser aufbrechen.[17] Wir müssen diese niedrige Neugierde im Zaum halten. Eine Antwort in Worten ist trügerisch; sie ist in Wirklichkeit keine Antwort auf die gestellten Fragen. Verlangt keine Beschreibung der Länder, in die ihr segelt. Die Beschreibung beschreibt sie euch nicht, und schon morgen werdet ihr dort ankommen und sie kennenlernen, indem ihr sie bewohnt. Die Menschen stellen

Fragen nach der Unsterblichkeit der Seele, den Belangen des Himmels, dem Gnadenstatus des Sünders und so weiter. Sie bilden sich sogar ein, daß Jesus Antworten auf genau diese Fragen hinterlassen habe. Doch dieser erhabene Geist redete nicht einen Augenblick in ihrer niedrigen Sprache. Mit Wahrheit, Gerechtigkeit, Liebe – diesen Attributen der Seele – ist die Idee der Unwandelbarkeit wesentlich verbunden. Jesus, der in diesen moralischen Empfindungen lebte und ungeachtet weltlichen Glücks nur ihre Manifestationen achtete, trennte nie die Idee der Fortdauer vom Wesen dieser Attribute und äußerte nie eine Silbe über die Fortdauer der Seele. Es blieb seinen Jüngern vorbehalten, die Fortdauer von den moralischen Elementen zu trennen und die Unsterblichkeit der Seele als Doktrin zu lehren und mit Belegen zu untermauern. In dem Moment, wo die Doktrin der Unsterblichkeit getrennt verkündet wird, ist der Mensch schon gefallen. Im Strömen der Liebe, in der Verehrung der Demut, gibt es keine Frage nach der Fortdauer. Kein inspirierter Mensch stellt je diese Frage oder läßt sich zu solchen Beweisen herab. Denn die Seele ist sich selbst treu, und der Mensch, in den sie strömt, kann nicht aus einer Gegenwart, die unendlich ist, in eine Zukunft, die endlich wäre, abirren.

Diese Fragen, die wir so begierig über die Zukunft stellen, sind ein Sündenbekenntnis. Gott hat keine Antwort auf sie. Keine Antwort in Worten kann auf eine Frage der Dinge erwidern. Es liegt nicht in einem willkürlichen »Ratschluß Gottes«, sondern in der Natur des Menschen, daß ein Schleier die Dinge der Zukunft verhüllt; denn die Seele läßt uns keine andere Chiffre entdecken als die von Ursache und Wirkung. Durch diesen Schleier, der die Ereignisse verbirgt, lehrt sie die Menschenkinder im Heute zu leben. Die einzige Art, eine Antwort auf diese Fragen der Sinne zu erhalten, ist, aller niedrigen Neugierde abzuschwören und – indem wir uns der Flut des Daseins überlassen, die uns in das Geheimnis der Natur trägt – zu arbeiten und zu leben;

arbeite und lebe, und ganz unversehens hat die aufstrebende
Seele sich selbst einen neuen Seinszustand geschaffen, und
Frage und Antwort sind plötzlich eins.

Durch eben dieses lebendige, heiligende, himmlische Feuer,
das lodert, bis es alle Dinge in den Wellen und Wogen eines
Ozeans von Licht einschmilzt, sehen und erkennen wir
einander und erfahren, von welchem Geist ein jeder ist. Wer
vermag die Gründe seines Wissens um den Charakter der
verschiedenen Personen zu nennen, die seinen Freundes-
kreis bilden? Niemand. Und doch täuschen ihre Taten und
Worte ihn nicht. In diesen da hat man kein Vertrauen,
obwohl man nichts Schlechtes über ihn weiß. Bei jenem
anderen, mit dem man zwar selten zusammengetroffen ist,
ist man dennoch auf untrügliche Anzeichen dafür gestoßen,
daß man ihm vertrauen könne als jemandem, der ein Interesse an seinem eigenen Charakter hat. Wir kennen einander
sehr gut – wer von uns sich selbst gerecht geworden ist und
ob das, was wir lehren oder vor Augen haben, ein bloßes
Verlangen oder auch ein ehrliches Bemühen ist.

Wir alle erkennen den Geist. Dieses Beurteilen steht obenan
in unserem Leben oder unserer unbewußten Macht. Das
Miteinander in der Gesellschaft, ihr Handel, ihre Religion,
ihre Freundschaften und Streitigkeiten, sind nichts anderes
als eine umfassende kritische Charakterprüfung. Vor ver-
sammeltem Gerichtshof oder im kleinen Komitee oder von
Angesicht zu Angesicht, als Kläger und Beklagter, bieten
sich die Menschen zur Beurteilung an. Gegen ihren Willen
verraten sie jene entscheidenden Kleinigkeiten, die ihren
Charakter erkennen lassen. Doch wer richtet? Und in welcher Sache? Unser Verstand nicht. Wir erkennen die Menschen nicht durch Gelehrsamkeit oder Urteilsgeschick.
Nein, die Weisheit des Weisen besteht darin, daß nicht er die
Menschen richtet; er läßt sie sich selbst richten und erkennt
und verzeichnet nur ihren eigenen Urteilsspruch.

Durch diese unentrinnbare Naturgesetzlichkeit wird der
Wille des einzelnen überwältigt, und ungeachtet unserer

Anstrengungen oder unserer Unvollkommenheit wird dein Geist aus dir und der meine aus mir sprechen. Was wir sind, werden wir bekennen, nicht freiwillig, sondern unfreiwillig. Gedanken kommen uns auf Wegen, die wir nie offen hielten, und Gedanken verlassen uns auf Wegen, die wir nie mit Absicht geöffnet haben. Der Charakter legt über unseren Kopf hinweg Zeugnis von sich ab. Der unfehlbare Maßstab des wahren Fortschritts findet sich in dem Ton, den ein Mensch anschlägt.[18] Weder sein Alter noch seine Bildung noch sein Umgang noch Bücher, Taten, Talente oder alles zusammen können einen Menschen daran hindern, sich vor einem höheren Geist als seinem eigenen zu verneigen. Wenn er seine Heimat nicht in Gott gefunden hat, dann werden seine Sitten, die Art und Weise wie er redet, seine Sätze wendet, die Struktur, so möchte ich sagen, all seiner Meinungen dies unwillkürlich verraten, wie immer er auch dagegen ankämpft. Wenn er aber seinen Mittelpunkt gefunden hat, so wird die Gottheit aus ihm leuchten durch allen Schein der Unwissenheit, unglücklichen Temperaments und ungünstiger Umstände hindurch. Der Ton des Suchens ist ein Ton, der des Gefundenhabens ein anderer.

Der große Unterschied zwischen den heilig-erhabenen und den nur literarischen Lehrern – zwischen Dichtern wie Herbert und Dichtern wie Pope, zwischen Philosophen wie Spinoza, Kant und Coleridge und Philosophen wie Locke, Paley,[19] Mackintosh[20] und Stewart,[21] zwischen den Weltgewandten, die für vollendete Redner gehalten werden, und dem vereinzelten, glühenden Mystiker, der, halb wahnsinnig durch die Unendlichkeit seiner Gedanken, Offenbarungen verkündet –, dieser Unterschied ist, daß die einen *von innen heraus* oder aus eigener Erfahrung als Teilhaber und Besitzer einer Tatsache reden, die anderen aber *von außen* als bloße Zuschauer oder vielleicht wie Menschen, die mit einer Tatsache erst durch das Zeugnis dritter Personen vertraut gemacht wurden. Es hat keinen Sinn, von außen zu mir zu predigen. Das kann ich nur zu leicht selbst. Jesus spricht stets von innen heraus, und dies in einem Maße, das alle anderen übersteigt. Darin liegt das Wunder. Ich glaube schon im voraus, daß es so sein soll. Alle Menschen harren beständig auf das Erscheinen eines solchen Lehrers. Aber wenn einer nicht aus dem Inneren des Bereichs spricht, wo das Wort und der Sinn eins sind, so soll er es demütig bekennen.

Dieselbe Allwissenheit fließt über in den Intellekt und schafft das, was wir Genius nennen. Vieles von der Weisheit der Welt ist nicht Weisheit, und die zuhöchst erleuchteten Geister stehen zweifellos hoch über dem literarischen Ruhm und sind keine Schriftsteller. Bei den meisten Gelehrten und Autoren spüren wir keine heiligende Gegenwart; wir bemerken eher Fertigkeit und Geschick statt Inspiration; sie haben eine Art Erleuchtung und wissen nicht, woher sie kommt, und nennen sie ihr eigen; ihr Talent ist irgendeine hochgezüchtete Fähigkeit, irgendein überwuchernder Teil, so daß ihre Stärke etwas Krankhaftes hat. In solchen Fällen erwecken intellektuelle Gaben nicht den Eindruck des Guten, sondern fast schon den des Lasterhaften; und wir fühlen, daß die Talente eines Menschen seinem Aufstieg zur Wahrheit im Wege stehen. Wahrer Genius aber ist gotterfüllt. Er stellt ein umfassenderes Aufnehmen des allgemeinen Gefühls dar. Er ist nicht anomal und gleicht den anderen Menschen nicht weniger, sondern mehr. In allen großen Dichtern wohnt eine Weisheit des Menschlichen, die alle Talente, die sie besitzen, übersteigt. Der Schriftsteller, der Mann von Geist, der Parteigänger, der feine Herr können den Menschen nicht ersetzen. Menschlichkeit erstrahlt in Homer, in Chaucer, in Spenser, in Shakespeare, in Milton. Sie finden ihr Genügen an der Wahrheit. Sie suchen die Bejahung. Sie erscheinen denen, die durch die wilden Leidenschaften und schreienden Farbspiele minderwertiger, aber populärer Autoren überreizt wurden, kalt und phlegmatisch. Denn sie sind Dichter, weil sie der Eingebung der Seele freien Lauf gewähren, einer Seele, die durch ihre

Augen die Dinge, welche sie selbst geschaffen hat, aufs neue betrachtet und segnet. Die Seele ist mehr als ihr eigenes Wissen, weiser als irgendeines ihrer Werke. Der große Dichter läßt uns unseren eigenen Reichtum spüren, und wir halten dann weniger von seinen Werken. Am tiefsten spricht er zu uns, wenn er uns lehrt, alles, was er getan hat, gering zu erachten. Shakespeare führt uns zu solch luftigen Höhen geistiger Aktivität, daß er in uns einen Reichtum weckt, der seinen eigenen arm erscheinen läßt. Wir spüren dann, daß die herrlichen Werke, die er geschaffen hat und die wir in anderen Stunden als eine Art aus sich selbst bestehender Dichtung preisen, keine festere Bindung an die wirkliche Natur haben als der Schatten eines vorüberziehenden Wanderers an den Felsen. Die Inspiration, die sich im *Hamlet* und im *Lear* äußert, könnte täglich und immer wieder aufs neue ähnlich vollendete Dinge hervorbringen. Warum sollte ich *Hamlet* und *Lear* hervorheben, als wäre uns nicht allen jene Seele zu eigen, die sie schuf wie die Zunge die Silben?

Diese Kraft hält im Leben des Individuums unter keiner anderen Bedingung Einzug als unter der des vollkommenen Besitzes. Sie kommt zu den Demütigen und Einfachen; sie kommt zu jedem, der Fremdheit und Stolz ablegt; sie kommt als Einsicht, als gelassene Heiterkeit und als Größe. Wenn wir jene sehen, die von ihr erfüllt sind, dann lernen wir neue Grade von Größe kennen. Von dieser großen Inspiration kehrt der Mensch verändert im Ton zurück. Er spricht nicht mehr mit den Menschen, indem er ein Auge auf ihre Meinung wirft. Er prüft sie. Diese Kraft fordert von uns, schlicht und wahr zu sein. Der eitle Reisende versucht seinem Leben Glanz zu verleihen, indem er Mylord und den Prinzen und die Gräfin anführt, die dies oder das zu *ihm* sagten oder für ihn taten. Die ehrgeizigen Neureichen zeigen ihre Löffel und Broschen und Ringe vor und verwahren ihre Visiten- und Empfehlungskärtchen. Die Kultivierteren stellen bei der Schilderung ihrer eigenen Erfahrung die angenehmen, poetischen Umstände heraus – den Besuch Roms, den

Mann von Genie, den sie trafen, den brillanten Freund, den sie haben; und weiter vielleicht die herrliche Landschaft, die Berglichter, die hehren Gedanken, die sie gestern genossen – und suchen so, ihrem Leben einen romantischen Glanz zu verleihen. Doch die Seele, die sich zur Verehrung des großen Gottes erhebt, ist schlicht und wahr; sie hat keine rosigen Farben, keine noblen Freunde, kein galantes Benehmen und keine Abenteuer; sie verlangt nicht nach Bewunderung; sie geht auf im Jetzt der Gegenwart, in der ernsten Erfahrung des gewöhnlichen Lebens – weil der gegenwärtige Augenblick und das bloß Alltägliche für sie gedanklich durchsichtig und lichtdurchtränkt geworden sind.

Halte Zwiegespräch mit einem Geist, der die Größe der Einfachheit besitzt, und die Literatur erscheint wie bloße Wortklauberei. Die einfachsten Äußerungen sind zuhöchst des Aufschreibens wert, und doch sind sie so geläufig und selbstverständlich, daß es beim unendlichen Reichtum der Seele wie das Aufsammeln einiger Kieselsteine vom Grund oder das Einfangen von ein wenig Luft in einer Phiole ist, während doch die ganze Erde und die ganze Atmosphäre unser sind. Nichts kann da gelten oder uns zu Mitgliedern des inneren Zirkels machen als der Verzicht auf jeden Tand und der Umgang von Menschen mit Menschen in nackter Wahrheit, offenem Bekenntnis und allwissender Bejahung.

Seelen wie diese behandeln dich, wie Götter es tun würden; sie wandeln wie Götter auf Erden und akzeptieren ohne Bewunderung deinen Geist, deine Großmut, ja sogar deine Tugend – oder besser gesagt deine Pflichterfüllung, denn deine Tugend besitzen sie als ihr eigen Blut, königlich wie sie selbst, ja mehr als königlich und Vater der Götter. Doch wie beschämt ihre einfache brüderliche Art die gegenseitigen Schmeicheleien, mit denen Schriftsteller einander trösten und sich selbst verletzen! Diese hier schmeicheln nicht. Es wundert mich nicht, daß diese Menschen Cromwell, Christine,[22] Karl II., Jakob I. und den Großtürken aufsuchen.

Denn sie sind in ihrer eigenen Erhabenheit die Gefährten von Königen und müssen den kriecherischen Umgangston der Welt spüren. Sie müssen wie ein Gottesgeschenk für die Fürsten sein, denn sie treten ihnen gegenüber wie ein König dem anderen, ohne sich zu beugen oder Konzessionen zu machen, und verschaffen so einem Großen das erfrischende und befriedigende Erlebnis von Widerstand, einfacher Menschlichkeit, gleichrangiger Gesellschaft und neuer Ideen. Sie lassen sie weiser und überlegener zurück. Seelen wie diese lassen uns empfinden, daß Aufrichtigkeit vortrefflicher ist als Schmeichelei. Verkehre so geradeheraus mit den Menschen, daß du die äußerste Aufrichtigkeit erzwingst und alle Hoffnung, mit dir tändeln zu können, durchkreuzt. Dies ist das höchste Kompliment, das du machen kannst. Ihr »höchstes Lob«, sagt Milton, »ist nicht Schmeichelei, und ihr schlichtester Ratschlag ist eine Art von Lobpreisung«.[23]

Unsäglich ist die Vereinigung von Mensch und Gott in jedem Handeln der Seele. Der schlichteste Mensch, der in seiner Reinheit Gott verehrt, wird selbst Gott; doch für immer und ewig bleibt das Einströmen dieses besseren und umfassenderen Selbst neu und unergründlich. Es weckt Ehrfurcht und Erstaunen. Wie kostbar und beruhigend ist das Auftauchen der Gottesidee für den Menschen, die die Einsamkeit bevölkert und die Narben unserer Irrtümer und Enttäuschungen auslöscht. Wenn wir mit den Götzen der Tradition gebrochen und uns von den Götzen der Rhetorik losgesagt haben, dann kann Gott unser Herz durch seine Gegenwart entflammen. Es ist dies die Verdopplung des Herzens selbst, ja die unendliche Ausweitung des Herzens durch eine Kraft des Wachstums zu einer neuen, allseitigen Unendlichkeit hin. Ein untrügliches Vertrauen ergreift den Menschen. Er hat weniger die Überzeugung als die Erleuchtung, daß das Beste das Wahre ist, und vermag in diesem Wissen alle besonderen Zweifel und Befürchtungen fahren zu lassen und der untrüglichen Offenbarung der Zeit die

Lösung seiner persönlichen Lebensrätsel zu überlassen. Er ist sicher, daß sein Wohlergehen dem Herzen des Seins teuer ist. In der geistigen Nähe des Gesetzes überflutet ihn ein so universales Vertrauen, daß alle liebgewonnenen Hoffnungen und die sichersten Vorhaben des irdischen Daseins in dessen Fluten weggespült werden. Er glaubt, daß er seinem Guten nicht entkommen kann. Die Dinge, die wirklich für dich bestimmt sind, streben dir zu.[24] Du gehst, um deinen Freund zu suchen. Laß deine Füße gehen, dein Geist kann verweilen. Wenn du ihn nicht findest, wirst du dich nicht zufrieden geben, daß es zum besten ist, wenn du ihn nicht findest? Denn da ist eine Macht in dir wie in ihm, die euch sehr wohl zusammenbringen könnte, wenn es zum besten wäre. Du bereitest dich eifrig vor, hinzugehen und der Welt einen Dienst zu erweisen, wozu dich dein Talent und deine Neigung, die Liebe zu den Menschen und die Hoffnung auf Ruhm verlocken. Hast du noch nicht daran gedacht, daß du kein Recht dazu hast, dies zu tun, wenn du nicht ebenso willens bist, dich daran hindern zu lassen?[25] O glaube, so wahr du lebst, daß jeder Laut, der auf der weiten Welt gesprochen wird und den du hören solltest, in deinen Ohren widerklingen wird! Jedes Sprichwort, jedes Buch, jede Redensart, die als Hilfe und Trost für dich gedacht sind, wird gewiß heimfinden zu dir auf geraden oder gewundenen Wegen. Jeder Freund, den nicht dein verstiegener Wille, sondern das große und zärtliche Herz in dir herbeisehnt, wird dich in seine Arme schließen. Und dies, weil das Herz in dir das Herz aller ist. Nirgends in der Natur gibt es eine Absperrvorrichtung, eine Scheidewand, einen Schnittpunkt, sondern ein und dasselbe Lebensblut strömt ununterbrochen seinen endlosen Kreislauf durch alle Menschen, so wie die Wasser der Erde alle ein Meer bilden und, recht besehen, eine einzige Ebbe und Flut haben.

Laßt darum den Menschen die Offenbarung aller Natur und allen Denkens für sein Herz erkennen: die nämlich, daß der Höchste in ihm wohnt und daß die Quellen der Natur in

seinem eigenen Geiste liegen, wenn dort das Gefühl der
Pflicht herrscht. Wenn er aber wissen möchte, was der große
Gott spricht, so muß er, wie Jesus sagt, »in seine Kammer
gehen und die Türe schließen«.[26] Gott wird sich nicht den
Zaghaften offenbaren. Er muß ganz seiner inneren Stimme
lauschen und sich dem Ton der Verehrung, den andere
anschlagen, entziehen. Sogar die Gebete der anderen sind
ihm abträglich, bis er seine eigenen gefunden hat. Unsere
Religion beruft sich gemeinhin auf die Zahl der Gläubigen.
Doch wann immer die Berufung auf die große Zahl erfolgt –
wie indirekt dies auch geschieht –, heißt dies zugleich, daß
wahre Religion schon nicht mehr existiert. Wem Gott ein
süßer, umfassender Gedanke ist, der zählt nicht seine Mit-
gläubigen. Wenn ich mich in der Gegenwart Gottes befinde,
wer darf es da wagen einzudringen? Wenn ich in vollendeter
Demut verharre, wenn ich in reiner Liebe erglühe, was
vermögen Calvin oder Swedenborg mir zu sagen?

Es macht keinen Unterschied, ob man sich auf viele oder auf
einen einzelnen beruft. Ein Glaube, der auf Autorität
basiert, ist kein Glaube. Die Berufung auf die Autorität ist
ein Maß für den Niedergang der Religion, für das Sichzu-
rückziehen der Seele. Die Stellung, welche die Menschen
nun schon für viele Jahrhunderte Jesus eingeräumt haben, ist
eine Stellung der Autorität. Dies charakterisiert nur sie
selbst. Es kann die unvergänglichen Tatsachen nicht ändern.
Groß ist die Seele und schlicht. Sie ist kein Schmeichler und
kein Gefolgsmann; sie beruft sich nicht auf andere. Sie
glaubt an sich selbst. Vor den endlosen Möglichkeiten des
Menschen schrumpft alle bloße Erfahrung, alles vergangene
Leben, wie rein und heilig auch immer, dahin. Im Anblick
jenes Himmels, den unsere Vorahnung uns zeigt, können
wir nicht leicht irgendeine Lebensform preisen, die wir
erlebt oder von der wir gelesen haben. Wir behaupten nicht
nur, daß wir wenige große Männer haben, sondern genau
genommen, daß wir gar keine haben; daß wir keine Überlie-
ferung, kein Zeugnis irgendeines Charakters oder einer

Lebensart haben, das uns ganz zufriedenstellt. Die Heiligen und Halbgötter, welche die Geschichte verehrt, müssen wir wohl mit ein wenig Nachsicht gelten lassen. Obwohl wir in unseren einsamen Stunden neue Kraft aus der Erinnerung an sie schöpfen, so ermüden und bedrängen sie uns doch, wenn sie unserer Beachtung aufgedrängt werden, wie dies durch die Gedankenlosen und die Gewohnheitsmenschen geschieht. Die Seele gibt sich selbst allein, ursprünglich und rein dem Einsamen, Ursprünglichen und Reinen, der unter dieser Bedingung freudig in ihr heimisch wird, ihr folgt und durch sie spricht. Dann ist die Seele froh, jung und lebhaft. Sie ist nicht weise, doch sie durchschaut alle Dinge. Man kann sie nicht religiös nennen, aber sie ist unschuldig. Sie nennt das Licht ihr eigen und fühlt, daß das Gesetz, nach dem das Gras wächst und der Stein fällt, ihrer Natur untergeordnet und von ihr abhängig ist. Siehe, so spricht sie, ich bin hineingeboren in den großen, universalen Geist. Ich, die Unvollkommene, bewundere meine eigene Vollkommenheit. Ich bin irgendwie empfänglich für die große Seele, und deshalb überschaue ich Sonne und Sterne und fühle, daß sie schöne Zufälle und Wirkungen sind, die wechseln und vergehen. Mehr und mehr dringen die Wogen der immerwährenden Natur in mich ein, und ich öffne mich und werde allgemein-menschlich in meinen Erwägungen und Handlungen. So gelange ich dahin, in Gedanken zu leben und mit Kräften zu wirken, die unsterblich sind. Indem der Mensch so die Seele verehrt und lernt, wie die Alten sagten, daß »ihre Schönheit unermeßlich ist«,[27] wird er dahin gelangen, die Welt als das immerwährende Wunderwerk der Seele zu sehen und weniger erstaunt über einzelne Wunder zu sein; er wird lernen, daß es keine profane Geschichte gibt, daß alle Geschichte heilig ist, daß das Universum in einem Atom, in einem Moment der Zeit enthalten ist. Er wird nicht länger ein scheckiges Leben aus Fetzen und Flicken weben,[28] sondern er wird in göttlicher Einheit leben. Er wird sich von dem, was niedrig und frivol in seinem Leben ist, lossagen und wird mit jedem Platz und jedem Dienst, den er erweisen kann, zufrieden sein. Er wird ruhig dem Morgen entgegensehen in der Sorglosigkeit jenes Vertrauens, das Gott in sich schließt und so schon die ganze Zukunft im Grunde des Herzens trägt.[29]

Der Transzendentalist

Das erste, was wir in bezug auf die sogenannten *neuen Ansichten* hier in Neuengland sagen müssen, ist, daß sie keineswegs neu sind, sondern geradezu die ältesten aller Gedanken im Gewand dieser neuen Zeit. Das Licht ist stets identisch in seiner Zusammensetzung, aber es fällt auf eine große Vielfalt von Gegenständen und zeigt sich uns so nicht in seiner eigenen Gestalt – denn es ist formlos –, sondern in der Gestalt der Gegenstände. Auf die gleiche Weise zeigt sich das Denken in den Gegenständen, die es klassifiziert. Was gemeinhin bei uns Transzendentalismus genannt wird, ist Idealismus; ein Idealismus, wie er im Jahre 1842 erscheint. Als Denker haben sich die Menschen schon immer in zwei Lager geteilt: in Materialisten und Idealisten. Die einen gründen ihre Philosophie auf Erfahrung, die anderen auf das Bewußtsein; die einen nehmen ihren Ausgang von den Daten der Sinneswahrnehmung, die anderen sehen, daß Sinneswahrnehmung nichts Endgültiges ist, und sagen: Die Sinne geben uns Vorstellungen der Dinge, aber was die Dinge selbst sind, können sie nicht klären. Der Materialist betont Fakten, Geschichte, die Macht der Verhältnisse und die animalischen Bedürfnisse des Menschen; der Idealist hebt die Macht des Denkens und des Willens, Inspiration, Wunder und individuelle Bildung hervor. Diese zwei Arten des Denkens sind beide naturgegeben, aber der Idealist behauptet, daß seine Art des Denkens von höherer Natur sei. Er gibt all das zu, was der andere behauptet, erkennt die Sinneseindrücke an, ihren Zusammenhang, ihren Nutzen und ihre Schönheit, und fragt den Materialisten dann nach seinen Gründen für die Überzeugung, daß die Dinge so sind, wie die Sinne sie repräsentieren. Ich hingegen, so sagt er, behaupte Tatsachen, die von den Illusionen der Sinne nicht beeinflußt sind; Tatsachen, die von derselben Art sind wie das Vermögen, das sie registriert, und keinem Zweifel ausgesetzt; Tatsachen, die schon bei ihrem ersten Erscheinen eine ursprüngliche Überlegenheit über nur materielle Tatsachen zu erkennen geben und diese zu einer Sprache degradieren, durch welche die erstgenannten Tatsachen ihren Ausdruck finden; Tatsachen, die zu erkennen es nur des Abstandnehmens von der Sinneswahrnehmung bedarf. Jeder Materialist wird so zum Idealisten werden, aber ein Idealist kann sich nie zum Materialisten zurückentwickeln.[1]

Wenn der Idealist von Begebenheiten spricht, sieht er sie als geistige Erscheinungen an. Er leugnet unter keinen Umständen die Tatsachen der Sinneswahrnehmung; aber er sieht nicht auf diese allein. Er leugnet nicht die Gegenwärtigkeit dieses Tisches, dieses Stuhls und der Wände dieses Raums, aber er betrachtet diese Dinge als die Kehrseite des Gewebes, als das *Gegenstück*, wobei jedes eine Folgeerscheinung oder Abschluß einer geistigen Erscheinung ist, die ihm näher steht. Diese Art, die Dinge zu sehen, überführt jeden Gegenstand in der Natur aus einer unabhängigen und anomalen Position dort draußen in einen Gegenstand im Bewußtsein. Sogar der Materialist Condillac, vielleicht der konsequenteste Theoretiker des Materialismus, war gezwungen zu sagen: »Auch wenn wir in den Himmel aufsteigen oder in den Abgrund sinken sollten, wir verlassen niemals uns selbst; es ist stets unser eigenes Denken, das wir wahrnehmen.«[2] Was mehr könnte ein Idealist dazu sagen?

Der Materialist fühlt sich sicher in der Gewißheit seiner Wahrnehmungen und macht sich lustig über feingesponnene Theorien, Sternengucker und Träumer und glaubt, daß sein Leben festgegründet sei, daß er wenigstens nichts als selbstverständlich voraussetzt, sondern genau weiß, wo er steht und was er tut. Doch wie einfach ist es, ihm zu zeigen, daß auch er ein Phantom ist, das einhergeht und wirkt inmitten von Phantomen, und daß er nur eine oder zwei Fragen über seine alltäglichen Fragen hinaus zu stellen braucht, um festzustellen, daß sein stabiles Universum dunkel und unfaßbar für seine Sinne wird. Gleichgültig wie tief und festgefügt der robuste Kapitalist die Fundamente seines Bankhauses oder seiner Börse auf Blöcken von Quincy-

Granit[3] anlegt, er kann sie letztlich nicht auf einen Quader bauen, der den Winkeln seiner Konstruktion entspricht, sondern er muß sie gründen auf eine Masse von unbekanntem Material und unbekannter Festigkeit, rotglühend oder weißglühend vielleicht im Kern, die sich zu fast perfekter Kugelgestalt rundet und in der sanften Sphäre schwebt, davonwirbelt und Bank und Bankier mit einer Geschwindigkeit von Tausenden von Meilen in der Stunde ins Unbekannte fortreißt – ein Stück Geschoß, das bald aufglüht, bald sich verdunkelt im kleinen kubischen Raum am Rande eines unvorstellbaren Abgrunds der Leere. Und diese rasende Kugel, in der alle seine Unternehmungen enthalten sind, ist das angemessene Symbol für seinen gesamten Zustand und seine Fähigkeiten. Aber eines wenigstens ist gewiß, sagt er, und bereitet mir kein Kopfzerbrechen, nämlich daß die Zahlen nicht lügen; das Einmaleins hat sich bisher als unanfechtbare Wahrheit erwiesen; und mehr noch, wenn ich ein Goldstück[4] in meinen Safe stecke, werde ich es morgen wiederfinden; – doch was diese Gedanken angeht, so weiß ich nicht, woher sie kommen. Sie wechseln und vergehen wieder. Aber frage ihn, warum er glaubt, daß eine gleichförmige Erfahrung immer gleichförmig bleiben wird, oder worauf er seinen Glauben an seine Zahlen gründet, und er wird feststellen, daß sein Gedankengebäude auf ebenso merkwürdigen und schwankenden Fundamenten errichtet ist wie sein stolzes Gebäude aus Stein.

In der gedanklichen Ordnung nimmt der Materialist die äußere Welt zum Ausgangspunkt und hält den einzelnen Menschen für eines der Produkte derselben. Der Idealist nimmt seinen Ausgang von seinem Bewußtsein und hält die Welt für eine Erscheinung. Der Materialist respektiert den wahrnehmbaren Stoff, die Gesellschaft, den Staat, soziales Schaffen und Luxus, jede Einrichtung, jede Menge, ob als Größe der Zahl oder räumliche Ausdehnung oder Anzahl von Gegenständen, und jedes gesellschaftliche Handeln. Der Idealist hat einen anderen, metaphysischen Maßstab, nämlich den *Rang*, den die Dinge selbst in seinem Bewußtsein einnehmen, und ganz und gar nicht deren Größe oder Erscheinung. Der Geist ist die einzige Realität, deren mehr oder weniger gute Reflektoren die Menschen und alle anderen Wesenheiten sind. Natur, Literatur, Geschichte sind nur subjektive Phänomene. Obwohl der Idealist in seinem Handeln den Gesetzen des Handelns unterworfen ist und deshalb bereitwillig mit den Menschen kooperiert, ja sie sogar sich selbst vorzieht, sieht er sich doch gezwungen, wenn er wissenschaftlich oder nach der Ordnung des Denkens vorgeht, Personen zu Repräsentanten von Wahrheiten zu reduzieren. Er achtet die Arbeit oder die Produkte der Arbeit, nämlich das Eigentum, nicht anders denn als vielförmiges Symbol, das in wunderbarer Detailgenauigkeit die Gesetze des Seins illustriert. Er schätzt den Staat nicht, außer insofern er die Gesetze seines Denkens bekräftigt, und auch die Kirche, gute Werke und die Künste nicht um ihrer selbst willen; aber er lauscht wie aus ferner Distanz dem, was sie sagen, so als ob sein eigenes Bewußtsein in einer pantomimischen Szene zu ihm spräche. Sein Denken – das ist das Universum. Seine Erfahrung veranlaßt ihn, die Abfolge von Tatsachen, die wir die Welt nennen, als fortwährend aus einem unsichtbaren, unerforschten Zentrum in ihm selbst nach außen fließend anzusehen, einem Zentrum sowohl seiner selbst wie der Tatsachen; und dies zwingt ihn, die Existenz aller Dinge als subjektiv oder relativ anzusehen, d. h. relativ zu dem erwähnten unbekannten Zentrum seiner selbst.

Aus dieser Übertragung der Welt ins Bewußtsein, aus dieser Sicht aller Dinge im Geiste folgt auf einfache Weise seine ganze Ethik. Es ist einfacher, selbständig zu sein. Die Größe, die Göttlichkeit des Menschen ist es, eigenständig zu sein, keiner Zuwendung und keiner fremden Macht zu bedürfen. Gesellschaft ist gut, wenn sie mich nicht einengt, aber am besten, wenn sie der Einsamkeit am nächsten kommt. Alles Wirkliche besteht aus sich selbst heraus. Alles

Göttliche hat teil an der unabhängigen Existenz der Gottheit. Alles, was man die Welt nennt, ist der Schatten jener
Substanz, die wir selbst sind, die immerwährende Schöpfung der Macht unserer Gedanken, derer, die abhängig und
derer, die unabhängig von unserem Willen sind. Belaste dich
nicht mit der fruchtlosen Mühe, abgelegene Auswirkungen
zu verändern oder zu berichtigen; laß die Seele aufrecht sein,
und alles wird gut werden. Du hältst mich für ein Kind der
Verhältnisse: ich schaffe mir meine Verhältnisse. Laß einen
meiner Gedanken oder meiner Beweggründe verschieden
von dem sein, was sie sind, und der Unterschied wird mein
Leben und meine Lebensumstände verwandeln. Ich – dieser
Gedanke, der Ich genannt wird – bin die Form, in welche
die Welt wie geschmolzenes Wachs gegossen wird. Die
Form ist unsichtbar, aber die Welt verrät die Umrisse der
Form. Du nennst es die Macht der Umstände, aber es ist
meine eigene Macht. Bin ich im Einklang mit mir selbst? –
dann wird meine Lage dir richtig und überzeugend erscheinen. Bin ich verderbt und verrückt? – dann wird mein
Schicksal dir dunkel und dem Niedergang geweiht erscheinen. Wie ich bin, so werde ich mich mit anderem verbinden,
und so werde ich handeln. Caesars Geschichte wird Caesar
enthüllen. Jesus handelte so, weil er so dachte. Ich möchte
nichts Wirkliches übersehen oder leugnen. Ich sage, ich
schaffe mir meine Verhältnisse; aber wenn du mich fragst,
woher ich komme, dann spüre ich wie andere Menschen
meine Abhängigkeit von jenem großen Faktum, das nicht
benannt oder definiert, ja nicht einmal gedacht werden
kann, aber dennoch existiert und existieren wird.

Der Transzendentalist stimmt dem Gesamtgefüge einer
Doktrin des Geistigen zu. Er glaubt an Wunder, an die
fortwährende Offenheit des menschlichen Geistes für den
neuen Zustrom von Licht und Kraft; er glaubt an Inspiration
und Ekstase. Er möchte, daß das geistige Prinzip sich in all
seinen möglichen Beziehungen zum Menschen bis ins letzte
zeige, ohne Zugeständnisse an irgend etwas Ungeistiges,

d. h. irgend etwas Empirisches, Dogmatisches, Privates. So ist die Tiefe des Denkens das geistige Maß der Inspiration und nicht die Frage: Wer sagte dies? Und so widersteht er allen Versuchen, dem Geist andere Regeln und Maße aufzuzwingen als seine eigenen.

In seinem Handeln setzt er sich leicht dem Vorwurf des Antinomismus[5] aus durch sein Bekenntnis, daß er, der den Gesetzgeber in sich trägt, nicht nur gefahrlos geschriebenes Gesetz mißachten, sondern ihm sogar direkt zuwiderhandeln darf. In *Othello* spricht die sterbende Desdemona ihren Gatten vor ihrer Dienerin Emilia von seinem Mord frei. Doch später, als Othello auf den Mordvorwurf Emilias ausruft:

> Du hört'st es von ihr selbst, ich that es nicht;

antwortet Emilia:

> So mehr Engel sie,
> Und du so schwärzrer Teufel![6]

Von dieser treffenden Episode macht Jacobi, der transzendentalistische Moralist, unter Verweis auf parallele Fälle in seiner Antwort an Fichte Gebrauch.[7] Jacobi weigert sich, irgendwelche Maßgaben für Recht und Unrecht außer den Bestimmungen des persönlichen Gewissens zu akzeptieren, und bemerkt, daß es wohl kein Verbrechen gäbe, das nicht irgendwann einmal tugendhafte Tat gewesen wäre. »Ich«, so sagt er, »bin jener Atheist, jene gottlose Person, die im Widerspruch zu einer imaginären Berechnungslehre lügen würde, wie die sterbende Desdemona log, und lügen und betrügen würde, wie der für Orest sich ausgebende Pylades;[8] die morden würde wie Timoleon[9] und eidbrüchig würde wie Epameinondas[10] und Johan de Witt.[11] Ich würde mich zum Selbstmord entschließen wie Cato [bei Jacobi: Otho]; würde mit David ein Sakrileg begehen, ja Kornähren ausraufen am Sabbat, und dies aus keinem anderen Grund, als daß ich dabei wäre, vor Hunger in Ohnmacht zu fallen.

Denn ich bin sicher, daß der Mensch nur das höchste Recht ausübt, das die Majestät seines Daseins ihm verleiht, wenn er solche Schuld nach dem Buchstaben des Gesetzes vergibt; er prägt das Siegel seiner göttlichen Natur der Gnade auf, die er gewährt.«

Auf die gleiche Weise macht der Spiritualist – wenn es irgend etwas Großes und Kühnes im menschlichen Denken oder in der Tugend gibt, wenn es irgendein Vertrauen auf das Unermeßliche, das Unbekannte gibt, irgendeine Vorahnung, ein Übermaß an Glauben – sich dies als zuhöchst der Natur entsprechend zu eigen. Der orientalische Geist hat immer zu dieser Größe tendiert. Der Buddhismus ist Ausdruck dieser Größe. Der Buddhist, der keinem Menschen dankt, der sagt: »Schmeichle nicht deinen Wohltätern«,[12] der aber in seiner Überzeugung, daß keine gute Tat unter irgendwelchen Umständen ihrer Belohnung entgehen kann, den Wohltäter nicht täuschen wird, indem er so tut, als habe er mehr getan als er sollte – dieser Buddhist ist Transzendentalist.

Man wird aus diesem Abriß erkennen, daß es so etwas wie eine transzendentalistische *Schule* nicht gibt; daß es keinen reinen Transzendentalisten gibt; daß wir nichts als Propheten und Herolde einer solchen Philosophie kennen; und daß alle, die sich aus einer ausgeprägten natürlichen Vorliebe einer geistigen Doktrin zugeneigt haben, ihr Ziel nicht ganz erreicht haben. Wir haben viele Vorboten und Vorläufer gehabt; doch die Geschichte hat uns noch kein Beispiel für eine rein geistige Existenz geliefert. Ich meine, wir kennen noch keinen Menschen, der sich ausschließlich auf seinen eigenen Charakter gestützt und das Brot des Himmels gegessen hat; der – seinen Gefühlen vertrauend – das Leben als eine Kette von Wundern empfand; der sich in seinem Streben nach universellen Zielen ernährt fand, auch wenn er nicht wußte wie; der sich gekleidet, beschützt und ausgerüstet fand, er wußte nicht wie, und doch war alles durch seine eigenen Hände geschehen. Nur im Instinkt der niederen

Tiere finden wir eine Andeutung der Methoden, die dies ermöglichen, und etwas, das höher ist als unser Verstand. Das Eichhörnchen hortet Nüsse und die Biene sammelt Honig, ohne zu wissen, was sie tun, und sie werden so versorgt ohne Selbstsucht oder Würdelosigkeit.

Sollen wir also sagen, daß der Transzendentalismus die Saturnalien[13] oder den Überfluß des Glaubens darstellt; die Vorahnung eines dem Menschen in seiner Integrität angemessenen Glaubens, der nur dann übertrieben ist, wenn sein unvollkommener Gehorsam die Befriedigung seiner Sehnsucht verhindert? Die Natur ist transzendental, sie existiert ursprünglich, notwendig, wirkt und entwickelt sich ständig und verschenkt doch keinen Gedanken an das Morgen.[14] Der Mensch besitzt die Würde des Lebens, das um ihn herum pulsiert, in chemischen Reaktionen, im Baum, im Tier und in den unwillkürlichen Funktionen seines eigenen Körpers; aber dennoch wird er zurückgewiesen, wenn er sich in den Zauberkreis stürzen will, wo alles ohne Erniedrigung geschieht. Doch Genius und Tugend deuten im Menschen auf dieselbe Abwesenheit von privaten Zwecken und von Situationsabhängigkeit hin, die sich mit jedem Zug und jedem Talent zu Schönheit und Macht verbinden.

Diese Art des Denkens brachte in römischer Zeit stoische Philosophen hervor; in Zeiten des Despotismus schuf sie Patrioten vom Schlage eines Cato und Brutus, in Zeiten des Aberglaubens Propheten und Apostel; in Zeiten des Papismus ließ sie Protestanten und asketische Mönche, Prediger des Glaubens gegen Prediger weltlicher Werke, im Zeitalter der Prälatenherrschaft Puritaner und Quäker entstehen; und zu Zeiten des Unitarismus[15] und des Kommerzes bringt sie jene besonderen Spielarten des Idealismus hervor, die wir heute kennen.

Es ist den meisten meiner Zuhörer bekannt, daß der heutige Idealismus die Kennzeichnung transzendental dem Gebrauch dieses Terminus durch Immanuel Kant aus Königsberg verdankt. Kant antwortete auf die skeptische

Philosophie Lockes, der behauptete, daß nichts im Intellekt sein könne, das nicht vorher in der Sinneserfahrung gewesen sei,[16] indem er aufwies, daß es eine sehr wichtige Klasse von Ideen oder kategorischen Formen gab, die nicht aus der Erfahrung stammten, sondern durch die Erfahrung erst möglich wurde, und daß diese Formen Intuitionen des Geistes selbst waren. Diese nannte er *transzendentale* Formen. Die außergewöhnliche Tiefe und Präzision von Kants Denken ließ seine Nomenklatur in Europa und Amerika großen Anklang finden, und zwar bis zu dem Ausmaß, daß alles, was zur Klasse des intuitiven Denkens gehört, heute gemeinhin als *transzendental* bezeichnet wird.[17]

Obwohl es, wie wir bereits sagten, keinen reinen Transzendentalisten gibt, hat doch die Tendenz, die Intuitionen hochzuschätzen und sie, wenigstens in unserem Glauben, eindeutig über unsere Erfahrung zu stellen, die Diskussion und Dichtung der Gegenwart tief beeinflußt. Und die Geschichte des Geistes und der Religion der heutigen Zeit wird, wenn auch in unvollkommener Form und noch nicht in einem machtvollen einzelnen verwirklicht, die Geschichte dieser Tendenz sein.

Es ist ein Zeichen unserer Zeit, auffällig selbst für den oberflächlichsten Beobachter, daß viele intelligente und religiöse Menschen sich von den Alltagsgeschäften und Auseinandersetzungen des Marktes und der Parteiversammlungen zurückziehen und ihre Zuflucht in einem gewissen abgeschiedenen und kritischen Leben suchen, das bisher noch keine greifbare Frucht hervorgebracht hat, die ihre Absonderung rechtfertigen würde. Sie halten sich abseits: sie spüren das Mißverhältnis zwischen ihren Fähigkeiten und der Arbeit, die ihnen angeboten wird, und sie ziehen es vor, auf dem Lande umherzustreifen und vor Langeweile zugrunde zu gehen, anstatt die Entwürdigung derjenigen Almosen und derjenigen Ambitionen zu akzeptieren, welche die Stadt ihnen zu bieten hat. Sie treten in den Ausstand und rufen nach etwas, das wert wäre, getan zu werden. Was sie tun,

tun sie nur, weil sie von der Menschlichkeit, die allseits zu
ihnen spricht, überwältigt werden. Und sie willigen in die
Arbeit ein, die ihnen offensteht, obwohl für ihren hochfli-
genden Traum das Verfassen der *Ilias* oder des *Hamlet* oder
das Errichten von Städten und Imperien bloße Schindereien
sind.

Nun muß jeder nach seiner Art handeln, ob er Viper oder
Engel ist, und auch diese müssen es. Die Frage, die ein
Weiser und ein Beobachter der modernen Geschichte stellen
wird, lautet: was ist diese Art? Und wahrhaftig, da wir
schon in der Kirchengeschichte uns so viel Mühe geben,
herauszufinden, was die Gnostiker,[18] die Essener,[19] die
Manichäer[20] und was die Reformatoren glaubten, würde
uns nicht schlecht anstehen, einmal in der näheren Umgebung nachzuforschen, was diese unsere Gefährten und Zeitgenossen denken und tun, wenigstens insoweit diese Gedanken und Taten nicht zufällig und privat erscheinen, sondern
als vielen gemeinsam und als unvermeidliche Blüte am Baum
der Zeit. Unsere amerikanische Literatur und Geistesgeschichte erscheinen, wir gestehen es, im Optativ.[21] Aber wer
immer diese brodelnden Köpfe, diese bewundernswerten
Radikalen, diese ungeselligen Anbeter, diese Redner, die
Sonne und Mond wegreden, kennt, der wird nicht glauben,
daß ihre Ketzerei vorübergehen kann, ohne ihre Spuren zu
hinterlassen.[22]

Sie sind einsam, der Geist ihrer Schriften und Gespräche ist
einsam; sie weisen Einflüsse zurück, sie meiden alltägliche
Gesellschaft; sie neigen dazu, sich in ihrer Kammer einzu-
schließen, eher auf dem Lande als in der Stadt zu leben und
ihre Aufgaben und Vergnügungen in der Abgeschiedenheit
zu finden. Sicher, die Gesellschaft liebt dies nicht allzusehr.
Sie sagt: wer immer allein wandelt, klagt die ganze Welt an;
er erklärt alle für untauglich, seine Gefährten zu sein; das ist
sehr unhöflich, ja sogar beleidigend; die Gesellschaft wird
sich rächen.[23] Doch unterdessen entsteht dieses Abkapseln
nicht aus einer Laune der Sichzurückziehenden, sondern

man wird finden – wenn man sich nur die Mühe macht, mit diesen Menschen zu reden –, daß sie ihre Rolle gemäß ihrem Temperament und aus Prinzip gewählt haben, ja sogar mit einer gewissen Unwilligkeit und als das geringere von zwei Übeln. Denn diese Menschen sind nicht von Natur aus melancholisch, sauertöpfisch und ungesellig – sie sind nicht hölzern und ungehobelt –, sondern froh, zugänglich, herzlich; sie verspüren sogar mehr als andere ein großes Verlangen, geliebt zu werden. Wie der junge Mozart sind sie eher bereit, zehnmal am Tage auszurufen: »Aber bist du auch sicher, mich zu lieben?« Ja, wenn sie dir ihr ganzes Gedankengebäude darlegen, werden sie zugeben, daß die Liebe ihnen als das letzte und höchste Geschenk der Natur erscheint; daß es Menschen gibt, denen sie in ihrem Herzen täglich für ihre Existenz danken – Menschen, deren Gesicht ihnen vielleicht unbekannt ist, aber deren Ruhm und Geist in ihre Einsamkeit eingedrungen sind – und um derentwillen sie existieren wollen. Die Schönheit eines anderen Charakters zu schauen, der ein neues Interesse an uns selbst inspiriert; die Schönheit zu schauen, die in einem Menschenwesen wohnt, und das mit solcher Lebhaftigkeit des Erfassens, daß ich auf der Stelle zu fragen gezwungen bin, ob ich nicht die Mißbildung in Person bin; in einem anderen den Ausdruck einer Liebe zu schauen, die so hoch ist, daß sie sich selbst bestätigt, ja sich auch mir versichert gegen alle Unbill außer der meiner Unwürdigkeit – dies sind Grade auf der Skala menschlichen Glücks, die sie erlangt haben. Und es ist eine Treue zu solchen Gefühlen, die ihnen alltäglichen Umgang widerwärtig macht. Sie wollen eine gerechte und gleichrangige Gemeinschaft, oder gar keine. Sie können nicht lediglich mit euch plaudern, und sie wollen nicht, da sie aufrichtig und fromm sind, irgendwelche bloße Neugierde, die ihr hegen mögt, befriedigen. Wie Feen wollen sie nicht, daß über sie gesprochen wird. Liebt mich, so sagen sie, aber fragt nicht, wer meine Verwandten sind. Wenn ihr meine Gedanken nicht erst hören müßt, weil ihr sie schon

aus meinem Gesicht und meinem Verhalten lesen könnt,
dann will ich sie euch von Sonnenaufgang bis Sonnenunter-
gang mitteilen. Wenn ihr es nicht erahnen könnt, würdet ihr
nicht verstehen, was ich sage. Ich werde euretwegen nichts
Lästiges tun. Ich wünsche nicht, entweiht zu werden.

Und doch scheint es, als ob die Einsamkeit und nicht die
Liebe in ihrer Lebenslage die Überhand gewinnen würde,
und zwar wegen ihrer außergewöhnlichen Anforderungen
an die menschliche Natur. In der Tat ist dies ein neuer Zug
in ihrem Charakterbild, daß sie die strengsten und
anspruchsvollsten Kritiker sind. Ihre Kritik an jedem Menschen, den sie treffen, richtet sich weniger gegen seine Art
als gegen das erreichte Maß an Vollendung. Da ist nicht
genug von ihm – das ist der einzige Fehler. Sie verlängern auf
diese Weise das Privileg der Kindheit, nichts zu tun und
doch grenzenlose Anforderungen an all die Streiter auf dem
Kampfplatz des Handelns und der Ehre zu stellen. Sie lassen
uns die seltsame Enttäuschung verspüren, die jeden jungen
Menschen überkommt. So zahlreiche, vielversprechende
Jünglinge, und niemals ein vollendeter Mann. Der profunde
Charakter hat eine wilde Heftigkeit; der Feinfühlige ist
oberflächlich oder ein Opfer der Empfindsamkeit; der reich
Gebildete beherbergt irgendeine verhängnisvolle Absurdi-
tät; und so hat ein jeder seinen Fehler. Es ist seltsam, aber
dies Meisterwerk ist das Resultat so extremer Feinheiten,
daß schon ein gänzlich unbemerkter Makel im Kinde den
hochfliegendsten Genius neutralisieren und so das Gesamt-
werk zerstören wird. Sprecht mit einem Seemann über die
lebensbedrohenden Gefahren seines Berufs, und er wird
euch fragen: »Wo sind die alten Seeleute geblieben? Seht ihr
nicht, daß alle junge Männer sind?« Und auf diesem Meer
des menschlichen Denkens fragen wir in gleicher Weise: Wo
sind die alten Idealisten? Wo sind diejenigen, die für die
vergangene Generation jene außergewöhnliche Hoffnung
repräsentierten, die nur wenige glückliche Aspiranten unsere
Generation ahnen lassen? Wenn wir die Klasse der Ratgeber,

der Macht und des Reichtums und die Mütter unseres Landes inmitten all der Weltklugheit und all der Trivialitäten betrachten, fragt man sich: Wo sind diejenigen, die ihnen Genius, Tugend und die unsichtbare, himmlische Welt bedeuteten? Sind sie tot – in früher Vollendung zu den Göttern gegangen –, so wie uralte Weisheit ihr Schicksal voraussagte? Oder starb nur die erhabene Idee in ihnen und ließ ihren vermodernden Körper als Grab und Mahnmal zurück, wodurch alle darauf aufmerksam wurden, daß der himmlische Bewohner, der ihnen einst ihre Schönheit gab, sie verlassen hatte? Wird es besser stehen um die kommende Generation? Wir prophezeien schnell eine vielversprechende Zukunft für jeden neuen Kandidaten, der die Arena betritt, aber wir sind leichtfertig und unbeständig und tun, was wir können, um durch unsere niedrigen Zielsetzungen und unser schlechtes Beispiel diese Hoffnung zunichte zu machen. Dann geben uns diese jungen Menschen eine schroffe, aber wirksame Hilfe. Durch ihre offenkundige Unzufriedenheit enthüllen sie unsere Armut und die geringe Bedeutung des Menschen für den Menschen. Ein Mensch ist ein armseliger, begrenzter Wohltäter. Er sollte ein Schauer von Wohltaten sein – ein gewaltiger Einfluß, der seinen Bruder niemals verlassen, sondern vergangene Errungenschaften unablässig durch neue beleben sollte, so daß er, obwohl abwesend, mir nie aus dem Sinn gehen und sein Name niemals von meinen Lippen schwinden sollte; und wenn sich die Erde neben mir öffnen oder meine letzte Stunde kommen sollte, müßte sein Name das Gebet sein, das ich zum Universum spräche. Aber nach unserer Erfahrung ist der Mensch minderwertig, und seine Freundschaft entbehrt ihres tiefen Sinns. Wir geben vor, mit unseren Freunden zu sein, wenn sie abwesend sind, aber wir sind es nicht; wenn sich keine Taten, Worte oder Briefe einstellen, dann lassen sie uns fahren. Aber jene anspruchsvollen Kinder machen uns auf unsere Mängel aufmerksam. Es gibt keine Komplimente, keine schmeichlerischen Reden bei

ihnen; sie machen einem nur dies eine Kompliment ihrer
unstillbaren Erwartung; sie äußern ihre Ansprüche, sie fordern voller Strenge, und wenn sie nur unerschütterlich in
ihrem Wachturm ausharren und bis zum Ende und ohne
Ende fortfahren zu fordern, dann sind sie furchtbare
Freunde, die von Dichtern und Priestern nur mit Ehrfurcht
betrachtet werden können; und selbst wenn sie Wolken
verschlingen und den Wind trinken würden, wären sie nicht
ohne Nutzen für die menschliche Rasse gewesen.

Angesichts dieser Leidenschaft für das Große und Außergewöhnliche kann es nicht verwundern, daß sie sich vom
Vulgären und Frivolen in den Menschen abgestoßen fühlen.
Sie sagen sich: es ist besser, allein zu sein als in schlechter
Gesellschaft. Und es ist wirklich ein Wunsch, der erst erfüllt
werden muß – der Wunsch, eine Gesellschaft für ihre Hoffnung und Religion zu finden –, welcher sie dazu bringt, das
zu meiden, was man Gesellschaft nennt. Sie fühlen, daß sie
nie so geeignet zur Freundschaft sind, als wenn sie die
Menschheit aufgegeben und sich selbst zum Freund genommen haben. Ein Bild, ein Buch, ein Lieblingsplatz in den
Hügeln oder in den Wäldern, die sie mit den schönen und
würdigen Geschöpfen ihrer Phantasie bevölkern können,
vermögen ihnen oft so lebhafte Anblicke zu gewähren, daß
diese für den Augenblick wirklich werden und die Gesellschaft als Illusion erscheint.

Aber ihre zurückgezogene und wählerische Art entzieht sie
nicht nur dem Gespräch, sondern auch den Tätigkeiten
dieser Welt: sie sind keine guten Bürger und keine guten
Mitglieder der Gesellschaft; unwillig tragen sie ihren Teil der
öffentlichen und privaten Bürden;[24] sie beteiligen sich nicht
bereitwillig an den öffentlichen Wohltätigkeiten, an den
öffentlichen religiösen Riten, an den Erziehungsunterneh-
mungen, der äußeren oder inneren Mission, an den Kampagnen zur Abschaffung des Sklavenhandels oder der Absti-
nenzgesellschaft.[25] Sie beteiligen sich nicht einmal gerne an
Wahlen. Die Philanthropen fragen, ob Transzendentalismus

nicht Trägheit bedeute: sie würden lieber hören, daß ihr
Freund tot, als daß er Transzendentalist sei; denn dann ist er
gelähmt und vermag niemals etwas für die Menschheit zu
tun. Welches Recht, so ruft die rechtschaffene Welt, hat ein
Mann von Genie, sich von allen Tätigkeiten zurückzuziehen
und nur sich selbst zu leben? Das gängige literarische Kredo
scheint zu sein: »Ich bin ein erhabener Genius; deshalb
sollte ich nicht arbeiten.« Doch Genius ist die Kraft, besser
und mit größerem Nutzen zu arbeiten. Sei deines Genius
würdig: veredle ihn. Die Guten, die Erleuchteten halten sich
abseits von den anderen und verurteilen deren Dummheit
und Laster, als ob sie dächten, daß durch ihr grandioses Im-
Sessel-Herumsitzen die Makler, Anwälte und Kongreßabge-
ordnete die Irrtümer ihres eigenen Verhaltens einsehen und
sich um sie scharen würden. Doch die Guten und Weisen
müssen lernen, zu handeln und den Kämpfenden und Dem-
agogen in der staubigen Arena dort unten das Heil zu
bringen.

Von seiten dieser Kinder wird geantwortet, daß das Leben
und ihre Fähigkeiten ihnen als Geschenke erscheinen, die zu
kostbar sind, um an jene Nichtigkeiten verschwendet zu
werden, die ihr ihnen vorschlagt. Was ihr eure grundlegenden Institutionen, eure großen und heiligen Angelegenheiten nennt, erscheint ihnen wie große Mißstände und, von
nahem besehen, wie armselige Angelegenheiten. Jede sogenannte »große Sache« – z. B. Abschaffung der Sklaverei,
Enthaltsamkeit, Kalvinismus oder Unitarismus – wird
schnell zu einem kleinen Krämerladen, in dem die Ware,
auch wenn sie anfangs noch so fein und ätherisch gewesen
sein mag, in leicht transportable und bequeme Stücke geteilt
und in kleinen Mengen verkauft wird, um die Abnehmer
zufriedenzustellen. Ihr geht sehr freigebig um mit diesen
Wörtern »groß« und »heilig«, aber nur wenige Dinge
erscheinen jenen anderen so. Wenige Menschen haben von
Natur aus genügend Größe, um Begeisterung zu inspirieren,
und philanthropische Unternehmen und Wohltätigkeitsein-

richtungen haben einen Beigeschmack von Scharlatanerie. Was den allgemeinen Verlauf des Lebens und die alltäglichen Beschäftigungen der Menschen angeht, so können sie darin keine großen Vorzüge sehen, denn auch sie sind Teil dieses Teufelskreises; und da die Menschen keinen großen Zwekken dienen, ist auch nichts Großes in den Kunstfertigkeiten, durch die sie erhalten werden. Ja, sie haben das Experiment gemacht und gefunden, daß von den freien Berufen bis zur gemeinsten körperlichen Arbeit und von den Höflichkeiten der Akademie und des College bis zu den Konventionen des Tanzsaals und des Höflichkeitsbesuchs ein Geist des zaghaften Kompromisses und des Scheins vorherrscht, der einen erschreckenden Skeptizismus nahelegt, ein Leben ohne Liebe und eine Tätigkeit ohne Ziel.

Wenn das Handeln nicht notwendig und angemessen ist, möchte ich nicht handeln. Ich möchte ein und dieselbe Sache nicht mehr als einmal tun.[26] Ich mag keine Routine. Wenn man einmal im Besitze des Prinzips ist, ist es genauso einfach, vier- oder vierzigtausendmal Anwendung davon zu machen. Ein bedeutender Mensch wird damit zufrieden sein, auf die unauffälligste Weise gezeigt zu haben, daß er die beherrschende Idee seiner Zeit erfaßt hat, und er wird denen, die es mögen, die Vervielfältigung der Anwendungsbeispiele überlassen. Wenn er ins Schwarze getroffen hat, mögen andere die Zielscheibe zerfetzen. Alles erinnert uns daran, wie unnötig lang das Leben ist. Jeder Augenblick im Leben eines Helden erhebt und ermuntert uns so sehr, daß ein Jahr wie ein ganzes Zeitalter wirkt. Alles, was der tapfere Xanthus heimbringt, ist die Erinnerung, daß beim Sturm auf Samos »mitten im Gefecht Perikles mir zulächelte und zu einer anderen Abteilung weiterschritt«.[27] Es ist die Qualität des Augenblicks und nicht die Anzahl der Tage, der Ereignisse oder der handelnden Personen, was zählt.

Neu, so geben wir zu, und keineswegs glücklich ist unsere Lage: braucht ihr den Beistand unserer Mühen, so brauchen wir sie in noch größerem Maße. Wir sind unglücklich vor lauter Untätigkeit. Wir gehen an Rast und Rost zugrunde, aber eure Arbeit lieben wir nicht.

»Dann«, so sagt die Welt, »zeigt mir eure eigenen Werke.«

»Wir haben keine.«

»Und was wollt ihr tun?« jammert die Welt.

»Wir werden warten.«

»Wie lange?«

»Bis das Universum uns zuwinkt und zur Arbeit ruft.«

»Aber während ihr wartet, werdet ihr alt und nutzlos.«

»Sei's drum: Ich kann in der Ecke sitzen und *zugrunde gehen* (wie ihr es nennt), aber ich werde mich nicht rühren, bis ich den höchsten Auftrag habe. Wenn kein Ruf erfolgen sollte für Jahre, für Jahrhunderte, dann weiß ich, daß das Bedürfnis des Universums die Bestätigung des Glaubens durch meine Zurückhaltung ist. Eure sogenannten rechtschaffenen Projekte ermuntern mich nicht. Ich weiß, daß das, was kommen wird, mich ermuntern wird. Wenn ich schon nichts tun kann, so brauche ich doch nicht zu lügen. Alles, was heute klar erforderlich ist, ist, nicht zu lügen. Schon anderswo sind Menschen großen Bewährungsproben ausgesetzt worden, und sie haben sich bewiesen. Die Märtyrer wurden in Stücke gesägt oder lebendig an Fleischerhaken aufgehängt. Können wir nicht den Mut zu Geduld und Wahrhaftigkeit aufbringen und klaglos oder sogar gutgelaunt warten, bis wir mit unserem Handeln nach dem unendlichen Ratschluß an der Reihe sind?«

Doch um uns dem Geheimnis dieser Menschen noch etwas weiter anzunähern, müssen wir sagen, daß es ihnen sehr einfach erscheint, auf die Vorwürfe der Welt zu antworten, nicht aber, mit den Zweifeln und Einwänden fertig zu werden, die ihnen selbst kommen.[28] Sie quälen ihren eigenen Geist mit Fragen, die ihnen jede Art von Not und die Bewährungsproben des tapfersten Helden vertraut machen. Als ich sie nach ihrer persönlichen Erfahrung fragte, antworteten sie etwa auf folgende Weise: Es kann nicht geleugnet werden, daß ein großer Unterschied zwischen meinem

Glauben und anderen Arten von Glauben besteht; meiner beruht auf einer gewissen kurzen Erfahrung, die mich auf der Landstraße oder auf dem Markt überraschte, irgendwo, irgendwann einmal – der Himmel weiß, ob ich mich in meinem Körper oder außerhalb des Körpers befand –,[29] und die mir bewußt machte, daß ich die ganze Zeit den Narren unter Narren gespielt hatte, aber daß ein Gesetz existierte für mich und für alle; daß mir ein Vertrauen zu eigen war, das Vertrauen und der Gehorsam eines Kindes, und eine Ehrfurcht vor Ideen, und daß ich nie wieder den Narren spielen würde. Nun, in der Spanne von vielleicht einer Stunde war mein Höhenflug beendet und ich war wieder bei meinen alten Possen, das selbstsüchtige Mitglied einer selbstsüchtigen Gesellschaft. Mein Leben ist oberflächlich und schlägt keine Wurzeln in der Welt der Tiefe. Ich frage: wann werde ich sterben und von der Verantwortung befreit sein, ein Universum zu sehen, das ich nicht nutze? Ich möchte diesen Glauben, der wie ein Blitz aufleuchtet, für ein beständiges Licht eintauschen und diese Fieberhitze für ein gemäßigtes Klima.

Diese beiden Denkzustände laufen jeden Augenblick auseinander und stehen in entschiedenem Kontrast zueinander. Es scheint dem, der das Leben aus dem Blickwinkel solcher Momente der Erleuchtung betrachtet, daß er sich herumdrückt und eine erbärmliche, unbeholfene und untergeordnete Rolle in der Welt spielt. Das ist zu tun, wozu er kein Geschick hat, oder das zu sagen, was andere besser zu sagen vermögen, und so ruht er untätig oder beschäftigt sich mit irgendeiner Spielerei, bis seine Stunde wiederkommt. Ein großer Teil der Zeit, in der wir lesen und arbeiten, scheint bloßes Warten: das war es nicht, wofür wir geboren wurden. Jeder andere könnte es genauso gut oder besser tun. So wenig Fähigkeiten gehören zu diesen Tätigkeiten, so wenig berühren sie das göttliche Leben, daß es wirklich wenig bedeutet, was wir tun – ob wir einen Schleifstein drehen oder reiten oder rennen oder ein Vermögen machen oder

den Staat regieren. Das Schlimmste an diesem doppelten
Bewußtsein ist, daß die beiden Leben, die wir führen – das
des Verstandes und das der Seele – wirklich wenig Beziehung zueinander aufweisen; daß sie sich nie vereinen und
aneinander messen: das eine überwiegt heute und ist ganz
Wirrwarr und Lärm, und das andere überwiegt morgen und
ist ganz Unendlichkeit und Paradies; und im weiteren Verlauf des Lebens entdecken beide keine größere Neigung,
sich miteinander zu versöhnen. Aber was ist mein Glaube?
Was bin ich? Was anders als ein Gedanke gelassener Heiterkeit und Unabhängigkeit, ein Zufluchtsort in der Tiefe des
blauen Himmels? Sogleich schließen sich die Wolken wieder. Doch wir halten den Glauben aufrecht, daß dieses
hübsche Gewebe, das wir knüpfen, letztlich von Fäden des
himmlischen Blau durchwirkt und durchädert sein wird und
daß der Augenblick den Tag bestimmt. Geduld also ist unser
Los? Geduld und immer wieder Geduld. Wenn wir, wie es
sogleich geschehen wird, aus diesem Island der Negationen
in irgendeine neue Unendlichkeit hinüberwechseln, werden
wir erfreut denken, daß wir – obwohl wir wenige Tugenden
und Tröstungen unser eigen nannten – unsere Armut ertragen und niemals versucht haben, sie mit Heuchelei oder
falscher Glut irgendeiner Art zu überdecken.

Aber diese Art von Zeitgenossen ist nicht zureichend charakterisiert, wenn wir versäumen anzufügen, daß sie Liebhaber und Verehrer der Schönheit sind. In der immerwährenden Trinität des Wahren, Guten und Schönen,[30] wo jedes in
seiner Perfektion alle drei einschließt, ziehen sie es vor, die
Schönheit zum vorrangigen Symbol und Leitbild zu
machen. Etwas von demselben Geschmack kann in allen
Moralbewegungen der Zeit, in den religiösen und menschenfreundlichen Unternehmungen beobachtet werden. Sie
haben einen freiheitlichen, ja einen ästhetischen Geist. Ein
Hinweis auf die Schönheit der Tat klingt sicherlich ein wenig
hohl und lächerlich in den Ohren der Vertreter der alten
Kirche. In der Politik hat es oft genügt, in den Grenzen

selbstsüchtiger Berechnung zu verbleiben, wenn man das
Thema Gerechtigkeit behandelte. Wenn man Wiedergutma-
chung gewährte, dann war es Klugheit, die sie gewährte.
Aber die Gerechtigkeit, die jetzt für die Schwarzen, die
Armen, die Trinker gefordert wird, ist eine Gerechtigkeit
um der Schönheit willen – sie entspringt einem Seelenbe-
dürfnis des Gebenden und nicht des Empfangenden. Ich
sage, daß dies eine Tendenz und nicht schon die Verwirkli-
chung ist. Unsere Tugendhaftigkeit taumelt und stolpert
und steht noch nicht auf festen Beinen. Ihre Repräsentanten
sind streng, sie predigen und kritisieren; ihre Rechtschaffen-
heit ist noch keine Zierde. Sie sind immer noch jenem
leichten Makel des Burlesken ausgesetzt, der in unserer
sonderbaren Welt dem Eiferer anhängt. Ein Heiliger sollte
uns so teuer sein wie unser Augapfel. Und doch sind wir
versucht, über ihn zu lächeln, und wir fliehen vom tätigen
zum bloß spekulativen Reformer, um eben dieser geringfü-
gigen Lächerlichkeit zu entkommen. Ach, diese Zeiten des
Hohns und des kritischen Tadels! Wir nennen die Schönheit
das Höchste, weil sie uns als das goldene Mittel erscheint,
das zugleich die Unansehnlichkeit des Guten und die Herz-
losigkeit des Wahren vermeidet. Diese Transzendentalisten
sind zudem Verehrer der Natur, und sie finden in der
unverletzlichen Ordnung der Welt eine Entschädigung für
die verletzte Ordnung und Würde des Menschen.

Zweifellos gibt es eine Menge begründeter Einwände gegen
die Worte und Taten dieser Art Menschen, von deren Cha-
rakterzügen wir hier einige ausgewählt haben. Zweifellos
bieten sie sich als Gegenstand der Kritik und der Verunglimp-
fung an, und es werden lächerliche Geschichten über sie wie
über irgend jemand sonst erzählt werden. Es wird Phrasen
und Anmaßungen geben; Spitzfindigkeiten und Gefasel werden auftauchen. Diese Menschen sind von ungleicher Stärke,
und nicht alle von ihnen haben Erfolg. Sie beklagen sich, daß
alles um sie herum abgelehnt werden müsse; und wenn sie
schwach sind, nimmt es ihre ganze Kraft in Anspruch, zu

negieren, ehe sie ihr eigenes Leben beginnen können.[31] Würdevolle alte Herren bestehen darauf, daß sie dieser Institution und jenem Brauch ihren Respekt zollen: einer überholten Historie etwa, irgendeiner Berufung oder einem College oder einer Etikette oder einem Benefiziar, einem guten Werk, einem Morgen- oder Abendbesuch – alles Dinge, denen sie widerstehen als etwas, das sie nicht betrifft. Aber es kostet sie schlaflose Nächte, weckt Entfremdung und Zweifel – ihre Einstellung dazu ändert sich so manches Mal. Die alten Hüter der Ordnung ändern niemals *ihre* Meinung; sie kennen nur eine Einstellung zu diesem Thema, nämlich daß Antony[32] sehr verdreht ist – so daß Antony schließlich nicht mehr tun kann, als auf seinen Rechten bestehen, Abstand nehmen von dem, was ihm töricht erscheint, und seine Ruhe bewahren. Er kann nichts dagegen tun, daß sein Geist gegen diese Ungerechtigkeit aufbegehrt. Er ist angespannt und steif, alle Freiheit und überschäumender Genius, alle Ausbrüche des Geistreichen und der fröhlichen Natur kommen überhaupt nicht in Frage; es steht schon gut, wenn er Lügen, Ungerechtigkeit und Selbstmord vermeiden kann. Dies ist keine Zeit für Frohsinn und Anmut. Seine Kraft und sein Elan verbrauchen sich in Ablehnung. Doch die starken Geister überwältigen jene um sie herum ohne Anstrengung. Ihr Denken und ihr Fühlen strömt herein wie eine Flut und entzieht sie ganz der Aufmerksamkeit dieser nörgelnden Kritiker. Sie überlassen sich frohen Herzens der himmlischen Führung und weisen nur stillschweigend den lärmenden Unfug der Stunde von sich. Würdevolle alte Herren predigen tauben Ohren – die Kirche und alte Schriften murmeln rituell einem unachtsamen, gedankenverlorenen und vorwärtsdrängenden Geist zu; und so verlieren diese Menschen, begünstigt vom Glück eines größeren Schwungs, keine Zeit und schlagen sofort den rechten Weg ein.

Doch alle diejenigen, von denen ich hier spreche, sind nicht schon Meister; sie sind Neulinge, sie weisen nur den Weg,

den der Mensch einschlagen sollte, wenn die Seele sich
größerer Gesundheit und Kraft erfreut. Doch laßt sie die
Würde ihrer Verantwortung spüren und eine umfassendere
Macht verdienen. Ihr Herz ist die Schale, in der das Feuer
verborgen ist, das einmal in einer hohen und universellen
Flamme brennen wird. Laßt sie ihrem Genius dann am
ehesten folgen, wenn sein Drang am ungestümsten ist; dann,
wenn er sie in unbewohnbare Wüsten des Denkens und
Lebens zu führen scheint; denn der Pfad, den der Held
alleine geht, ist der Weg zur Gesundung und zum Heil der
Menschheit. Was anders ist das Privileg und der Adel unserer Natur als ihre Beharrlichkeit, sich mit ganzer Kraft mit
dem zu verbinden, was beständig ist?

Die Gesellschaft hat auch ihre Pflichten in bezug auf diese
Klasse von Menschen und muß sie mit soviel Nachsicht
betrachten, wie sie nur kann. Möglicherweise wird dem
Staat noch irgendein Vorteil durch sie erwachsen. Auf unse-
rem Jahrmarkt der Technik darf es nicht nur Brücken,
Pflüge, Zimmermannshobel und Backtröge geben, sondern
auch einige feinere Instrumente – Niederschlagsmesser,
Thermometer und Fernrohre.[33] Und so muß es auch in der
Gesellschaft neben den Farmern, Seeleuten und Webern
einige Personen von reinerem Feuer geben, die speziell als
Meßgeräte für das menschliche Wesen da sind; Personen mit
einem feinen, spürsicheren Instinkt, die noch das geringste
Anzeichen von Geist und Gefühl in den Umstehenden zur
Kenntnis nehmen. Vielleicht mag auch noch Platz sein für
Anreger und Warner;[34] Kollektoren des göttlichen Funkens
mit dem Vermögen, die Elektrizität an andere weiterzulei-
ten. Oder, wie das sturmgeschüttelte Schiff Kontakt zur
Fregatte oder zum Postschiff sucht, um sich an seiner Position zu orientieren, so mag es vielleicht von Vorteil sein, daß
wir bisweilen einen ungewöhnlichen und talentierten Menschen treffen, um die Striche unseres geistigen Kompasses
mit dem seinen zu vergleichen und unsere Peilungen im
Hinblick auf ein besseres Meßgerät zu überprüfen.

Inmitten der abwärts gerichteten Tendenz und Neigung der Dinge, wenn jede Stimme sich erhebt für eine neue Straße oder ein neues Statut oder eine Aktiensubskription, für eine Verbesserung auf dem Gebiet der Kleidung oder der Zahnheilkunde, für ein neues Haus oder ein erweitertes Geschäft, für eine politische Partei oder die Teilung einer Besitzung, – wollt ihr da nicht ein oder zwei einsame Stimmen im Lande dulden, die für Gedanken und Prinzipien sprechen, die nicht vermarktbar oder vergänglich sind? Bald schon werden diese Verbesserungen und technischen Erfindungen verdrängt, diese Lebensweisen aus der Erinnerung verschwunden sein, diese Städte verfallen, vom Krieg, von neuen Erfindungen, von neuen Handelsstätten oder vom geologischen Wandel zerstört sein: alles dahin, wie die Muscheln, die heute den Strand mit einer weißen Kolonie übersäen und sich ständig erneuern, um ständig zerstört zu werden. Aber die Gedanken, welche diese wenigen Eremiten durch Schweigen wie auch durch Reden auszudrücken bemüht waren – nicht nur durch das, was sie taten, sondern auch durch das, was sie zu tun unterließen –, diese Gedanken werden in ihrer Schönheit und Kraft fortdauern, um sich selbst in der Natur zu reorganisieren, um sich selbst erneut in einer anderen, vielleicht höher begabten und glücklicher zusammengesetzten Mischung als der unseren zu verkörpern, in vollendeterer Einheit mit dem umgebenden System.[35]

Der Dichter

Ein launisch' Kind, gar wild und weise,
Verfolgt' das Spiel mit freudevollem Auge,
Das meteorengleich den Weg sich bahnt
Und Dunkelheit mit eignem Strahl durchschneidet:
Es übersprang des Horizontes Grenze
Und suchte mit Apollos Seherrecht;
In Mann und Frau und Meer und Stern
Erblickt' es fern der Welten Tanz;
In Welten, Rassen, Grenzen, Zeiten
Erblickt' es Harmonie und klingende Reime.[1]

Olympische Barden besangen
Göttliche Ideen hienieden,
Die jung uns immer finden
Und uns immer so erhalten.[2]

Diejenigen, die für Schiedsrichter des Geschmacks gehalten werden, sind oft Menschen, die sich eine gewisse Kenntnis berühmter Bilder oder Skulpturen angeeignet haben und eine Vorliebe für alles Elegante besitzen; sucht man aber herauszufinden, ob sie schöne Seelen sind und ob ihre Taten schönen Bildern gleichen, dann erfährt man, daß sie selbstsüchtig und sinnlich sind. Ihre Kultiviertheit ist begrenzt, wie wenn man ein Stück trockenes Holz nur an einer Stelle reibt, um Feuer zu erzeugen, während alles übrige kalt bleibt. Ihre Kenntnis der schönen Künste besteht in einigem Studium von Regeln und Besonderheiten oder in einer begrenzten Urteilsfähigkeit über Farbe oder Form, die zum Vergnügen oder aus Eitelkeit ausgeübt wird. Es ist ein Beweis für die Seichtheit der ästhetischen Doktrin, wie sie in den Köpfen unserer Amateure besteht, daß die Menschen offenbar die Fähigkeit, die unmittelbare Abhängigkeit der Form von der Seele wahrzunehmen, verloren haben. Es gibt keine Formenlehre in unserer Philosophie. Wir wurden in unsere Körper gesteckt, wie man Feuer in eine Pfanne legt, um es herumtragen zu können; aber es gibt keine genaue Entsprechung zwischen dem Geist und dem Körper, und noch weniger ist letzterer die Entfaltung des ersteren. Auch in Beziehung auf andere Formen glauben die Intellektuellen nicht an eine wesensmäßige Abhängigkeit der materiellen Welt vom Gedanken und vom Willen. Theologen halten es für ein hübsches Luftschloß, von der geistigen Bedeutung eines Schiffes oder einer Wolke, einer Stadt oder eines Vertrages zu sprechen, sie ziehen es jedoch vor, auf den festen Boden historischer Tatsachen zurückzukehren; und sogar die Dichter sind mit einer bürgerlich-angepaßten Lebensweise zufrieden und begnügen sich damit, Gedichte aus der Einbildungskraft, in sicherem Abstand von ihrer eigenen Erfahrung, zu schreiben. Aber die erhabensten Köpfe der Welt haben nie aufgehört, die doppelte, oder soll ich sagen die vierfache oder die hundertfache oder noch vielfachere Bedeutung jeder sinnlich wahrnehmbaren Tat-

sache zu erforschen: so Orpheus, Empedokles, Heraklit,
Plato, Plutarch, Dante, Swedenborg und die Meister der
Bildhauerei, der Malerei und der Poesie. Denn wir sind
keine Pfannen und Karren, ja nicht einmal Feuer- oder
Fackelträger, sondern Kinder des Feuers, aus ihm gemacht,
und nur dann die gleiche Gottheit, in einer anderen Form
und mit einigem Abstand, wenn wir am wenigsten darüber
wissen. Und diese verborgene Wahrheit, daß die Quellen,
aus denen dieser ganze Fluß der Zeit und alle seine
Geschöpfe entspringen, in ihrem Wesen ideal und schön
sind, führt uns zur Betrachtung der Natur der Funktionen
des Dichters, des auf Schönheit ausgerichteten Menschen;
zu den Mitteln und Stoffen, die er verwendet und zum
allgemeinen Erscheinungsbild der Kunst in der gegenwärtigen Zeit.
Der Umfang des Problems ist groß, denn der Dichter ist
repräsentativ. Er steht inmitten unvollkommener Menschen
für den vollständigen Menschen und verkündet uns nicht
seinen Reichtum, sondern den Allreichtum. Der junge
Mensch verehrt Männer von Genie, weil sie in Wahrheit
mehr er selbst sind, als er es ist. Sie empfangen von der
gleichen Seele wie er – nur mehr. Die Natur erhöht die
Schönheit der Seele in den Augen liebender Menschen, weil
diese glauben, daß der Dichter ihre Pracht zur gleichen Zeit
auch wahrnimmt. Der Dichter ist durch die Wahrheit und
durch seine Kunst unter seinen Mitmenschen isoliert, aber es
bleibt ihm bei seinen Bemühungen der Trost, daß Wahrheit
und Kunst früher oder später alle Menschen an sich ziehen
werden. Denn alle Menschen leben aus der Wahrheit und
verlangen nach Selbstausdruck. In der Liebe, der Kunst, der
Habsucht, der Politik, der Arbeit und im Spiel bemühen wir
uns, unser schmerzliches Geheimnis zu äußern. Der Mensch
ist nur halb er selbst, die andere Hälfte ist sein Ausdruck.
Ungeachtet dieses Bedürfnisses nach Äußerung ist der angemessene Ausdruck selten. Ich weiß nicht, wie es kommt,
daß wir einen Dolmetscher brauchen, aber die Mehrzahl der

Menschen scheinen Minderjährige zu sein, die noch nicht in den Besitz des Ihrigen gelangt sind, oder Stumme, die das Gespräch, das sie mit der Natur geführt haben, nicht wiedergeben können. Es gibt keinen Menschen, der nicht einen übersinnlichen Nutzen in der Sonne und den Sternen, der Erde und dem Wasser erahnt. Diese stehen und warten darauf, ihm einen besonderen Dienst zu erweisen. Aber irgendein Hindernis oder ein Übermaß an Phlegma in unserer Natur lassen es nicht zu, daß sie ihre angemessene Wirkung hervorbringen. Zu schwach wirken die Eindrücke der Natur auf uns ein, um uns zu Künstlern zu machen. Jede Berührung sollte uns durchschauern. Jeder Mensch sollte so sehr ein Künstler sein, daß er im Gespräch wiedergeben könnte, was ihm widerfahren ist. Unserer Erfahrung nach haben die Strahlen oder Anstöße zwar genug Kraft, die Sinne zu erreichen, nicht aber, bis zum Innersten durchzudringen und ihre Wiedergabe in der Sprache zu erzwingen. Der Dichter ist der Mensch, in dem all diese Kräfte im Gleichgewicht sind, der Mensch ohne Behinderung, der das erblickt und handhabt, von dem andere träumen, der die gesamte Breite der Erfahrung durchschreitet und der Repräsentant der Menschheit ist, weil er die stärkste Kraft des Empfangens und Mitteilens darstellt.

Denn das Universum hat drei Kinder, die zur gleichen Zeit geboren wurden und unter verschiedenen Namen in jedem Denksystem wiederkehren, ob sie nun Ursache, Vorgang und Wirkung genannt werden oder poetischer: Jupiter, Pluto und Neptun, oder theologisch: der Vater, der Heilige Geist, der Sohn, die wir aber hier den Wissenden, den Handelnden und den Darstellenden nennen wollen. Diese stehen jeweils für die Wahrheitsliebe, die Tugendliebe und die Schönheitsliebe. Diese drei sind gleichrangig. Jeder der drei ist wesensmäßig das, was er ist, so daß er nicht übertroffen oder zergliedert werden kann, und jeder von diesen dreien hat neben seiner eigenen voll entfalteten Kraft die der anderen latent in sich.

Der Dichter ist der Darstellende, der Namensgeber; er repräsentiert die Schönheit. Er ist ein uneingeschränkter Herrscher und steht im Zentrum. Denn die Welt ist nicht angemalt oder verschönert, sondern schön von Anbeginn; und Gott hat nicht einige schöne Dinge erschaffen, sondern Schönheit ist die Schöpferin des Universums. Darum ist der Dichter nicht irgendein geduldeter Machthaber, sondern Herrscher aus eigenem Recht. Die Kritik ist durchsetzt von einem materialistischen Gerede, das davon ausgeht, daß handwerkliche Geschicklichkeit und Tätigkeit oberstes Verdienst aller Menschen sei, und das alle diejenigen herabsetzt, die reden und nicht handeln, wobei man die Tatsache übersieht, daß einige Menschen, nämlich die Dichter, von Natur aus Redende sind, die zum Zwecke des Darstellens in die Welt gesetzt wurden; man verwechselt sie mit denjenigen, deren Bereich das Handeln ist, die diesen Bereich aber verlassen, um es den Redenden gleichzutun. Homers Worte aber sind für ihn ebenso kostbar und bewunderungswürdig wie für Agamemnon seine Siege. Der Dichter wartet nicht auf den Helden oder den Weisen; aber so wie diese in erster Linie handeln und denken, so schreibt er in erster Linie das auf, was gesagt werden wird und muß, und er hält jene, obwohl an sich auch erstrangig, verglichen mit sich selbst für zweitrangig und untergeordnet, so wie Modelle in einem Maleratelier oder Gehilfen, die einem Architekten Baumaterial bringen.

Denn die Dichtung war schon vollendet da, ehe es die Zeit gab, und wann immer wir so fein eingestimmt sind, daß wir in jene Region vordringen können, in der die Luft Musik ist, hören wir jene ursprünglichen Gesänge und versuchen sie niederzuschreiben; aber immer wieder verlieren wir ein Wort oder einen Vers, setzen etwas Eigenes an deren Stelle und verschreiben so das Gedicht. Menschen mit feinerem Gehör schreiben diese Kadenzen genauer nieder, und diese Niederschriften, obgleich unvollkommen, werden zu den Gesängen der Nationen. Denn die Natur ist ebenso wahrhaft schön wie sie gut oder vernünftig ist, und sie muß ebensosehr erscheinen, wie sie vollzogen oder erkannt werden muß. Wörter und Taten sind ziemlich gleichwertige Erscheinungsformen der göttlichen Energie. Wörter sind auch Taten, und Taten sind eine Art von Wörtern.

Kennzeichen und Rechtfertigung des Dichters bestehen darin, daß er verkündet, was noch kein Mensch vorhergesagt hat. Er ist der wahre und einzige Gelehrte; er weiß und spricht; er ist der einzige Verkünder von Nachrichten, denn er war Zeuge und Mitwisser der Erscheinungen, die er beschreibt. Er ist ein Betrachter von Ideen und ein Verkünder des Notwendigen und Ursächlichen. Denn wir reden hier nicht von Männern mit poetischem Talent oder solchen mit Fleiß und Geschick im Versemachen, sondern vom wahren Dichter. Ich nahm kürzlich teil an einem Gespräch über einen neueren Lyriker,[3] einen Mann von subtilem Verstand, dessen Kopf eine Spieldose von zarten Melodien und Rhythmen zu sein schien und dessen Geschick und Sprachbeherrschung wir nicht genug loben konnten. Aber als sich die Frage erhob, ob er nicht nur ein Lyriker, sondern ein Dichter sei, da mußten wir uns eingestehen, daß er eindeutig ein zeitgenössischer und nicht ein ewiger Mensch sei. Er erhebt sich nicht über unsere niedrigen Begrenzungen, wie ein Chimborasso unter dem Äquator, der von seinen trockenen Niederungen an alle Klimazonen der Erde durchläuft und dessen steile und gefleckte Flanken mit dem Pflanzenwuchs aller Breitengrade geschmückt sind; jener Lyriker ist vielmehr der Landschaftsgarten eines modernen Hauses, der mit Brunnen und Statuen verziert ist und auf dessen Wegen und Terrassen wohlerzogene Männer und Frauen stehen und sitzen. Durch alle Variationen der Musik hören wir den Grundton konventionellen Lebens hindurch. Unsere Poeten sind Männer von Talent, die singen, aber nicht Kinder der Musik. Der Gegenstand ist sekundär, die Glätte der Verse primär.

Denn nicht Metren machen ein Gedicht, sondern ein Gegenstand, der sich sein Metrum schafft – ein Gedanke, der so leidenschaftlich und lebendig ist, daß er, ähnlich wie der Geist einer Pflanze oder eines Tieres, seine eigene Architektur hat und so die Natur mit einem neuen Ding verschönt. Der Gedanke und die Form sind in der zeitlichen Ordnung gleichwertig, in der Ordnung der Genese aber hat der Gedanke Vorrang vor der Form. Der Dichter hat einen neuen Gedanken; er hat eine ganz neue Erfahrung zu entfalten; er wird uns sagen, was ihm widerfahren ist, und alle Menschen werden durch seinen Reichtum reicher sein. Denn die Erfahrung eines jeden neuen Zeitalters verlangt ein neues Bekenntnis, und die Welt scheint immer auf ihren Dichter zu warten. Ich erinnere mich noch daran, wie ich in meiner Jugend eines Morgens durch die Nachricht erregt wurde, der Genius habe sich in einem Jüngling gezeigt, der nicht weit von mir am Tisch saß. Er hatte seine Arbeit verlassen, war ziellos umhergeschweift und hatte Hunderte von Versen geschrieben, konnte aber nicht sagen, ob das, was in ihm war, in ihnen zum Ausdruck kam; er konnte nur sagen, daß alles verändert war – Mensch, Tier, Himmel, Erde und Meer. Wie gern wir zuhörten! wie leichtgläubig! Die Gesellschaft schien bloßgestellt. Wir saßen im Glanz eines Sonnenaufgangs, der alle Sterne auslöschen sollte. Boston schien zweimal so weit entfernt wie am Abend zuvor, oder noch viel weiter. Rom – was war Rom? Plutarch und Shakespeare waren vergilbt, und von Homer sollte nichts mehr gehört werden. Es ist etwas Großes zu wissen, daß neben dir an eben diesem Tag und in eben diesem Haus Dichtung geschrieben worden ist. Was! jener wunderbare Geist ist noch nicht verhaucht! Jene versteinerten Momente funkeln noch lebendig! Ich hatte gewähnt, daß alle Orakel verstummt und die Feuer der Natur erloschen seien; und siehe da! die ganze Nacht hindurch ist aus allen Poren diese feine Morgenröte geströmt. Jeder hat ein Interesse an der Ankunft des Dichters, und niemand weiß, wie sehr sie ihn betreffen kann. Wir wissen, daß das Geheimnis der Welt tief ist, aber wir wissen nicht, wer oder was unser Dolmetscher sein wird. Ein Gang durch die Berge, ein neuer Gesichtsausdruck oder ein neuer Mensch können den Schlüssel in unsere Hand legen. Natürlich liegt die Bedeutung des Genius für uns in der Wahrhaftigkeit seines Berichtes. Das Talent mag Possen treiben und Kunststücke machen; der Genius erkennt und vermehrt. Die Menschheit hat es in dem ernsten Bemühen, sich selbst und ihr Werk zu verstehen, so weit gebracht, daß der vorderste Wächter auf dem Gipfel seine Neuigkeit verkündet. Sie ist das wahrste Wort, das jemals gesprochen wurde, und sein Ausdruck wird die passendste, wohlklingendste und untrüglichste Stimme der Welt für jene Zeit sein.

All das, was wir heilige Geschichte nennen, bestätigt, daß die Geburt eines Dichters das wichtigste Ereignis in der Zeitenfolge ist. So oft der Mensch auch getäuscht worden ist, so wartet er doch auf die Ankunft eines Bruders, der ihn fest bei einer Wahrheit halten kann, bis er sie zu seiner eigenen gemacht hat. Mit welcher Freude beginne ich ein Gedicht zu lesen, dem ich wie einer Eingebung vertraue! Und nun sollen meine Ketten zerbrochen werden; ich werde hinaussteigen über diese Wolken und undurchsichtigen Luftschichten, in denen ich lebe – undurchsichtig, obwohl sie transparent zu sein scheinen –, und aus dem Himmel der Wahrheit werde ich meine Beziehungen sehen und verstehen. Es wird mich mit dem Leben versöhnen und die Natur erneuern zu sehen, daß auch Kleinigkeiten durch eine Tendenz belebt werden, und zu wissen, was ich tue. Das Leben wird nicht länger bloßer Schall sein; nun werde ich Männer und Frauen sehen und die Zeichen kennen, durch die sie von Narren und Teufeln unterschieden werden können. Dieser Tag wird besser sein als mein Geburtstag; damals wurde ich ein Tier, jetzt bin ich zur Erkenntnis des Wirklichen eingeladen. Das ist die Hoffnung, aber ihre Erfüllung wird verschoben. Es geschieht eher, daß mich dieser beflügelte Mann, der mich in den Himmel tragen will, in Nebel schleudert und dann mit mir wie von Wolke zu Wolke hüpft und springt und dabei immer beteuert, sein Weg führe zum Himmel; und ich, der ich ein Neuling bin, bemerke nur langsam, daß er den Weg in die Himmel nicht kennt und es nur darauf absieht, daß ich seine Geschicklichkeit bewundere, wie ein Vogel oder ein fliegender Fisch ein wenig über den Boden oder das Wasser hinauszusteigen; aber die alles durchdringende und belebende Luft des Himmels wird dieser Mann niemals bewohnen. Ich stürze bald wieder herunter in meinen alten Winkel und führe das Leben der Übertreibungen wie zuvor und habe meinen Glauben verloren, daß es einen Führer geben könnte, der mich dorthin leiten kann, wo ich sein möchte.

Aber wir wollen diese Opfer der Eitelkeit beiseite lassen und voll neuer Hoffnung beobachten, wie die Natur durch würdigere Impulse die Treue des Dichters gegenüber seinem Amt des Verkündigens und Bestätigens gefestigt hat, nämlich durch die Schönheit der Dinge, die im Ausdruck eine neue und höhere Schönheit wird. Die Natur bietet ihm all ihre Geschöpfe als eine Bildersprache an. Wird ein Objekt sinnbildlich gebraucht, dann erscheint in ihm ein zweiter, wunderbarer Wert, der weitaus besser ist als sein alter Wert; so wird eine gespannte Zimmermannsschnur, wenn man sein Ohr nur nahe genug daran hält, im Wind zu einem Musikinstrument. »Dinge, die viel herrlicher sind als jedes Bild«, sagt Iamblichos,[4] »werden durch Bilder ausgedrückt.« Die Dinge lassen sich deshalb als Symbol verwenden, weil die Natur ein Symbol ist, im Ganzen und in jedem ihrer Teile. Jede Linie, die wir im Sand ziehen können, hat Ausdruck; und es gibt keinen Körper ohne seinen Geist oder Genius. Jede Form ist eine Auswirkung des Charakters; jeder Lebenszustand eine Auswirkung der Beschaffenheit des Lebens; jede Harmonie eine Auswirkung der Gesundheit; und daher sollte eine Wahrnehmung von Schönheit sympathetisch oder nur dem Guten angemessen sein. Das Schöne ruht auf den Grundlagen des Notwendi-

gen. Die Seele gestaltet den Körper, wie der weise Spenser
lehrt:

> Ein jeder Geist – je mehr er rein,
> Je mehr er in sich trägt das Himmelslicht;
> Je schöner wird der Körper sein,
> Darin er wohnt mit hoher Anmut, heiterem Gesicht,
> Denn aus der Seele nimmt der Leib die Kraft,
> Denn Seele ist die Form, die sich den Körper schafft.[5]

Hier befinden wir uns plötzlich nicht in einer kritischen
Spekulation, sondern an einem heiligen Ort, wo wir uns
sehr behutsam und ehrfürchtig bewegen sollten. Wir stehen
vor dem Geheimnis der Welt, dort wo Sein in Erscheinung
übergeht und Einheit in Vielfalt.
Das Universum ist die Verkörperung der Seele. Wo immer
es Leben gibt, bricht es um sie herum in Erscheinung.
Unsere Wissenschaft ist den Sinnen verhaftet und daher
oberflächlich. Wir behandeln die Erde und die himmlischen
Körper, Physik und Chemie sinnlich, als ob sie aus sich
selbst bestünden; aber diese sind nur das Gefolge des Seins,
das wir haben. »Der gewaltige Himmel«, sagte Proclus,[6]
»zeigt in seinen Transfigurationen klare Abbilder des Glan-
zes intellektueller Wahrnehmungen; er wird bewegt in
Übereinstimmung mit den unsichtbaren Perioden geistiger
Naturen.« Deshalb geht die Wissenschaft immer Seite an
Seite mit dem wahren Aufschwung des Menschen, hält sie
Schritt mit Religion und Metaphysik; oder anders gesagt:
der Stand der Wissenschaft ist ein Index unserer Selbsterkenntnis. Da jedes Ding in der Natur einer moralischen
Kraft entspricht, so bedeutet ein Phänomen, das sinnlos und
dunkel bleibt, daß die entsprechende Fähigkeit im Beobachter noch nicht aktiviert ist.
Kein Wunder also, wenn diese Wasser so tief sind, daß wir
mit religiöser Andacht über ihnen schweben. Die Schönheit
der Fabel beweist die Bedeutung des Sinnes, dem Dichter
und allen anderen; oder auch: jeder Mensch ist insoweit ein

Dichter, als er für diesen Zauber der Natur empfänglich ist;
denn alle Menschen haben die Gedanken, deren Verherrli-
chung das Universum ist. Ich finde, daß die Faszination im
Symbol liegt. Wer liebt die Natur? Wer nicht? Leben denn
nur Dichter und Menschen, die über Muße und Kultiviertheit verfügen, in ihr? Nein, auch Jäger, Bauern, Knechte
und Metzger, obwohl diese ihre Zuneigung durch die Wahl
ihres Berufes und nicht durch die Wahl ihrer Worte zum
Ausdruck bringen. Der Schriftsteller wundert sich, was dem
Kutscher oder dem Jäger das Reiten, Pferde und Hunde
bedeuten. Es sind sicher nicht oberflächliche Eigenschaften.
Wenn du mit ihm sprichst, so schätzt er diese ebenso gering
ein wie du. Seine Verehrung ist sympathetisch; er hat keine
Definitionen, sondern wird in der Natur bestimmt von der
lebendigen Kraft, die er in ihr anwesend spürt. Kein Nachahmen oder Nachspielen dieser Dinge würde ihn befriedigen; er liebt den Ernst von Nordwind, Regen, Stein, Holz
und Eisen. Eine Schönheit, die nicht ergründbar ist, ist uns
wertvoller als eine, die wir bis ins letzte durchschauen
können. Die Natur als Symbol, Natur, die das Übernatürliche bedeutet, der Körper, der von Leben durchflutet ist –
das ist es, was er in rauhen, aber aufrichtigen Riten verehrt.

Die Innerlichkeit und das Geheimnisvolle dieser Verbindung treiben Menschen jeden Standes zum Gebrauch von
Emblemen. Dichter- und Philosophenschulen sind von
ihren Symbolen nicht mehr berauscht als das Volk von den
seinen. Bedenke nur die Bedeutung von Abzeichen und
Emblemen in unseren politischen Parteien. Sieh den großen
Ball, der von Baltimore nach Bunker Hill gerollt wird! In
den politischen Umzügen wird Lowell durch einen Web-
stuhl, Lynn durch einen Schuh und Salem durch ein Schiff
repräsentiert. Außerdem gibt es noch das Apfelwein-Faß,
das Blockhaus, den Hickorystock, die Zwergpalme und alle
übrigen Kennzeichen von Parteizugehörigkeit.[7] Bedenke die
Macht nationaler Embleme. Ein paar Sterne, Lilien, Leopar-

den, ein Halbmond, ein Löwe, ein Adler oder irgendeine andere Figur, die Gott weiß wie zu ihrer Bedeutung kam, auf einem alten Fahnenfetzen, der über einem Fort am Ende der Welt flattert, lassen auch unter der rauhesten oder gewöhnlichsten Oberfläche das Blut schneller wallen. Die Menschen bilden sich ein, Dichtung zu hassen, und doch sind sie alle Dichter und Mystiker!

Über diese Universalität der symbolischen Sprache hinaus werden wir auf die Göttlichkeit dieses höheren Gebrauchs der Dinge, durch den die Welt zu einem Tempel wird, dessen Wände mit Emblemen, Bildern und göttlichen Geboten bedeckt sind, auch dadurch hingewiesen, daß es kein Ding in der Natur gibt, das nicht den Gesamtsinn der Natur in sich trägt; und die Unterscheidungen von niedrig und erhaben, ehrlich und gemein, die wir in Ereignissen oder Angelegenheiten machen, verschwinden, wenn die Natur als Symbol gebraucht wird. Das Denken macht alles verwendungsfähig. Der Wortschatz eines allwissenden Menschen würde Wörter und Bilder umfassen, die aus gebildeter Unterhaltung ausgeschlossen sind. Was gemein oder gar obszön für den Obszönen wäre, wird erhaben, sobald es in einer neuen Gedankenverbindung ausgedrückt wird. Die Frömmigkeit der hebräischen Propheten veredelt ihre Grobheit. Die Beschneidung ist ein Beispiel für die Macht der Poesie, das Niedrige und Anstößige zu erheben. Kleine und unbedeutende Dinge leisten das gleiche wie große Symbole. Je unbedeutender der Typos ist, durch den ein Gesetz ausgedrückt wird, desto wirkungsvoller ist es und um so länger haftet es im Gedächtnis der Menschen; ebenso wie wir zur Aufbewahrung eines nützlichen Utensils die kleinste Schachtel oder Dose wählen. Es zeigt sich, daß für einen Geist von reger Einbildungskraft schon bloße Listen von Wörtern anregend sein können; so wird von Lord Chatham berichtet, daß er in Baileys Wörterbuch zu lesen pflegte, wenn er eine Parlamentsrede vorbereitete.[8] Die ärmste Erfahrung ist reich genug für alle Absichten des Gedankenausdrucks. Warum eine Kenntnis neuer Tatsachen begehren? Tag und Nacht, Haus und Garten, einige Bücher, einige Handlungen leisten uns die gleichen Dienste wie alle Gewerbe und Ereignisse. Wir haben die Bedeutung der wenigen Symbole, die wir benutzen, bei weitem noch nicht ausgeschöpft. Wir können noch dahin kommen, sie mit einer schrecklichen Einfachheit zu gebrauchen. Ein Gedicht muß nicht notwendigerweise lang sein. Jedes Wort war einst ein Gedicht. Jede neue Beziehung ist ein neues Wort. Auch verwenden wir Mängel und Entstellungen zu einem heiligen Zweck und drücken dadurch unsere Überzeugung aus, daß das Böse in der Welt ein solches nur für das böse Auge ist. In der alten Mythologie, so beobachten die Mythenforscher, werden göttlichen Wesen Fehler zugeschrieben, wie Lahmheit dem Vulkan, Blindheit dem Cupido und dergleichen mehr – um dadurch Überfluß zu bezeichnen.

Da es Entfernung und Losgelöstsein vom Leben Gottes sind, die die Dinge häßlich machen, kann der Dichter, der die Dinge an die Natur und an das Ganze zurückbindet, der aufgrund einer tieferen Einsicht sogar künstliche Dinge und Verletzungen der Naturordnung an die Natur zurückbindet, sehr leicht die unangenehmsten Tatsachen beseitigen. Leser von Poesie sehen das Fabrikdorf und die Eisenbahn und meinen, daß durch diese die Poesie der Landschaft zerstört wird; denn diese Kunstwerke sind in ihrem Lesestoff noch nicht geheiligt; aber der Dichter sieht, daß sie genauso wie der Bienenstock oder das geometrische Netz der Spinne Teil der großen Ordnung sind. Die Natur nimmt sie sehr schnell in ihre Lebenskreise auf, und den gleitenden Eisenbahnzug liebt sie wie ihr eigenes Geschöpf. Zudem ist es für einen in sich geschlossenen Geist bedeutungslos, wie viele mechanische Erfindungen du vorführst. Und wären es auch Millionen voll ungeahnter Überraschungen, so hat doch die bloße Tatsache der Mechanik noch kein Gran an Bedeutung gewonnen. Die geistige Tatsache bleibt unveränderbar, sei es durch viele oder durch wenige Besonderheiten; ebenso ist

kein Berg von so bedeutender Höhe, daß er die Erdkrümmung zu verändern vermöchte. Ein gewitzter Bauernjunge
geht zum erstenmal in die Stadt, und der selbstgefällige
Bürger ist unzufrieden über dessen geringes Staunen. Nicht,
daß dieser all die prächtigen Häuser nicht sähe und nicht
wüßte, daß er dergleichen nie zuvor gesehen hat – aber er
ordnet sie so rasch ein, wie der Dichter einen Ort für die
Eisenbahn findet. Der Hauptwert der neuen Tatsache liegt
darin, daß sie die große und beständige Tatsache des Lebens
zur Geltung bringt, vor dem jeglicher Umstand zusam-
menschrumpft und vor dem der Wampumgürtel[9] und der
Handel Amerikas gleich sind.
Die Welt ist somit als Verb und Nomen dem Geist untergeordnet, und der Dichter ist es, der sie artikulieren kann.
Zwar ist das Leben großartig und fasziniert und absorbiert;
zwar sind sich alle Menschen der Symbole bewußt, durch
die es benannt wird – aber sie können sie nicht ursprünglich
verwenden. Wir sind Symbole und bewohnen Symbole;
Arbeiter, Arbeit und Handwerkszeug, Wörter und Dinge,
Geburt und Tod – sie alle sind Embleme; wir aber sympathi-
sieren nur mit den Symbolen, und da wir vom wirtschaftli-
chen Gebrauch der Dinge betört sind, wissen wir nicht, daß
sie Gedanken sind. Der Dichter gibt ihnen durch eine
höhere intellektuelle Wahrnehmungskraft eine Gewalt, die
ihre alte Verwendung vergessen macht, und er verleiht so
jedem stummen und leblosen Objekt Augen und Zunge. Er
erkennt die Unabhängigkeit des Gedankens vom Symbol,
die Beständigkeit des Gedankens, die Zufälligkeit und
Flüchtigkeit des Symbols. So wie von den Augen des Lynkeus[10] gesagt wurde, sie könnten durch die Erde schauen, so
verwandelt der Dichter die Welt in Glas und zeigt uns alle
Dinge in ihrer wahren Anordnung und Abfolge. Denn
aufgrund jener besseren Wahrnehmung steht er einen Schritt
näher an den Dingen und sieht das Fließen oder die Metamorphose; er erkennt, daß das Denken vielgestaltig ist; daß
in der Form jeder Kreatur eine Kraft ist, die sie antreibt, zu

einer höheren Form aufzusteigen; und indem er mit seinen
Augen das Leben verfolgt, verwendet er die Formen, die
dieses Leben ausdrücken, und so fließt sein Sprechen in eins
mit dem Fließen der Natur. Alle Tatsachen des animalischen
Lebens, Geschlecht, Ernährung, Trächtigkeit, Geburt sind
Symbole dafür, daß die Welt in die Seele des Menschen
übergeht, um dort einen Wandel zu erleiden und als neue
und höhere Tatsache wiederzuerscheinen. Der Dichter verwendet Formen in Übereinstimmung mit dem Leben und
nicht mit der Form. Das ist wahre Wissenschaft. Der Dichter allein kennt Astronomie, Chemie, Pflanzenwuchs und
Beseelung, denn er bleibt nicht bei diesen Fakten stehen,
sondern verwendet sie als Zeichen. Er weiß, warum die
Ebene oder Wiese des Weltraums mit jenen Blumen, die wir
Sonnen, Monde und Sterne nennen, übersät wurde; warum
die große Tiefe mit Tieren, mit Menschen und Göttern
geschmückt ist; denn mit jedem seiner Worte reitet er auf
ihnen als den Pferden des Denkens.

Kraft dieser Wissenschaft ist der Dichter der Benenner oder
Sprachschöpfer, der die Dinge manchmal nach ihrer
Erscheinung, manchmal nach ihrem Wesen benennt und
jedem Ding seinen Namen und nicht den eines anderen gibt,
zur Freude des Intellekts, der Absonderung und Begrenzung liebt. Die Dichter schufen all die Wörter, und daher ist
Sprache das Archiv der Geschichte und, wenn wir es denn
sagen müssen, eine Art Musengrab. Denn obwohl der
Ursprung der meisten unserer Wörter vergessen ist, war
doch jedes Wort zuerst ein Geniestreich und verbreitete
sich, weil es in diesem Augenblick für den ersten Sprecher
und seinen Zuhörer die Welt symbolisierte. Der Etymologe
findet heraus, daß noch das toteste Wort einst ein brillantes
Bild gewesen ist. Sprache ist versteinerte Dichtkunst. Wie
der Kalkstein des Kontinents aus einer unzählbaren Menge
von Schalen kleinster Muscheltiere besteht, so besteht die
Sprache aus Bildern und Tropen, die uns nun, in ihrem
übertragenen Gebrauch, schon lange nicht mehr an ihren

poetischen Ursprung erinnern. Der Dichter aber benennt das Ding, weil er es sieht oder weil er einen Schritt näher an es herankommt als irgendein anderer. Dieses Ausdrücken oder Benennen ist nicht Kunst, sondern eine zweite Natur, die aus der ersten herausgewachsen ist wie ein Blatt aus einem Baum. Was wir Natur nennen, ist eine bestimmte Bewegung oder Veränderung, die sich selbst reguliert; die Natur tut alles mit ihren eigenen Händen, und sie überläßt es keinem anderen, sie zu taufen, sondern tauft sich selbst; und dies geschieht wiederum durch die Metamorphose. Ich erinnere mich, daß ein gewisser Dichter mir dies so beschrieb:

Genie ist die Tätigkeit, die den Verfall der Dinge rückgängig macht, sei er nun ganz oder zum Teil materieller und endlicher Art. Die Natur sorgt in all ihren Königreichen für sich selbst. Niemand kümmert sich darum, den armen Schwammpilz zu pflanzen; so schüttelt sie aus den Lamellen eines einzigen Blätterpilzes zahllose Sporen, von denen jede, wenn sie erhalten bleibt, schon morgen oder übermorgen Milliarden neuer Sporen weiterverbreitet. Der neue Blätterpilz dieser Stunde hat Möglichkeiten, die der alte nicht hatte. Dieses Samenkorn wird an einen neuen Platz geworfen und ist damit nicht mehr den Zufällen ausgesetzt, die seinen Vorgänger wenige Schritte entfernt vernichteten. Sie erschafft einen Menschen, und nachdem sie ihn zur Reife gebracht hat, will sie nicht länger das Risiko eingehen, dieses Wunder mit einem Schlag zu verlieren; sie löst also ein neues Selbst von ihm ab, damit so die Art vor den Gefahren geschützt ist, denen der einzelne ausgesetzt ist. Wenn also die Seele des Dichters die Reife des Gedankens erreicht hat, löst sie Gedichte oder Lieder aus sich und sendet sie aus – eine furchtlose, schlaflose, todlose Nachkommenschaft, die nicht den Gefahren des ermatteten Reiches der Zeit ausgesetzt ist; eine furchtlose, lebhafte Nachkommenschaft, ausgestattet mit Flügeln (dies verdanken sie der Seele, aus der sie entstanden), die sie schnell und weit tragen und sie unverrückbar in die Herzen der Menschen verankern. Diese Flügel sind die Schönheit der Seele des Dichters. Die Lieder, die so unsterblich ihren sterblichen Eltern entfliegen, werden verfolgt von lauten Scharen von Tadeln, deren Schwärme in der Überzahl sind und sie zu verschlingen drohen; aber sie sind nicht beflügelt. Nach einem sehr kurzen Sprung fallen sie jäh zur Erde und verrotten, da sie von den Seelen, aus denen sie stammen, keine schönen Flügel bekommen haben. Aber die Melodien der Dichter steigen auf und springen und dringen in die Tiefen der grenzenlosen Zeit vor.

So weit belehrte mich der Barde, der sich seiner freieren Sprache bediente. Aber die Natur hat bei der Verfertigung neuer Individuen ein höheres Ziel als das der Sicherheit, nämlich den *Aufstieg* oder die Erhebung der Seele zu höheren Formen. Ich kannte in meiner Jugend den Schöpfer der Statue des Jünglings, die im öffentlichen Park steht. Er war, wie ich mich erinnere, nicht fähig, unmittelbar zu sagen, was ihn glücklich oder unglücklich machte, aber auf wunderbaren Umwegen konnte er es ausdrücken. Eines Tages erhob er sich seiner Gewohnheit gemäß vor Morgengrauen und sah den Tag anbrechen, großartig wie die Ewigkeit, aus der er kam, und für viele Tage danach bemühte er sich, diese Ruhe auszudrücken – und siehe da, sein Meißel hatte aus dem Marmor die Gestalt eines schönen Jünglings, Phosphorus, geschaffen, dessen Anblick so beschaffen ist, daß, wie es heißt, jeder, der ihn anschaut, in Schweigen verfällt. Der Dichter gibt sich auch seiner Stimmung hin, und der Gedanke, der ihn bewegte, wird ausgedrückt, aber als ein *alter idem*, in einer gänzlich neuen Weise. Der Ausdruck ist organisch, oder der neue Typus, den die Dinge selbst annehmen, wenn sie freigesetzt werden. So wie im Sonnenlicht Gegenstände ihr Abbild auf der Netzhaut des Auges hinterlassen, so trachten jene in Übereinstimmung mit den Bestre-

bungen des gesamten Universums danach, ein wesentlich
feineres Abbild ihres Wesens in seinem Geist zu hinterlassen. Ihr Wandel zu Melodien ist wie die Metamorphose der
Dinge zu höheren organischen Formen. Über allem steht
sein Dämon oder seine Seele, und wie das Auge die Form
des Gegenstandes reflektiert, so wird die Seele des Dinges
durch eine Melodie widergespiegelt. Das Meer, das Gebirge,
die Niagarafälle und jedes Blumenbeet haben eine Vor-
Existenz oder Über-Existenz in Vor-Gesängen, die wie
Düfte durch die Luft segeln; wenn jemand vorübergeht,
dessen Ohr fein genug ist, so hört er sie und bemüht sich,
ihre Noten niederzuschreiben, ohne sie abzuschwächen
oder zu verderben. Und hierin liegt die Berechtigung der
Kritik, nämlich in der Überzeugung, daß Gedichte verdor-
bene Versionen eines Textes der Natur sind, mit dem sie in
Übereinstimmung gebracht werden sollten. Ein Reim in
einem unserer Sonette sollte ebenso anmutig sein wie die
gleichmäßigen Knoten einer Seemuschel oder die Gemein-
samkeit in der Vielfalt einer Blumengruppe. Das Paaren der
Vögel ist eine Idylle, aber keine langweilige wie die unsri-
gen; ein Sturm ist eine rauhe Ode, ohne Falschheit oder
Schwulst; ein Sommer, dessen Ernte gesät, geerntet und
gespeichert ist, ist ein episches Gedicht, dem sich wer weiß
wie viele großartig ausgeführte Einzelteile unterordnen.
Warum sollten die Symmetrie und Wahrheit, die jene
bestimmen, nicht auch in unseren Geist einfließen und wir
nicht so an der Erfindungsgabe der Natur teilhaben?
Diese Einsicht, die sich in der sogenannten Einbildungskraft
ausdrückt, ist eine sehr hohe Art des Sehens, die sich nicht
durch Fleiß erreichen läßt, sondern nur dadurch, daß der
Intellekt dort ist, wo er sieht, und das ist, was er sieht;
dadurch, daß er an dem Weg oder Kreislauf der Dinge durch
Formen teilhat und sie so für andere durchsichtig macht.
Der Weg der Dinge ist still. Werden sie es zulassen, daß ein
Redender mit ihnen geht? Einen Spion werden sie nicht
dulden; ein Liebender, ein Dichter ist die Transzendierung

seines eigenen Wesens – ihn werden sie dulden. Die Bedingung für wahres Benennen, die der Dichter zu erfüllen hat, besteht in der Selbsthingabe an die göttliche Aura, die die Formen durchweht, und darin, dieser Aura Gefolgschaft zu leisten.

Es ist ein Geheimnis, das jeder intellektuelle Mensch schnell erfaßt, daß er über die Energie seines beherrschten und bewußten Verstandes hinaus zu einer neuen Energie fähig ist (wie die eines verdoppelten Intellekts), indem er sich der Natur der Dinge hingibt; daß es neben seiner persönlichen Kraft, die er als Individuum hat, noch eine große allgemeine Kraft gibt, derer er sich bedienen kann, indem er, eingedenk aller Gefahr, seine menschlichen Türen öffnet und so die himmlischen Wogen durch sich fluten und wogen läßt; dann wird er im Leben des Universums aufgehoben, sein Reden ist Donner, sein Denken Gesetz, und seine Worte sind so allgemein verständlich wie die Pflanzen und Tiere. Der Dichter weiß, daß er nur dann angemessen spricht, wenn er gleichsam unbändig oder »durch die Blume des Geistes« spricht; wenn er nicht vermittels des Intellekts als einem Werkzeug spricht, sondern mit dem Intellekt, der von allen Diensten befreit ist und sein Ziel seinem himmlischen Leben entnehmen darf; oder, wie es die Alten auszudrücken pflegten, nicht mit dem Intellekt allein, sondern mit dem vom Nektar berauschten Intellekt. So wie der Reisende, der sich verirrt hat, die Zügel auf den Hals seines Pferdes wirft und es dem Instinkt des Pferdes überläßt, den Weg zu finden, so müssen wir es mit dem göttlichen Tier machen, das uns durch diese Welt trägt. Denn wenn wir diesen Instinkt in irgendeiner Weise anregen können, dann eröffnen sich uns neue Wege in die Natur; der Geist fließt in und durch die härtesten und höchsten Dinge, und die Metamorphose ist möglich.

Das ist der Grund, warum Dichter Wein, Met, Narkotika, Kaffee, Tee, Opium, den Rauch von Sandelholz und Tabak, oder was sonst noch körperliche Anregung verschafft, lieben. Alle Menschen bedienen sich so gut sie können solcher Mittel, um diese außerordentliche Kraft ihren normalen Kräften hinzuzufügen; und zu diesem Zweck schätzen sie Konversation, Musik, Gemälde, Skulpturen, Tanz, Theater, Reisen, Krieg, Volksaufläufe, Feuer, Spiel, Politik oder Liebe oder Wissenschaft oder körperliche Berauschung – die alle unterschiedlich gröbere oder feinere *quasi*-mechanische Substitute für den wahren Nektar sind, der in dem Entzükken des Intellekts, näher an die Wahrheit zu kommen, besteht. Sie sind alle Hilfsmittel für die zentrifugale Tendenz des Menschen, für seinen Übergang in den freien Raum, und sie helfen ihm, dem Gewahrsam des Körpers, in dem er gefangen ist, und dem Gefängnishof der persönlichen Beziehungen, in dem er eingeschlossen ist, zu entkommen. Daher pflegte eine große Zahl derjenigen, deren Beruf es ist, Schönheit auszudrücken, wie Maler, Dichter, Musiker und Schauspieler, eher als andere ein Leben des Vergnügens und der Ausschweifung zu führen; alle bis auf die wenigen, die den wahren Nektar empfingen; da dies aber ein falscher Weg zur Erlangung der Freiheit war, nicht eine Befreiung für die Himmel, sondern für die Freiheit niederer Sphären, wurden sie für den Vorteil, den sie so gewannen, durch Zersetzung und Verschlechterung bestraft. Die Natur aber kann man nie durch einen Trick ausnutzen. Der Geist der Welt, die große ruhige Anwesenheit des Schöpfers, läßt sich nicht durch Zaubermittel wie Opium oder Wein heraufbeschwören. Die höchste Einsicht kommt zu einer reinen und einfachen Seele in einem reinen und keuschen Körper. Was wir Narkotika verdanken, ist nicht Inspiration, sondern irgendeine unechte Erregung und Raserei. Milton sagt, der lyrische Dichter könne Wein trinken und großzügig leben, aber der epische Dichter, der von den Göttern und ihrem Abstieg zu den Menschen singen soll, muß Wasser aus einer hölzernen Schüssel trinken.[11] Denn Dichtung ist nicht »Teufelswein«, sondern Gotteswein. Es ist damit wie mit Spielzeugen. Wir füllen die Hände und Stuben unserer Kinder mit allen möglichen Arten von Puppen, Trommeln und Pferden und lenken damit ihre Augen von den klaren und zufriedenstellenden Dingen der Natur ab, Sonne, Mond, Tiere, Wasser, Steine, die ihre Spielzeuge sein sollten. Daher sollten die Lebensgewohnheiten des Dichters so niedrig eingestimmt sein, daß schon die gewöhnlichen Eindrücke ihn entzücken können. Seine Fröhlichkeit sollte ein Geschenk der Sonne sein; die Luft sollte hinreichen für seine Inspiration, und er sollte vom Wasser trunken werden. Jener Geist, der ruhigen Herzen genügt, der ihnen von jedem trockenen Grashügel, von jedem Fichtenstumpf und jedem halbversunkenen Stein, auf den die trübe Märzsonne strahlt, auszugehen scheint, kommt zu den Armen und Hungrigen und solchen, die einfache Bedürfnisse haben. Wenn du deinen Kopf mit Boston und New York füllst, mit Mode und Begehrlichkeit, deine abgematteten Sinne mit Wein und französischem Kaffee anregen willst, dann wird dir keine Weisheit aus der einsamen Wüste der Fichtenwälder entgegenstrahlen.

Den Dichter berauscht die Einbildungskraft; aber auch in anderen Menschen ist sie nicht untätig. Die Metamorphose erregt in dem, der sie wahrnimmt, ein Gefühl der Freude. Der Gebrauch von Symbolen besitzt für alle Menschen eine gewisse befreiende und erhebende Kraft. Wir scheinen von einem Zauberstab berührt zu sein, der uns voller Glück wie Kinder tanzen und umherlaufen läßt. Wir sind wie Menschen, die aus einer Höhle oder einem Keller an die freie Luft kommen. Dies ist die Wirkung, die Tropen, Fabeln, Orakel und alle poetischen Formen auf uns haben. Dichter sind somit befreiende Götter. Die Menschen haben in der Tat ein neues Bewußtsein gewonnen und in ihrer Welt eine andere Welt oder ein Nest von Welten gefunden; denn sobald die Metamorphose einmal erkannt ist, ahnen wir, daß sie nicht aufhört. Ich will jetzt nicht erörtern, inwieweit dies den Reiz von Algebra und Mathematik ausmacht, die ja auch ihre Tropen haben, aber man spürt es in jeder Definition; wenn zum Beispiel Aristoteles den *Raum* definiert als ein unbewegliches Gefäß, das Dinge enthält; oder wenn Plato eine *Linie* als einen fließenden Punkt definiert oder *Gestalt* als ein begrenztes Festes; und viele ähnliche. Welch frohes Gefühl der Freiheit haben wir, wenn Vitruvius[12] die alte Künstlermeinung verkündet, daß kein Architekt ein gutes Haus bauen könne, der nicht etwas von Anatomie verstehe. Wenn uns Sokrates im *Charmides* sagt, daß die Seele durch bestimmte Gesänge von ihren Krankheiten befreit werde und daß diese Gesänge schöne Vernunftsgründe seien, die Mäßigung in den Seelen erzeugten; wenn Plato die Welt ein Tier nennt und Timaeus behauptet, daß auch die Pflanzen Tiere seien oder daß der Mensch ein himmlischer Baum sei, der mit seiner Wurzel, nämlich dem Kopf, nach oben wachse – wie es George Chapman,[13] der ihm hierin folgt, beschreibt:

> So bei dem Menschenbaume, dessen Nervenstrang
> In seiner Spitze wurzelt;

wenn Orpheus graues Haar »die weiße Blume, die das höchste Alter kennzeichnet« nennt; wenn Proclus das Universum das Standbild des Geistes nennt; wenn Chaucer[14] in seinem Lob der *gentilesse* gutes Blut in schlechtem Zustand dem Feuer vergleicht, das seine natürliche Bestimmung auch dann erfüllen wird, wenn es in das dunkelste Haus zwischen hier und dem Kaukasus getragen würde, und so hell brennen wird, als würden zwanzigtausend Menschen es wahrnehmen; wenn Johannes in der Apokalypse das Böse die Welt zerstören und die Sterne vom Himmel fallen sah wie unreife Früchte vom Feigenbaum; wenn Aesop[15] den ganzen Bereich der alltäglichen Lebensumstände in der Maskerade der Vögel und Tiere darstellt – so erfreut uns dieser Hinweis auf die Unsterblichkeit unseres Wesens und seine Wandlungs- und Behauptungsfähigkeit, wie wenn die Zigeuner von sich sagen: »Es ist vergeblich, sie zu hängen, sie können nicht sterben.«

Die Dichter sind also befreiende Götter. Die alten britischen

Barden hatten als Wahlspruch ihres Standes: »Die frei sind
in der ganzen Welt.« Sie sind frei und sie machen frei. Ein
phantasievolles Buch ist uns zuerst, wenn es uns durch seine
Tropen anregt, viel nützlicher als später, wenn wir die
genaue Aussageabsicht des Autors erfassen. Meiner Ansicht
nach hat in Büchern nur das Transzendentale und Außergewöhnliche irgendeinen Wert. Wenn ein Mensch von seinem
Gedanken so sehr entzündet und hingerissen wird, daß er
Autoren und Publikum vergißt und nur auf diesen einen
Traum achtet, der ihn wie ein Wahnsinn festhält, dann läßt
mich seine Schrift lesen, und ihr könnt alle Argumente, alle
Geschichte und alle Kritik behalten. Alle Bedeutung, die
einem Pythagoras, Paracelsus, Cornelius Agrippa, Cardan,
Kepler, Swedenborg, Schelling, Oken[16] oder irgendeinem
anderen zukommt, der umstrittene Dinge wie Engel, Teufel,
Magie, Astrologie, Chiromantie[17] oder Mesmerismus seiner
Kosmogonie einverleibt, liegt darin, daß sie eine Abwei-
chung vom Gewohnten bezeugen und daß wir einen neuen
Zeugen vor uns haben. Das ist auch der beste Erfolg eines
Gesprächs, die Magie der Freiheit, die die Welt wie einen
Ball in unsere Hände legt. Wie gering dann selbst die
Freiheit erscheint, wie niedrig jedes Studieren, wenn eine
Empfindung dem Verstand die Kraft gibt, die Natur gleich-
zeitig zu unterminieren und emporzuschleudern; welch ein
gewaltiger Ausblick! Nationen, Zeitalter und Systeme
erscheinen und verschwinden wie Fäden in einem großen
und vielfarbigen Teppich; ein Traum reicht uns weiter an
den nächsten, und solange diese Trunkenheit andauert, verkaufen wir in unserem Überschwang unser Bett, unsere
Philosophie und unsere Religion.

Es gibt einen guten Grund, warum wir diese Befreiung
preisen sollten. Das Geschick des armen Schafhirten, der,
von einem Schneesturm geblendet und irregeführt, in einer
Schneewehe wenige Schritte vor seiner Hütte umkommt, ist
ein Sinnbild für den Zustand des Menschen. Wir sterben am
Rande der Wasser des Lebens und der Wahrheit kläglich

dahin. Die Unzugänglichkeit jedes Gedankens außer dem, in dem wir uns gerade befinden, ist erstaunlich. Wenn du ihm auch nahe kämest – wenn du am nächsten bist, bist du so entfernt, wie wenn du am entferntesten bist. Jeder Gedanke ist auch ein Gefängnis; und ebenso auch jeder Himmel. Darum lieben wir den Dichter, den Erfinder, der uns in jeglicher Form, sei es in einer Ode, einer Tat oder einem Anblick und Verhalten, einen neuen Gedanken eingegeben hat. Er löst unsere Ketten und verschafft uns Zugang zu einer neuen Szene.

Diese Befreiung ist allen Menschen teuer, und die Fähigkeit, sie zu vermitteln, ist, da sie aus größerer Tiefe und Weite des Denkens kommen muß, ein Maßstab für den Intellekt. Daher überdauern alle Werke der Einbildungskraft, d. h. all diejenigen, die zu der Wahrheit emporsteigen, daß der Dichter die Natur unter sich sieht und sie als sein Ausdrucksmittel verwendet. Jeder Vers oder Satz, der diese Eigenschaft besitzt, wird selbst für seine Unsterblichkeit Sorge tragen. Die Religionen der Welt sind die Hervorbringungen einiger weniger einbildungskräftiger Menschen.

Aber die Haupteigenschaft der Einbildungskraft ist das Fließen und nicht das Erstarren. Der Dichter machte nicht halt bei der Farbe oder der Form, sondern las ihre Bedeutung; aber auch bei dieser Bedeutung kann er nicht stehenbleiben, sondern er macht diese Gegenstände zu Ausdrucksmitteln seines neuen Gedankens. Dies ist der Unterschied zwischen dem Dichter und dem Mystiker: letzterer nagelt ein Symbol auf einen Sinn fest, der für einen Augenblick ein wahrer Sinn war, aber bald alt und falsch wird. Denn alle Symbole sind fließend; alle Sprache ist beweglich und veränderlich; sie taugt wie Fähren und Pferde für den Transport, nicht aber wie Farmen und Häuser als Heimstätte. Mystik besteht darin, daß fälschlich ein zufälliges und individuelles Symbol für ein universelles gehalten wird. Die Morgenröte ist zufällig in den Augen des Jakob Böhme die angenehmste Himmelserscheinung und repräsentiert für ihn schließlich Wahr-

heit und Glauben; und sie sollte, so glaubt er, eben diese
Wirklichkeiten für jeden Leser repräsentieren. Aber schon
der erste Leser bevorzugt ebenso selbstverständlich das
Symbol von Mutter und Kind oder Gärtner und Blumen-
zwiebel oder das eines Juweliers, der einen Edelstein poliert.
Jedes von diesen Symbolen und unzählige andere erweisen
dem, dem sie etwas bedeuten, einen gleich guten Dienst. Sie
dürfen sich nur nicht verfestigen, und sie müssen sich bereitwillig in die entsprechenden Begriffe anderer übersetzen
lassen. Und dem Mystiker muß beständig gesagt werden:
Alles, was du sagst, ist ohne die lästige Verwendung jenes
Symbols ebenso wahr wie mit ihr. Gib uns etwas Algebra
anstelle dieser abgedroschenen Rhetorik – universale Zeichen anstelle dieser Dorfsymbolik –, und wir werden beide
dabei gewinnen. Die Geschichte der Hierarchien scheint zu
zeigen, daß alle religiösen Irrtümer darin bestanden, das
Symbol zu unbeugsam und starr zu machen, so daß es
letztlich nur eine Ausschweifung der Sprache war.
Unter den Menschen der neueren Zeit ragt Swedenborg als
Übersetzer der Natur in Gedanken heraus. Ich kenne keinen
Menschen in der Geschichte, dem die Dinge so gleichblei-
bend für Worte standen. Vor ihm spielt sich unaufhörlich
die Metamorphose ab. Alles, worauf sein Auge ruht,
gehorcht den Impulsen der moralischen Natur. Die Feigen
werden zu Trauben, während er sie ißt. Als einige seiner
Engel eine Wahrheit bestätigten, erblühte der Lorbeerzweig
in ihren Händen. Das Geräusch, das aus einiger Entfernung
wie Knirschen und Stampfen klang, erwies sich beim Näherkommen als die Stimmen streitender Menschen. Die Menschen in einer seiner Visionen erschienen bei himmlischem
Licht wie Drachen und schienen in Dunkelheit getaucht;
einander aber erschienen sie wie Menschen, und als das
Licht des Himmels in ihre Hütte schien, beklagten sie sich
über die Dunkelheit und mußten die Fenster schließen, um
sehen zu können.
Swedenborg besaß jene Wahrnehmungsfähigkeit, die den

Dichter oder Seher zum Gegenstand von Ehrfurcht und Schrecken macht, nämlich daß derselbe Mensch oder eine Gruppe von Menschen sich selbst und ihren Mitmenschen auf eine bestimmte Weise erscheinen, höheren Intelligenzen aber auf eine völlig andere. Gewisse Priester, die er in ihrer sehr gelehrten Unterhaltung beschreibt, erscheinen den Kindern, die sie aus einiger Entfernung beobachten, wie tote Pferde; so gibt es noch viele ähnliche Fehlerscheinungen. Und sogleich fragt der Geist, ob diese Fische unter der Brücke, jene Ochsen auf der Weide, jene Hunde im Hof unabänderlich Fische, Ochsen und Hunde sind oder mir nur als solche erscheinen, sich selbst aber vielleicht wie aufrecht gehende Menschen – und ob ich selbst allen Augen wie ein Mensch erscheine. Die Brahmanen und Pythagoras stellten dieselbe Frage, und wenn irgendein Dichter die Transformation beobachtet hat, dann hat er zweifellos gefunden, daß sie mit verschiedenen Erfahrungen im Einklang steht. Wir alle haben ähnlich beträchtliche Verwandlungen beim Weizen und bei Raupen gesehen. Derjenige ist der Dichter, der uns mit Liebe und Schrecken an sich zieht, der unter dem wechselnden Kleid die unwandelbare Natur sieht und von ihr berichten kann.

Ich suche vergeblich nach dem Dichter, den ich beschreibe. Wir wenden uns nicht mit hinreichender Klarheit oder mit hinreichender Tiefe dem Leben zu, noch wagen wir es, unsere eigene Zeit und gesellschaftliche Situation zu besingen. Wenn wir den Tag mit Tapferkeit ausfüllten, würden wir nicht davor zurückschrecken, ihn zu feiern. Zeit und Natur gewähren uns manche Gabe, aber noch nicht den erwarteten Menschen, die neue Religion, den Versöhner, auf den alle Dinge warten. Dantes Ruhm besteht darin, daß er es wagte, seine Autobiographie in riesengroßen Lettern zu schreiben und ihr damit Universalität zu geben. Wir haben bisher in Amerika noch kein Genie mit tyrannischem Blick gehabt, das den Wert unseres unvergleichlichen Materials erkannt hätte und in der Barbarei und dem Materialismus

der Zeit einen neuen Karneval der gleichen Götter erblickt
hätte, deren Bilder er bei Homer, später im Mittelalter und
dann im Kalvinismus so bewundert. Banken und Zölle,
Zeitung und politische Versammlung, Methodismus und
Unitarismus sind für stumpfsinnige Menschen uninteressant
und langweilig, ruhen aber auf den gleichen Grundlagen des
Wunderbaren wie die Stadt Troja und der Tempel von
Delphi und vergehen ebenso schnell wie diese. Noch sind
unsere politischen Kuhhändel,[18] unsere Wahlkampfreden
und ihre Politik, unsere Fischerei, unsere Neger und Indianer, unsere Schiffe und unsere Nichtanerkennungen von
Staatsschulden, die Wut der Schurken und die Verzagtheit
ehrlicher Menschen, der Handel im Norden, die Pflanzun-
gen im Süden, die Urbarmachung im Westen, Oregon und
Texas nicht besungen. Und doch ist Amerika ein Gedicht in
unseren Augen; seine weite Geographie versetzt die Einbildungskraft in Staunen, und es wird nicht mehr lange auf
seine Metren warten. Wenn ich in meinen Landsleuten jene
hervorragende Kombination von Gaben, die ich suche, noch
nicht gefunden habe, so war es mir auch nicht hilfreich
dabei, eine feste Vorstellung vom Dichter zu erlangen, wenn
ich hin und wieder in Chalmers' Sammlung englischer Dichter aus fünf Jahrhunderten las.[19] Sie sind mehr geistreiche
Köpfe als Dichter, obwohl es auch Dichter unter ihnen
gegeben hat. Aber wenn wir am Ideal des Dichters festhalten, dann haben wir sogar mit Milton und Homer unsere
Schwierigkeiten. Milton ist zu literarisch und Homer zu
pedantisch und historisierend.
Aber ich bin nicht klug genug für eine nationale Literatur-
kritik, und ich muß deshalb die alte Untersuchungsbreite
noch ein wenig länger beibehalten, um mich meiner Botschaft von der Muse an den Künstler bezüglich seiner Kunst
zu entledigen.
Kunst ist der Pfad des Schöpfers zu seinem Werk. Die Pfade
oder Methoden sind ideal und ewig, obwohl wenige Menschen sie jemals sehen; für lange Jahre oder ein ganzes Leben

nicht einmal der Künstler, wenn er nicht die Vorbedingungen erfüllt. Der Maler, der Bildhauer, der Komponist, der epische Sänger, der Redner – sie alle haben ein gemeinsames Bestreben, nämlich sich symmetrisch und reich auszudrükken und nicht kümmerlich und bruchstückhaft. Sie fanden oder versetzten sich in bestimmte Zustände, wie z. B. der Maler und Bildhauer vor einigen eindrucksvollen menschlichen Gestalten, der Redner in einer Versammlung von Menschen und die anderen in solchen Szenen, die sie jeweils als anregend für ihren Intellekt empfanden – und jeder fühlt sogleich das neue Verlangen. Er hört eine Stimme, er bemerkt einen Wink. Dann wird ihm mit Erstaunen klar, welche Scharen von Dämonen ihn umringen. Er findet keine Ruhe mehr; er sagt mit dem alten Maler: »Bei Gott, es ist in mir und muß aus mir heraus.« Er verfolgt eine halb geschaute Schönheit, die vor ihm flieht. Der Dichter verströmt in jeder Einsamkeit Verse. Die meisten Dinge, die er sagt, sind zweifellos konventionell; nach und nach aber sagt er etwas, das originell und schön ist. Das bezaubert ihn. Er möchte nur noch solche Dinge sagen. In unserer Ausdrucksweise sagen wir: »Das ist dein, dies ist mein«; aber der Dichter weiß sehr wohl, daß es nicht sein ist; daß es für ihn ebenso fremd und schön ist, wie für dich; er würde solcher Beredsamkeit gern ausführlicher lauschen. Nachdem er einmal von diesem unsterblichen Blut gekostet hat, kann er nicht genug davon bekommen, und da eine wunderbare Schöpferkraft in diesem Verstehen liegt, ist es von höchster Bedeutung, daß diese Dinge ausgesprochen werden. Wie wenig von all unserem Wissen wird ausgesprochen! Welche Tropfen des gewaltigen Meeres unserer Wissenschaft werden ausgeschöpft! und durch welchen Zufall kommen sie an den Tag, wo doch so viele Geheimnisse in der Natur schlummern! Daher sind Sprache und Gesang notwendig; daher rühren die Erregung und das Herzklopfen des Redners an der Tür des Versammlungsraumes – damit der Gedanke als Logos oder Wort hervorgebracht werden kann.

Zweifle nicht, o Dichter, sondern bleibe fest. Sag: »Es ist in mir und soll heraus«. Steh da, stockend und stumm, stotternd und stammelnd, ausgezischt und ausgepfiffen, steh und kämpfe, bis zuletzt der Zorn aus dir jene *Traum*-Kraft heraustreibt, die jede Nacht dir als deine eigene zeigt; eine Kraft, die alle Begrenzung und Vereinzelung übersteigt und kraft derer ein Mensch der Leiter des gesamten Stromes der Elektrizität ist. Nichts geht oder kriecht oder wächst oder existiert, was nicht einmal sich erheben und vor ihm als ein Ausdruck seiner Bedeutung erscheinen muß. Erlangt er diese Kraft, so ist sein Genie unausschöpflich. In Paaren oder Stämmen strömen alle Geschöpfe in seinen Geist wie in die Arche Noahs, um als Bevölkerer einer neuen Welt wieder daraus hervorzugehen. Damit verhält es sich wie mit dem Luftvorrat für unser Atmen oder für das Feuer in unserem Herd, der nicht nach Gallonen gemessen wird, sondern dem notfalls die ganze Atmosphäre zur Verfügung steht. Und daher gibt es natürlich für die reichen Dichter wie Homer, Chaucer, Shakespeare und Raffael keine Grenzen für ihre Werke, es sei denn die ihrer Lebensspanne; sie gleichen einem Spiegel, der durch die Straßen getragen wird und bereit ist, ein Bild aller Dinge auf Erden wiederzugeben.

O Dichter! ein neuer Adel wird in Hainen und Auen verliehen und nicht mehr in Schlössern oder durch das Schwert. Die Bedingungen sind hart, aber gerecht. Du sollst die Welt lassen und nur noch die Muse kennen. Du sollst nicht mehr die Zeiten, Gebräuche, Tugenden, Politik oder Meinungen der Menschen kennen, sondern sollst alles von der Muse empfangen. Denn die Zeit der Städte wird in der Welt durch Grabgeläut angezeigt, in der Natur aber werden die Stunden des Universums nach den aufeinanderfolgenden Stämmen von Tieren und Pflanzen und dem ständigen Anwachsen der Freude gezählt. Gott bestimmt auch, daß du einem vielfältigen und zwiespältigen Leben entsagst und dich zufrieden gibst, daß andere für dich sprechen. Andere sollen deine Gentlemen sein und alle Höflichkeit und alles weltliche Leben für dich darstellen; andere sollen auch die großen und klangvollen Handlungen verrichten. Du sollst eng und verborgen in der Natur ruhen und kannst nicht zum Kapitol oder zur Börse zugelassen werden. Die Welt ist voller Entsagungen und Lehrzeiten, und dies ist die deine; du mußt für lange Zeit als Narr und ungehobelte Bursche gelten. Das ist der Schirm und die Scheide, mit der Pan seine geliebte Blume geschützt hat, und nur die Deinen sollen dich erkennen, und sie werden dich mit zärtlichster Liebe trösten. Und aus alter Scheu vor dem heiligen Ideal wirst du nicht fähig sein, die Namen deiner Freunde in deinen Versen zu nennen. Und dies ist die Belohnung; daß das Ideal für dich wirklich sein wird, und die Eindrücke der wirklichen Welt werden wie Sommerregen auf dein unverletzbares Wesen fallen, reichlich, aber nicht störend. Das ganze Land soll dein Park und Herrensitz sein, das Meer dir zum Bade und zur Schiffahrt dienen, ohne Steuern und ohne Neid; die Wälder und Flüsse werden dein sein, und du sollst besitzen, wo andere nur Pächter und Kostgänger sind. Du wahrer Herrscher über Land, Meer und Luft! Wo immer Schnee fällt oder Wasser fließt oder Vögel fliegen, wo immer sich Tag und Nacht im Zwielicht treffen, wo immer im blauen Himmel Wolken hängen oder er mit Sternen besät ist, wo immer es Formen mit durchlässigen Grenzen gibt, wo immer es Öffnungen in den himmlischen Raum gibt, wo immer es Gefahr und Ehrfurcht und Liebe gibt – da ist Schönheit, reich wie Regen, für dich ausgebreitet, und wenn du auch die ganze Welt durchschreiten solltest, so wirst du nirgends eine widerwärtige oder gemeine Situation finden.

Freundschaft

Ein roter Tropfen Mannesblut
Wiegt mehr als Meeresbrausen;
Die Welt im Wandel kommt und geht,
Der Liebende fest angewurzelt bleibt.
Ich wähnte ihn entflohen,
Bis dann nach manchem Jahr
Die Strahlen unerschöpfter Güte
Erblühten dort wie Morgenrot.
Mein sorgsam Herz war wieder frei –
O Freund, so sprach mein Herz,
Durch dich allein ist der Himmel gewölbt,
Durch dich wird die Rose rot,
Ein jedes Ding durch dich veredelt wird,
Und schaut weit übers Erdenrund hinaus;
Der Mühlentrott des Schicksals scheint
Als Sonnenpfad in deinem Glanz.
Auch mich dein Adel hat gelehrt,
Mein Zweifeln zu verwinden;
Der Bronn meines verdeckten Lebens
Quillt rein aus dieser Freundschaft.[1]

Wir besitzen weitaus mehr Güte, als je zum Ausdruck kommt. Trotz aller Selbstsucht, die wie Ostwinde die Welt frösteln macht, ist die ganze menschliche Familie von einem Element der Liebe durchdrungen wie von klarem Äther. Wie viele Menschen treffen wir in unseren Häusern, mit denen wir kaum sprechen, die wir aber doch hoch einschätzen, ebenso wie sie uns. Wie viele begegnen uns auf der Straße oder sitzen neben uns in der Kirche, deren Nähe uns hoch erfreut, auch wenn wir nie darüber sprechen. Achte auf die Sprache jener wandernden Augenstrahlen. Das Herz versteht.[2]

Gibt man sich dieser menschlichen Zuneigung hin, ist das Ergebnis eine gewisse herzliche Heiterkeit. In der Dichtung und in der Alltagssprache werden die Gefühle des Wohlwollens und Wohlgefallens, die wir für andere empfinden, mit den Auswirkungen des Feuers auf die Materie verglichen; ebenso schnell oder noch schneller, wirkungsvoller und beglückender sind jene feinen inneren Ausstrahlungen. Vom höchsten Grad leidenschaftlicher Liebe bis zum untersten der Gefälligkeit machen sie die Süße des Lebens aus.

Unsere geistigen und körperlichen Kräfte wachsen mit unserer Zuneigung. Der Gelehrte setzt sich zum Schreiben nieder, und all die Jahre seiner Meditation verhelfen ihm weder zu einem guten Gedanken noch zu einer glücklichen Formulierung; aber dann muß er einem Freund einen Brief schreiben – und sogleich bietet sich von allen Seiten eine Fülle anmutiger Gedanken in auserlesenen Worten an. Bedenkt nur das Herzklopfen, das die Ankunft eines Fremden in einem Haus verursacht, in dem Tugend und Selbstachtung herrschen. Ein bestens empfohlener Fremdling wird erwartet und angekündigt, und ein Gefühl der Unbehaglichkeit, das zwischen Vergnügen und Schmerz liegt, durchdringt alle Herzen in jenem Haus. Seine Ankunft versetzt die guten Seelen, die ihn willkommen heißen möchten, beinahe in Furcht. Im Haus wird Staub gewischt, jedes Ding fliegt auf seinen Platz, der alte Rock wird gegen den neuen ausge-

tauscht, und wenn irgend möglich, muß ein Essen aufge-
tischt werden. Über einen Fremden, der mit Empfehlungen
daherkommt, erzählt man immer nur Gutes, und so hören
wir nur das Gute und Neue. Er vertritt für uns die Menschheit. Er ist so, wie wir ihn uns wünschen. Wir haben uns
eine Vorstellung von ihm gemacht und diese noch ausgebaut
und fragen uns dann, wie wir uns in Wort und Tat neben
einem solchen Menschen verhalten sollen, und die Furcht
bereitet uns Unbehagen. Die gleiche Vorstellung hebt eine
Unterhaltung mit ihm auf eine höhere Stufe. Wir sprechen
besser, als wir es gewöhnlich tun. Unsere Phantasie ist
äußerst beweglich, unser Gedächtnis besser, und der Teufel,
der uns sonst den Mund verschließt, hat sich für eine Weile
verabschiedet. Stundenlang können wir uns aufrichtig, ele-
gant und gedankenreich mitteilen, wobei wir auf älteste und
geheimste Erfahrungen zurückgreifen, so daß die, die neben
uns sitzen, unsere Verwandten und Bekannten, angesichts
dieser ungewöhnlichen Fähigkeiten lebhaft überrascht sind.
Sobald aber der Fremde mit seinen Meinungen, Definitionen
und Mängeln in das Gespräch eindringt, ist alles vorbei. Er
hat das Erste und Letzte und Beste von uns gehört, das er je
hören wird. Er ist nun kein Fremder mehr. Vulgarität,
Unwissenheit und Mißverständnis sind alte Bekannte. Wenn
er nun wiederkommt, wird er vielleicht die Ordnung im
Haus, den neuen Rock und das Essen vorfinden – aber nicht
mehr jenes Herzklopfen und jene Seelenaussprache.

Was ist so angenehm wie jene Fontänen der Zuneigung, die
die Welt für mich wieder jung machen? Was ist so köstlich
wie eine feste und aufrechte Begegnung zweier Menschen in
einem Gedanken, einem Gefühl? Wie schön sind Schritt und
Gestalt des Wahren und des Begabten, wenn sie sich diesem
klopfenden Herzen nähern! In dem Augenblick, in dem wir
uns unserer Zuneigung hingeben, ist die Erde verwandelt; es
gibt keinen Winter und keine Nacht; alle Tragödien und alle
Langeweile verschwinden, ja sogar alle Pflichten; nur die
strahlenden Gestalten geliebter Menschen füllen die fort-

schreitende Unendlichkeit. Wenn der Seele mit Gewißheit versprochen würde, daß sie irgendwo im Universum ihren Freund wiederfände, dann würde sie fröhlich und zufrieden tausend Jahre allein sein können.

Ich erwachte heute morgen mit einem Gefühl tiefer Dankbarkeit für meine Freunde, die alten und die neuen. Soll ich nicht Gott, der sich mir täglich so in seinen Gaben offenbart, das Schöne nennen? Ich tadele die Gesellschaft, ich gebe mich der Einsamkeit hin, und doch bin ich nicht so undankbar, daß ich nicht die Weisen, Liebenswürdigen und Edelmütigen sehe, die von Zeit zu Zeit an meinem Tor vorübergehen. Wer mich hört, mich versteht, der wird mein – ein Besitz für alle Zeiten. Auch ist die Natur nicht so arm, als daß sie mir diese Freude nicht mehrfach gewährte, und so weben wir unsere eigenen gesellschaftlichen Verbindungen, ein neues Netz von Beziehungen; und da viele Gedanken sich nach und nach in Wirklichkeit umsetzen, werden wir schließlich in einer neuen, selbstgeschaffenen Welt stehen und nicht länger Fremde und Pilger auf einem überkommenen Erdball sein.[3] Meine Freunde sind ungefragt zu mir gekommen. Der große Gott gab sie mir. Ich finde sie durch das älteste Recht, durch die göttliche Affinität der Tugend mit sich selbst, oder vielmehr nicht ich finde sie, sondern das Göttliche in mir und in ihnen verlacht und überwindet die dicken Trennwände von individuellem Charakter, Verwandtschaft, Alter, Geschlecht und Lebensumständen, die der Mensch gewöhnlich stillschweigend duldet, und macht so aus vielen ein Eines. Ich schulde euch tiefen Dank, ihr vortrefflichen Liebenden, die ihr mir die Welt zu neuen, edlen Tiefen ausweitet und die Inhalte meines Denkens erweitert. Diese sind die neue Poesie des ursprünglichen Barden – Poesie ohne Ende –, Hymne, Ode, Epos, Dichtung, die noch in Bewegung ist, Apollo und die Musen, die noch singen. Werden sich auch diese wieder von mir trennen, oder nur einige von ihnen? Ich weiß es nicht, aber ich fürchte mich nicht davor; denn meine Beziehung zu ihnen ist so rein, daß wir durch bloße Affinität zusammenhalten, und da der Genius meines Lebens derart gesellschaftlicher Natur ist, wird diese Affinität ihre Wirkung auf jeden ausüben, der so edler Natur ist wie jene Männer und Frauen, wo immer ich bin.

Ich bekenne, daß meine Natur in diesem Punkt äußerst empfindsam ist. Für mich ist es beinahe gefährlich, »das süße Gift des mißbrauchten Weins«[4] der Zuneigung zu trinken. Ein neuer Mensch ist für mich ein großes Ereignis, das mich nicht schlafen läßt. Oft schon haben Menschen, die mir angenehme Stunden bereitet haben, mich zu schönen Schwärmereien angeregt; aber solche Freude endet noch am gleichen Tag; sie trägt keine Frucht. Es wird aus ihr kein Gedanke geboren; mein Handeln ist nur wenig verändert. Die Talente meines Freundes müssen mich mit Stolz erfüllen, als seien es meine eigenen, und ich muß von seinen Tugenden Besitz ergreifen. Wenn er gelobt wird, habe ich die gleichen warmen Empfindungen wie ein Liebhaber, der hört, daß seine Braut gepriesen wird. Wir überschätzen das Gewissen unseres Freundes. Seine guten Eigenschaften erscheinen uns besser als unsere eigenen, seine Natur vollendeter, seine Versuchungen geringer. Unsere Einbildungskraft überhöht alles, was zu ihm gehört – seinen Namen, seine Gestalt, seine Kleidung, seine Bücher und Geräte. Aus seinem Mund klingen unsere eigenen Gedanken neu und bedeutungsvoller.

Dennoch sind Systole und Diastole des Herzens nicht ohne Analogie zu den Gezeiten der Liebe. Freundschaft ist wie die Unsterblichkeit der Seele zu schön, um wahr zu sein. Der Liebende, der seine Geliebte anschaut, ist sich zumindest halb bewußt, daß sie nicht wirklich das ist, was er verehrt; ebenso überraschen uns in der goldenen Stunde der Freundschaft Schatten von Mißtrauen und Unglauben. Wir fragen uns, ob nicht wir unserem Helden seine strahlenden Tugenden verleihen und anschließend eine äußere Hülle verehren, der wir selbst diese Anwesenheit des Göttlichen zugeschrieben haben. Genaugenommen achtet die Seele die Menschen geringer als sich selbst. Streng wissenschaftlich gesehen unterliegen alle Menschen den gleichen Bedingungen eines unendlichen Getrenntseins. Müssen wir befürchten, daß unsere Liebe abkühlt, wenn wir nach den metaphysischen Grundlagen dieses elysischen Tempels[5] graben? Sollte ich nicht so wirklich sein wie die Dinge, die ich wahrnehme? Wenn ich es bin, dann werde ich mich nicht fürchten, sie als das zu erkennen, was sie sind. Ihr Wesen ist nicht weniger schön als ihre Erscheinung, aber es bedarf feinerer Sinne, um es wahrzunehmen. Die Wurzel der Pflanze gilt der Wissenschaft nicht als unansehnlich, für Kränze und Girlanden jedoch schneiden wir den Stiel kurz ab. Und ich muß es riskieren, inmitten dieser artigen Gedankenspielereien eine nackte Tatsache vorzubringen, auch wenn sie sich bei unserem Bankett als ein ägyptischer Totenschädel[6] erweisen sollte. Ein Mensch, der mit seinem Denken eins ist, hat eine außerordentlich hohe Meinung von sich selbst. Er ist sich eines allgemeinen Erfolges bewußt, selbst wenn dieser durch einzelne gleichförmige Mißerfolge erkauft worden ist. Keine Vorteile und Mächte, weder Gold noch Gewalt können ihm gewachsen sein. Ich habe keine andere Wahl, als mich mehr auf meine eigene Armut als auf deinen Reichtum zu verlassen. Ich kann deine Bewußtheit nicht der meinen gleich machen. Nur der Stern blendet; der Planet strahlt schwach wie der Mond. Ich höre, was du von den bewundernswürdigen Eigenschaften und dem bewährten Charakter des Menschen, den du lobst, sagst, aber es ist mir klar, daß ich ihn ungeachtet all seiner Purpurumhänge nicht lieben werde, es sei denn, er ist letztlich ein ebenso armer Grieche wie ich. Ich kann nicht leugnen, o Freund, daß auch dich der weite Schatten der Erscheinungswirklichkeit mit seiner bunten und mannigfaltigen Unermeßlichkeit umschließt, auch dich, im Vergleich zu dem alles andere Schatten ist. Du bist nichts Wesenhaftes, wie die Wahrheit oder die Gerechtigkeit – du bist nicht meine Seele, sondern nur ihr Bild und Abbild. Du bist eben erst zu mir gekommen, und schon greifst du nach Hut und Mantel. Ist es nicht so, daß die Seele Freunde hervorbringt wie der Baum Blätter, der bald nach dem Keimen neuer Knospen das alte Blatt abstößt? Das Gesetz der Natur ist Wechsel auf immerdar. Jeder elektrische Zustand führt wieder zu seinem Gegenteil. Die Seele umgibt sich mit Freunden, um so zu größerer Selbsterkenntnis oder Einsamkeit zu gelangen; und sie bleibt für eine Weile allein, um dadurch das Gespräch oder den Umgang mit sich selbst zu verstärken. Diese Methode gibt sich in der ganzen Geschichte unserer persönlichen Beziehungen zu erkennen. Der Zuneigungstrieb belebt die Hoffnung auf Vereinigung mit unseren Freunden, und das wiederkehrende Gefühl der Isoliertheit ruft uns von der Jagd zurück. So verbringt jeder Mensch sein Leben mit der Suche nach Freundschaft, und wenn er seine wahren Empfindungen festhalten sollte, dann könnte er jedem neuen Kandidaten seiner Liebe einen Brief wie den folgenden schreiben:

Lieber Freund,
wenn ich Deiner und Deiner Fähigkeit sicher wäre, sicher auch, daß ich meine Stimmung der Deinen anpassen kann, dann würde ich Dein Kommen und Gehen niemals als unerheblich betrachten. Ich bin nicht sehr weise; meine Stimmungen sind durchaus begreiflich, und ich achte Deinen Genius, der für mich bislang unergründlich ist; dennoch wage ich es nicht, bei Dir eine vollkommene Einsicht in mich vorauszusetzen, und daher bist Du für mich eine köstliche Qual. Dein auf immer, oder niemals.

Aber diese unbehaglichen Freuden und schönen Qualen sind nur Gegenstand neugierigen Fragens, nicht aber des Lebens. Man darf sich ihnen nicht hingeben. Das hieße Spinnweben spinnen und nicht Tuch weben.[7] Unsere Freundschaften eilen einem schnellen und armseligen Ende zu, weil wir sie zu einem Gewebe aus Wein und Träumen anstelle der zähen Fasern des Menschenherzens gemacht haben. Die Gesetze der Freundschaft sind streng und ewig, aus dem gleichen Gewebe wie die Gesetze der Natur und der Moral. Wir aber waren auf einen schnellen und unerheblichen Gewinn aus, wollten uns an einer flüchtigen Süße laben. Wir haschen nach der spätesten Frucht in dem ganzen Garten Gottes, einer, die viele Sommer und Winter zum Reifen braucht. Wir suchen unseren Freund nicht mit heiligen Gefühlen, sondern mit einer unreinen Leidenschaft, die ihn zu unserem Besitz machen möchte. Vergeblich. Wir stecken in einem Panzer von kaum wahrnehmbaren Gegensätzen, die sich schon bei unserer ersten Begegnung zu regen beginnen und alle Poesie in schale Prosa verwandeln. Fast jeder Mensch begibt sich für eine Begegnung mit einem anderen auf eine tiefere Ebene. Jede Verbindung muß ein Kompromiß sein; und, was das Schlimmste ist, sogar Blüte und Duft der Blume eines jeden dieser schönen Wesen verschwinden, sobald sie sich einander nähern. Welch beständige Enttäuschung ist die tatsächliche Gesellschaft selbst der Edelsten und Tüchtigsten! Nachdem Gespräche mit großer Voraussicht geplant wurden, werden wir mit einem Mal, auf dem Höhepunkt der Freundschaft und des Denkens, von versteckten Seitenhieben, plötzlichen unangebrachten Abneigungen und epileptischen Zuckungen des Witzes und der Lebensgeister gequält. Unsere Talente stellen uns nur noch verzerrt dar, und jeder fühlt sich erleichtert, wenn er wieder allein ist.

Ich sollte jeder Beziehung gewachsen sein. Es ist gleichgültig, wie viele Freunde ich habe und welche Befriedigung ich im Gespräch mit jedem finde, wenn es unter ihnen auch nur einen gibt, dem ich nicht ebenbürtig bin. Wenn ich vor einem Vergleich als unebenbürtig zurückgeschreckt bin, dann wird die Freude, die ich an allen anderen finde, schäbig und unehrlich. Ich würde mir selbst verhaßt, wenn ich dann meine anderen Freunde zu meiner Zuflucht machte:

Der mühevolle Krieger kampfbegabt
Wenn er nach tausend Siegen Schmach erlitt
Ist aus dem Buch der Ehre weggeschabt
Vergessen ist was vormals er erstritt.[8]

Unsere Ungeduld erfährt so eine scharfe Zurechtweisung.
Schüchternheit und Zurückhaltung sind eine zähe Hülse, in
der ein empfindliches Gebilde vor vorzeitigem Reifen
beschützt wird. Es wäre verloren, wenn es sich selbst erkennen würde, bevor irgendeine der besten Seelen reif genug
wäre, es zu erkennen und zu besitzen. Achte die *Naturlang-
samkeit*,[9] die den Rubin in einer Million Jahren härtet und
mit Zeiträumen arbeitet, in denen Alpen und Anden kommen und gehen wie Regenbogen. Der gute Geist unseres
Lebens kennt keinen Himmel, der der Lohn für Übereiltheit
wäre. Die Liebe, das eigentliche Wesen Gottes, wird nicht
der Leichtfertigkeit zuteil, sondern der gesamten Würde des
Menschen. Wir wollen unsere Blicke nicht auf diesen kindi-
schen Luxus richten, sondern auf die strengsten Werte; wir
wollen unserem Freund entgegentreten mit kühnem Vertrauen in die Wahrhaftigkeit seines Herzens und die unum-
stößliche Breite seiner Grundlagen.
Die Anziehungskraft dieses Themas ist unwiderstehlich,
und ich unterlasse vorläufig jegliche Aufzählung eines unter-
geordneten gesellschaftlichen Nutzens, um über jene ausge-
wählte und geheiligte Beziehung zu sprechen, die eine Art
von Absolutum ist und sogar die Sprache der Liebe verdäch-
tig und gewöhnlich erscheinen läßt, da sie soviel reiner ist
und nichts so göttlich wie sie.
Ich möchte Freundschaften nicht geziert, sondern mit unge-
stümem Mut behandeln. Wenn sie wirklich sind, dann sind
sie weder Glasfäden noch Eisblumen, sondern das Bestän-
digste, was wir kennen. Was wissen wir denn nach so vielen
Jahrhunderten von Erfahrung über die Natur oder uns
selbst? Nicht einen Schritt ist der Mensch der Lösung des
Problems seines Schicksals nähergekommen. Das ganze

menschliche Universum steht unter dem einen Verdammungsurteil der Torheit. Aber die süße Aufrichtigkeit der Freude und des Friedens, die ich aus dieser Verbindung mit der Seele meines Bruders ziehe, ist die eigentliche Frucht, für die die ganze Natur und alles Denken nur Hülse und Schale sind. Glücklich ist das Haus, das einen Freund beherbergt! Selbst wenn es ihn nur einen einzigen Tag bewirten sollte, müßte man es wie ein Festgemach oder einen Triumphbogen bauen. Glücklicher ist, wer den Ernst einer solchen Verbindung kennt und ihr Gesetz achtet! Wer sich als Teilhaber für diesen Bund anbietet, erlangt dadurch wie ein Olympier Zugang zu den großen Spielen, in denen die Erstgeborenen der Welt seine Mitstreiter sind. Er bietet sich für Wettkämpfe an, in denen er gegen Zeit, Not und Gefahr antritt und nur der siegt, der sich die Wahrheit so sehr zu eigen gemacht hat, daß er seine empfindliche Schönheit vor dem Ansturm all jener Feinde bewahren kann. Das Glück mag ihm hold sein oder nicht – aller Erfolg in diesem Wettbewerb hängt vom inneren Adel und der Verachtung von Nichtigkeiten ab. Es verbinden sich zwei Elemente bei der Bildung einer Freundschaft – beide so wichtig, daß ich in keinem eine Überlegenheit finden kann, keinen Grund, es als erstes zu nennen. Das eine ist Wahrheit. Ein Freund ist ein Mensch, mit dem ich aufrichtig sein kann. In seiner Gegenwart kann ich laut denken. Ich bin endlich bei einem Menschen angelangt, der so wirklich und ebenbürtig ist, daß ich sogar jene letzten Hüllen von Verstellung, Höflichkeit und Bedenken von mir werfen kann, die die Menschen nie ablegen, und daß ich ihm mit jener Einfachheit und Ganzheit begegnen kann, mit der ein chemisches Atom auf ein anderes trifft. Aufrichtigkeit ist der Luxus, der wie Diademe und Autorität nur den höchsten Rängen zugestanden wird; *diese* dürfen die Wahrheit sagen, da sie nichts mehr über sich haben, dem sie schmeicheln oder sich anpassen müßten. Allein ist jeder Mensch aufrichtig. Mit dem Hinzukommen einer zweiten Person beginnt die Verstellung. Wir verteidigen und wehren uns gegen die Annäherung unseres Mitmenschen durch Komplimente, Klatsch, Vergnügungen und Geschäfte. Wir verbergen hundertfältig unsere Gedanken vor ihm. Ich kannte einmal einen Mann,[10] der in einer gewissen religiösen Schwärmerei jene Drapierung ablegte und ohne Komplimente und Gemeinplätze jedem Menschen, der ihm begegnete, direkt ins Gewissen sprach, und das mit tiefer Einsicht und Schönheit. Zunächst fand er Widerstand, und alle Menschen waren sich einig, daß er verrückt sei. Nachdem er aber – weil er einfach nicht anders konnte – eine Weile bei seinem Vorgehen geblieben war, erlangte er schließlich den Vorteil, jeden Menschen, den er kannte, in echte Beziehungen zu sich zu bringen. Es wäre niemandem mehr eingefallen, ihm eine Unwahrheit zu sagen oder ihn mit dem Geschwätz der Märkte oder Lesezimmer abzuspeisen. Vielmehr wurde jeder durch so viel Aufrichtigkeit zu einem entsprechenden offenen Verhalten gezwungen und offenbarte ihm ohne Einschränkung, welche Liebe zur Natur, welche Poesie und welches Sinnbild von Wahrheit er besaß. Aber den meisten von uns zeigt die Gesellschaft nicht ihr Gesicht und ihre Augen, sondern ihre Seite und ihren Rücken. Ist es nicht einen Anfall von Wahnsinn wert, in einem falschen Zeitalter mit den Menschen in eine echte Beziehung zu treten? Wir können selten aufrecht treten. Fast jeder Mensch, dem wir begegnen, verlangt eine gewisse Höflichkeit und daß man auf ihn eingeht; er ist ziemlich bekannt, hat einiges Talent, oder es schwirrt in seinem Kopf irgendeine religiöse oder philanthropische Grille herum, die nicht in Frage gestellt werden darf und jedes Gespräch mit ihm verdirbt. Ein Freund aber ist ein vernünftiger Mensch, der nicht meinen Scharfsinn erprobt, sondern mich. Mein Freund unterhält mich, ohne daß ich irgendwelche Vorbedingungen zu erfüllen hätte. Ein Freund ist daher eine Art Paradoxon in der Natur. Ich, der ich allein bin, der ich in der Natur nichts sehe, dessen Existenz ich in gleicher Weise wie meine eigene behaupten kann, erblicke nun das Spiegelbild meines Daseins in all seiner Größe, Mannigfaltigkeit und Merkwürdigkeit in einer fremden Gestalt wiederholt; daher kann ein Freund mit Recht für das Meisterstück der Natur gehalten werden.

Der andere Bestandteil der Freundschaft ist Zärtlichkeit. Wir sind durch alle Arten von Banden mit Menschen verbunden: durch Blut, Stolz, Furcht, Hoffnung, Gewinnsucht, Lust, Haß, Bewunderung, durch jede Formalität, jedes Abzeichen und jede Lappalie – aber wir können kaum glauben, daß in einem anderen so viel Charakter bestehen kann, daß er uns durch Liebe an sich zieht. Kann ein anderer so begnadet und können wir so rein sein, daß wir ihm Zärtlichkeit anbieten können? Wenn ein Mensch mir lieb wird, dann habe ich das Ziel des Glücks erreicht. Ich finde sehr wenig in Büchern geschrieben, das sich direkt auf den Kern dieser Angelegenheit bezieht. Und doch gibt es eine Stelle, die ich einfach nicht vergessen kann. Mein Autor sagt: »Ich gebe mich zaghaft und unempfindlich gegenüber denjenigen, denen ich wirklich zugehöre; ich dränge mich am wenigsten dem auf, dem ich am meisten ergeben bin.«[11] Ich wünsche mir, die Freundschaft hätte sowohl Füße wie auch Augen und Beredsamkeit. Sie muß fest auf dem Boden stehen, ehe sie über den Mond springt. Ich wünsche mir, daß sie ein wenig ein Bürger wäre, bevor sie ganz zum Cherub wird. Wir tadeln den Bürger, weil er aus der Liebe einen Gebrauchsartikel macht. Sie ist ein Austausch von Geschenken, von nützlichen Leihgaben; sie bedeutet gute Nachbarschaft; sie wacht bei den Kranken; sie hält das Leichentuch bei der Beerdigung; und sie verliert die Zartheit und Erhabenheit der Beziehung völlig aus den Augen. Aber obwohl wir unter dieser Marketender-Verkleidung den Gott nicht finden können, so können wir andererseits dem Dichter nicht verzeihen, wenn er seinen Faden zu dünn spinnt und seine Romanze nicht durch die bürgerlichen Tugenden der Gerechtigkeit, Pünktlichkeit, Treue und des Mitleids bekräftigt. Ich hasse es, wenn der Begriff der Freundschaft

zur Bezeichnung modischer und weltlicher Beziehungen
mißbraucht wird. Mir ist die Gesellschaft von Ackerknech-
ten und Hausierern viel lieber als die der seidenen und
parfümierten Freundschaft, die ihre Zusammenkünfte durch
frivole Protzerei, Fahrten in Kutschen und Diners in den
besten Restaurants feiert. Das Ziel der Freundschaft ist ein
Austausch, wie er enger und zugleich einfacher nicht
geschaffen werden kann; er ist enger als jeder Austausch,
den wir bisher erfahren haben. Freundschaft bietet Hilfe
und Trost in allen Verhältnissen und Ereignissen des Lebens
und des Todes. Sie eignet sich für heitere Tage, anmutige
Geschenke und Landpartien, aber auch für holprige Straßen
und karge Kost, Schiffbruch, Armut und Verfolgung. Sie
hält sich beim sprühenden Witz ebenso auf wie bei der
religiösen Verzückung. Wir sollen einander die täglichen
Nöte und Pflichten des menschlichen Lebens veredeln und
es durch Mut, Weisheit und Eintracht verschönen. Freundschaft sollte niemals zu etwas Gewöhnlichem und Festge-
fahrenem absinken, sondern sollte wach und erfinderisch
sein und der täglichen Plackerei Sinn und Verstand geben.
Man kann sagen, daß Freundschaft Naturen voraussetzt, die
so erlesen und kostbar sind – jede so wohlgestimmt und so
glücklich angepaßt – und die zudem in so ähnlichen Verhältnissen leben (denn, wie ein Dichter sagt, die Liebe verlangt,
daß sogar in diesem Punkt die Beteiligten einander völlig
entsprechen), daß ihre Vollendung nur sehr selten erreicht
werden kann. Sie kann in ihrer Vollendung, so sagen einige
von denen, die sich in dieser warmen Herzenskunde ausken-
nen, nicht zwischen mehr als zwei Menschen bestehen.
Meine Bedingungen sind nicht ganz so strikt, vielleicht weil
ich nie so tiefe Freundschaft wie andere kennengelernt habe.
Ich erfreue meine Einbildungskraft eher mit einem Kreis
gottähnlicher Männer und Frauen, die in verschiedenen
Beziehungen zueinander stehen und zwischen denen hohes
Einverständnis besteht. Für das Gespräch allerdings, das
Übung und Vollendung der Freundschaft ist, gilt unabän-

derlich das Gesetz *Einer mit Einem*. Mische nicht zu viele Wasser. Die besten mischen sich so schlecht wie Gut und Böse. Mit zwei verschiedenen Leuten kannst du zu verschiedenen Zeiten nützliche und aufmunternde Gespräche führen, aber laß euch drei zusammenkommen, und ihr werdet kein einziges neues und vernünftiges Wort hören. Zwei können sprechen und einer zuhören, aber drei können nicht an einem echten und tiefschürfenden Gespräch teilnehmen. Auch in guter Gesellschaft findet zwischen zwei Menschen, die sich am Tisch gegenübersitzen, nie ein solches Gespräch statt wie dann, wenn du sie allein läßt. In guter Gesellschaft verschmelzen die Individuen ihre Eigenheiten zu einer Gemeinschaftsseele, die genau den gleichen Umfang hat wie die der einzelnen Anwesenden zusammengenommen. Vorlieben zwischen Freunden oder zärtliche Gefühle zwischen Bruder und Schwester oder Mann und Frau sind dort nicht angebracht, eher das Gegenteil. Nur der kann dann sprechen, der auf den gemeinsamen Gedanken der Gruppe dahintreiben kann und nicht kümmerlich auf seine eigenen beschränkt ist. Diese Konvention aber, die der gesunde Menschenverstand verlangt, zerstört die hohe Freiheit des großen Gesprächs, das das absolute Zusammenlaufen zweier Seelen in eine verlangt.

Es gibt keine zwei Menschen, die nicht, sobald sie allein gelassen werden, in eine einfachere Beziehung zueinander treten. Affinität aber entscheidet darüber, *welche* zwei Menschen miteinander sprechen werden. Menschen, die keine Beziehung zueinander haben, finden wenig Freude aneinander; sie werden niemals die verborgenen Kräfte des anderen vermuten. Wir sprechen manchmal von einer großen Konversationsgabe, so als sei sie ein beständiger Besitz gewisser Menschen. Doch Konversation ist eine flüchtige Beziehung – nicht mehr. Jemand ist berühmt wegen seines Gedankenreichtums und seiner Beredsamkeit; dennoch bringt er seinem Vetter oder seinem Onkel gegenüber kein Wort heraus. Sie beklagen sein Schweigen mit der gleichen Berechtigung,

mit der sie die Nutzlosigkeit einer Sonnenuhr im Schatten
tadeln würden. In der Sonne wird sie die Uhrzeit angeben.
Unter denen, die sich an seinen Gedanken erfreuen, wird er
die Sprache wiederfinden.

Freundschaft verlangt jene seltene Mitte zwischen Gleich-
heit und Ungleichheit, die sich wechselseitig durch die
Anwesenheit von Kraft und Zustimmung anregen. Ich
möchte eher bis ans Ende der Welt allein sein, als daß mein
Freund durch ein Wort oder einen Blick seine wahre Sympathie übertreiben sollte. Ich werde gleichermaßen durch
Widerspruch wie Gefügigkeit enttäuscht. Er soll keinen
Augenblick aufhören, er selbst zu sein. Die einzige Freude,
die ich daran habe, daß er mir gehört, liegt darin, daß das
Nicht-mein mein ist. Ich hasse es, einen Brei von Zugeständ-
nissen zu finden, wo ich mannhafte Unterstützung oder
zumindest mannhaften Widerstand erwartete. Besser, du
bist eine Nessel in der Seite deines Freundes, als daß du sein
Echo bist. Die Bedingung, die tiefe Freundschaft voraussetzt, ist die Fähigkeit, auch ohne sie auszukommen. Diese
hohe Aufgabe verlangt große und erhabene Fähigkeiten.
Zwei müssen wirklich zwei sein, ehe sie wirklich eins werden können. Freundschaft sei ein Bund zweier großer,
gewaltiger Naturen, die sich gegenseitig wahrnehmen und
fürchten, ehe sie noch die tiefe Übereinstimmung erkennen,
die sie hinter jenen Unstimmigkeiten vereinigt.

Nur der ist für solche Gemeinschaft geeignet, der hochher-
zig ist; der sicher ist, daß Größe und Güte immer das
Zweckmäßigste sind; der zögert, sich in sein Geschick ein-
zumischen. Er soll sich auch hier nicht einmischen. Laß dem
Diamanten seine Jahrhunderte des Wachstums und erwarte
nicht, die Geburten des Ewigen zu beschleunigen. Freundschaft verlangt eine religiöse Behandlung. Wir reden davon,
daß wir uns unsere Freunde aussuchen, aber Freunde erwäh-
len sich selbst. Ehrfurcht spielt eine große Rolle dabei.
Behandle deinen Freund wie ein Schaustück. Natürlich hat
er Vorzüge, die nicht die deinen sind und die du nicht

würdigen kannst, wenn du ihn unbedingt nahe an dich
halten mußt. Tritt beiseite und gib jenen Vorzügen Raum;
laß sie aufsteigen und sich entfalten. Bist du der Freund der
Abzeichen deines Freundes oder seiner Gedanken? Einem
großen Herzen wird er in tausend Einzelheiten immer ein
Fremder bleiben, damit er sich nähern kann auf dem heiligsten Grund. Überlasse es Mädchen und Knaben, einen
Freund als einen Besitz zu betrachten und sich an einem
kurzen und alles verwirrenden Vergnügen zu laben anstatt
an edelstem Nutzen.

Laßt uns unseren Zutritt zu dieser Zunft mit einer langen
Probezeit erkaufen. Warum sollten wir edle und schöne
Seelen dadurch entweihen, daß wir uns ihnen aufdrängen?
Warum willst du auf vorschnellen persönlichen Beziehungen
zu deinem Freund bestehen? Warum ihn zu Hause besuchen
oder seine Mutter und seinen Bruder und seine Schwestern
kennenlernen? Warum sollte er dich zu Hause besuchen?
Sind all diese Dinge wichtig für unsere Verbindung? Unter-
laß dieses Berühren und Festkrallen. Er soll ein Geist für
mich sein. Eine Botschaft, einen Gedanken, eine Aufrichtigkeit, einen Blick von ihm – das ist es, was ich brauche, nicht
Neuigkeiten oder eine dicke Suppe. Politik und Klatsch und
nachbarliche Annehmlichkeiten kann ich von billigeren
Gefährten bekommen. Sollte die Gesellschaft meines Freundes nicht poetisch, rein, allumfassend und groß wie die
Natur selbst für mich sein? Sollte ich fühlen, daß unser Bund
profan ist im Vergleich zu jener Wolkenbank, die am Horizont schläft, oder jenem wiegenden Grasbusch, der den
Bach teilt? Wir wollen diesen Bund nicht herabsetzen, sondern zu solcher Höhe erheben. Brüste dich nicht damit, das
große, herausfordernde Auge, die trotzige Schönheit seines
Ausdrucks und seiner Handlungen herabzusetzen, sondern
damit, daß du sie verstärkst und steigerst. Verehre alle seine
überlegenen Eigenschaften, schmälere sie nicht in Gedanken, sondern sammle und benenne sie alle. Hüte ihn als dein
Gegenstück. Laß ihn auf immer eine Art schöner Feind für

dich sein, unbezähmbar, ehrfürchtig verehrt – und nicht ein unbedeutender Gebrauchsgegenstand, dessen man bald überdrüssig wird und den man dann beiseite wirft. Das Auge kann die Färbung des Opals oder das Funkeln des Diamanten nicht sehen, wenn es zu nahe an ihnen ist. Ich schreibe meinem Freund einen Brief, und ich bekomme von ihm einen Brief. Das scheint dir wenig zu sein. Mir genügt es. Es ist ein geistiges Geschenk, wert, daß er es macht und daß ich es empfange. Es entweiht niemanden. Diesen innigen Zeilen wird sich das Herz eher anvertrauen als je der Zunge, und es wird die Prophezeiung einer göttlicheren Existenz, als sie in den Annalen des Heroismus je verwirklicht wurde, ausgießen.

Achte die heiligen Gesetze dieser Gemeinschaft so weit, daß du nicht ihre vollkommene Blüte durch deinen ungeduldigen Wunsch nach ihrem Aufgehen gefährdest. Wir müssen uns selbst gehören, ehe wir einem anderen gehören können. Im Verbrechen gibt es, wie das lateinische Sprichwort sagt, zumindest die Befriedigung, daß du mit deinem Komplizen auf gleicher Ebene verkehrst: *Crimen quos inquinat, aequat.*[12] Das können wir mit Menschen, die wir bewundern und lieben, zunächst nicht. Doch verdirbt meiner Meinung nach der geringste Mangel an Selbstsein das ganze Verhältnis. Es kann niemals tiefen Frieden und gegenseitige Achtung zwischen zwei Geistern geben, ehe nicht in ihrem Zwiegespräch jeder von ihnen für die ganze Welt dasteht.

Was so groß ist wie die Freundschaft, wollen wir mit all der Geistesgröße, deren wir fähig sind, tragen. Laßt uns schweigen – damit wir das Raunen der Götter hören können. Wir wollen uns nicht einmischen. Wer trug dir auf, zu ersinnen, was du den auserwählten Seelen sagen sollst, oder wie du ihnen etwas sagen sollst? Ganz gleichgültig, wie geistreich, wie anmutig oder höflich es auch sei. Es gibt unzählige Grade von Torheit und Weisheit, und es ist frivol, wenn du nur irgend etwas sagst. Warte, und dein Herz wird sprechen. Warte, bis daß die Notwendigkeit und das Ewige dich überwältigen, bis daß Tag und Nacht sich deiner Lippen bemächtigen. Der einzige Lohn der Tugend ist die Tugend; die einzige Möglichkeit, einen Freund zu haben, ist, selber einer zu sein. Du wirst einem Menschen nicht dadurch näherkommen, daß du sein Haus betrittst. Ist seine Seele der deinen nicht ähnlich, so wird sie um so schneller von dir fliehen, und du wirst niemals einen wahren Blick aus seinem Auge erlangen. Wir sehen die Edlen in weiter Ferne, und sie weisen uns zurück; warum sollen wir uns aufdrängen? Spät, sehr spät erst bemerken wir, daß keine Vorkehrungen, keine Vorstellungen, keine gesellschaftlichen Gewohnheiten oder Gebräuche uns dazu verhelfen würden, uns in ein solches Verhältnis zu ihnen zu bringen, wie wir es wünschen, sondern nur, wenn sich unsere Natur auf eine Höhe mit der ihrigen erhebt; dann werden wir zueinanderkommen wie Wasser zu Wasser; und wenn wir ihnen dann nicht begegnen sollten, dann brauchen wir sie nicht, weil wir schon eins mit ihnen sind. Genau betrachtet ist Liebe nur das Zurückstrahlen des eigenen Wertes eines Menschen von anderen Menschen. Manche Menschen haben mit ihren Freunden den Namen getauscht, als wollten sie dadurch bedeuten, daß jeder in seinem Freund die eigene Seele liebt.

Je höher unsere Anforderungen an den Stil der Freundschaft sind, desto schwieriger ist es natürlich, sie in Fleisch und Blut umzusetzen. Wir gehen allein durch die Welt. Freunde, wie wir sie uns wünschen, sind Träume und Fabeln. Aber eine erhabene Hoffnung tröstet immer das treue Herz, daß anderswo, in anderen Regionen der allumfassenden Kraft, Seelen handeln, leiden und wagen, die uns lieben können und die wir lieben können. Wir können uns beglückwünschen, daß die Zeit der Unreife, der Torheiten, der Fehlgriffe und der Scham in Einsamkeit verbracht wird, und wenn wir fertige Menschen sind, dann werden wir mit heroischen Händen heroische Hände ergreifen. Laß dir nur das, was du schon siehst, eine Warnung davor sein, Freundschaftsbündnisse zu schließen mit billigen Menschen, mit

denen es keine Freundschaft geben kann. Unsere Ungeduld
verleitet uns zu übereilten und törichten Bündnissen, denen
kein Gott beiwohnt. Wenn du unbeirrbar auf deinem Weg
bleibst, wirst du das Große gewinnen, wenn du auch das
Kleine verlierst. Du zeigst, wer du bist, um dich dadurch aus
der Reichweite falscher Beziehungen zu bringen, und du
ziehst die Erstgeborenen der Welt an, jene seltenen Pilger,
von denen immer nur einer oder zwei gleichzeitig durch die
Natur wandern und von denen sich die gewöhnlichen Großen als bloße Erscheinungen und Schatten abheben.

Es ist töricht, wenn wir uns davor fürchten, unsere Bande zu
sehr zu vergeistigen, so als könnten wir dadurch echte Liebe
verlieren. Welche Korrekturen wir auch aus tieferer Einsicht
an unseren gängigen Vorstellungen vornehmen, die Natur
wird uns gewiß in ihnen bestätigen, und obwohl sie uns
einiger Freuden zu berauben scheint, wird sie uns durch
größere belohnen. Laßt uns, wenn wir dies wollen, die
absolute Vereinzelung des Menschen fühlen. Wir sind
sicher, daß wir alles in uns tragen. Wir reisen nach Europa,
oder wir verfolgen Menschen, oder wir lesen Bücher, alles in
dem instinktiven Glauben, daß diese uns etwas offenbaren
und wir zur Selbsterkenntnis gelangen. Alles armseliger
Kram. Die Menschen sind die gleichen wie wir; Europa ist
ein altes, verblichenes Kleidungsstück längst Verstorbener,
und die Bücher sind deren Geister. Wir wollen von diesem
Götzendienst ablassen. Wir wollen diesen Bettelkram aufge-
ben. Wir wollen selbst unseren liebsten Freunden Lebwohl
sagen und ihnen trotzig zurufen: »Wer bist Du? Laß mich
los: ich will nicht länger abhängig sein!« Ah, siehst du nicht,
o Bruder, daß wir uns so trennen, nur um uns auf einer
höheren Ebene wieder zu begegnen und um mehr dem
anderen anzugehören, weil wir mehr wir selbst sind? Ein
Freund hat ein Janus-Gesicht; er blickt in die Vergangenheit
und in die Zukunft. Er ist das Kind all meiner vergangenen
und der Prophet meiner zukünftigen Stunden und der Vor-
bote eines größeren Freundes.

Ich mache es also mit meinen Freunden wie mit meinen Büchern. Ich möchte sie da haben, wo ich sie finden kann, aber ich benutze sie selten. Wir brauchen Gesellschaft nach unseren eigenen Bedingungen und lassen sie bei der geringsten Veranlassung zu oder schließen sie aus. Ich kann es mir nicht leisten, viel mit meinem Freund zu sprechen. Wenn er groß ist, dann macht er mich so groß, daß ich mich zur Konversation nicht herablassen kann. In den großen Tagen schweben Ahnungen vor mir am Himmel. Dann muß ich mich ihnen widmen. Ich gehe hinein, um sie zu erfassen, ich gehe hinaus, um sie zu erfassen. Ich fürchte nur, daß ich sie verlieren könnte, wenn sie sich in den Himmel zurückziehen, in dem sie jetzt nur ein Streifen helleren Lichtes sind. Und obwohl ich meine Freunde schätze, kann ich es mir nicht leisten, mit ihnen zu sprechen und ihre Visionen zu studieren, um nicht meine eigenen zu verlieren. Es würde mir wohl eine gewisse heimelige Freude bereiten, dieses luftige Suchen, diese geistige Astronomie oder Sternensuche aufzugeben und zu warmen Sympathien mit dir herabzusteigen; aber ich weiß auch, daß ich das Entschwinden meiner mächtigen Götter immer betrauern werde. Sicherlich werde ich kommende Woche in träger Stimmung sein und es mir wohl leisten können, mich mit fremden Angelegenheiten zu beschäftigen; dann werde ich der verlorenen Literatur deines Geistes nachtrauern und mir wünschen, du wärest wieder neben mir. Aber wenn du kommst, dann wirst du vielleicht meinen Geist nur mit neuen Visionen füllen; nicht mit dir selbst, sondern nur mit deinem Abglanz, und ich werde dann ebensowenig wie jetzt mit dir reden können. So werde ich meinen Freunden diesen flüchtigen Umgang verdanken. Ich werde von ihnen nicht das empfangen, was sie haben, sondern was sie sind. Sie werden mir das geben, was sie eigentlich nicht geben können, sondern was von ihnen ausstrahlt. Aber sie werden mich nicht durch irgendwelche weniger feine oder reine Beziehungen festhalten. Wir werden uns treffen, als hätten wir uns nicht getroffen, wir werden uns trennen, als hätten wir uns nicht getrennt.

In letzter Zeit scheint es mir eher möglich, als ich früher dachte, eine große Freundschaft auch einseitig, ohne genaue Entsprechung auf der Gegenseite, aufrechtzuerhalten. Warum soll ich mich mit Kummer darüber belasten, daß der Empfänger nicht aufnahmefähig ist? Es bekümmert die Sonne niemals, daß einige ihrer Strahlen weitverstreut und nutzlos in den undankbaren Raum und nur einige wenige von ihnen auf den reflektierenden Planeten fallen. Laß deine Größe den ungeschlachten und kalten Gefährten erziehen. Ist er ungleich, so wird er bald verschwinden; du aber bist größer geworden durch deinen eigenen Glanz und schwingst dich, nicht länger ein Genosse für Frösche und Würmer, hinauf und strahlst mit den Göttern am Lichthimmel. Gewöhnlich hält man unerwiderte Liebe für eine Schande. Aber der Große wird erkennen, daß wahre Liebe nicht unerwidert sein kann. Wahre Liebe transzendiert den unwürdigen Gegenstand und verbleibt sinnend bei dem Ewigen, und wenn die armselige vorgebundene Maske zerfällt, dann ist sie nicht traurig, sondern fühlt sich nur um soviel Erde erleichtert und verspürt ihre Unabhängigkeit um so gewisser. Dennoch lassen sich diese Dinge nicht ohne einen gewissen Verrat an der Beziehung aussprechen. Das Wesen der Freundschaft ist Ganzheit, allumfassende Großherzigkeit und völliges Vertrauen. Sie darf keine Schwachheit voraussetzen oder ihr Vorschub leisten. Sie behandelt ihren Gegenstand wie einen Gott, um beide vergöttlichen zu können.

Anhang

Abkürzungen

CWR   *Emersons's Complete Works*, Riverside Edition, hrsg. von James E. Cabot, 12 Bde., Boston 1883–93, Repr. London: Routledge and Sons, 1903.

EWE   *The Complete Works of Ralph Waldo Emerson*, Centenary Edition, hrsg. von Edward Waldo Emerson, 12 Bde., Boston / New York: Houghton, Mifflin, and Company, 1903/04.

JMN   *The Journals and Miscellaneous Notebooks of Ralph Waldo Emerson*, hrsg. von William H. Gilman [u. a.], Bd. 1 ff., Cambridge, Mass.: Harvard University Press, 1960 ff.

EL   *The Early Lectures of Ralph Waldo Emerson, 1833–1842*, hrsg. von Stephen Whicher [u. a.], 3 Bde., Cambridge, Mass.: Harvard University Press, 1959–72.

Cameron   Kenneth Walter Cameron, *Emerson the Essayist*, 2 Bde., 1945, Repr. Hartford, Conn.: Transcendental Books, 1972.

Harding   Walter Harding, *Emerson's Library*, Charlottesville: University Press of Virginia, 1967.

Rusk, *Letters*   Ralph L. Rusk (Hrsg.), *The Letters of Ralph Waldo Emerson*, 6 Bde., New York / London: Columbia University Press, 1939.

Rusk, *Life*   Ralph L. Rusk, *The Life of Ralph Waldo Emerson*, New York: Charles Scribner's Sons, 1949.

Miller, *Transcendentalists*   Perry Miller (Hrsg.), *The Transcendentalists: An Anthology*, Cambridge, Mass.: Harvard University Press, 1950.

Miller, *American Transcendentalists*   Perry Miller (Hrsg.), *The American Transcendentalists: Their Prose and Poetry*, Garden City, N. Y.: Doubleday Anchor Books, 1957.

Anmerkungen

Einleitung

I

1 Diese biographische Skizze ist durchgehend der noch immer maßgeblichen Emerson-Biographie von Ralph L. Rusk (*The Life of Ralph Waldo Emerson*, New York 1949) verpflichtet. Auf Einzelnachweise aus Rusks Biographie wird daher – von einigen Ausnahmen abgesehen – verzichtet.

2 Vgl. auch Robert E. Spiller [u. a.], *Literary History of the United States*, New York 1949, Bd. 1, S. 359 ff., und den »Emerson«-Eintrag von Mark van Doren im *Dictionary of American Biography*, hrsg. von Allen Johnson und Dumas Malone, London 1931, Bd. 6, S. 133.

3 Zur Lektüre Emersons während dieser Jahre vgl. Rusk, *Life*, S. 60, und Josephine Miles, *Ralph Waldo Emerson*, Minneapolis 1964, S. 19.

4 Vgl. van Doren, »Emerson«, S. 133.

5 Vgl. auch Miles, *R. W. Emerson*, S. 19.

6 Vgl. dazu Kenneth W. Cameron, der in seinem »Emerson«-Artikel in der *New Encyclopaedia Britannica* (*Macropaedia*, Bd. 6, 1974) die Tagebücher Emersons »the most remarkable record of the ›march of Mind‹ or intellectual and moral progress [...] in America« nennt (S. 754).

7 Dieser Zustand spiegelt sich auch in der unsystematischen Lektüre Emersons während dieser Jahre; vgl. Rusk, *Life*, S. 92 ff.

8 Vgl. den langen selbstkritischen Tagebucheintrag vom 18. März 1824 (*JMN* II,237 ff.).

9 van Doren, »Emerson«, S. 133: »ziellos-unbeständige Studien«.

10 Ebd.

11 Es mag als Indiz für Emersons Denk- und Arbeitsweise gelten, daß dieser Gedanke in dem sehr viel späteren Essay »Self-Reliance« wieder auftaucht (*CWR* II,76 ff.).

12 Vgl. Spiller, *Literary History*, S. 360 f.

13 Vgl. Spiller, *Literary History*, S. 361, und Cameron, »Emerson«, S. 754.

14 Vgl. auch Miles, *R. W. Emerson*, S. 23 f.

15 Vgl. Miles, *R. W. Emerson*, S. 24; Spiller, *Literary History*, S. 367; Cameron, »Emerson«, S. 754.

16 Vgl. Carl F. Strauch, »The Year of Emerson's Poetic Maturity: 1834«, in: *Philological Quarterly* 34 (1955) S. 353–377.

17 Vgl. auch van Doren, »Emerson«, S. 135 f.

18 van Doren, »Emerson«, S. 136: »das erste deutliche Hornsignal der Transzendentalisten Neuenglands«.

19 Vgl. Cameron, »Emerson«, S. 755.

20 Cameron, »Emerson«, S. 754 f.: »Emersons erste große Herausforderung an die [intellektuelle] Einöde seiner Zeit«.

21 Zitiert bei van Doren, »Emerson«, S. 136: »ein Ereignis, das bislang in unseren literarischen Annalen ohne Parallele ist«.

22 »I comprehend nothing of this fact but its bitterness. Explanation I have none, consolation none that rises out of the fact itself; only diversion; only oblivion of this and pursuit of new objects.« (*JMN* VIII,205); vgl. ebd., S. 163–166, 199, 201, 204.

23 Vgl. Rusk, *Life*, S. 291, sowie die kritischen Bemerkungen Emersons in dem 1842 gehaltenen Vortrag »The Transcendentalist« (*CWR* I,330 ff.).

24 Miles, *R. W. Emerson*, S. 5; Cameron, »Emerson«, S. 755.

25 van Doren, »Emerson«, S. 139.

26 Vgl. Joel Porte, *Representative Man: Ralph Waldo Emerson in His Time*, New York 1979.

27 Vgl. Rusk, *Life*, S. 377.

28 Vgl. Lewis Leary in seinem »Emerson«-Artikel in der *Encyclopaedia Americana*, New York 1974, Bd. 10, S. 304, und Rusk, *Life*, S. 400.

29 Zitiert bei van Doren, »Emerson«, S. 140: »Nichts kann unbedeutender oder erbärmlicher sein als die Vorträge, die er heutzutage hält.« Vgl. auch Rusk, *Life*, S. 449.

30 Vgl. Justin Kaplan, *Mr. Clemens and Mark Twain*, Harmondsworth 1970, S. 320 ff., und Rusk, *Life*, S. 500 f.

31 van Doren, »Emerson«, S. 140: »Er verfiel in eine heitere und gefaßte Senilität, [...] äußerlich blieb er ruhig lächelnd, aber sein Geist verödete.«

II

1 O. B. Frothingham, *Transcendentalism in New England*, New York: Putnam's Sons, 1876, S. V: »lokal in den Aktivitäten, begrenzt im Wirkungskreis, von kurzer Dauer, nur eine vergleichsweise kleine Anzahl von Personen umfassend und in den oberen Regionen des Geistes schwebend«.

2 Miller, *American Transcendentalists*, S. IX: »Die ›Transzendentalisten‹ waren eine Anzahl junger Amerikaner, von denen die meisten zu Anfang des neunzehnten Jahrhunderts in den Unitarismus Neuenglands hineingeboren wurden, die in den 1830er Jahren durch die neue Literatur Englands und des Kontinents (wie auch durch eine kursorische Einführung in die Literatur des Orients) angeregt wurden – oder eher noch sich daran berauschten – und die daraufhin gegen den Rationalismus ihrer Väter revoltierten.«

3 Siehe *CWR* X,321 f.

4 Alexander Kern, »The Rise of Transcendentalism, 1815–1860«, in: *Transitions in American Literary History*, hrsg. von H. H. Clark, Durham: Duke U. P., 1953, S. 249.

5 Vgl. Miller, *Transcendentalists*.

6 Lawrence Buell, *Literary Transcendentalism: Style and Vision in the American Renaissance*, Ithaca/London: Cornell University Press, 1973, S. 6 f.

7 Ebd., S. 7.

8 Vgl. Kern, »Rise«.

9 Robert E. Spiller [u. a.], *Literary History of the United States*, rev. Ausg. New York: Macmillan, 1953, S. 346.

10 Vgl. Miller, *American Transcendentalists*, S. IX.

11 Miller, *Transcendentalists*, S. 13.

12 *The Works of Orestes A. Brownson*, hrsg. von Henry F. Brownson, Detroit 1882–1907, Bd. 14, S. 551: »Die Transzendentalisten mit Ralph Waldo Emerson als ihrem Hohenpriester, Margaret Fuller als ihrer Hohenpriesterin und [der Zeitschrift] *The Dial* als ihrem Veröffentlichungsorgan [...] sind fast alle von der Szene verschwunden.«

13 Vgl. *CWR* X,323.

14 *CWR* I,311: »Was gemeinhin bei uns Transzendentalismus genannt wird, ist Idealismus; ein Idealismus, wie er im Jahre 1842 erscheint.«

15 *JMN* V,218: »Transzendentalismus bedeutet, so sagt unsere gebildete Mrs. B. mit einem Wink ihrer Hand, *Ein bißchen darüber hinaus.*«

16 *The Journal of Henry David Thoreau*, hrsg. von B. Torrey und F. H. Allen, Boston: Houghton, Mifflin, and Company, 1949, Bd. 5, S. 4: »Tatsache ist, daß ich ein Mystiker bin, ein Transzendentalist und ein Naturphilosoph obendrein. Wenn ich es mir recht überlege, hätte ich ihnen ohne Umschweife sagen sollen, daß ich Transzendentalist bin. Das wäre der kürzeste Weg gewesen, ihnen klar zu machen, daß sie meine Erklärungen nicht verstehen würden.«

17 Vgl. Miller, *American Transcendentalists*, S. 22: »Sobald man gegenüber irgendeinem Menschen von etwas Fremdem spricht, wird er etwas von ›Transzendentalismus‹ murmeln; ein anderer meint, daß die Deutschen eher dazu neigten als die Franzosen.«

18 Ebd., S. 26: »Dies also ist die Doktrin des Transzendentalismus – die bleibende, unabhängige Existenz der Seele des Menschen, die Wirklichkeit des Gewissens, der religiöse Sinn und das innere Licht der religiösen Empfindungen des Menschen, sein Wissen um Recht und Wahrheit, sein Pflichtgefühl [...].«

19 Vgl. Miller, *American Transcendentalists*, S. 36: »Transzendentalismus bedeutete die Bejahung der unaufhebbaren Integrität des Menschen, der Immanenz des Göttlichen im Instinkt.«

20 »Letter to the Church in Purchase Street«, zitiert nach Miller, *Transcendentalists*, S. 255: »die Vorherrschaft des Geistes über die Materie«.

21 Vgl. Miller, *Transcendentalists*, S. 301: »Der wahre Transzendentalismus ist jener lebendige und immer neue *Geist* der Wahrheit, der unablässig erobernd die Welt durchschreitet und alle Begrenzung begrenzt [...] der so nur in dem Sinne *transzendental* ist, wenn er sich selbst *transzendiert* und immer höher und höher hinaufschwebt zum großen Ursprung der Wahrheit: Gott selbst.«

22 *The Complete Writings of Nathaniel Hawthorne*, Boston / New York: Houghton, Mifflin, and Company, 1903, Bd. 4, S. 274 f.: »in einer so fremdartigen Ausdrucksweise, daß wir weder wußten, was er meinte, noch, ob wir uns ermuntert oder erschreckt fühlen sollten«.

23 Charles Mayo Ellis, »An Essay on Transcendentalism«, in: Miller, *American Transcendentalists*, S. 23: »Seine Natur ist

dreifach – animalisch, rational und spirituell; und wir verwenden den Begriff transzendental für solche Systeme, die, in welchem Themenzusammenhang auch immer, den Menschen als spirituelles Wesen betrachten.«

24 Zitiert nach Frothingham, *Transcendentalism*, S. 342: »Vom Pantheismus heißt es, daß er Mensch und Natur in Gott aufgehen lasse; vom Materialismus, daß er Gott und Mensch in der Natur aufgehen lasse; und vom Transzendentalismus, daß er Gott und Natur im Menschen aufgehen lasse.« Es muß allerdings angefügt werden, daß Bartol selbst diese Fassung sofort wieder einschränkt und als einseitig ausweist.

25 Charles Mayo Ellis, in: Miller, *American Transcendentalists*, S. 23: »Wir nennen jenen Glauben Transzendentalismus, der behauptet, daß der Mensch Ideen habe, die nicht der Wahrnehmung der fünf Sinne entspringen oder der Macht des Verstandes, sondern die entweder Ergebnis direkter Offenbarungen von Gott sind, aus seiner unmittelbaren Eingebung oder aus seiner immanenten Präsenz in der geistigen Welt [. . .].«

26 George Bancroft, *Literary and Historical Miscellanies*, New York 1855, Bd. 4, S. 408 f.: »Die fünf Sinne konstituieren nicht den gesamten Bestand unserer Erkenntnisquellen [. . .]. Uns sind nicht nur Sinne zu eigen, die uns die äußere Welt erschließen, sondern auch ein innerer Sinn, der uns in Verbindung mit der Welt des Geistes und den Ratschlüssen Gottes bringt.«

27 Vgl. Frothingham, *Transcendentalism*; K. W. Cameron, *Emerson the Essayist*, 2 Bde., 1945, Repr. Hartford, Conn.: Transcendental Books, 1972.

28 Dies gilt z. T. sogar für den vielleicht einzigen unmittelbaren Kenner der Philosophie des deutschen Idealismus aus ihrem Kreis: Frederic Henry Hedge. Selbst Hedge, den andere Transzendentalisten als primäre Quelle für die deutsche Philosophie sahen, referiert die angebliche Philosophie Kants etwa in seinem Beitrag »Coleridge's Literary Character – German Metaphysics« (in: *The Christian Examiner* 14, März 1833, S. 108–129) in recht unscharfer und mißverständlicher Weise. Seine unmittelbar folgenden Ausführungen zu Fichte und Schelling spiegeln dann weniger Mißverständnisse, obwohl sie noch recht impressionistisch und unvollständig sind.

29 H. C. Goddard, *Studies in New England Transcendentalism*,
1908, Repr. New York: Humanities Press, 1969, S. 3: »Der
Begriff *transzendental* wurde von den Transzendentalisten
Neuenglands und anderen nach und nach für alles verwendet,
was in der geistigen Natur des Menschen als ›über‹ der Erfahrung angesiedelt und als unabhängig von ihr angesehen wurde.
Was immer die (sinnliche) Erfahrung transzendierte, war transzendental. Eingeboren, originär, universal, *a priori*, intuitiv –
dies waren Termini, die alle einen Teil der Gedanken vermittel-
ten, die unter der weiten Bedeutung dieses Begriffs zusammen-
flossen.«

30 Vgl. Miller, *American Transcendentalists*, S. 36 f.: »Auf den
leicht verkrüppelten Stamm des Unitarismus […] war der
deutsche Idealismus aufgepfropft worden, wie ihn die großen
Denker der verschiedensten Schulen gelehrt hatten – so etwa
Kant und Jacobi, Fichte und Novalis, Schelling und Hegel,
Schleiermacher und de Wette, Madame de Staël, Cousin, Coleridge und Carlyle; und das Ergebnis war die vage aber erhebende Vorstellung von der gottgleichen Natur des menschlichen
Geistes.«

31 V. L. Parrington, *Main Currents in American Thought*, Bd. 2:
The Romantic Revolution in America, 1927, Repr. New York /
London: Harcourt, Brace, Jovanovich, 1954, S. 374: »Transzendentalismus, so muß man sich immer vergegenwärtigen,
war eher ein Glaube als eine Philosophie; […] der Transzendentalismus wandte sich Deutschland zu, um dort seinen Glauben bestätigt zu finden, nicht um dessen Grundannahmen zu
überprüfen. […] Sie [die Transzendentalisten] hatten Gott für
sich selbst entdeckt, ehe die Philosophen sie bestätigten; sie
brachten nach Deutschland mit, was sie dort suchten.«

32 Ebd.: »Die Unitarier hatten erklärt, daß die menschliche Natur
hervorragend sei; die Transzendentalisten erklärten sie für göttlich.«

33 Frothingham, *Transcendentalism*, S. 108: »Die Transzendentalisten beanspruchten einfach für alle Menschen, was das prote-
stantische Christentum für seine eigenen Erwählten bean-
spruchte.«

34 *CWR* I,92: »Wenn er [der Gelehrte] Gott direkt lesen kann,
dann ist die Zeit zu kostbar, um mit der Transkription der
Lesarten anderer Menschen vergeudet zu werden.«

35 Orestes A. Brownson, »A Dissenting Definition«, in: Miller, *American Transcendentalists*, S. 41: »Der Unitarismus hat den Kalvinismus zerstört und für alle denkenden Köpfe ein Ende gemacht mit allem, was sich dogmatischer Protestantismus nennt, aber der Unitarismus selbst befriedigt niemanden. Er ist negativ, kalt, ohne Leben, und alle fortschrittlichen Geister unter den Unitariern sind unzufrieden mit ihm und sehnen sich nach etwas Höherem, Besserem, Lebendigerem und Lebensspendenderem.«

36 Buell, *Literary Transcendentalism*, S. 18: »unfertiger Struktur, verschwenderischer Bildlichkeit, Witz, Paradox, Symbolismus, Aphorismen, parataktischer Syntax und einem manifestartigen Ton«.

37 *JMN* V,341: »Der Akt des Erschaffens ist der Beweis für die Gegenwart des Göttlichen. Wer auch immer etwas erschafft, ist Gott«.

38 Henry David Thoreau, *The Variorum Civil Disobedience*, hrsg. von Walter Harding, New York: Twayne, 1967, S. 31: »Diejenige Regierung ist die beste, die überhaupt nicht regiert.«

39 *The Journal of Henry David Thoreau*, hrsg. von B. Torrey und F. H. Allen, New York: Dover, 1962, S. 389: »Die Gesellschaft [...] kann mir keinen Preis bieten, der mich verlocken könnte, nicht einen einzigen.«

40 Vgl. Miller, *American Transcendentalists*, S. 41: »Die bestehende Gesellschaft ist eine Lüge, ein Schwindel, ein Leichenhaus, ein Tal voll vertrockneter Knochen.«

41 Vgl. dazu A. D. Lovejoy und G. Boas (Hrsg.), *A Documentary History of Primitivism and Related Ideas in Antiquity*, Baltimore 1935.

42 Vgl. Miller, *Transcendentalists*, S. 12.

43 Parrington, *Main Currents*, Bd. 2, S. 377: »Mit solchen Menschen war nichts anzufangen [...].«

44 Siehe *CWR* III,171.

45 Miller, *Transcendentalists*, S. 8: »nichts weniger als die erste in einer ganzen Reihe von Revolten der Jugend Amerikas gegen das amerikanische Philistertum«.

46 Ebd., S. 12: »ein weiteres Beispiel für die Kluft zwischen den Generationen«.

47 Vgl. im Zusammenhang mit den aufgeführten sechs Punkten auch Alexander Kerns fünfteilige Gliederung der Hauptaspekte

seiner Untersuchung in »The Rise of Transcendentalism«,
S. 251 ff. und 313 f.

48 Kern, »Rise«, S. 314: »Indem sie dieses lockere Gedankenmu-
ster hervorbrachten, leisteten die Transzendentalisten bedeutende Beiträge zur amerikanischen Kultur: in der Philosophie,
in der Interpretation der Wissenschaften, im religiösen Denken, in der Kunst und der Kunsttheorie sowie in der sozialen
und ökonomischen Theorie und ihrer Anwendung.«

III

1 *The Works of Orestes A. Brownson*, hrsg. von Henry F.
Brownson, Detroit 1882–1907, Bd. 14, S. 551.

2 Vgl. Brian Barbour (Hrsg.), *American Transcendentalism: An
Anthology of Criticism*, London / Notre Dame: University of
Notre Dame Press, 1973.

3 *Poems of James Russell Lowell*, London: Henry Frowde, 1912,
S. 173.

4 *CWR* II,58. Vgl. dazu auch *JMN* VII,223. Im folgenden wird
als Quellenangabe für Zitate aus Emerson die *Riverside Edition*
der Werke (*CWR*) angegeben. Für die deutsche Fassung von
Zitaten, die aus hier abgedruckten Werken stammen, vergleiche
die vorliegende Übersetzung. Wo aus anderen Werken Emersons zitiert wurde, wird eine deutsche Übersetzung in der
Fußnote angefügt.

5 D. H. Lawrence, »Emerson«, in: Milton R. Konvitz (Hrsg.),
The Recognition of Ralph Waldo Emerson, Ann Arbor: University of Michigan Press, 1972, S. 169.

6 *CWR* I,10.

7 *CWR* I,15 f.

8 *CWR* I,18.

9 *CWR* I,20.

10 *CWR* I,22.

11 *CWR* I,28.

12 *CWR* I,30.

13 *CWR* I,31.

14 Vgl. dazu Anm. 29 zu *Die Natur*.

15 *CWR* I,40.

16 *CWR* I,39.

17 Daß die Bedeutung »Erziehung« die anderen Bedeutungen

überschattet, geht u. a. auch aus einer Passage der *Journals* (*JMN* V,147) hervor, wo Emerson schreibt: »Nature is a discipline, & points to the pupil & exists for the pupil.« (»Natur ist Erziehung und verweist auf den Schüler und existiert für ihn.«) Vgl. dazu auch *JMN* II,420.

18 Vgl. zur Entstehung die Dokumentation von Merton M. Sealts und Alfred R. Ferguson in ihrem Band *Emerson's »Nature«: Origin, Growth, Meaning,* New York / Toronto 1969, S. 38 bis 46. In diesem Zusammenhang sind auch die beiden folgenden Unterkapitel von Sealts/Ferguson sehr informativ, insbesondere da sie weit über den hier gesteckten Rahmen von Querverweisen hinaus eine genaue Auflistung der Parallelstellen von *Nature* einerseits und Passagen aus den *Journals* und *Lectures* andererseits bringen.

19 Dies geht allein schon aus der Tatsache hervor, daß Emerson selbst von seinem Buch unmittelbar nach dem Erscheinen noch als *»Nature & Spirit«* spricht. Vgl. Rusk, *Letters* II,42.

20 *CWR* I,54.

21 Ebd.

22 *CWR* I,63.

23 Ebd.

24 *CWR* I,67.

25 *CWR* I,66.

26 Das Problem der vielfältigen Einflüsse der Tradition insbesondere auf *Nature* kann hier nicht einmal ansatzweise aufgenommen werden. Vgl. dazu aber Cameron, *Emerson the Essayist,* oder John S. Harrison, *The Teachers of Emerson,* New York 1910.

27 *CWR* I,79.

28 Ebd.

29 *CWR* I,73.

30 Lawrence Buell, *Literary Transcendentalism,* Ithaca/London: Cornell University Press, 1973, S. 15.

31 *CWR* II,45.

32 *CWR* II,49.

33 *CWR* II,52.

34 Ebd.

35 *CWR* II,81.

36 *CWR* II,64.

37 *CWR* II,66.

38 *CWR* II,49.

39 *CWR* II,70.

40 So insbesondere in den Passagen von *CWR* II,49,81 f. und 84 f.

41 *CWR* I,107.

42 *CWR* II,67.

43 Siehe dazu etwa »Self-Reliance«, *CWR* II,51 und 55 f.

44 *CWR* I,61.

45 *CWR* II,52. Weitere Termini der Ablehnung sind in diesem Zusammenhang auch »usages«, »party«, »conformity«, »teachers«, »texts« und »temples«. Vgl. *CWR* II,55 f., 66.

46 *CWR* II,76.

47 Vgl. insbesondere die Überleitung zu den Pflichten im »American Scholar« (*CWR* I,101).

48 *CWR* I,113–115: »Wir haben schon zu lange den höfischen Musen Europas gelauscht. [...] Wir werden auf unseren eigenen Füßen gehen [...]. Zum ersten Male wird eine Nation von Menschen existieren, weil jeder einzelne sich von der göttlichen Seele inspiriert fühlt, die alle Menschen inspiriert.«

49 *CWR* I,129: »Die Mängel des historischen Christentums«.

50 *CWR* I,130: »Dasjenige ist immer das Beste, was mich mir selbst gibt. Das Erhabene wird in mir geweckt durch die große stoische Maxime: gehorche dir selbst. Dasjenige, was Gott in mir aufscheinen läßt, festigt mich.«

51 *CWR* I,147: »Die Übel der Kirche«.

52 Ebd.: »Das Heilmittel für ihre Verunstaltung ist erstens: Seele, und zweitens: Seele, und immerfort: Seele.«

53 Vgl. Nortons *Discourse on the Latest Form of Infidelity* (1839). Siehe auch seine scharfen Attacken in einem Brief an *The Boston Daily Advertiser* vom 27. August 1838.

54 *CWR* II,253.

55 Siehe dazu die Passagen in *CWR* II,253,257,263,265 und 268.

56 *CWR* II,257.

57 *CWR* II,254.

58 Ebd.

59 *CWR* II,255.

60 *CWR* II,278.

61 Vgl. W. T. Harris, »Emerson's Philosophy of Nature«, in: F. B. Sanborn (Hrsg.), *The Genius and Character of Emerson*, Boston 1885, S. 376, und F. I. Carpenter, *Emerson Handbook*, New York 1953, S. 212.

62 Vgl. F. I. Carpenter, *Emerson and Asia*, Cambridge 1930, S. 75–78; und *Cameron* I,46–49.

63 *CWR* I,311.

64 *CWR* I,321.

65 Es spricht einiges für die These, daß Emerson es hätte besser wissen können. Wie aus Walter Hardings *Emerson's Library* (Charlottesville 1967) hervorgeht, hatte Emerson Zugang zu der im Jahre 1838 bei William Pickering in London erschienenen englischen Übersetzung der *Kritik der reinen Vernunft* (*Critick of Pure Reason*). Diese Ausgabe und Übersetzung von Francis Haywood wie auch die zweite Auflage aus dem Jahre 1848 sind terminologisch streng an Kant orientiert. Insbesondere der Anhang »Explanation of Terms«, der ungleich den Anmerkungen schon in der 1838er Ausgabe auftauchte, gab klare Definitionen der Kantschen Haupttermini, die Mißverständnisse kaum zulassen. So geht aus Haywoods *Critick of Pure Reason* deutlich hervor, daß er *intuition* für *Anschauung*, *category* für *Kategorie*, *representation* für *Vorstellung* gebraucht, und daß er streng zwischen *transcendental* und *transcendent* und zwischen *constitutive* und *regulative* zu scheiden weiß. Für eine vorbildliche Auseinandersetzung mit Kants *Kritik der reinen Vernunft* im angelsächsischen Sprachraum vgl. auch Norman Kemp Smiths Übersetzung und seinen *Commentary to Kant's ›Critique of Pure Reason‹* (London 1818). Andererseits muß betont werden, daß für Emerson im besonderen Maße gilt, was im vorherigen Kapitel von den Transzendentalisten allgemein gesagt wurde: er besaß so gut wie keine Kenntnisse des deutschen Idealismus und der Transzendentalphilosophie aus erster Hand, sondern rezipierte sie zum größten Teil über die europäischen Vermittler Coleridge, Carlyle und Victor Cousin, die ihrerseits bisweilen nur partielle, bisweilen verzerrende Darstellungen gegeben hatten. Zudem hatte sich bereits F. H. Hedge als amerikanischer Kenner der Materie und als eine Art philosophischer Nachhilfelehrer der Transzendentalisten bei der Darstellung der Kantschen Philosophie einer Terminologie bedient, die Emersons unpräzise Begrifflichkeit vorprägte. So etwa hatte er in seinem bereits zitierten Beitrag »Coleridge's Literary Character – German Metaphysics« (vgl. Anm. 28 zu Kap. II) in mißverständlicher Weise mit den Begriffen »free intuition« und »inner conscious-

ness« operiert sowie die Philosophie Kants und seiner Schule summarisch als »spekulatives« System ausgelegt.

66 Vgl. dazu etwa seine Ausführungen zu Hegel und Schelling in »Historic Notes of Life and Letters in New England« (*CWR* X,310 und 319) und zu Jacobi und Fichte in »The Transcendentalist« (*CWR* I,318).

67 *CWR* I,319.

68 *CWR* I,321 f.

69 *CWR* I,330.

70 *CWR* I,335 f.

71 *CWR* I,336.

72 *CWR* I,331.

73 Ebd.

74 *CWR* I,338. Vgl. dazu auch Emersons generelle Aussagen in den Schlußpassagen dieses Essays zur Rolle des Intellektuellen in einer arbeitsteiligen Welt.

75 Siehe etwa *CWR* I,330–332.

76 Vgl. dazu neben den Essays »Beauty« und »Shakespeare; or, The Poet« u. a. die Gedichte »The Poet« und »Saadi«.

77 *CWR* III,12.

78 Vgl. insbesondere Emersons Wendungen: »Words are also actions, and actions are a kind of words.« (*CWR* III,14); »he [the poet] knows and tells« (ebd.); »Always the seer is a sayer« (*CWR* I,133); und schließlich: »The poet is the person in whom these powers are in balance, [...] and is representative of man, in virtue of being the largest power to receive and to impart.« (*CWR* III,12).

79 Für die letzten beiden Zitate siehe *CWR* III,14 f.

80 *CWR* III,18.

81 *CWR* III,19.

82 *CWR* III,21.

83 *CWR* III,33 und 35.

84 *CWR* III,35.

85 Siehe für diese Kennzeichnung *CWR* I,133, und *CWR* IV,209.

86 Für die letzten drei Zitate siehe *CWR* III,21 f.

87 *CWR* III,22.

88 *CWR* III,40.

89 *CWR* II,183 f.

90 *CWR* II,183.

91 *CWR* II,193.

92 *CWR* II,199.
93 *CWR* II,186.
94 *CWR* I,124: »Alle Dinge entstehen aus demselben Geist.«
95 *CWR* I,86: »Delegierter Geist« und »der Mensch als Den-
    kender«.
96 *CWR* III,11.
97 Vgl. für diese Ausgrenzung *CWR* I,86.
98 Vgl. seine Maximen, die der Idealfigur des »scholar« gewidmet
    sind: »The world is nothing, the man is all; [...] it is for you to
    know all; it is for you to dare all.« (*CWR* I,113: »Die Welt ist
    nichts, der Mensch ist alles; [...] es ist dein Vorrecht, alles zu
    wissen, dein Vorrecht, alles zu wagen.«)
99 Deweys Kennzeichnung findet sich in »Ralph Waldo Emer-
    son«, in: John Dewey, *Characters and Events*, New York
    1929, Bd. 1, S. 76; und in »Emerson – The Philosopher of
    Democracy«, in: *International Journal of Ethics* 13 (1903)
    S. 405–413. Emersons explizite Bekenntnisse zur Demokratie
    als Staatsform sind zu zahlreich, als daß sie alle aufgeführt
    werden könnten. Daher muß hier als Querverweis eine Passage
    genügen, in der Emerson selbst das Prinzip der Demokratie aus
    anderen vorgegebenen Prinzipien seines Denkens deduziert:
    »Of persons, all have equal rights, in virtue of being identical in
    nature. This interest of course with its whole power demands a
    democracy.« (*CWR* III,193: »Was Personen angeht, so haben
    alle die gleichen Rechte aufgrund der Tatsache, daß sie von
    gleicher Natur sind. Dieses Interesse verlangt natürlich mit
    ganzer Macht eine Demokratie.«)
100 Dies geschieht insbesondere im Essay »Politics« (*CWR*
    III,189–211), wo Emerson einen Entwurf des idealen Staatswe-
    sens vorlegt, das die Vollendung des Individuums als »the wise
    man« zum Ziel hat und nach Erreichen dieses Ziels überflüssig
    wird. Emerson geht dabei auch auf die konkreten politischen
    Verhältnisse im Amerika seiner Zeit ein und kritisiert die
    beiden Parteien der *Democrats* und *Whigs*, weil sie sehr weit
    von diesem Ideal entfernt sind, und erweitert seine Kritik,
    indem er gegen jedes konkrete Staatswesen apodiktisch ins Feld
    führt: »Every actual State is corrupt.« (*CWR* III,199: »Jeder
    wirkliche Staat ist korrupt.«)
101 Vgl. *CWR* I,95 f.: »Action is with the scholar subordinate, but
    it is essential. Without it he is not yet man. Without it thought

can never ripen into truth. [...] Only so much do I know, as I have lived.« (»Handeln ist für den Gelehrten etwas Untergeordnetes, aber dennoch Wesentliches. Ohne es ist er noch nicht Mensch. Ohne es kann der Gedanke nie zur Wahrheit reifen. [...] Ich weiß nur so viel, wie ich gelebt habe.«)

102 Stellvertretend für seine Angriffe auf den Materialismus und den kommerziellen Geist der Zeit soll hier das Diktum aus den *Journals* stehen: »A question which well deserves examination now is the Dangers of Commerce. This invasion of Nature by Trade with its Money, its Credit, its Steam, its Railroad, threatens to upset the balance of man, & establish a new, Universal Monarchy more tyrannical than Babylon or Rome.« (*JMN* VII,268: »Ein Problem, das wahrlich einer Untersuchung bedarf, ist die Gefahr des Kommerzes. Diese Invasion der Natur durch den Handel mit seinem Geld, seinem Kredit, seinem Dampf, seiner Eisenbahn droht das Gleichgewicht des Menschen zu vernichten & eine neue universelle Herrschaft zu begründen, die tyrannischer ist als die Babylons oder Roms.«)

103 So z. B. in der Einleitung und am Ende von *Nature*, als zentrales Argument aber auch im »American Scholar«.

104 Eine der eingängigsten Formeln Emersons für die Entfremdung ist dabei der Satz: »Man is thus metamorphosed into a thing, into many things.« (*CWR*, I,85: »Der Mensch wird so verwandelt in eine Sache, in viele Sachen.«)

105 So spricht Emerson etwa im »American Scholar« von dem »state of virtual hostility in which he [the scholar] seems to stand to society« (*CWR* I,102) und entwirft auch in »The Transcendentalist« ein Bild konsequentester Verweigerung.

106 *JMN* VII,271: »die Magie der Aufrichtigkeit auszuprobieren«.

107 *CWR* I,145: »Es gibt Personen, die nicht Handelnde sind und nicht Sprachrohre, sondern Einflüsse.«

Die Natur

1 Emerson folgte häufig der Gewohnheit, seinen Texten ein Zitat als Motto voranzustellen. In der ursprünglichen Fassung von *Nature* zitierte er eine auf Ralph Cudworths *The True Intellectual System of the Universe* (London 1820) zurückgehende

Passage aus Plotin: »Nature is but an image or imitation of
wisdom, / the last thing of the soul; nature being a thing / which
doth only do, but not know.« Vgl. für diese Zuordnung
Cameron I,58 und 61; und Vivian C. Hopkins, »Emerson and
Cudworth«, in: *American Literature* 23 (1951) S. 80–98. Das
unserer Ausgabe vorangestellte Motto erschien zum erstenmal
in der 1849er Ausgabe der Werke und wurde von späteren
Ausgaben wie der *Riverside* und der *Centenary Edition* übernommen:

> A subtle chain of countless rings
> The next unto the farthest brings;
> The eye reads omens where it goes,
> And speaks all languages the rose;
> And, striving to be man, the worm
> Mounts through all the spires of form.

Vgl. dazu die Kommentare in *EWE* I,403–405, und in *The
Collected Works of Ralph Waldo Emerson*, Bd. 1, hrsg. von
Robert E. Spiller und Alfred R. Ferguson, Cambridge, Mass.,
1971, S. 247. Für Parallelen zwischen den hier übersetzten
Gedichtzeilen und Emersons Gedicht »May-Day« vgl. *EWE*
IX,165 f. und 456 f.

2 Vgl. *JMN* V,117. Für eine Auflistung weiterer, hier nicht
erwähnter Querverweise zu den *Journals, Letters, Early Lectures* etc. siehe *Cameron* I,410–425; Merton M. Sealts / Alfred
R. Ferguson, *Emerson's »Nature« – Origin, Growth, Meaning*,
New York / Toronto 1969, S. 46–65; Spiller/Ferguson, *Collected Works*, Bd. 1, S. 270–272.

3 Die implizite Distinktion von Ich und Nicht-Ich geht auf
Ansätze in der Philosophie des deutschen Idealismus, insbesondere aber auf Fichte zurück, in dessen frühem Werk sie system-
bildende Bedeutung gewann. Emerson ist wohl mit den Termi-
ni *Me* und *Not Me* durch Carlyles *Sartor Resartus* in Berührung
gekommen, ein Werk, das ursprünglich von 1833 bis 1834 in
Fraser's Magazine erschienen war und dann auf Betreiben
Emersons 1836 in Boston in einem gesonderten Band heraus-
kam. Zudem gelten Carlyles Essay »Novalis« und Cousins
Introduction to the History of Philosophy als wahrscheinliche
Quellen für Emersons Fichte-Bild. Vgl. u. a. René Wellek,
»Emerson and German Philosophy«, in: *The New England
Quarterly* 16 (1943) S. 49.

4 Für den folgenden Abriß einer Philosophie der Natur vgl. auch »A Statement of the First Philosophy« (*Cameron* I,191–194).

5 Vgl. für Parallelen zu diesem Satz und dem folgenden, oft zitierten Abschnitt u. a. *JMN* IV,355; *JMN* V,18 f.,25,119,189; *EL* I,21.

6 Die in der englischen Fassung auftretende Wendung »occult relation« verweist auf Emersons Beschreibung eines Besuchs des Pariser »Jardin des Plantes« im Jahre 1833. Siehe *JMN* IV,406 (sowie 199 f.); und *EL* I,10.

7 Vgl. die achte Strophe von George Herberts Gedicht »Man« (*The Works of George Herbert*, hrsg. von F. E. Hutchinson, Oxford: Clarendon Press, 1941, S. 92). Im Unterkapitel »Ausblicke« des vorliegenden Essays zitiert Emerson fünf vollständige Strophen dieses Gedichts.

8 Cameron und Spiller machen in ihren Kommentaren auf die Aktualität dieses Beispiels aufmerksam. Die Eisenbahnlinie von Boston nach Worcester war im Frühjahr 1834 eröffnet worden, ein Ereignis, das noch frisch im Gedächtnis von Emersons Zeitgenossen war. Vgl. Spiller/Ferguson, *Collected Works*, Bd. 1, S. 248; *Cameron* I,413.

9 Dabei handelt es sich um eine Sekundärbedeutung des Wortes *kosmos* im Griechischen. Vgl. auch *JMN* V,133; *EL* I,83 und 100.

10 Vgl. für dieses Diktum Emersons auch den Anfang seines Essays »Spiritual Laws«; Edward Waldos Kommentar in *EWE* II,403; und *JMN* V,140.

11 Laut Emerson ein Ausspruch seines Bruders Charles Chauncy. Vgl. *JMN* IV,255; *JMN* V,45, und *JMN* VI,198.

12 Paphos ist der Name von zwei Städten an der Südküste Zyperns (Alt- und Neupaphos). Altpaphos war der Ort des legendären Aphroditeheiligtums.

13 Vgl. *JMN* III,147; *JMN* V,302 f.; *JMN* VI,199; *EL* II,264,275, und das Gedicht »Love«. Gilman und Ferguson führen in *JMN* III,147, als Quelle Plutarch, »Of Love«, *Morals* (1718) IV, 297, an.

14 Erst in der Ausgabe von 1849 wird Sallust von Emerson als Quelle explizit erwähnt. Robert E. Spiller vermutet, daß es sich um eine freie Umschreibung einer Sallust-Stelle handelt und bezieht sich auf Cameron, der ähnliche Formulierungen in der englischen Ausgabe von Sallust aufgewiesen hat. Eine weitere

Möglichkeit sieht Spiller in der Übernahme des Zitats aus Miltons *Apology for Smectymnuus*, wo der zitierte Satz wörtlich vorkommt. Vgl. Spiller/Ferguson, *Collected Works*, Bd. 1, S. 248; *Cameron* I,414.

15 Ein wörtliches Zitat aus Edward Gibbons *The Decline and Fall of the Roman Empire*. Vgl. *The Works of Edward Gibbon*, hrsg. von J. B. Bury, New York 1907, Bd. 12, S. 30.

16 Arnold (Erni) Winkelried, ein Bauer aus Stans, soll in der Schlacht bei Sempach (1386) die österreichischen Speere auf sich gezogen und so den Sieg der Schweizer über das Heer Herzog Leopolds III. sichergestellt haben. Robert E. Spiller macht darauf aufmerksam, daß Emersons Version der Schilderung der Episode in Wordsworths »The Church of San Salvador Seen from the Lake of Lugano« anklingen läßt. Vgl. Spiller/Ferguson, *Collected Works*, Bd. 1, S. 248 f.

17 Emersons Wendung vom »Indian Archipelago« spielt wohl auf die bekannte Tatsache an, daß Kolumbus zunächst dachte, Indien erreicht zu haben. Vgl. auch *Cameron* I,414.

18 Sir Harry oder Henry Vane (1613–62) war ein puritanischer Staatsmann englischer Abstammung. Nach einer wechselvollen Karriere in Amerika (u. a. Gouverneur von Massachusetts) kehrte er Ende der dreißiger Jahre des 17. Jahrhunderts nach England zurück und wurde zum einflußreichen Politiker (u. a. Mitglied des »Council of State«, 1649). Vane wurde nach der Restauration (1660) verhaftet und am 14. Juni 1662 wegen Hochverrats hingerichtet. Vgl. für die mögliche Quelle des Zitats *Cameron* I,414 f.

19 William Russell (1639–83) war einer der bedeutendsten Führer der parlamentarischen »Whigs« und allgemein als »The Patriot« bekannt. Er wurde später beschuldigt, am »Rye House Plot« beteiligt gewesen zu sein, von einem voreingenommenen Gericht schuldig gesprochen und wegen Hochverrats hingerichtet. Aus *JMN* V,257, geht hervor, daß Emerson zur Gruppe der genannten Helden auch noch John Eliot gezählt wissen wollte.

20 Phokion der Gute, attischer Feldherr und Politiker, der auch als Schüler Platos und Freund des Xenokrates bekannt war. Plutarch sagte einmal von ihm, daß er lieber Unrecht leiden als Unrecht tun wolle.

21 Sinngemäß »multitude in unity« (Coleridge) oder »die Vielheit in der Einheit«. Vgl. dieselbe Wendung in *JMN* V,116; *JMN*

VI,200; *EL* I,101; *EL* II,264. Wie der Eintrag in *JMN* VI,200, beweist, verdankte Emerson diese Wendung den *Specimens of the Table Talk of the Late Samuel Taylor Coleridge* (New York 1835, Bd. 2, S. 11).

22 Im Original verwendet Emerson hier die Wendung »whole floras«. Dabei ist zu beachten, daß im Englischen *flora* sowohl »Flora«, »Pflanzenwelt« als auch ein Werk über die Flora eines Landes bedeuten kann.

23 Der schwedische Arzt und Wissenschaftler Carl von Linné (1707–78) war einer der berühmtesten Naturforscher seiner Zeit und Begründer der modernen systematischen Botanik. Graf George Louis Leclerc de Buffon (1707–88) war ein bekannter französischer Naturforscher.

24 Vgl. 1. Kor. 15,44.

25 Cameron verweist hier auf eine Parallelstelle bei Bacon. Siehe *Cameron* I,416.

26 Nach Robert E. Spiller fand Emerson dieses Zitat aus Swedenborg in Samuel Sandels »Emanuel Swedenborg«, in: *The New Jerusalem Magazine* 5, Juli 1832, S. 437. Vgl. Spiller/Ferguson, *Collected Works*, Bd. 1, S. 249.

27 Shakespeare, *Macbeth* III,4,110–112. In *Macbeth* heißt es: »Can such things be, / And overcome us like a summer's cloud, / Without our special wonder?«

28 Brahmanen waren die Mitglieder der obersten Kaste der Hindus. Sie galten als heilig und unverletzlich und dienten in der Regel als Priester. Der Titel »Brahmin« erfuhr in Amerika eine ironische Umdeutung, als er später für die Mitglieder der elitären Oberschicht Neuenglands verwendet wurde.

29 Emanuel Swedenborg (1688–1772), schwedischer Gelehrter und Theologe, der zuerst als Mathematiker, Astronom und Naturwissenschaftler hervorgetreten war, sich aber später immer mehr der Philosophie und einer spekulativ-fantastischen Theologie zuwandte. Seine spätere Lehre hatte u. a. stark okkultistische Züge und ging auf Offenbarungserlebnisse zurück, die sich auf einen unmittelbaren Zugang zum »Geisterreich« beriefen. Emerson klassifizierte Swedenborg vorschnell als Mystiker (vgl. »Swedenborg; or, the Mystic«, *CWR* IV,89–139) und berief sich immer wieder auf Swedenborgs Lehren von der Einheit allen Seins im Absoluten, von der zentralen Stellung des Menschen in der göttlichen Schöpfung, vom unmittelbaren

Zugang zu den absoluten Wahrheiten und insbesondere von der »correspondence« zwischen äußerer und innerer Welt, Mikrokosmos und Makrokosmos, natürlicher Erscheinung und spiritueller Bedeutung. Emersons Swedenborg-Bild wurde nur zum Teil durch die Kenntnis seiner umfangreichen Werke geprägt und verdankte sich ansonsten der Vermittlung durch Emersons Landsmann und Zeitgenossen Sampson Reed, durch Beiträge im *New Jerusalem Magazine* und durch G. Oeggers Schrift *The True Messiah* (vgl. dazu u. a. Clarence Hotson, »Emerson and the Swedenborgians«, in: *Studies in Philology* 27, 1930, S. 517–545). Swedenborg hatte eine große, internationale Anhängerschaft, die sich in der *New Church* (oder *New Jerusalem Church*) zusammenschloß und die sich in Amerika durch das seit 1827 erscheinende *New Jerusalem Magazine* ein einflußreiches Publikationsorgan geschaffen hatte (vgl. Marguerite Bloch, *The New Church in the New World: A Study of Swedenborgianism in America*, New York 1932). Emersons Orientierung an Swedenborg, die allerdings auch kritische Distanz und ein späteres Abrücken einschloß, bei gleichzeitiger Orientierung an Kant, darf als gravierendes Beispiel für seinen bisweilen in sich widersprüchlichen Eklektizismus angesehen werden, da gerade Kant in seiner Schrift *Träume eines Geistersehers* (1766) Swedenborg als Schulbeispiel einer unkritisch-verstiegenen Metaphysik hingestellt hatte.

30 Vgl. die bei *Cameron* I,417, aufgeführten Parallelstellen zu den *Journals* sowie zu Carlyle und Bacon. Vgl. auch Emersons Gedicht »The Sphinx« (*CWR* IX,9–13).

31 Aus *JMN* V,66, geht hervor, daß Emerson hier aus G. Oegger, *The True Messiah* (Boston 1842) zitiert. *Scoriae* bedeutet im Lateinischen ›Schlacke‹.

32 Als Quelle für dieses Zitat von George Fox gilt William Sewel, *The History of the Rise, Increase, and Progress of the Christian People Called Quakers*, 2 Bde., Philadelphia 1823, Bd. 1, S. 115. Vgl. dazu Text und Anmerkungen in *JMN* III,236, und *JMN* IV,31; *EL* I,170 und 210 f.

33 Als Quelle des Zitats wird Coleridge, *Aids to Reflection*, angesehen. Wie *Cameron* I,125, ausführt, benutzte Emerson die von James Marsh editierte Ausgabe der *Aids to Reflection* (Burlington 1829). In dieser Ausgabe befindet sich das Zitat auf Seite 150 f. Vgl. auch *JMN* III,283; V,189.

34 Frei zitiert aus Bacons Essay »Of Great Place«. Bei Bacon heißt es: »For good thoughts, though God accept them, yet towards men are little better than good dreams, except they be put in act;« (*The Works of Lord Bacon*, Bd. 1, London: Henry G. Bohn, 1850, S. 269). Vgl. auch *JMN* V,136.

35 Vgl. Mt. 5,37; Jak. 5,12.

36 Vgl. *JMN* VI,64, wo dieses Zitat Bischof Joseph Butler zugeschrieben wird.

37 Vgl. Mt. 6,10 und 26,42.

38 Xenophanes aus Kolophon (um 570/580–470 v. Chr.) wurde als Philosoph und auch Naturwissenschaftler bekannt. Zusammen mit seinem Schüler Parmenides war er der bedeutendste Vertreter der eleatischen Philosophenschule. Seine Lehre von der Alleinheit des Seins übte großen Einfluß auf Emerson aus. Vgl. auch Emersons Gedicht »Xenophanes« (*CWR* IX,120 f.). Siehe ebenfalls *JMN* V,136.

39 Siehe *JMN* V,136.

40 Vgl. *JMN* V,136 f.

41 Vgl. *JMN* IV,337, wo Emerson selbst die Genealogie dieses Aphorismus darlegt. Siehe auch *JMN* VI,226; *JMN* IV,40,75; *JMN* V,137.

42 Vitruvius war ein römischer Architekt und Fachschriftsteller der frühaugustäischen Zeit. Er verfaßte u. a. das Lehrbuch *De architectura*, das einzige aus der Antike erhaltene Lehrbuch dieses Faches. Für die hier zitierte Ansicht des Vitruvius vgl. *JMN* IV,337 und 367.

43 Vgl. *JMN* V,36, und Merton M. Sealts' Anmerkung in *JMN* V, Anm. 106, zu diesem Zitat. Vgl. auch *Cameron* I,190.

44 Vgl. *JMN* IV,367 f., wo Ferguson *Lives of Eminent Persons* (1833) als Quelle für den Verweis auf Michelangelo aufweist. Siehe *Cameron* I,419, für eine andere Zuordnung.

45 Siehe Emersons Übertragung der lateinischen Wendung in *JMN* IV,376. Vgl. auch *JMN* VI,191.

46 Emerson zitiert hier aus dem sechsten Kapitel von Goethes *Wilhelm Meister*, und zwar in der Fassung von Carlyles Übersetzung *Wilhelm Meister's Travels*. Vgl. dazu Text und Anmerkung in *JMN* IV,75, und *JMN* V,128 und 137.

47 Für den voranstehenden Abschnitt vgl. *JMN* V,174. Die Passage der *Journals* entstand wenige Wochen nach dem Tode von Emersons Bruder Charles Chauncy; ein Verlust, der Emerson sehr getroffen hatte. Vgl. auch *Cameron* I,419 f.

48 Vgl. Sonett 98,13 f.

49 Vgl. Sonett 65,9 f.

50 Vgl. Sonett 70,3 f. Bei der hier verwendeten Übersetzung handelt es sich um die deutsche Version von Gottlob Regis. Siehe *Shakespeares Sämtliche Werke*, Bd. 4, Heidelberg: Lambert Schneider, 1963, S. 79.

51 Sonett 124,5–11. Emerson läßt in seinem Zitat die achte Zeile des Originals aus und setzt einen Punkt nach »politic«, während die zitierte Passage bei Shakespeare weiterläuft. Die hier gegebene Übersetzung ist die deutsche Version von Gottlob Regis. Für bibliographische Angaben zu dieser Fassung vgl. Anm. 50.

52 *Measure for Measure* IV,1,1–4. Hier wie auch in den folgenden Anmerkungen zu *The Tempest* wurde zur Quellenangabe G. B. Harrisons Ausgabe der Dramen Shakespeares zugrunde gelegt. Bei der vorliegenden Übersetzung handelt es sich um die Fassung von Schlegel und Tieck. Siehe *Shakespeares Dramatische Werke*, hrsg. von Alois Brandl, Leipzig/Wien 1897, Bd. 9, S. 350.

53 *The Tempest* V,1,46–48. An dieser Stelle spricht nicht Ariel, sondern Prospero. Die deutsche Übersetzung folgt Schlegel und Tieck, siehe *Shakespeares Dramatische Werke*, Bd. 10, S. 366.

54 *The Tempest* V,1,58–60. Für Schlegel und Tiecks Übersetzung vgl. die vorangehende Anm.

55 *The Tempest* V,1,64–68 und 79–82. In der Übersetzung von Schlegel und Tieck.

56 Wie Emerson in einer Eintragung von *JMN* VI,202, zu erkennen gibt, zitiert er hier frei nach Coleridge, *The Friend* (London 1818, Bd. 3, S. 158). Emerson übersieht allerdings, daß dieses Zitat nicht auf Plato, sondern auf Kants *Kritik der reinen Vernunft* zurückgeht. Vgl. als mögliche Quelle auch F. H. Hedges Artikel »Coleridge's Literary Character – German Metaphysics« (*Cameron* II,59–69), wo Hedge diesen Gedanken in modifizierter Form als einen der Ausgangspunkte der deutschen Transzendentalphilosophie darstellt. Vgl. ebenfalls Wellek, »Emerson and German Philosophy«, S. 42.

57 Alfred R. Ferguson weist in seinen Anmerkungen zu *JMN* IV,327, darauf hin, daß die vermutliche Quelle für Eulers Satz Coleridges *Aids to Reflection* (vgl. Anm. 33), S. 274 und 285,

sei. Vgl. auf derselben Seite von *JMN* Emersons Verweis auf »Euler's truth against all experience«.

58 Anne Robert Jacques Turgot (1727–81), französischer Staatsmann und Physiokrat, der zu den Begründern der Politischen Ökonomie gerechnet wird. Robert E. Spiller weist als vermutliche Quelle für das Zitat eine Rezension von Dugald Stewarts *Account of the Life and Writings of Thomas Reid* auf, die in der *Edinburgh Review* 3 (1803/04) S. 273, erschienen war.

59 Vgl. für dieses freie Bibelzitat als Quelle Spr. 8,23,27 f. und 30.

60 Als Quelle des Zitats kann 2. Kor. 4,18 gelten.

61 Viasa oder Vyāsa: der legendäre altindische Weise und Heilige, der der Sage nach u. a. als Verfasser der *Purānas* und der *Brahmasūtras* sowie als Ordner der vier *Vedas* galt (woher er seinen Namen erhielt). Für dieselbe Verbindung von Vyāsa und dem idealistischen Philosophen Berkeley vgl. *JMN* V,123.

62 Es ist zu vermuten, daß Emerson hier nicht wirklich aus einer unidentifizierten Quelle zitiert, sondern lediglich um der dramatischen Darstellung willen anderen diese Worte in den Mund legt.

63 Anhänger des Manichäismus, einer aus vielerlei Ursprüngen entstandenen Religion, die auf die Lehren des Persers Mani aus dem dritten nachchristlichen Jahrhundert zurückgeht.

64 Für die Wendung »flesh-pots of Egypt« vgl. 2. Mose 16,3.

65 Vgl. *JMN* III,251, und Spiller/Ferguson, *Complete Works*, Bd. 1, S. 252, wo Robert Spiller den ersten Satz der Schrift des Plotinschülers Porphyrios, *Life of Plotinus*, als Quelle dieser Einsicht aufweist. Siehe *Cameron* I,423, für eine andere Quelle.

66 Emersons Zitat geht auf Michelangelos Sonett 51 zurück, das Emerson auch an anderer Stelle, so in *JMN* V,178, aufgreift. Vgl. Merton M. Sealts' Kommentar und Quellenaufweis in *JMN* V,178, Anm. 545.

67 Emerson zitiert hier Milton, *Comus*, Z. 13 f., wo es heißt: »To lay their just hands on that golden key / That opes the palace of Eternity.«

68 Vgl. George Herberts Gedicht »Man« (*The Works of George Herbert*, S. 90–92; vgl. Anm. 7). Emerson zitiert die Strophen drei bis acht des Gedichts unter Auslassung der siebten Strophe. Die dritte Zeile der Eröffnungsstrophe lautet abweichend von Emerson im Original: »And all to all the world besides«

(S. 91). Die Übersetzung von Herberts Gedicht wurde vom
Herausgeber vorgenommen. Vgl. auch *JMN* VI,103.

69 Dieses Diktum ist inhaltlich sowohl Plato als auch Aristoteles
zugeschrieben worden. Während Emerson hier die aristoteli-
sche Formulierung vom Anfang des neunten Abschnitts der
Poetik nicht erwähnt, greift er eine Plato-Stelle auf, die er einer
Besprechung von John Knox' *Remarks on the Supposed Diony-
sius Longinus* (1827) entnommen und für seine *Journals* notiert
hatte (*JMN* III,314, und *JMN* IV,261). Vgl. dazu auch Fergu-
sons Kommentar in *JMN* IV,261, Anm. 39.

70 Die Nebukadnezar-Episode geht auf Dan. 4,22 und 29 ff.
zurück, wo die genannten Tatbestände als Teil der Interpretation eines Traumes von Nebukadnezar auftreten.

71 Die im englischen Text verwendete Formulierung »if his word
is sterling yet in nature« verweist auf Shakespeare, *The Tragedy
of King Richard the Second* IV,1,264: »And if my word be
sterling yet in England.« Vgl. auch *JMN* V,180.

72 Die Kontroverse darum, wen Emerson mit dem orphischen
Dichter gemeint habe, den er hier vorgeblich zitiert, ist so alt
wie die Emerson-Kritik selbst. Dabei zeichnen sich zwei
Hauptrichtungen der Zuordnung ab, die entweder Bronson
Alcott als den orphischen Dichter identifizieren oder aber
Emerson selbst in der Rolle eines *alter ego* die betreffenden
Zeilen zuschreiben. So haben etwa William T. Harris und mit
Einschränkung Edward Waldo Emerson, in neuerer Zeit aber
insbesondere Odell Shephard als Herausgeber der *Journals of
Bronson Alcott* (Boston 1938) die Vermutung geäußert, daß es
sich bei dem »orphic poet« um Alcott handeln könne oder gar
müsse. Als Belege wurden dabei immer wieder die Tatsachen
angeführt, daß Alcott der Autor der sogenannten *Orphic Say-
ings* im *Dial* war, daß Emerson Alcott sehr schätzte, daß sich
biographisch über die *Journals* eine besonders enge Zusammen-
arbeit von Emerson und Alcott zum Zeitpunkt der Abfassung
der Passagen beweisen läßt und daß Alcott selbst nach der
Lektüre von *Nature* zu erkennen gab, daß er sein Werk *Psyche*
von Emerson indirekt zitiert sah. Andererseits konnte bisher
keine unmittelbare Quelle für die Aussprüche bei Alcott identifiziert werden. Diese Tatsache sowie ein sorgfältiges Abwägen
aller bisher vorgetragenen Argumente brachte dann K. W. Cameron dazu, die Gegenthese aufzustellen, daß sich Emerson im

»orphic poet« eine Rollenmaske geschaffen habe, mit deren Hilfe er sein eigenes *alter ego* oder seinen *daemon* zu Wort kommen ließ. Vgl. dazu *Cameron* I,361 ff. Vgl. auch die Parallelstellen in *JMN* V,179–181.

73 Alexander Leopold Franz Emmerich Hohenlohe-Waldenburg-Schillingsfürst (1794–1849), katholischer Priester, der in Europa und Amerika wegen seiner Wunderkuren durch Gebete bekannt und später angefeindet wurde.

74 Die Shakers waren eine den Quäkern verwandte religiöse Sekte, die im 18. Jahrhundert in England entstand und sich später u. a. unter der Führung von Ann Lee (1736–84) in Amerika ausbreitete. Ihr offizieller Name war »The United Society of Believers in Christ's Second Appearing«. Der Beiname Shakers (»Zitterer«, »Schüttler«) geht auf ihre Form des Gottesdienstes zurück, bei dem getanzt und in die Hände geklatscht wurde.

75 In der englischen Fassung verwendet Emerson den Begriff »Animal Magnetism« und verweist damit auf Theorien von Franz Anton Mesmer (1734–1815), einem umstrittenen Arzt, der die Lehre vom animalischen Magnetismus begründete. Diese berief sich auf vom Menschen oder von Tieren ausstrahlende Heilkräfte, die auf magnetische Weise wirkten. Der Mesmerismus wurde zum Vorläufer der Heilbehandlung durch Hypnose. Vgl.

76 Wie eine Eintragung in *JMN* VI,179, beweist, zitiert Emerson hier John Norris' *An Essay Towards the Theory of an Ideal or Intelligible World* (1701–04) zur scholastischen Unterscheidung zwischen menschlichem und göttlichem Wissen. Vgl. *Cameron* I,329 f.; *JMN* V,141, und VI,179. Vgl. auch Edward Waldo Emersons Ausführungen zur Bedeutung und Differenz der Termini in der scholastischen Philosophie und Theologie. Wenig überzeugend ist E. W. Emersons Behauptung, daß die Unterscheidung der Begriffe der Unterscheidung von Erkenntnis *a posteriori* und *a priori* entspreche. Siehe *EWE* I,413 f.

77 Vgl. für die Wendung des Originals »Deep calls unto deep« Ps. 42,8.

78 In der folgenden Passage scheint Emerson seine Ausführungen demselben anonymen Dichter in den Mund zu legen, den er schon wenige Seiten vorher als »orphischen Dichter« zitiert hatte. Dafür sprechen u. a. die parallelen Verweise auf »a

certain poet« und »my poet« als Quelle. Der Verdacht, daß es sich bei diesem »poet« um Emerson selbst handelt, wird bestärkt durch die Tatsache, daß zahlreiche Wendungen der Passage unmittelbare Parallelen in den *Journals* haben. Vgl. dazu etwa *JMN* V,180 und 182 f.

Selbstvertrauen

1 Ein Zitat aus der ersten Satire (Z. 7) des römischen Satirikers Aulus Persius Flaccus (34–62): »Ne te quaesiveris extra.« Vgl. *JMN* IV,318.

2 Ein Zitat aus dem Epilog von Francis Beaumonts und John Fletchers Theaterstück *The Honest Man's Fortune* (*The Works of Beaumont and Fletcher*, hrsg. von Alexander Dyce, Bd. 3, London 1843, S. 454):

> Man is his own star; and the soul that can
> Render an honest and a perfect man,
> Commands all light, all influence, all fate;
> Nothing to him falls early or too late.
> Our acts our angels are, or good or ill,
> Our fatal shadows that walk by us still.

3 Ein eigener Text Emersons, der unter dem Titel »Power« in einer Reihe von ›quatrains‹ in der Gedichtsammlung *May-Day and Other Pieces* (1867) abgedruckt ist:

> Cast the bantling on the rocks,
> Suckle him with the she-wolf's teat,
> Wintered with the hawk and fox,
> Power and speed be hands and feet.

4 Diese Anspielung bezieht sich auf das Gedicht »To the Author of ›The Diary of an Ennuyé‹« von William Allston (1779–1834), des ersten bedeutenden romantischen Landschaftsmalers Amerikas. Vgl. *JMN* V,377.

5 Zentraler Begriff in der Philosophie von Gottfried Wilhelm Leibniz (1646–1716).

6 Der Fluß Lethe, aus dem die Seelen der Verstorbenen beim Eintritt in die Unterwelt trinken, um ihre Erinnerungen an irdische Erlebnisse zu vergessen.

7 Mit dem Begriff »abolition« wurde im Amerika des 19. Jahrhunderts eine radikale Anti-Sklaverei-Bewegung bezeichnet,

deren Ziel die Abschaffung der Sklaverei ohne Rücksicht auf politische oder soziale Konsequenzen war.

8 Barbados ist die östlichste der karibischen Inseln. Vor allem im 16. und 17. Jahrhundert wurden westafrikanische Neger als Sklaven nach Barbados gebracht; noch im Jahre 1789 standen sich etwa 480000 Sklaven und etwa 50000 freie Weiße gegenüber. Die Sklaven auf Barbados erhielten 1834 ihre Freiheit.

9 Vgl. Mt. 10,37.

10 Vgl. 2. Mose 12,22 f.

11 Alexander Pope, *Epistle to Dr Arbuthnot* (1735), Z. 212. Vgl. *JMN* II,239 und 365.

12 Vgl. 1. Mose 39,11 ff.

13 Vgl. Thomas Taylors Übersetzung von Iamblichos' *De vita Pythagorae*: *Jamblichus' Life of Pythagoras*, London 1818, S. 13 f. Vgl. *JMN* VII,424.

14 Dies bezieht sich wahrscheinlich auf das sogenannte »sator/arepo«-Palindrom; vgl. Gustav René Hocke, *Manierismus in der Literatur*, Reinbek 1959, S. 24.

15 William Pitt, First Earl of Chatham (1708–78), englischer Politiker und Staatsmann.

John Quincy Adams (1767–1848), der sechste Präsident der Vereinigten Staaten (1825–29).

16 Eremit Antonius: Gemeint ist wohl der Anachoret St. Antonius von Ägypten (um 250–350), der so viele Anhänger anzog, daß seine Zelle der Kern einer klösterlichen Bewegung wurde.

George Fox (1624–91), Begründer der religiösen Sekte der »Society of Friends« (Quäker).

John Wesley (1703–91), Begründer der religiösen Sekte der Methodisten.

Thomas Clarkson (1760–1846), englischer Verfechter der Abschaffung der Sklaverei (Abolitionismus); seiner Tätigkeit ist die Beendung der Sklaverei in England im Jahre 1833 zu verdanken.

17 Publius Cornelius Scipio Africanus Maior (236/235–183), römischer Feldherr, Eroberer Spaniens und Sieger über Hannibal in der Schlacht von Zama (202). Das Milton-Zitat findet sich in *Paradise Lost* IX,510.

18 Vgl. die Einleitung von Shakespeares *The Taming of the Shrew*.

19 Alfred der Große, westsächsischer König von England; spielte

eine maßgebliche Rolle im Kampf gegen die dänischen Invasionen; darüber hinaus bedeutend als Übersetzer von u. a. Papst Gregors *Cura Pastoralis* und Boethius' *De Consolatione Philosophiae.*

Skanderbeg (1404?–68), albanischer Fürst und Nationalheld.

Gustav II. von Schweden (1594–1632), seit 1611 König von Schweden; Führer der Reformationstruppen während des Dreißigjährigen Krieges.

20 Vgl. 2. Mose 3,5.

21 Vgl. Jes. 36,16.

22 Ein leicht verstelltes Zitat aus Schillers Epigramm »Liebe und Begierde«. Vgl. *JMN* VII,214.

23 Vgl. Joh. 1,14, und Offb. 22,2.

24 John Fletcher (1579–1625), englischer Dramatiker; seine Tragödie *Bonduca* (d. i. Boadicea, die englische Freiheitskönigin) wurde vermutlich 1619 aufgeführt. Caratach ist die Hauptfigur des Stückes. Das Zitat stammt aus der 1. Szene des III. Aktes. Emerson hatte mehrfach die Werke Fletchers aus der »Boston Athenaeum Library« entliehen (vgl. K. W. Cameron, *Ralph Waldo Emerson's Reading*, 1941, Repr. New York: Haskell House, 1966, S. 56).

25 Vgl. das Kapitel »The Chaldaean Oracles of Zoroaster« in Isaac Preston Coreys *Ancient Fragments of the Phoenician, Chaldaean [...] and Other Writers*, London 1832, S. 271.

26 Vgl. 2. Mose 20,19.

27 John Locke (1632–1704), englischer Philosoph, Hauptvertreter des englischen Empirismus (*An Essay Concerning Human Understanding*, 1690). Emerson besaß mehrere Ausgaben der Werke Lockes (vgl. *Harding*, S. 170).

Antoine Laurent Lavoisier (1743–94), französischer Ökonom und Naturwissenschaftler (Erforscher des Sauerstoffes).

James Hutton (1726–97), schottischer Naturwissenschaftler, Begründer der neuzeitlichen Geologie (*Theory of the Earth*, 1795).

Jeremy Bentham (1748–1832), englischer Philosoph, Begründer des Utilitarismus (*A Fragment on Government with an Introduction to the Principles of Morals and Legislation*, 1789).

Charles Fourier (1772–1837), französischer utopischer Sozialist, dessen Gedankengut u. a. in Horace Greeleys *New York Daily Tribune* propagiert wurde und in die Gründung von

George Ripleys »Brook Farm« einging (vgl. Rusk, *Life*, S. 287–289).

28 Anspielung auf den »Prolog im Himmel« aus *Faust I*.

29 Vgl. Apg. 2,3 f.

30 Anspielung auf Captain Cooks erste Reise nach Neuseeland; vgl. *The Three Voyages of Captain Cook Round the World*, 7 Bde., London 1821, Bd. 2, S. 34–48.

31 Anaxagoras (um 500–428), griechischer Philosoph (Atomist). Diogenes von Sinope (412?–323?), der wohl bekannteste Philosoph aus der Schule der sogenannten Kyniker.

32 Henry Hudson (um 1550–1611), englischer Seefahrer, der die Arktis und die nordamerikanische Küste erforschte.
Vitus Behring (1680–1741), dänischer Seefahrer in russischen Diensten, der die Nordküste von Sibirien erkundete.
Sir William Edward Parry (1790–1855), englischer Seefahrer und Entdecker, der sich um die Erkundung der sogenannten Nordwest-Passage bemühte und 1827 den Versuch unternahm, den Nordpol zu erreichen.
Sir John Franklin (1786–1847), englischer Marineoffizier und Entdecker, der bei einem Versuch, die Nordwest-Passage zu finden, ums Leben kam.

33 Die Anspielung bezieht sich auf Graf Emmanuel Augustin Dieudonné de las Cases (1766–1842), der während Napoleons Verbannung auf der Insel St. Helena dessen Äußerungen zu Problemen der Kriegsführung, der Politik, der Religion und der Philosophie aufzeichnete und 1823 als *Mémorial de Sainte-Hélène* herausgab (vgl. *Journal of the Private Life and Conversations of the Emperor Napoleon at Saint Helena*, 4 Bde., Boston 1823, Bd. 4, Kap. 7, S. 97).

34 Kalif Ali: Gemeint ist wohl Ali ibn Abi Talib (um 600–661), ein Schwager Mohammeds, der vierte Kalif (›Herrscher‹) des arabischen Reiches. Emersons Quelle ist Simon Ockley, *The History of the Saracens*, 2 Bde., London 1718, Bd. 2, Anh. S. 2. Vgl. *JMN* VI,388; VII,400.

Die All-Seele

1 Es handelt sich um die ersten Zeilen der neunzehnten Strophe
  von Canto II aus Henry Mores Gedicht »The Argument of
  Psychozoia, Or, The Life of the Soul« (*Philosophical Poems of
  Henry More*, hrsg. von Geoffrey Bullough, Manchester: Manchester University Press, 1931, S. 38):

> But souls that of his own good life partake,
> He loves as his own self; dear as his eye
> They are to Him: He'll never them forsake:
> When they shall die, then God himself shall die:
> They live, they live in blest eternity.

2 Der Text lautet im Original:

> Space is ample, east and west,
> But two cannot go abreast,
> Cannot travel in it two:
> Yonder masterful cuckoo
> Crowds every egg out of the nest,
> Quick or dead, except its own;
> A spell is laid on sod and stone,
> Night and Day 've been tampered with,
> Every quality and pith
> Surcharged and sultry with a power
> That works its will on age and hour.

  Vgl. Emersons Gedicht »Unity«, *CWR* IX,236.

3 Vgl. für den Begriff »Over-Soul« und seine Verbindung zur
  Lehre Plotins wie auch zur hinduistischen Philosophie das
  dritte Kapitel der Einleitung.

4 Emerson zitiert hier ein spanisches Sprichwort aus dem
  17. Jahrhundert, das sich auf den Brauch bezieht, den Tod eines
  Menschen durch Glockenläuten anzuzeigen. Vgl. auch *JMN*
  IV,16.

5 Das Zitat stammt aus einer Replik Luzifers in Byrons *Cain*
  I,1,536 f. Vgl. *JMN* VII,140.

6 Vgl. Offb. 20,3 f.

7 Vgl. Jes. 41,16.

8 Zeno (336–264), griechischer Philosoph, Begründer der Schule
  der Stoiker.
  Arrian (etwa 2. Jh. n. Chr.), griechischer Philosoph und Historiker. Vgl. zu beiden Namen auch *JMN* I,226,258 und 346.

9 Es handelt sich um eine Paraphrase eines Gedankens von Swedenborg in Caleb Reeds Artikel »The Nature and Character of True Wisdom and Intelligence« (in: *The New Jerusalem Magazine*, 3. Januar 1830, S. 151). Die Originalversion findet sich in Swedenborgs *The Doctrine of the New Jerusalem Concerning the Sacred Scripture*.

10 Das Zitat stammt aus Thomas Grays (1716–71) Gedicht »The Progress of Poesy« (1757) III,2,101; es bezieht sich auf Milton.

11 Vgl. für Emersons Verhältnis zu Plotin Kap. II und III der Einleitung. Für den vorliegenden Verweis auf Plotin siehe Thomas Taylors Übersetzung *Select Works of Plotinus*, London 1817, S. 272 und 279; Introduction, S. XV und LVII–LXIX.

12 Porphyrius (um 232–304), griechischer Neuplatoniker; Schüler von Plotin, dessen Werk er herausgab.

13 Jakob Böhme (1575–1624), deutscher Mystiker und Theosoph; seine Schrift *Die Morgenröte im Aufgang* (1612) ist auch als *Aurora* bekannt. Vgl. *JMN* V,75.

14 Eine religiöse Gemeinschaft (auch »Böhmische Brüder« genannt), die auf den Reformator Johan Hus (1372–1415) zurückgeht.

15 Anhänger einer religiösen Gemeinschaft, die in der völligen Passivität der Seele den wichtigsten Zugang zu christlicher Vollkommenheit sieht.

16 Anhänger der religiösen Lehren des Schweden Emanuel Swedenborg. Vgl. zu Swedenborg und zur *New Jerusalem Church* Anm. 29 zu *Die Natur*.

17 Vgl. für die folgende Passage auch *JMN* VII,259 f.

18 Edward Waldo Emerson macht darauf aufmerksam, daß diese Formulierung an eine Passage in Emersons erstem Brief an John Sterling Emerson erinnert: »these were opinions, but the tone was the man« (*EWE* II,431 f.).

19 William Paley (1743–1805), englischer Theologe und Philosoph, der einer der Hauptexponenten utilitaristischer Strömungen in der Theologie der Zeit war.

20 Sir James Mackintosh (1765–1832), schottischer Mediziner, Historiker und Philosoph, der u. a. in die zeitgenössische Debatte über die Französische Revolution eingriff und in *Vindiciae Gallicae* (1791) eine Verteidigung der Revolution gegen Edmund Burkes einflußreiche anti-jakobinische Schrift *Reflections on the Revolution in France* (1790) vorlegte.

21 Dugald Stewart (1753–1828), schottischer Philosoph und Schüler von Thomas Reid. Stewart wurde als Professor in Edinburgh (1785–1809) zu einem der einflußreichsten Philosophen der sogenannten Schottischen Schule.

22 Christine (1626–89), Königin von Schweden und Tochter Gustav Adolfs. War als Förderin der Wissenschaften und Künste bekannt. Berief 1649 Descartes nach Stockholm. Trat 1655 zum Katholizismus über und lebte später vorwiegend in Rom.

23 Vgl. Milton, »Areopagitica«, in: *The Works of John Milton*, New York: Columbia University Press, 1931, Bd. 4, S. 295.

24 Derselbe Gedanke findet sich in einer anderen Formulierung im zweiten Gedicht wieder, das Emersons »Compensation« vorangestellt ist. Vgl. dazu auch *EWE* II,432.

25 Dieser Satz findet sich zuerst in Emersons *Journal*, und zwar als eine Notiz, die Emerson an jenem Abend niederschrieb, als er seine bekannte »Divinity School Address« hielt. Derselbe Satz sowie ähnliche Ausführungen waren Teil einer Predigt, die Emerson vermutlich im folgenden Winter in East Lexington hielt. Vgl. *EWE* II,432 f.

26 Emersons Zitat bezieht sich auf Mt. 6,6.

27 Siehe dazu *Select Works of Plotinus*, S. LXXIX: »All the Gods are venerable and beautiful, their beauty is immense.« Vgl. auch *JMN* V,385.

28 Für Emersons Wendung »of shreds and patches« vgl. *Hamlet* III,4,102.

29 Vgl. dazu *JMN* VI,197. Für eine umfassende Auflistung von in unserem Kommentar nicht erwähnten Querverweisen zu *JMN* siehe *The Collected Works of Ralph Waldo Emerson*, Bd. 2, hrsg. von Joseph Slater, Alfred R. Ferguson und Jean Ferguson Carr, Cambridge, Mass. / London 1979, S. 350–352.

Der Transzendentalist

1 Vgl. auch Emersons Ausführungen zum Problemkreis der Entwicklung vom Materialismus zum Idealismus in seinem Essay »Poetry and Imagination«, der Teil des Bandes *Letters and Social Aims* ist. Siehe *CWR* VIII,9 ff. Vgl. ebenfalls Emersons Ausführungen zum Idealismus in Kap. VI von *Nature*.

2 Etienne Bonnot de Condillac (1715–80) verbreitete in Frank-

reich zunächst die Gedanken John Lockes. Er wurde zum Mitbegründer des neueren Sensualismus, der alle Bewußtseinsvorgänge von der Sinneswahrnehmung als einziger Erkenntnisquelle her zu erklären sucht. Das von Emerson Condillac zugeschriebene Zitat konnte nicht eindeutig identifiziert werden, gehört aber inhaltlich zum Themenkreis und in den Argumentationszusammenhang des *Traité des sensations* (1754) oder des *Essai sur l'origine des connoissances humaines* (1746).

3 Quincy-Granit war eine besonders harte Art von Stein, der seinen Namen von den Steinbrüchen in Quincy, Massachusetts, erhalten hatte.

4 Im englischen Original verwendet Emerson hier den Terminus »gold eagle«. Es handelt sich dabei um eine in Amerika seit Ende des 18. Jahrhunderts in Umlauf befindliche Goldmünze, die einen Wert von 10 Dollar hatte.

5 Von griech. *antinomos* ›gegen oder wider das Gesetz‹. Der Begriff war insbesondere in der theologisch-politischen Diskussion in Amerika geläufig, seit Anne Hutchinson im Jahre 1637/38 von der puritanischen Kolonie Massachusetts wegen antinomistischer Häresie verbannt worden war. Schon in frühchristlicher Zeit in verschiedenen Bedeutungen geläufig, kennzeichnete er in Amerika insbesondere jene Haltung, welche die Doktrin vom Vorrang des göttlichen oder kirchlichen Gesetzes in bezug auf Moral und Gnadenstatus des einzelnen ablehnte und letztere allein im Glauben, in der Erwähltheit und in der moralischen Gewißheit des einzelnen zu verankern suchte. Der Begriff wurde später in Amerika in sehr vielfältigen und diffusen Zusammenhängen verwendet, bis er schließlich zur Kennzeichnung nahezu jeder Art von Opposition gegen übergreifendes oder gesetztes Recht verwendet werden konnte. Wie der hier zugrunde liegende Passage deutlich erkennen läßt, setzten sich Emerson und die Transzendentalisten dem Vorwurf des Antinomismus aus, da sie den Anspruch erhoben, die Quelle des Moralgesetzes in sich selbst zu tragen und daher tradierte und von irgendeiner Institution diktierte Gesetze mißachten zu können. Allerdings war zu Emersons Zeit der Vorwurf des Antinomismus bereits ausgehöhlt, da u. a. liberale Strömungen des Protestantismus die dem Antinomismus zugrunde liegenden Einstellungen zumindest teilweise akzeptiert und integriert hatten.

6 Vgl. *Othello* V,2,126 ff. Bei der Übersetzung der zitierten Stelle handelt es sich um die Fassung von August Wilhelm von Schlegel und Ludwig Tieck (*Shakespeares Dramatische Werke*, hrsg. von Alois Brandl, Leipzig/Wien 1897, Bd. 10, S. 391). Emerson weicht bei der Verbindung der beiden Dialogstellen von Shakespeares Text ab und verfälscht so z. T. den Sinn von Emilias Antwort.

7 Emerson bezieht sich hier auf Friedrich Heinrich Jacobis (1743–1819) im Jahre 1799 veröffentlichten Brief an Fichte. Die im folgenden zitierte Passage aus Jacobis Brief geht vermutlich auf Coleridges englische Übersetzung eines Ausschnitts des Briefes in *The Friend* (London: Rest Fenner, 1818, Bd. 2, S. 216 f.) zurück. Wie aus *Harding* hervorgeht, besaß Emerson diese dreibändige, revidierte und stark erweiterte Fassung von Coleridges Essay-Serie *The Friend*, die ursprünglich in den Jahren 1809–10 erschienen war. Im Zuge der Übernahme und Weitergabe der Passage ist es dann zu erheblichen Verwirrungen gekommen. So zitiert Coleridge in *The Friend* (1818) unter der Quellenangabe »Jacobi an Fichte« eine Version, die deutlich von Jacobis ursprünglicher Fassung abweicht. Zum Vergleich sei hier die betreffende Passage (aus Friedrich Heinrich Jacobi, *Werke*, Bd. 3, Leipzig 1816, S. 37 f.) angeführt: »Ja, ich bin der Atheist und Gottlose, der, dem Willen der Nichts will zuwider – lügen will, wie Desdemona sterbend log; lügen und betrügen will, wie der für Orest sich darstellende Pylades; morden will, wie Timoleon; Gesetz und Eid brechen wie Epaminondas, wie Johann de Wit; Selbstmord beschließen wie Otho, Tempelraub unternehmen wie David – ja, Aehren ausraufen am Sabbath, auch nur darum, weil mich hungert, und das Gesetz um des Menschen willen gemacht ist, nicht der Mensch um des Gesetzes willen. Ich bin dieser Gottlose, und spotte der Philosophie, die mich deswegen Gottlos nennt; spotte ihrer und ihres höchsten Wesens: denn mit der heiligsten Gewißheit, die ich in mir habe, weiß ich – daß das *privilegium aggratiandi* wegen solcher Verbrechen wider den reinen Buchstaben des absolut allgemeinen Vernunftgesetzes, das eigentliche Majestätsrecht des Menschen, das Siegel seiner Würde, seiner Göttlichen Natur ist.« Emerson hält sich in seinem Zitat weitgehend an Coleridges Übertragung der betreffenden Stelle, wobei jedoch auffällt, daß er seinerseits wieder Varianten ein-

führt. Insbesondere Emersons Anfügungen und die Wiederaufnahme bestimmter Beispiele, die in Jacobis Fassung von 1816 enthalten sind, in Coleridges Zitat und Übersetzung aber wegfallen, beweisen, daß Emerson unabhängig von Coleridge den ursprünglichen Text Jacobis konsultiert haben muß. (Aus K. W. Cameron, *Ralph Waldo Emerson's Reading*, New York 1966, S. 23, ist ersichtlich, daß Emerson im März 1837 Jacobis *Werke* von der Bostoner Athenaeum-Bibliothek ausgeliehen hatte.) Die resultierende Verwirrung um die betreffende Textstelle macht es unmöglich, Jacobis ursprüngliche Fassung einfach als deutsche Version von Emersons Zitat zu verwenden. Folglich wurde im vorliegenden deutschen Text eine neue Rückübersetzung angestrebt, die sich an den Buchstaben von Emersons Version hält, auch wenn diese bisweilen stark von Jacobis ursprünglichem Diktum abweicht. Dabei wurde teilweise auch die von Coleridge zitierte deutsche Fassung wieder aufgenommen, so z. B. in der Übersetzung der Wendung »imaginary doctrine of calculation«, die bei Coleridge der Wendung »Berechnungslehre« entspricht.

8 Pylades, Sohn des Strophios und Freund des Orest. Obwohl bereits in früheren Quellen erwähnt, erfährt die Gestalt des Pylades erst bei Euripides ihre volle Ausprägung. Pylades wird als so ergebener und enger Freund des Orest dargestellt, daß beide zum sprichwörtlichen Freundespaar der klassischen Tradition (vergleichbar etwa Theseus und Peirithoos oder Achilleus und Patroklos) werden. Die charakteristische Verstellungskunst und die Täuschungsmanöver des Pylades, auf die hier angespielt wird, ließen ihn immer wieder wie einen zweiten Odysseus erscheinen. Vgl. Euripides, *Orestes* 1404, und Goethe, *Iphigenie auf Tauris* II,1.

9 Timoleon aus Korinth kämpfte als Demokrat und Führer der korinthischen Flotte 345/344 v. Chr. gegen Dionysios, den er aus Syrakus verbannte. Der im Zitat erhobene Mordvorwurf bezieht sich wohl auf die Tatsache, daß Timoleon die Ermordung seines Bruders Timophanes veranlaßte, als dieser sich ungesetzlich zum Tyrannen von Korinth aufschwingen wollte.

10 Epameinondas, bedeutender thebanischer Staatsmann und Feldherr, der nach dem Sieg über die Spartaner bei Leuktra (371 v. Chr.) zusammen mit seinem engen Freund Pelopidas zum

einflußreichsten Mann Thebens wurde. Sein Name verbindet sich insbesondere auch mit Neuerungen in der Kriegstechnik wie z. B. der »schiefen Schlachtordnung«, die angeblich den Kampf bei Leuktra entschied. Der hier angedeutete Vorwurf der Eidbrüchigkeit bezieht sich vermutlich auf Vorfälle anläßlich des allgemeinen Friedenskongresses in Sparta im Jahre 371 v. Chr. Einige Historiker berichten, daß die thebanische Delegation, die Epameinondas als Boiotarch führte, damals nach einem Streit mit den Spartanern ihren zuvor abgelegten Schwur auf den Friedensvertrag widerrief und es so zum endgültigen Bruch mit Sparta kommen ließ.

11 Johan de Witt (1625–72) war einer der einflußreichsten Staatsmänner des 17. Jahrhunderts in Holland. Er führte die Seekriege mit England und wurde zum politischen Gegner von Wilhelm von Oranien. Geheimartikel im Friedensvertrag mit England (1654), die sich gegen die Oranier richteten, sowie die später folgenden Machtkämpfe weckten sowohl in England als auch in Holland Mißtrauen gegen de Witt und brachten ihm den Ruf der Wortbrüchigkeit ein.

12 Robert E. Spiller weist in seinen Textkommentaren darauf hin, daß Emerson dieses bisher nicht identifizierte Zitat in zahlreichen seiner Briefe und Tagebücher, so etwa in *JMN* VII,363, verwendet. Vgl. Spiller/Ferguson, *Complete Works*, Bd. 1, S. 264. Dasselbe Zitat taucht in leicht veränderter Form zudem auch in »Gifts« (*CWR* III,157) und in den Briefen Emersons auf (Rusk, *Letters* III,91; VI,174). Für eine umfassende Auflistung weiterer Querverweise zu den *Journals* siehe im übrigen Spiller/Ferguson, *Complete Works*, Bd. 1, S. 278 f.

13 Saturnalien: römisches Fest zu Ehren des Gottes Saturn. Zu den überschwenglichen Festbräuchen gehörten Gelage, gegenseitiges Beschenken und das Aufheben der Standesunterschiede.

14 Emersons Formulierung »yet take no thought for the morrow« wie auch bestimmte Passagen des vorhergehenden Abschnitts weisen deutliche Parallelen zu Mt. 6,25–34, auf.

15 Vgl. zum Unitarismus und zur Auseinandersetzung der Transzendentalisten mit den amerikanischen Unitariern Kap. II und III der Einleitung.

16 Emerson bezieht sich hier auf eine Kernthese sensualistischer Erkenntnistheorie, die fälschlicherweise einmal Aristoteles zugeschrieben wurde: »Nihil est in intellectu, quod non prius

fuerit in sensu.« Emerson zitiert im vorliegenden Zusammenhang Locke, weil dieser als Zentralgestalt des modernen Sensualismus gelten muß und weil seine Erkenntnistheorie in der Tat philosophiegeschichtlich zum Gegenstand Kantscher Angriffe und Widerlegungen wurde. Vgl. als Quelle zu Lockes Theorie *An Essay Concerning Human Understanding* (1690).

17 Vgl. zu dieser mißverständlichen Kant-Darstellung Kap. II und III der Einleitung.

18 Gnostiker wird zumeist als Sammelbezeichnung für eine Vielzahl von Philosophen und Theologen der ersten nachchristlichen Jahrhunderte verwendet, denen das Bestreben gemeinsam war, bestimmte Glaubensinhalte in der Spekulation der Erkenntnis zugänglich zu machen. Emerson zeigte ein besonderes Interesse an den Gnostikern, da ihren spekulativen Systemen Überzeugungen zugrunde lagen, die auch in seiner Philosophie eine Rolle spielten: so etwa die Lehre vom Dualismus von Gott und Materie, der jedoch überbrückt und vermittelt werden konnte, oder der Gedanke der Emanation abnehmender Seinsstufen, wobei die Rückkehr zum Ursprung als Möglichkeit gegeben blieb.

19 Die Essener oder Essäer formten eine jüdische Gemeinschaft mit ordensähnlicher Verfassung, dem Charakter einer Geheimsekte und sozialreformerischen Tendenzen. Sie entstanden um die Mitte des zweiten vorchristlichen Jahrhunderts.

20 Vgl. Anm. 63 zu *Die Natur*.

21 Emerson hatte den Gedanken einer unabhängigen, spezifisch amerikanischen Geistes- und Kulturentwicklung schon früher aufgenommen und variiert. Vgl. insbesondere seinen im August 1837 vor der Phi-Beta-Kappa-Gesellschaft in Harvard gehaltenen Vortrag »The American Scholar«, der später zu Recht von Oliver Wendell Holmes als Amerikas geistige Unabhängigkeitserklärung bezeichnet wurde. Vgl. zu diesem Themenkreis auch R. E. Spiller, »The American Literary Declaration of Independence«, in: *Literatur und Sprache der Vereinigten Staaten*, hrsg. von Hans Helmcke, Stuttgart 1969, S. 62 bis 73.

22 Edward Waldo Emerson weist in seinem Kommentar darauf hin, daß Emerson bei seiner Beschreibung der transzendentalistischen Häretiker wohl insbesondere seinen Freund Amos Bronson Alcott im Sinn hatte. Vgl. *EWE* I, 448 f.

23 Vgl. die Zeilen in Emersons Fragment gebliebenem Gedicht
»The Poet« (*CWR* IX,266):
> The civil world will much forgive
> To bards who from its maxims live,
> But if, grown bold, the poet dare
> Bend his practice to his prayer
> And following his mighty heart
> Shame the times and live apart, –
> *Vae solis!* . . .

24 Obwohl Emerson hier wie auch an anderer Stelle nicht explizit
von sich selbst spricht, sondern vorgeblich die unterstellte
Position der Transzendentalisten darstellt, lassen sich Parallelen
zu seiner persönlichen Haltung in politischen Fragen nicht von
der Hand weisen. Emersons Verhältnis zum Staat war zwie-
spältig, wie schon in der Einleitung betont, insbesondere aber
sein Verhältnis zu den Tendenzen jener Art von zeitgenössischer Demokratie, die als »Jacksonian Democracy« bezeichnet
wird.

25 Die von Emerson benutzten Wendungen »abolition of the
slave-trade« und »temperance society« verweisen auf bekannte
Kontroversen und politische Kampagnen der Zeit, in denen
auch Emerson Stellung bezogen, sich in den Augen seiner
Kritiker aber nur halbherzig engagiert hatte. Die Bewegung des
»abolitionism« strebte um die Mitte und in der ersten Hälfte
des 19. Jahrhunderts die Abschaffung des Sklavenhandels an,
die gesetzlich aber erst nach dem Bürgerkrieg von 1861–65
verankert wurde. Die »Temperance Society« war eine Vereinigung, die durch organisierte Kampagnen eine Gesetzgebung
mit dem Ziel des Alkoholverbotes herbeizuführen suchte.
Während Thoreau sich insbesondere in bezug auf die Forderungen des Abolitionismus in persönlichen Aktionen engagier-
te, blieb es für Emerson zumeist bei verstreuten Kommentaren
und Forderungen, die nie zu entschlossener politischer Aktion
wurden. Für Emersons Beiträge zur Diskussion des Abolitionismus vgl. u. a. seine Vorträge »The Fugitive Slave Law« und
»John Brown« (*CWR* XI,203 ff. und 257 ff.).

26 An dieser Stelle kommentiert Edward Waldo Emerson den
auffallenden Wechsel des Aussagesubjekts: »The change to the
first person in this paragraph – very likely due to a sheet
introduced after the main part of the essay was written – does

not mean that Mr. Emerson states here his own views. In this and what follows he only continues to be a mouthpiece for the views of these ›children‹ with whose faith he admits a sympathy, but it is a measured one.« (*EWE* I,449) Dem muß entgegengehalten werden, daß Emerson im vorliegenden wie auch in anderen Essays dazu neigt, eine Art Sekundärsender für seine eigenen Anschauungen einzuführen, dann aber bisweilen (und dies insbesondere in Passagen höchsten Engagements) in die Rede in der ersten Person Singular verfällt und damit die Identität eigener und anderen unterstellter Anschauungen preisgibt.

27 Emerson zitiert hier frei aus Walter Savage Landors fiktiver Briefsammlung *Pericles and Aspasia* (1836). Im Original heißt es: »The principal thing I remember is, that Pericles (I was told) smiled at me for a moment in the heat of battle, and went on to another detachment.« Vgl. *The Complete Works of Walter Savage Landor*, Bd. 10, hrsg. von T. Earle Welby, New York / London 1969, S. 106. Emersons Verhältnis zu Landor war bewundernd, aber auch voller kritischer Distanz. Vgl. dazu insbesondere seinen in *The Dial* veröffentlichten Beitrag »Walter Savage Landor«, wo er noch einmal ausdrücklich auf Landors Perikles-Portrait eingeht (*CWR* XII,208). Vgl. auch Passagen in *JMN* VII,335, und VIII,48, wo Emerson dasselbe Zitat aus Landor in leicht abgewandelter Form verwendet.

28 Stephen E. Whicher macht in seinen Kommentaren zu dem vorliegenden Essay (vgl. *Selections from R. W. Emerson*, hrsg. von S. E. Whicher, Boston 1957, S. 488) darauf aufmerksam, daß diese Passage auf Eintragungen in den *Journals* zurückgeht; Eintragungen, die vor der Abfassung von »The Transcendentalist« erfolgten und die im Ton wesentlich persönlicher gehalten waren.

29 Vgl. 2. Kor. 12,2.

30 Vgl. für ähnliche Fassungen dieser »Trinität« die Essays »Art« aus *Society and Solitude*, wo »beauty, truth, and goodness« als »triple face« des »Eternal Spirit« bezeichnet werden (*CWR* VII,59); und »The Poet« (*CWR* III,12).

31 Vgl. die Parallelen zu den Tagebucheintragungen, die Whicher in *Selections from R. W. Emerson*, S. 488, identifiziert.

32 Vermutlich eine Anspielung auf Marcus Antonius, der für viele seiner Zeitgenossen nach seinen ägyptischen Abenteuern und

seinem bizarren Ende als Beispiel eigenwilliger Verstiegenheit und moralischer Degeneration galt (siehe die in Rom über ihn verhängte *damnatio memoriae*). Emerson bezieht sich möglicherweise auf Shakespeares Darstellung in *Antony and Cleopatra*, wo Antony – obgleich nie explizit mit »perverseness« in Verbindung gebracht – gegen Ende des Dramas als degenerierte Gestalt moralischen Verfalls erscheint.

33 Vgl. zu diesem Satz den Eintrag in *JMN* VIII,118, wo Emerson dieselbe Formulierung verwendet.

34 Im englischen Original verbinden sich die von Emerson benutzten Begriffe »exciters and monitors«, die hier mit *Anreger* und *Warner* übersetzt wurden, mit der folgenden Metapher zu einem komplexen Bild, dessen Auszugsgebiet Tatbestände der Wissenschaft von der statischen Elektrizität sind.

35 Die im Original auftretende Wendung »higher endowed and happier mixed clay« veranlaßte Edward Waldo Emerson zu dem Kommentar, daß Emerson möglicherweise auf eine Stelle in Juvenal anspielte: »Juvenes queis arte benigna / Et meliore luto finxit praecordia Titan.« Vgl. *EWE* I,450.

Der Dichter

1 Im Original heißt es:

> A moody child and wildly wise
> Pursued the game with joyful eyes,
> Which chose, like meteors, their way,
> And rived the dark with private ray:
> They overleapt the horizon's edge,
> Searched with Apollo's privilege;
> Through man, and woman, and sea, and star
> Saw the dance of nature forward far;
> Through worlds, and races, and terms, and times
> Saw musical order, and pairing rhymes.

Eine überarbeitete Version dieses Textes findet sich in dem fragmentarisch gebliebenen langen Gedicht »The Poet«, *CWR* IX,255.

2 Ein Selbstzitat Emersons aus dem Gedicht »Ode to Beauty«, *CWR* IX,82 f.

> Olympian bards who sung
> Divine Ideas below,

>   Which always find us young
>   And always keep us so.

Die beiden letzten Zeilen des Zitats verwendet Emerson auch in seinem Essay »The Over-Soul«, *CWR* II,256.

3 Gemeint ist möglicherweise Alfred Lord Tennyson (1809–92), einer der wichtigsten viktorianischen Lyriker, der 1842 seine Gedichte in zwei Bänden herausgegeben hatte. Carlyle hatte in einem Brief aus diesem Jahr Emersons Aufmerksamkeit auf Tennyson gelenkt. Es könnte sich auch um den schottischen Schriftsteller und Reformpolitiker John Stirling (1806–44) handeln, mit dem Emerson korrespondierte.

4 Iamblichos (um 250–330), syrischer Philosoph der neuplatonischen Schule, Schüler des Porphyrius und Lehrer des Proclus. Emerson besaß Iamblichos' *De mysteriis Egyptorum* in einer Ausgabe von 1556 und in einer englischen Übersetzung (vgl. *Harding*, S. 150 f.). Vgl. auch *JMN* VII,424.

5 Edmund Spenser (um 1552–99), bedeutender elisabethanischer Dichter (*The Shepherd's Calendar*, 1579; *The Faerie Queene*, 1590 ff.). Das Zitat stammt aus der »Hymne in Honour of Beautie«, eine der *Foure Hymnes* (1596), Z. 127–136. Emerson besaß mehrere Ausgaben der Werke Spensers (vgl. *Harding*, S. 255).

6 Proclus (412–485), griechischer Neuplatoniker, der u. a. Kommentare zu den Dialogen Platos verfaßte. Emerson hatte mehrere dieser Kommentare in seiner Bibliothek (vgl. *Harding*, S. 220). Vgl. auch *Rusk, Letters* II,430.

7 Ball: 1840 wurde im Rahmen der Feiern zum 4. Juli (amerikanischer Unabhängigkeitstag) an der Spitze eines Umzuges ein großer Ball, der rot, weiß und blau bemalt und mit Sinnsprüchen versehen war, von West Cambridge nach Concord gerollt; vgl. *JMN* VII,378 f.

Lowell: Stadt im Nordosten von Massachusetts; im 19. Jahrhundert führendes Zentrum der Textilindustrie (»City of Spindles«).

Lynn: Stadt im Nordosten von Massachusetts; vom 17. bis zum Beginn des 20. Jahrhunderts führendes Zentrum der Schuhindustrie.

Salem: Stadt im Nordwesten von Massachusetts; im 18. Jahrhundert bedeutender Seehafen, darüber hinaus als Schauplatz eines Hexenprozesses (1692) bekannt.

Apfelwein/Blockhaus: Während des Wahlkampfes von William Henry Harrison (1773–1841), des neunten Präsidenten der Vereinigten Staaten (1841), regten seine Gegner an, man solle ihm »a barrel of hard cider« und eine Pension von $ 2000 geben, damit er den Rest seines Lebens in seiner »log-cabin« verbringen könne. Seine eigene Partei schlug daraus Kapital, indem sie Harrison als den »log-cabin and hard cider candidate« von dem etwas dandyhaften Gegenkandidaten van Buren absetzte. Beide Begriffe wurden dadurch zu Symbolen eines handgewebten Amerikanertums. Zu den »log-cabin presidents« gehören noch Lincoln, Garfield, Buchanan und Jackson. Emerson übernahm diesen Teil des Essays aus einem früheren Vortrag, den er kurz nach der Wahl Harrisons verfaßt hatte.

Zwergpalme: Der englische Begriff (»palmetto«) verweist auf den US-Bundesstaat South Carolina, dessen Spitzname »Palmetto State« ist.

8 Baileys Wörterbuch: Nathanael Bailey (gest. 1742) verfaßte u. a. *An Universal Etymological English Dictionary* (1721), das als Vorläufer des berühmten Wörterbuches von Dr. Johnson angesehen werden kann. Die Einträge sowohl für Bailey wie für Pitt im *Dictionary of National Biography* verleihen der von Emerson zitierten Anekdote einen hohen Wahrscheinlichkeitswert.

9 Wampum: Kette aus Muschelschalen, die von den meisten Indianerstämmen im Nordosten Amerikas als Zahlungsmittel oder Schmuck verwendet wurde. In bestimmten Kontexten konnte ein ›wampum‹ auch religiöse Funktionen übernehmen oder historische Ereignisse festhalten. Unter den Kolonisten wurde ›wampum‹ stellenweise noch bis gegen Ende des 17. Jahrhunderts als Zahlungsmittel verwendet.

10 Lynkeus, Sohn des Aphareus und Bruder des Idas, war wegen seiner scharfen Augen, mit denen er selbst feste Gegenstände durchdringen konnte, berühmt. Seine übernatürliche Sehkraft, die ihn auch Dinge unter der Erde erblicken ließ, war sprichwörtlich; Anspielungen finden sich bei Plinius und Horaz. In der englischen Literatur spielt Joseph Hall in der ersten Satire des vierten Buches seines *Virgidemiarum* (1599) auf Lynkeus an (Z. 25 f.).

11 Die Anspielung bezieht sich auf Miltons *Elegia Sexta ad Carolum Diodatum* (1645), insbesondere Z. 14 ff. und Z. 55 ff. Die

Werke Miltons waren in der Bibliothek Emersons gut repräsentiert (vgl. *Harding*, S. 191).

12 Vitruvius Pollio, römischer Architekt und Ingenieur (*De architectura*), lebte um 25 v. Chr.

13 George Chapman (1559?–1634?), englischer Lyriker, Dramatiker und Homer-Übersetzer (1598); das Zitat stammt aus der Widmung der *Ilias*-Übersetzung (Z. 132 f.).

14 Geoffrey Chaucer (1340?–1400), wichtigster englischer Dichter der mittelenglischen Periode (*The Canterbury Tales*, 1387 ff.). Die Anspielung auf Chaucers Lob der ›Gentilesse‹ bezieht sich auf »The Wife of Bath's Tale«, Z. 1139 ff. Emerson besaß mehrere Ausgaben der Werke Chaucers (vgl. *Harding*, S. 57 f.).

15 Aesop (um 570 v. Chr.), griechischer Tierfabeldichter.

16 Pythagoras (585/565–495/475), griechischer Philosoph und Mathematiker.

Paracelsus: Theophrastus Bombastus von Hohenheim (1493–1541), der sich selbst Paracelsus nannte; Mediziner, Philosoph und Theologe.

Henricus Cornelius Agrippa von Hohenheim (1486–1535), Theologe, Philosoph und Mediziner; setzte sich u. a. mit dem Okkultismus auseinander (*De Occulta Philosophia Libri Tres*, 1529).

Cardan: Girolamo Cardano (1501–76), italienischer Physiker und Mathematiker; bedeutend vor allem wegen seiner Arbeiten zur Lösung von Gleichungen dritten und vierten Grades.

Johannes Kepler (1571–1630), deutscher Astronom und Mathematiker; Begründer der neuzeitlichen Astronomie (*Astronomia Nova*, 1609).

Friedrich Wilhelm Schelling (1775–1854), deutscher Philosoph des Idealismus. Emerson besaß Schellings gesammelte Werke (*Harding*, S. 240).

Oken: William von Occam (1285–1349), Franziskanermönch; der letzte bedeutende Philosoph des Mittelalters.

17 Chiromantie ist Wahrsagekunst auf der Basis der Handdeutung.

18 Der amerikanische Begriff ist »logrolling«; er stammt aus der Frühzeit des amerikanischen Pioniertums und bezeichnet die Kooperation der Siedler beim Beschaffen der zum Bau von »log-cabins« erforderlichen Baumstämme. Seit dem frühen 19. Jahrhundert wird der Begriff – meist in abwertender Bedeu-

tung – auf die politische Praxis der Interessenverbindung zur Erlangung von finanziellen oder sonstigen Vorteilen angewendet.

19 Chalmers' Sammlung: Alexander Chalmers (1759–1834), schottischer Journalist, Biograph und Verfasser von Nachschlagewerken. Emerson bezieht sich auf *The English Poets from Chaucer to Cowper* (21 Bde., 1810); er entlieh mehrfach Bände aus dieser Sammlung aus der »Harvard College Library« (vgl. K. W. Cameron, *Ralph Waldo Emerson's Reading*, 1941, Repr. New York: Haskell House, 1966, S. 64 und 70).

Freundschaft

1 Dieses Gedicht Emersons lautet im Original:

A Ruddy drop of manly blood
The surging sea outweighs;
The world uncertain comes and goes,
The lover rooted stays.
I fancied he was fled,
And, after many a year,
Glowed unexhausted kindliness
Like daily sunrise there.
My careful heart was free again, –
O friend, my bosom said,
Through thee alone the sky is arched,
Through thee the rose is red,
All things through thee take nobler form
And look beyond the earth,
The mill-round of our fate appears
A sun-path in thy worth.
Me too thy nobleness has taught
To master my despair;
The fountains of my hidden life
Are through thy friendship fair.

Es ist unter dem Titel »Friendship« in seine Gedichtsammlung *May-Day and Other Pieces* (1867) aufgenommen worden.

2 Vgl. Spr. 14,10.
3 Vgl. Hebr. 11,13.
4 Milton, *Comus*, Z. 47.

5 Mit ›Elysium‹ verbindet sich die Vorstellung von einem seligen Ort, an den die Lieblinge der Götter entrückt werden. Vgl. Homer, *Odyssee* IV,561 ff.

6 Vgl. Plutarchs *Moralia*, »The Dinner of the Seven Wise Men«, 2: »the skeleton which in Egypt they are wont, with fair reason, to bring in and expose at their parties, urging the guests to remember that what it is now, they soon shall be«.

7 Ben Jonson, *The Sad Shepherd* III,5,9–11. Vgl. *JMN* IV,13.

8 Shakespeare, Sonett 25,9–12. Die Übersetzung ist die Stefan Georges (*Shakespeares Sonette*, Berlin 1931).

9 Der Begriff stammt aus Goethes Abhandlung zur Farbenlehre (*Sämtliche Werke*, Bd. 40, S. 126). Vgl. auch Rusk, *Letters* II,192, und H. H. Furness (Hrsg.), *Records of a Lifelong Friendship*, Boston 1910, S. 8.

10 Der Geistliche und Lyriker Jones Very (1813–80), den Emerson 1838 in Concord kennenlernte. In Briefen aus dieser Zeit an Margaret Fuller erwähnt Emerson Very recht häufig (Rusk, *Letters* II,164 f.,170 f.,173). Im Herbst 1838 verbrachte Very zwei Monate in einer Anstalt. Vgl. auch James Elliot Cabot, *A Memoir of Ralph Waldo Emerson*, Cambridge, Mass., 1887, Bd. 2, S. 348–353, und *JMN* VII,378.

11 Gemeint ist Michel de Montaigne (1533–92), der französische Essayist. Die Anspielung bezieht sich auf den Essay »Bemerkungen über Cicero«, Buch I, Kap. 39.

12 Das Verbrechen macht diejenigen, die es beschmutzt, gleich (Lucan, *Pharsalia* V,290). Vgl. *JMN* VI,55.

Bibliographie

Um den Umfang der Bibliographie in Grenzen zu halten, wurden
Beiträge zu kritischen Anthologien in der Regel nicht einzeln angegeben, sondern nur die Titel der jeweiligen Sammelbände aufgeführt. Von wenigen Ausnahmen abgesehen, wurden Titel mit ihrem
ersten Erscheinungsort und -datum angegeben. Informationen über
Nachdrucke und Neuauflagen können leicht den unter I aufgeführten Bibliographien, so etwa Jeanetta Boswells *Ralph Waldo Emerson
and the Critics*, entnommen werden.

I. *Bibliographien*

Blanck, Jacob: Ralph Waldo Emerson. In: J. B.: Bibliography of
American Literature. Bd. 3. New Haven, Conn., 1959. S. 16 bis
70.

Booth, Robert A. / Stromberg, Roland: A Bibliography of Ralph
Waldo Emerson, 1908–1920. In: Bulletin of Bibliography 19
(1948) S. 180–183.

Boswell, Jeanetta: Ralph Waldo Emerson and the Critics: A Checklist of Criticism, 1900–1977. Metuchen/London: Scarecrow Press,
1979.

Bryer, Jackson R. / Rees, Robert A.: A Checklist of Emerson
Criticism 1951–1961. Hartford, Conn.: Transcendental Books,
1964.

Cooke, George Willis: A Bibliography of Ralph Waldo Emerson.
Boston: Houghton, Mifflin, and Company, 1908.

Ferguson, Alfred R.: The Merrill Checklist of Ralph Waldo Emerson. Columbus, Ohio: Merrill, 1970.

Howard, Patsy C.: Ralph Waldo Emerson. In: Theses in American
Literature 1896–1971. Hrsg. von Patsy C. Howard. Ann Arbor:
Pierian Press, 1973. S. 53–58.

Stovall, Floyd: Ralph Waldo Emerson. In: Eight American
Authors: A Review of Research and Criticism. Hrsg. von James
Woodress. Rev. Ausg. New York: Norton, 1971. S. 37–83.

Woodress, James: Emerson, R. W. In: Dissertations in American
Literature 1891–1966. Rev. und verm. unter Mitarb. von Marian
Koritz. Durham, N. C., 1968. Nr. 731–830.

Woodlief, Annette M.: Emerson's Prose: An Annotated Checklist of Literary Criticism Through 1976. In: Studies in the American Renaissance 2 (1978) S. 105–160.

II. *Biographien*

Brooks, Van Wyck: The Life of Emerson. New York 1932.

Cabot, James E.: A Memoir of Ralph Waldo Emerson. 2 Bde. Boston 1887.

Conway, Moncure D.: Emerson at Home and Abroad. Boston 1882.

Dugard, Marie: Ralph Waldo Emerson: sa Vie et son Œuvre. Paris 1907.

Emerson, Edward Waldo: Emerson in Concord: A Memoir. Boston 1889.

Haskins, David Greene: Ralph Waldo Emerson: His Maternal Ancestors, with Some Reminiscences of Him. Boston 1887.

Miles, Josephine: Ralph Waldo Emerson. Minneapolis 1964.

Porte, Joel: Representative Man: Ralph Waldo Emerson in His Time. New York 1979.

Rusk, Ralph L.: The Life of Ralph Waldo Emerson. New York 1949.

Whicher, Stephen E.: Freedom and Fate: An Inner Life of Ralph Waldo Emerson. Philadelphia 1953.

Woodberry, George E.: Ralph Waldo Emerson. New York 1907.

III. *Forschungsliteratur*

Aaron, Daniel: Emerson and the Progressive Tradition. In: D. A.: Men of Good Hope. New York: Oxford University Press, 1951. S. 3–20.

Abrams, Meyer Howard: Natural Supernaturalism: Tradition and Revolution in Romantic Literature. New York: Norton, 1971.

Adams, Richard P.: Romanticism and the American Renaissance. In: American Literature 23 (1952) S. 419–432.

– Emerson and the Organic Metaphor. In: PMLA 69 (1954) S. 117–130.

334   *Bibliographie*

Adkins, Nelson F.: Emerson and the Bardic Tradition. In: PMLA
    63 (1948) S. 662–677.
Allen, Gay Wilson: Emerson and the Unconscious. In: American
    Transcendental Quarterly 19 (1973) S. 26–30.
Anderson, John Q.: The Liberating Gods: Emerson on Poets and
    Poetry. Coral Gables, Fl.: University of Miami Press, 1971.
Arnold, Matthew: Discourses in America. London: Macmillan,
    1885.
Barbour, Brian M.: Emerson's Poetic Prose. In: Modern Language
    Quarterly 35 (1974) S. 157–172.
– (Hrsg.): American Transcendentalism: An Anthology of Criti-
    cism. Notre Dame / London: University of Notre Dame Press,
    1973.
Barker, Charles Albro: American Convictions: Cycles of Public
    Thought, 1600–1850. Philadelphia: Lippincott, 1970.
Barton, William B.: Emerson's Method as a Philosopher. In: Ameri-
    can Transcendental Quarterly 9 (1971) S. 20–28.
Baumgarten, Eduard: Der Pragmatismus: R. W. Emerson, William
    James, John Dewey. Frankfurt a. M. 1938.
Beach, Joseph Warren: Emerson and Evolution. In: University of
    Toronto Quarterly 3 (1934) S. 474–497.
– The Concept of Nature in 19th Century English Poetry. New
    York: Pageant, 1936.
Benoit, Raymond: Emerson on Plato: The Fire's Center. In: Ameri-
    can Literature 34 (1963) S. 487–498.
Bercovitch, Sacvan: The Philosophical Background to the Fable of
    Emerson's »The American Scholar«. In: Journal of the History of
    Ideas 28 (1967) S. 123–128.
Berry, Edmund G.: Emerson's Plutarch. Cambridge, Mass.: Har-
    vard University Press, 1961.
Bier, Jesse: The Romantic Co-ordinates of American Literature. In:
    Bucknell Review 18 (1970) S. 16–33.
Binney, James: Emerson Revisited. In: Mid-West Quarterly 12
    (1970) S. 109–122.
Bishop, Jonathan: Emerson on the Soul. Cambridge, Mass.: Har-
    vard University Press, 1964.
Blair, Walter / Faust, Clarence: Emerson's Literary Method. In:
    Modern Philology 42 (1944) S. 79–95.
Bloom, Harold: A Map of Misreading. New York: Oxford Univer-
    sity Press, 1975.

– Emerson and Whitman: The American Sublime. In: H. B.: Poetry and Repression. New Haven, Conn.: Yale University Press, 1976. S. 235–266.

Bode, Carl (Hrsg.): Ralph Waldo Emerson: A Profile. New York: Hill & Wang, 1968.

Boller, Paul F.: American Transcendentalism, 1830–1860: An Intellectual Inquiry. New York: Putnam's Sons, 1974.

Brodwin, Stanley: Emerson's Version of Plotinus: The Flight to Beauty. In: Journal of the History of Ideas 35 (1974) S. 465–483.

Brooks, Van Wyck: The Flowering of New England: 1815–1865. New York: Dutton, 1937.

Brown, P. W.: Emerson's Philosophy of Aesthetics. In: Journal of Aesthetics and Art Criticism 15 (1957) S. 350–354.

Brown, Stuart G.: Emerson's Platonism. In: New England Quarterly 18 (1945) S. 325–345.

Brownell, William C.: American Prose Masters. New York: Scribner's, 1909.

Brumm, Ursula: Jonathan Edwards and Ralph Waldo Emerson. In: U. B.: American Thought and Religious Typology. New Brunswick, N. J.: Rutgers University Press, 1970. S. 86–108.

Buell, Lawrence J.: Unitarian Aesthetics and Emerson's Poet-Priest. In: American Quarterly 20 (1968) S. 3–20.

– Literary Transcendentalism: Style and Vision in the American Renaissance. Ithaca/London: Cornell University Press, 1973.

Cameron, Kenneth Walter: Ralph Waldo Emerson's Reading. 1941. Repr. New York: Haskell House, 1966.

– Emerson the Essayist. 2 Bde. 1945. Repr. Hartford: Transcendental Books, 1972.

– The Transcendentalists and Minerva. 3 Bde. Hartford: Transcendental Books, 1958.

– Transcendental Climate: New Resources for the Study of Emerson, Thoreau, and their Contemporaries. 3 Bde. Hartford: Transcendental Books, 1963.

– Emerson Among His Contemporaries. Hartford: Transcendental Books, 1967.

– Young Emerson's Transcendental Vision. Hartford: Transcendental Books, 1971.

– Response to Transcendentalism in Concord. Hartford: Transcendental Books, 1974.

Canby, Henry Seidel: Classic Americans: A Study of Eminent

American Writers from Irving to Whitman. New York: Harcourt, Brace, 1931.

Carafiol, Peter C.: James Marsh to John Dewey: The Fate of Transcendental Philosophy in American Education. In: Emerson Society Quarterly 24 (1978) S. 1–11.

Carlson, Eric W.: Emerson's Modernism – New Insights. In: American Transcendental Quarterly 9 (1971) S. 3–6.

– / Dameron, J. Lasley (Hrsg.): Emerson's Relevance Today: A Symposium. Hartford: Transcendental Books, 1971.

Carpenter, Frederic I.: Emerson and Asia. Cambridge, Mass.: Harvard University Press, 1930.

– William James and Emerson. In: American Literature 11 (1939) S. 39–57.

– Emerson Handbook. New York: Hendricks House, 1953.

Cavell, Stanley: Thinking of Emerson. In: New Literary History 11 (1979) S. 167–176.

Christadler, Martin: Ralph Waldo Emerson in Modern Germany. In: Emerson Society Quarterly 38 (1965) S. 112–130.

Christy, Arthur E.: The Orient in American Transcendentalism. New York: Columbia University Press, 1932.

Clark, Harry Hayden: Emerson and Science. In: Philological Quarterly 10 (1931) S. 225–260.

Cory, Arthur M.: Humor in Emerson's Journals. In: University of Texas Studies in English 34 (1955) S. 114–124.

Cowan, Michael H.: City of the West: Emerson, America, and the Urban Metaphor. New Haven, Conn.: Yale University Press, 1967.

Davis, Merrell R.: Emerson's »Reason« and the Scottish Philosophers. In: New England Quarterly 17 (1944) S. 209–228.

Detweiler, Robert: Emerson and Zen. In: American Quarterly 14 (1962) S. 422–438.

Dewey, John: The Philosopher of Democracy. In: International Journal of Ethics 13 (1903) S. 405–413.

– Ralph Waldo Emerson. In: J. D.: Characters and Events. Bd. 1. New York: Holt, 1929. S. 69–77.

Edrich, Mary W.: The Rhetoric of Apostasy. In: Texas Studies in Literature and Language 8 (1967) S. 547–560.

Falk, Robert P.: Emerson and Shakespeare. In: PMLA 56 (1941) S. 532–543.

Faust, Clarence: The Background of the Unitarian Opposition to

Transcendentalism. In: Modern Philology 35 (1938) S. 297 bis 324.

Feidelson, Charles N.: Symbolism and American Literature. Chicago: University of Chicago Press, 1953.

Foerster, Norman: Emerson as a Poet of Nature. In: PMLA 37 (1922) S. 599–614.

– Emerson on the Organic Principle of Art. In: PMLA 41 (1926) S. 193–208.

– American Criticism: A Study in Literary Theory from Poe to the Present. Boston: Houghton, Mifflin, 1928.

Foster, Charles H.: Emerson's Theory of Poetry. Iowa City: Iowa University Press, 1939.

Francis, Richard Lee: Archangel in the Pleached Garden: Emerson's Poetry. In: English Literary History 33 (1966) S. 461–472.

– The Architectonics of Emerson's *Nature*. In: American Quarterly 19 (1967) S. 39–52.

– Circumstances and Salvation: The Ideology of the Fruitlands Utopia. In: American Quarterly 25 (1973) S. 202–234.

Friedl, Herwig: Des Dichters Dilemma: Ralph Waldo Emerson und der mexikanisch-amerikanisch Krieg. In: American Studies 22 (1977) S. 261–268.

Frothingham, Octavius Brooks: Transcendentalism in New England. New York: Putnam's Sons, 1876.

Gerber, John C.: Emerson and the Political Economists. In: New England Quarterly 22 (1949) S. 336–357.

Girgus, Sam: The Scholar as Prophet: Brownson vs. Emerson and the Modern Need for Moral Humanism. In: Midwest Quarterly 17 (1975) S. 88–99.

Goddard, Harold C.: Studies in New England Transcendentalism. 1908. Repr. New York: Humanities Press, 1969.

Gohdes, Clarence F.: Some Remarks on Emerson's »Divinity School Address«. In: American Literature 1 (1929) S. 27 bis 31.

Gonnaud, Maurice: Individu et société dans l'œuvre de Ralph Waldo Emerson. Paris: Didier, 1964.

Gorely, Jean: Emerson's Theory of Poetry. In: Poetry Review 22 (1931) S. 263–273.

Goren, Leyla: Elements of Brahmanism in the Transcendentalism of Emerson. In: Emerson Society Quarterly. Suppl. Nr. 34 (1964) S. 1–69.

Gray, Henry David: Emerson: A Statement of New England Transcendentalism as Expressed in the Philosophy of Its Chief Exponent. Palo Alto: Stanford University Press, 1917.

Hansen, Arlen Jay: Emerson and Porphyry's *Life of Plotinus*. In: Emerson Society Quarterly 18 (1972) S. 184 f.

Harding, Walter: Emerson's Library. Charlottesville: University Press of Virginia, 1967.

Harris, Kenneth Marc: Carlyle and Emerson: Their Long Debate. Cambridge, Mass.: Harvard University Press, 1978.

Harrison, John S.: The Teachers of Emerson. New York: Sturgis & Walton, 1910.

Hartwig, George H.: Emerson on Historical Christianity. In: Hibbert Journal 37 (1939) S. 405–412.

Holmes, Oliver Wendell: Ralph Waldo Emerson. Boston: Houghton, Mifflin, 1885.

Hopkins, Vivian C.: Spires of Form: A Study of Emerson's Aesthetic Theory. Cambridge, Mass.: Harvard University Press, 1951.

– Emerson and Cudworth, Plastic Nature and Transcendental Art. In: American Literature 23 (1951) S. 80–89.

Hotson, Clarence P.: Emerson's Philosophical Sources for »Swedenborg«. In: New Philosophy 21 (1928) S. 482–516.

– Sampson Reed, a Teacher of Emerson. In: New England Quarterly 2 (1929) S. 249–277.

– Emerson and the Swedenborgians. In: Studies in Philology 27 (1930) S. 517–545.

– Emerson and Swedenborg. In: New-Church Messenger 160 (1930) S. 274–277.

Irie, Yukio: Emerson and Quakerism. Tokio: Kenkyusha, 1967.

Jones, Howard Mumford: Belief and Disbelief in American Literature. Chicago: University of Chicago Press, 1967.

Kern, Alexander C.: Emerson and Economics. In: New England Quarterly 13 (1940) S. 678–696.

– The Rise of Transcendentalism, 1815–1860. In: Transitions in American Literary History. Hrsg. von H. H. Clark. Durham: Duke University Press, 1953.

Konvitz, Milton R. (Hrsg.): The Recognition of Ralph Waldo Emerson: Selected Criticism Since 1837. Ann Arbor: University of Michigan Press, 1972.

– / Whicher, Stephen E. (Hrsg.): Emerson: A Collection of Critical Essays. Englewood Cliffs: Prentice-Hall, 1962.

Koster, Donald: Transcendentalism in America. Boston: Twayne, 1975.

Ladu, Arthur I.: Emerson: Whig or Democrat. In: New England Quarterly 13 (1940) S. 419–441.

Lauter, Paul: Truth and Nature: Emerson's Use of Two Complex Words. In: Journal of English Literary History 27 (1960) S. 66–85.

Lebeaux, Richard: Emerson's Young Adulthood: From Patienthood to Patiencehood. In: Emerson Society Quarterly 25 (1979) S. 203–210.

Lee, Roland F.: Emerson Through Kierkegaard: Toward a Definition of Emerson's Theory of Communication. In: Journal of English Literary History 26 (1957) S. 229–248.

– Emerson's »Compensation« as Argument and Art. In: New England Quarterly 37 (1964) S. 291–305.

Levin, David (Hrsg.): Emerson: Prophecy, Metamorphosis, and Influence. New York / London: Columbia University Press, 1975.

Liebman, Sheldon W.: Emerson's Transformations in the 1820's. In: American Literature 40 (1968) S. 133–154.

– The Origins of Emerson's Early Poetics: His Reading in the Scottish Common Sense Critics. In: American Literature 45 (1973) S. 23–33.

– Emerson's Discovery of the English Romantics, 1818–1836. In: American Transcendental Quarterly 21 (1974) S. 36–44.

Lindeman, Edouard C.: Emerson's Pragmatic Mood. In: American Scholar 16 (1946/47) S. 57–64.

Loving, Jerome: Emerson's »Constant Way of Looking at Whitman's Genius«. In: American Literature 51 (1979) S. 399 bis 403.

Lowance, Mason, Jr.: From Edwards to Emerson to Thoreau: A Re-valuation. In: American Transcendental Quarterly 18 (1973) S. 3–12.

McQuiston, Raymer: The Relation of Ralph Waldo Emerson to Public Affairs. Lawrence 1923. (Bulletin of the University of Kansas Humanistic Studies. 3,1.)

Magat, J. A.: Emerson's Aesthetics of Fiction. In: Emerson Society Quarterly 23 (1977) S. 139–155.

Matthiessen, Francis O.: American Renaissance: Art and Expression in the Age of Emerson and Whitman. London / New York: Oxford University Press, 1941.

Mead, C. David: Emerson's Scholar and the Scholars. In: Journal of Higher Education 40 (1969) S. 649–660.

– (Hrsg.): The American Scholar Today. New York: Dodd, Mead, 1970.

Mead, Edwin D.: The Influence of Emerson. Boston: American Unitarian Association, 1903.

Mettke, Edith: Der Dichter Ralph Waldo Emerson: Mystisches Denken und poetischer Ausdruck. Heidelberg: Winter, 1963.

Metzger, Charles Reid: Emerson and Greenough: Transcendental Pioneers of an American Aesthetic. Berkeley: University of California Press, 1954.

Michaud, Régis: L'esthétique d'Emerson: la nature, l'art, l'histoire. Paris: Alcan, 1927.

– Emerson: The Enraptured Yankee. Aus dem Französischen übers. von George Boas. New York: Harper & Brothers, 1930.

Miller, Perry: Jonathan Edwards to Emerson. In: New England Quarterly 13 (1940) S. 589–617. (Nachdr. in veränd. Fass.: From Edwards to Emerson. In: P. M.: Errand into the Wilderness. Cambridge, Mass., 1956.)

– Emersonian Genius and the American Democracy. In: New England Quarterly 26 (1953) S. 27–44.

– (Hrsg.): The Transcendentalists: An Anthology. Cambridge, Mass.: Harvard University Press, 1950.

– (Hrsg.): The American Transcendentalists: Their Prose and Poetry. Garden City: Doubleday, 1957.

Moody, Marjory M.: The Evolution of Emerson as an Abolitionist. In: American Literature 17 (1945) S. 1–21.

Mott, Wesley: Emerson and Antinomianism. In: American Literature 50 (1978) S. 369–397.

Mulqueen, James E.: Emersonian Transcendentalism: Over-Soul or Over-Self? In: Tennessee Studies in Literature 21 (1977) S. 21–27.

Myerson, Joel: A History of the Transcendental Club. In: Emerson Society Quarterly 23 (1977) S. 27–35.

Neufeldt, Leonard N.: The Vital Mind, Emerson's Epistemology. In: Philological Quarterly 50 (1971) S. 253–270.

– The Science of Power: Emerson's Views on Science and Technology in America. In: Journal of the History of Ideas 38 (1977) S. 329–344.

– (Hrsg.): Ralph Waldo Emerson: New Appraisals, A Symposium. Hartford: Transcendental Books, 1973.

Nicoloff, Philip L.: Emerson: On Race and History. New York: Columbia University Press, 1961.

Packer, Barbara: Uriel's Cloud: Emerson's Rhetoric. In: Georgia Review 31 (1977) S. 322–342.

Padover, Saul K.: Ralph Waldo Emerson: The Moral Voice in Politics. In: Political Science Quarterly 74 (1959) S. 334 bis 350.

Parkes, Henry Bamford: The Puritan Heresy. In: H. B. P.: The Pragmatic Test. San Francisco: Colt Press, 1941. S. 10–62.

Parrington, Vernon L.: Main Currents in American Thought. Bd. 2: The Romantic Revolution in America. 1927. Repr. New York / London: Harcourt, Brace, Jovanovich, 1954.

Paul, Sherman: Emerson's Angle of Vision: Man and Nature in American Experience. Cambridge, Mass.: Harvard University Press, 1952.

Perry, R. Bliss: Emerson Today. Princeton, N. J.: Princeton University Press, 1931.

Pochmann, Henry A.: New England Transcendentalism and St. Louis Hegelianism. Philadelphia: Schurz, 1948.

– German Culture in America: 1600–1900. Madison: University of Wisconsin Press, 1957.

Pollock, Robert C.: A Re-Appraisal of Emerson. In: Thought 32 (1957) S. 86–132.

Pommer, Henry F.: The Contents and Basis of Emerson's Belief in Compensation. In: PMLA 77 (1962) S. 248–253.

Porte, Joel: Nature as Symbol: Emerson's Noble Doubt. In: New England Quarterly 37 (1964) S. 453–476.

– Emerson and Thoreau: Transcendentalists in Conflict. Middletown, Conn.: Wesleyan University Press, 1966.

– The Problem of Emerson. In: Uses of Literature. Hrsg. von Monroe Engel. Cambridge, Mass.: Harvard University Press, 1973. S. 85–114.

Porter, David: Emerson and Literary Change. Cambridge, Mass.: Harvard University Press, 1978.

Pritchard, John Paul: Return to the Fountains. Durham: Duke University Press, 1942.

Quinn, Patrick F.: Emerson and Mysticism. In: American Literature 21 (1949/50) S. 397–414.

Reaver, J. Russell: Emerson as Mythmaker. Gainsville: University of Florida Press, 1954.

Regan, Earlene Margaret: A Literary Introduction to Emerson's »Nature«. Hartford: Transcendental Books, 1976.

Richard, Blakeney J.: Emerson and Berkleian Idealism. In: Emerson Society Quarterly 59 (1970) S. 90–96.

Richardson, Robert D.: Myth and Literature of the American Renaissance. Bloomington: Indiana University Press, 1978.

Riley, I. Woodbridge: American Thought from Puritanism to Pragmatism. New York: Holt, Rinehart, 1915.

Roberts, J. Russell: Emerson's Debt to the Seventeenth Century. In: American Literature 21 (1949/50) S. 298–310.

Robinson, David: Unitarian Historiography and the American Renaissance. In: Emerson Society Quarterly 23 (1977) S. 130–137.

– Emerson and the Challenge of the Future: The Paradox of the Unachieved in »Circles«. In: Philological Quarterly 57 (1979) S. 243–253.

Rubinstein, Annette T.: Emerson, Thoreau and Jacksonian Democracy. In: Zeitschrift für Anglistik und Amerikanistik 24 (1976) S. 199–212.

Rusk, Ralph L.: Emerson and the Stream of Experience. In: English Journal 42 (1953) S. 181–187.

Sakmann, Paul: Ralph Waldo Emersons Geisteswelt nach den Werken und Tagebüchern. Stuttgart 1927.

Sanborn, Franklin Benjamin (Hrsg.): The Genius and Character of Emerson. Boston: Osgood, 1885.

Scheick, William J.: The Slender Human Word: Emerson's Artistry in Prose. Knoxville: University of Tennessee Press, 1978.

Schleiner, Louise: Emerson's Orphic and Messianic Bard. In: Emerson Society Quarterly 25 (1979) S. 191–202.

Schlicht, Rüdiger C.: Die pädagogischen Ansätze amerikanischer Transzendentalisten. Frankfurt a. M.: Lang, 1977.

Scudder, Townsend: Lonely Wayfaring Man: Emerson and Some Englishmen. London / New York: Oxford University Press, 1936.

Sealts, Merton M.: Emerson on the Scholar, 1833–1837. In: PMLA 85 (1970) S. 185–195.

– The American Scholar and Public Issues: The Case of Emerson. In: Ariel 7 (1977) S. 109–121.

– / Ferguson, Alfred R. (Hrsg.): Emerson's »Nature«: Origin, Growth, Meaning. New York / Toronto: Dodd, Mead, 1969.

Silver, Mildred: Emerson and the Idea of Progress. In: American Literature 12 (1940) S. 1–19.

Silver, Rollo G.: Emerson as Abolitionist. In: New England Quarterly 6 (1933) S. 154–158.

Simon, Julius: Ralph Waldo Emerson in Deutschland: 1852–1932. Berlin 1937.

Simon, Myron / Parsons, Thornton H. (Hrsg.): Transcendentalism and Its Legacy. Ann Arbor: University of Michigan Press, 1966.

Smith, Duane E.: Romanticism in America: The Transcendentalists. In: Review of Politics 35 (1973) S. 302–325.

Smith, Henry Nash: Emerson's Problem of Vocation: A Note on »The American Scholar«. In: New England Quarterly 12 (1939) S. 52–67.

– The American Scholar Today. In: Southwestern Review 48 (1963) S. 191–199.

Staebler, Warren: Ralph Waldo Emerson. New York: Twayne, 1973.

Stoehr, Taylor: Nay-Saying in Concord: Emerson, Alcott, and Thoreau. Hamden, Conn.: Archon, 1979.

Stovall, Floyd: American Idealism. Norman: University of Oklahoma Press, 1943.

Strauch, Carl F.: The Year of Emerson's Poetic Maturity: 1834. In: Philological Quarterly 34 (1955) S. 353–377.

– Emerson's Use of the Organic Method. In: Emerson Society Quarterly 55 (1969) S. 18–24.

– (Hrsg.): Characteristics of Emerson: Transcendental Poet: A Symposium. Hartford: Transcendental Books, 1975.

Sutcliffe, Emerson G.: Emerson's Theories of Literary Expression. In: University of Illinois Studies in Language and Literature 8 (1923) S. 9–152.

Thompson, Cameron: John Locke and New England Transcendentalism. In: New England Quarterly 35 (1962) S. 435 bis 457.

Thompson, Frank Thornber: Emerson's Indebtedness to Coleridge. In: Studies in Philology 23 (1926) S. 55–76.

– Emerson and Carlyle. In: Studies in Philology 24 (1927) S. 438–453.

– Emerson's Theory and Practice of Poetry. In: PMLA 43 (1928) S. 1170–1184.

Townsend, Harvey Gates: Philosophical Ideas in the United States. New York: American Book, 1936.

Trueblood, David Elton: The Influence of Emerson's »Divinity

School Address«. In: Harvard Theological Review 32 (1939) S. 41–56.

Van Cromphout, Gustaaf Victor: Emerson and the Dialectics of History. In: PMLA 91 (1976) S. 54–65.

Van Wesep, Hendrikus Boeve: Ralph Waldo Emerson: Gentle Iconoclast. In: H. B. V. W.: Seven Sages: The Story of American Philosophy. New York: Longmans Green, 1960. S. 61–127.

Vogel, Stanley M.: German Influences on the American Transcendentalists. New Haven, Conn.: Yale University Press, 1955.

Waggoner, Hyatt H.: Emerson as Poet. Princeton: Princeton University Press, 1974.

Wahr, Frederick B.: Ralph Waldo Emerson and Goethe. Ann Arbor, Mich.: Wahr, 1915.

Ward, J. A.: Emerson and »The Educated Will«: Notes on the Process of Conversion. In: English Literary History 35 (1967) S. 495–517.

Wellek, René: Emerson and German Philosophy. In: New England Quarterly 16 (1943) S. 41–62.

– Emerson's Literary Theory and Criticism. In: Worte und Werte – Bruno Markwardt zum 60. Geburtstag. Hrsg. von Gustav Erdmann und Alfons Eichstaedt. Berlin: de Gruyter, 1961.

Whicher, Stephen E.: Emerson's Tragic Sense. In: The American Scholar 22 (1953) S. 285–292.

Williams, Lloyd P.: Image Without Illusion: Emerson's View of the Scholar. In: Peabody Journal of Education 39 (1962) S. 334–340.

Williams, Stanley T.: Emerson: An Affirmation. In: Tennessee Studies in Literature 2 (1957) S. 41–50.

Williamson, George: Emerson, the Oriental. In: University of California Chronicle 30 (1928) S. 271–288.

Wilson, Edmund (Hrsg.): The Shock of Recognition. Garden City, N. Y.: Doubleday, Doran, 1943.

Winters, Yvor: In Defense of Reason. Denver: Swallow, 1947.

Yoder, Ralph A.: Emerson and the Orphic Poet in America. Berkeley / Los Angeles: University of California Press, 1978.

Zink, Harriet R.: Emerson's Use of the Bible. In: University of Nebraska Studies in Language, Literature, and Criticism 14 (1935) S. 5–75.